MONTE AVILA EDITORES
LATINOAMERICANA
USB-EQUINOCCIO
ALTAZOR

ANTOLOGÍA DE LA POESÍA HISPANO-AMERICANA MODERNA I

Coordinación
Guillermo Sucre

Colaboradores
**Ana María del Re
Sonia García García
Alba Rosa Hernández Bossio
Gonzalo Rojas
Violeta Urbina Tosta**

**MONTE AVILA EDITORES
LATINOAMERICANA
USB-EQUINOCCIO**

1ª edición, Editorial Equinoccio, 1982

1ª edición en M.A., corregida y aumentada, 1993

D. R. © Monte Avila Latinoamericana, C.A.
Apartado Postal 70712, Zona 1070, Caracas, Venezuela
ISBN: 980-01-0381-3 (A.P.H.M.)
ISBN: 980-01-0382-1 (TOMO I)
Diseño de colección: Carlos Canudas - Vicky Sempere
Realización de portada: Claudia Leal
Paginación electrónica: La Galera de Artes Gráficas

Impreso en Venezuela
Printed in Venezuela

NOTA EDITORIAL

Rᴇᴀʟɪᴢᴀᴅᴀ ᴘᴏʀ un equipo de profesores del Departamento de Lengua y Literatura de la Universidad Simón Bolívar (Ana María del Re, Sonia García García, Alba Rosa Hernández Bossio, Gonzalo Rojas y Violeta Urbina Tosta), bajo la coordinación de Guillermo Sucre, y publicada en 1982 por EQUINOCCIO, editorial de esa misma Universidad, la *Antología de la Poesía Hispanoamericana Moderna* (Volumen 1) se ofrece ahora, en esta nueva edición de Monte Avila Editores, revisada y corregida por Luis Miguel Isava y Gonzalo Ramírez, y aumentada con la incorporación del poeta cubano Julián del Casal.

PROLOGO

*Nadie puede compilar una antología que
sea mucho más que un museo de sus «simpatías y diferencias», pero el Tiempo acaba por editar antologías admirables.*

Jorge Luis Borges

Es inútil pretender *justificar una antología. Ya la frase de Borges,
que arriba se inscribe como epígrafe, exime de mayores comentarios al respecto. Apenas hay antologías que no supongan una preferencia de gustos estéticos; por ello mismo, apenas existen las que
sean absolutamente certeras y definitivas.*

*Es dable, en cambio, explicar los objetivos y los propósitos que
la hicieron posible. Lo cual estaría dentro de las reglas del juego.
De la misma manera que cualquier texto de crítica acepta exponer,
previamente, sus métodos, sus perspectivas.*

*Las «simpatías y diferencias» a que alude Borges (perpetuando
la expresión con que Alfonso Reyes tituló uno de sus famosos libros
de ensayos) no es, por supuesto, lo único que ha dominado en esta
antología, para cuya elaboración se han tenido en cuenta pautas
que van desde las exigencias que impone la enseñanza de la literatura en una Universidad, hasta algunos ordenamientos que ya la
crítica literaria ha consagrado o, al menos, establecido. Habría que
advertir, sin embargo, que esas pautas no han funcionado acá como pretextos para la autoindulgencia. En todo caso, no se las tomó
como una manera de excusar errores. Errores y seguramente defi-
ciencias podrá tener esta antología, pero no para halagar ni el propósito divulgativo del fácil didactismo (paradójicamente tan inefi-
caz), ni el* magister dixit *de la crítica (paradójicamente tan im-
preciso).*

*El objetivo de esta antología es ofrecer un panorama de la poesía
hispanoamericana moderna, entendiendo por tal la que se inicia,
hacia 1880, con el movimiento modernista hasta la poesía de las
últimas décadas.*

9

Este lapso tan vasto, que abarca casi cien años, obligó a una división en cuatro partes. Y tal vez sea prudente enunciarlas desde ahora, aunque sólo fuese de modo muy genérico:

I. De Martí, Darío, Lugones y Herrera y Reissig a Tablada, Eguren, Ramos Sucre y Gabriela Mistral;

II. De Huidobro, Vallejo, Borges y Neruda a Paz Castillo, Carrera Andrade, Pellicer y Díaz Casanueva;

III. De Lezama Lima, Paz, Gerbasi y Enrique Molina a Nicanor Parra, Alvaro Mutis, Carlos Martínez Rivas y Carlos Germán Belli,

IV. De Enrique Lihn, Rafael Cadenas, José Emilio Pacheco y Heberto Padilla a Ramón Palomares, Homero Aridjis, Alejandra Pizarnik y Juan Gustavo Cobo Borda.

Cronología y períodos, estilos y tendencias: era inevitable que tales referencias influyeran en esta división y reagrupación de autores. Pero, como se explica en la introducción a cada una de estas partes, se ha querido combinarlas y aplicarlas con flexibilidad. Se evita, por ejemplo, delimitar demasiado los períodos o hacer excesivo hincapié en fórmulas estéticas generales que, por sí mismas, casi nunca llegan a revelar la singularidad de cada autor. Esta más amplia flexión, por tanto, quizá permita vislumbrar otros principios de ordenamiento. Es obvio que la obra de un poeta está de algún modo condicionada por un determinado momento histórico, cultural; también lo es que esa obra puede ser una larga evolución, con cambios a veces muy bruscos, a través de distintos tiempos. La cronología de un autor y la de su obra —al menos en los planos más inmediatos— no siempre armonizan del todo. Es igualmente obvio que la poética de un autor, o su imagen del mundo, no siempre son homogéneas y continuas; mucho menos se ven fatalmente reducidas a «representar» o «ilustrar» todas esas categorías fijas con que la historia de la literatura ha intentado siempre establecer un orden inteligible —pero más teórico que real. Si bien toda poética o toda imagen del mundo participan de una época y de un movimiento estético, es sabido que el creador más auténtico los trasciende. ¿Hasta qué punto se logra comprender una obra cuando simplemente se la adscribe al modernismo o al postmodernismo, a la vanguardia o a la postvanguardia? «Conventículos y sectas/ que las crédulas universidades veneran», dice irónicamente Borges en uno de sus poemas.

Ahora cabría exponerlo de manera más concreta. Sin pretender violentar las pautas que antes se han señalado (enseñanza de la literatura, categorías de la crítica), quizá pueda verse en esta antología un propósito distinto: otra búsqueda. Antes que definir esa búsqueda, sería mejor mencionar algunos aspectos que permitan apreciarla sin necesidad de recurrir a la conceptualización.

No sólo las notas críticas que preceden a la selección de cada autor evitan la inútil acumulación de datos biográficos así como las clasificaciones genéricas; se centran, sobre todo, en el texto mismo de la obra, tratando de captar sus modulaciones más específicas y ese orden secreto que hace de cada obra un acto singular y una correspondencia más vasta. De igual modo, en la selección se evitó hacer un «muestrario» sólo de textos bellos, perfectos o, simplemente, accesibles a la comprensión del lector. En este último plano intervino la verdadera búsqueda: que a través de cada selección particular se fuese delineando una suerte de sistema *poético que, en última instancia, pudiera revelar la evolución —con sus constantes y recurrencias, sus variaciones y contrastes— de la poesía hispanoamericana. Toda poesía de verdad creadora, aun la más modesta, se origina en un sistema, pero al mismo tiempo lo va enriqueciendo y haciéndolo visible. Por su lengua misma, la poesía hispanoamericana pertenece al campo de la poesía escrita en español; así como por su trama de símbolos y de mitos pertenece a todo el campo de la poesía occidental. En ambos casos, y a partir especialmente del modernismo, ha logrado aportes fundamentales: renovó nuestra lengua poética, creó una nueva combinatoria cultural. Y ya es casi un lugar común decir que, en el ámbito hispanoamericano, fue ella la que amplió la visión de nuestra literatura, la que inició su madurez e irradiación universal.*

El contrapunto, el diálogo y la oposición entre los textos, los campos de relaciones y no simplemente de fuerza, las yuxtaposiciones y no la pura linealidad: ojalá sean éstos los rasgos que caractericen a esta antología. Nada más fascinante, y misterioso, que lo inevitable: como idea y experiencia del destino, es decir, como figura que se dibuja a sí misma desde sus propias exigencias, desde sus propios impulsos. Períodos y poéticas, temas y motivos, estilos y formas verbales han buscado indagarse en esta antología a fin de dibujar esa figura.

Volvemos al comienzo de este prólogo. Toda la búsqueda de esta antología ¿no es el signo de las preferencias de quienes participaron en su elaboración? La típica pregunta retórica, de la cual, sin embargo, se origina toda literatura. Preferencia implica parcialidad. Hay otras que deben señalarse. ¿Para qué disimularlo? En esta antología no está reunida la poesía de todos los países hispanoamericanos. Cúlpese también de ello a factores muy concretos: la imposibilidad de tener acceso a las fuentes originales, los límites mismos que una empresa como ésta impone.

Apenas quedan por hacer unas últimas observaciones.

Esta antología será editada en dos volúmenes. Como en una justa balanza (y no simplemente balance), cada uno de ellos guardará una proporción aritmética de acuerdo a las cuatro partes ya enunciadas.

Por otra parte, la elaboración de la antología ha sido un continuo proceso de confrontación. No en vano han participado activamente en ella diversos compiladores, profesores todos del Departamento de Lengua y Literatura de la Universidad «Simón Bolívar», cuyos nombres aparecen indicados al comienzo de cada volumen. A cada uno de ellos le tocó seleccionar textos, escribir notas críticas, establecer bibliografías, para luego discutir ante los demás esta laboriosa gestación. Se trata, pues, de un verdadero trabajo de conjunto (de «equipo», como suele decirse), con todo lo que él implica de facilidad y obstáculo. La conciliación como una suma de reconciliaciones.

No mera cortesía: sincero reconocimiento. Este trabajo antológico ha sido posible, sobre todo, gracias al estímulo y a la confianza que en él depositó el profesor Fernando Fernández, quien ha dirigido hasta ahora (y durante tres años) el Departamento de Lengua y Literatura de nuestra Universidad. El gran poeta Gonzalo Rojas —coautor, además, de esta antología— tuvo la generosidad de revisar gran parte del primer volumen y de hacer atinadas indicaciones. Nelly Gómez Silva, Secretaria de la Coordinación de los Estudios de Post-grado en Literatura Latinoamericana, dedicó tiempo y esmero para poner en limpio el material reunido.

G.S.

Valle de Sartenejas,
julio de 1980.

ANTOLOGÍA POÉTICA

PRIMERA PARTE

En toda poesía ha de ir envuelto un acto.
Los pueblos han de cultivar a la vez el campo y la poesía.

José Martí

Toda forma es un gesto, una cifra, un enigma;
en cada átomo existe un incógnito estigma;
cada hoja de cada árbol canta un propio cantar
y hay un alma en cada una de las gotas del mar.

Rubén Darío

Un idioma es el universo traducido a ese idioma.
El hombre ha inventado el símbolo porque no puede
asir directamente la realidad.

José Antonio Ramos Sucre

INTRODUCCION

En esta primera parte se incluye una selección de poetas que formaron parte del modernismo y del postmodernismo. ¿Qué significan estos términos? Con todos los equívocos que ambos encierran, hay que reconocer que el primero tuvo una justificación estética en su propia época. El segundo, en cambio, pertenece más a ese supuesto orden que los historiadores de la literatura buscan imponer, siempre dados a añadir algún sufijo a las manifestaciones creadoras que anteceden o vienen después de aquellos movimientos que parecen (y de algún modo lo son) centrales. Esto es, se puede hablar, con propiedad, de un movimiento modernista; pero no se puede hablar, al menos con la misma propiedad, de un movimiento postmodernista.

El término *modernista* deriva del uso que Rubén Darío hizo de él en diversos textos teóricos; también en uno de sus poemas, Darío se definió como «muy antiguo y muy moderno». El término tuvo fortuna y llegó a denominar todo el movimiento estético hispanoamericano que se inicia y alcanza su plenitud entre 1880 y 1916. Movimiento y no simplemente escuela: en efecto, el modernismo hispanoamericano no tuvo códigos definidos, no se rigió por determinadas reglas. Ya en los varios prefacios a sus libros de poemas, el propio Darío afirmaba que su estética era «acrática», que la primera ley del creador era «crear», que «el arte no es un conjunto de reglas, sino una armonía de caprichos». En el último de esos prefacios, aun reiteraba: «No gusto de moldes nuevos ni viejos» (*El canto errante*, 1907).

No tanto un estilo como una voluntad de estilo, no tanto una forma como una voluntad de formas, y fundar la poesía en esa voluntad: ello es lo que quizá defina mejor al modernismo. Esa voluntad, por cierto, no era producto del azar, ni siquiera de una mera coincidencia; surgió de una conciencia común: la conciencia que el escritor hispanoamericano cobraba de sus propios poderes creadores; la conciencia de que ya América no debía ser objeto sino sujeto dentro de la historia.

Es cierto que el modernismo acoge diversidad de espíritus, diversidad de búsquedas y, obviamente, de resultados. Es muy poco lo que acerca, en una misma época, a los cubanos José Martí y Julián del Casal, o, aunque en momentos distintos, a los colombianos José Asunción Silva y Guillermo Valencia. Y con todo pertenecer a una misma generación ¿no son visibles los rasgos que separan a Leopoldo Lugones de Ricardo Jaimes Freyre, y a Julio Herrera y Reissig de ambos? ¿Aun no se ha hablado del humanismo de Martí en oposición al decadentismo de cierta poesía de Darío? Pero, como todo movimiento auténtico, el modernismo fue un horizonte espiritual: la diversidad dentro de la unidad. La clave de esa unidad reside en la relación con el lenguaje: la validez del poema en tanto creación verbal, en tanto objeto estético. Como lo precisó Martí: «A la poesía, que es arte, no vale disculparla con que es patriótica o filosófica, sino que ha de resistir como el bronce y vibrar como la porcelana». Darío subraya todavía más esa unidad al señalar que el arte es sobre todo una continua creación de formas y, por tanto, su incesante renovación. «El clisé verbal —afirmaba— es dañoso porque encierra en sí el clisé mental, y, juntos, perpetúan la anquilosis, la inmovilidad».

Dos años después de esta frase de Darío, Lugones pone de relieve el origen poético del lenguaje mismo, en el prólogo a *Lunario sentimental* (1909). Al igual que muchos románticos alemanes, Lugones, en efecto, concibe que cada palabra es una metáfora, y si la poesía, por su carácter mismo, es creación de metáforas, ella es el campo donde se producen las grandes transformaciones del lenguaje, vale decir, de nuestra visión del mundo, pues al mundo no lo aprehendemos o hacemos inteligible sino a través del lenguaje. De manera que renovar la poesía, crear poéticamente es ya crear en un sentido social; todo enriquecimiento verbal lo es también espiritual: modifica y hace más compleja nuestra relación con la realidad, destierra los clisés con que solemos simplificarla. Lugones lo expresó con admirable justeza: «El lenguaje es un conjunto de imágenes, comportando, si bien se mira, una metáfora cada vocablo; de manera que hallar imágenes nuevas y hermosas, expresándolas con claridad y concisión, es enriquecer el idioma renovándolo a la vez. Los encargados de esta obra, tan honorable, por lo menos, como la de refinar los ganados o administrar la renta pública, puesto que se trata de una función social, son los poetas. El idioma es un bien social, y hasta el elemento más sólido de las nacionalidades».

Ya es tiempo de decirlo: los poetas del modernismo hispanoamericano fueron nuestros primeros *formalistas*, en la acepción que hoy se da al vocablo. Es decir, intuyeron dos cosas esenciales dentro de lo que se ha llamado *el formalismo*[*], y las practicaron. Por una parte, que en el arte no hay contenidos previos o, lo que es igual, que es en las formas donde se percibe, ya encarnado, todo contenido. Por otra parte, que si bien el arte se ve condicionado por la historia, no está sujeto a ella; que, en sí mismo, el arte constituye un *sistema* en el cual las obras dialogan entre ellas, se atraen o se rechazan siguiendo la dinámica de su naturaleza misma: un texto viene de otro texto anterior, ya sea porque lo prolonga o ya sea porque se le opone; el arte «copia» más bien al arte, y no a la naturaleza. En otras palabras, la realidad de un poema es su lenguaje, y, al estar creado, el poema pasa a formar parte de todo el ámbito en que el hombre se mueve. Habría que precisar más: la realidad de un poema es su lenguaje y toda la trama (lingüística, cultural, etc.) a la que éste pertenece; el poema creado no es un objeto inmovilizado en la realidad, sino dinamizado en ella y dinamizándola.

En ambos casos, el modernismo significó un corte radical en nuestra poesía. Después de él se hizo si no imposible, al menos dudosa, la insistencia de nuestra poesía —para decirlo con palabras del propio Darío— en «la celebración de las glorias criollas, los hechos de la Independencia y la naturaleza americana: un eterno canto a Junín, una inacabable oda a la agricultura de la zona tórrida, y décimas patrióticas». O para ser más justos, el modernismo no excluyó para siempre estos temas, sino que, más bien, obligó a *entonarlos* de otra manera (por ello, Ramos Sucre o Borges podrán escribir sobre la épica americana sin recaer en la declamación patriótica; Neruda podrá escribir su canto general al continente, sin demorarse, aunque no siempre, en el catálogo descriptivo). Lo que el movimiento modernista convirtió en literal anacronismo fue el americanismo localista, y regocijado. Y términos como telurismo, adanismo, indigenismo, y otros de igual origen, degeneraron en mera nomenclatura sociológica, estéticamente vacía. Aguzar la sensibilidad y la inteligencia del lenguaje como un modo de penetrar en «lo real»: eso lo debemos al modernismo.

---

[*]Cf. *Teoría de la literatura de los formalistas rusos*. Antología preparada y presentada por Tzvetan Todorov, México, Siglo XXI, 1978.

Al mismo tiempo, a partir del modernismo, el escritor hispanoamericano supo enfrentarse a todo el arte universal y sintió que él formaba parte de esa tradición, justamente para constituirla. Martí no sólo elogió la pintura impresionista francesa y la poesía de Walt Whitman; también incorporó sus técnicas, asimiló su espíritu. Lo mismo hicieron José Asunción Silva con Poe; Julián del Casal con la pintura de Gustavo Moreau y la poesía de Baudelaire. Lo mismo hizo Darío con el Parnaso y el simbolismo franceses. La mitología, grecolatina o nórdica, tan presente, y aun en exceso, en los modernistas, lo cual se les ha reprochado: ¿qué escritor contemporáneo, y ya en el ámbito universal, no la ha cultivado igualmente? Los modernistas leyeron el universo como si fuera un texto; a su vez, leyeron cada texto como si fuera un universo. Con lo cual, por cierto, nos enseñaron a leer en nuestra propia tradición: la de la Colonia, la Conquista, aun la del pasado precolombino. Pudieron ser cosmopolitas o «afrancesados» —como despectivamente se les ha querido neutralizar—, pero no sólo fueron originales, sino que, además, nos arraigaron en nuestra originalidad. Asimismo renovaron el ritmo de la poesía castellana dentro de tentativas muy modernas, pero —como ya lo han señalado Pedro Henríquez Ureña y Octavio Paz— con ello no estaban sino rescatando, dando nueva vida a una vieja tradición de la propia poesía castellana: la versificación irregular, el ritmo acentual y no puramente silábico. «Haremos danzar/ al fino verso de rítmicos pies», escribía memorablemente Darío en uno de sus poemas. Con el modernismo, la universalidad nos abrió los ojos a lo autóctono, aunque con otra forma de legitimidad; lo nuevo fue un modo de recobrar y hacer más viva la tradición.

Poesía de las formas: moral de las formas: el modernismo fue a la vez una estética y una ética. Al liberar al verso de la pudorosa y pesada retórica de nuestros neoclásicos o del ingenuo discurso de nuestros románticos, supo también liberar la sensibilidad, sutilizar las percepciones, crear una visión nueva (rítmica) del universo. El modernismo fue una poesía de los sentidos, pero con profundidad: devolviéndole al cuerpo su presencia en el mundo y haciendo de él un vasto campo de relaciones —no sólo sinestésicas. Los sentidos, pues, para crear una verdadera erótica: el cuerpo como emblema de lo cósmico. «Oh ritmo de la carne, oh melodía», escribía Martí; y Darío: «sabe que está el secreto de todo ritmo y pauta/ en unir carne y alma a la esfera que gira». Lejos de quedarse en una poesía de lo carnal, la erótica del modernismo tiene que ver con lo sagrado. «Toda sensación absoluta es religiosa», había escrito Novalis. Darío, por su parte, expresa no sólo que es «ansia» o «ardor», sino también, y sobre todo, «sensación pura»: la intensidad que ya no es más que intensidad, conjunción de tiempos, un tiempo que se hace espacio, energía viva. A través de la sensación (absoluta, pura) se accede al ámbito de lo imaginario, del sueño, y aun de las experiencias sobrenaturales. Nada de lo cual es ajeno al modernismo; para convencerse de ello, bastaría leer algunos poemas (incluidos en esta antología) de Darío, Lugones, Jaimes Freyre y Herrera.

Todo lo cual, por supuesto, debe hacer recordar una poética: la del romanticismo. La pasión del cuerpo y la erótica, los sueños y los pensamientos inconscientes, el principio de la analogía universal son algunos de los rasgos que definen a esa poética. No es difícil intuir que ellos se oponen al racionalismo absoluto de la Ilustración. Pero sería demasiado restringido definir al romanticismo sólo por esta oposición. El romanticismo no excluye la razón, ni pretende relegarla aunque la critique; hoy sabemos mejor que más bien fue ese punto vertiginoso (girante) en que imaginación y conciencia crítica debaten entre sí para realizar la reconciliación. Ser escindido, el romántico busca la gran unidad del hombre, ya perdida; pero esa búsqueda no puede ser sino *irónica*: reinstaurar la unidad perdida es inventarla, inventarla es redescubrirla. Así, la ironía romántica marca a toda la modernidad poética, desde el simbolismo hasta el surrealismo [*]. Se trata, por consiguiente, de una modernidad ambigua y ambivalente: vive de lo actual, pero en busca de lo inactual; se arraiga en el presente, pero para hacer posible la verdadera presencia: el advenimiento del hombre originario.

«La modernidad es lo transitorio, lo fugitivo, lo contingente, la mitad del arte, cuya otra mitad es lo eterno y lo inmutable», escribe Baudelaire en uno de sus ensayos de 1859 (*El pintor de la vida moderna*); pocos años después, en uno de sus diarios íntimos, concebirá, en cambio, que la verdadera civilización no reside en el progreso sino en «la disminución de las huellas del pecado original» (*Mi corazón*

---

[*] Cf. *Albert Beguin: El alma romántica y el sueño* (México, FCE, 1978); Octavio Paz: *Los hijos del limo* (Barcelona, Seix Barral, 1974); Antonio Marí (compilador): *El entusiasmo y la quietud* (antología del romanticismo alemán). Barcelona, Tusquet Editores, 1979.

al desnudo, 1862-1864). Rimbaud, por su parte, en *Una temporada en el infierno* (1873), comprueba que «la verdadera vida está ausente», que, por tanto, hay que reinventar el amor, cambiar la vida, crear un lenguaje que algún día fuese accesible a todos los sentidos; pero concluye su poema con un adiós a la poesía, que fue también su definitiva renuncia a ella: había que ser «absolutamente moderno», abarcar «la rugosa realidad».

La ilusión de absoluto y la conciencia de fracaso, la historia que se impone a la nostalgia por la unidad perdida: el presente de la modernidad poética fue un presente crítico, o en crisis.

Esto es lo que el modernismo hispanoamericano también encarna. Es obvio que cuando Darío habla de *lo moderno*, no está exaltando el progreso en su acepción material, utilitaria, pragmática. «Yo detesto la vida y el tiempo en que me tocó nacer», expresa en el prólogo a *Prosas profanas* (1896). Esa vida y ese tiempo, de que habla, tienen una connotación muy hispanoamericana. Darío está aludiendo a la opacidad y al anacronismo de nuestra sociedad, de nuestra cultura; también, como lo ha indicado Octavio Paz, a la filosofía positivista (otra forma de racionalismo) que ya empezaba a dominar en América. La modernidad que postula Darío es la de ser contemporáneo de todos los hombres; es, igualmente, la de una sensibilidad estética: hablar con el lenguaje de su tiempo, crear una poesía que pudiera inscribirse en un contexto universal. Por ello se calificaba a sí mismo de «audaz, cosmopolita». Esta búsqueda de presencia, motivada por razones locales, va a coincidir con la búsqueda de la poesía europea. También en América *la verdadera vida* estaba ausente: había, pues, que inventarla (¿redescubrirla?) a través del cuerpo, de la sensación pura, del «hombre natural» que Martí reconocía en la obra de Walt Whitman, y que era simultáneamente el hombre estético, el hombre lúdico (como ya había propuesto Schiller) capaz de reconciliar la historia y la naturaleza, capaz de vivir en una armonía universal, en un tiempo cósmico. «En el reino de mi aurora/ No hay ayer, hoy, ni mañana» (Darío).

El modernismo —reconocía recientemente Borges— «esa gran libertad, que renovó las muchas literaturas cuyo instrumento común es el castellano y que llegó, por cierto, hasta España». Esa gran libertad fue, ciertamente, lo que cambió toda la poesía de nuestra lengua. Ampliando la afirmación de Pedro Henríquez Ureña respecto a Darío, podría decirse que después del modernismo no es difícil precisar cuál movimiento es anterior o posterior a él. Así como el romanticismo establece la línea divisoria de la modernidad poética en Europa, el modernismo (nuestro verdadero romanticismo, observa Paz) la estableció en Hispanoamérica, aun en España.

En 1916 muere Rubén Darío. De los que integraron el movimiento modernista, lo sobrevivirán, entre otros, Leopoldo Lugones y Ricardo Jaimes Freyre. El primero cuenta mucho, pues hasta su muerte en 1938, su obra fue una continua metamorfosis, incluso una réplica al propio modernismo. Partiendo de 1916 o aun antes, la crítica suele hablar del período o del movimiento postmodernista. Ni lo uno ni lo otro. No hay tal período postmodernista, no hay tal movimiento postmodernista.

El primero es de difícil delimitación, aun cuando se adopte la mayor flexibilidad cronológica. José Juan Tablada publica su primer libro en 1896 (el mismo año de *Prosas profanas*) y el último en 1928, cuando ya se ha iniciado la vanguardia, a la cual, por cierto, hizo aportes fundamentales con sus tres libros publicados entre 1919 y 1922: *Un día, Li-Po y otros poemas, El jarro de flores*. Lo mismo podría decirse de Gabriela Mistral: entre sus textos iniciales («Los sonetos de la muerte», 1912) y los posteriores, hay todo un registro estético muy variado; su mejor libro, en todo caso, aparece en 1938: *Tala*. ¿Y cómo considerar a poetas como el uruguayo Carlos Sabat Ercasty o el clombiano León de Greiff, cuyas obras despuntan hacia 1916 o 1917 y concluyen casi en nuestros días, influyendo en varios poetas más contemporáneos? Período postmodernista: o fue muy fugaz, o se perpetuó indefinidamente. Pero quizá valga la pena dar un ejemplo más significativo. Ramón López Velarde es uno de los poetas a los que más asiduamente se ubica dentro del postmodernismo, incluso como uno de los más característicos por su combinatoria de lenguaje «poético» y «conversacional». En vida, López Velarde publicó *La sangre devota* (1916) y *Zozobra* (1919). Pues bien, entre 1916 y 1918 aparecen los tres libros de Vicente Huidobro que fundan una poética tan radical que parece borrar todo el aporte del modernismo; esos libros fueron: *El espejo de agua, Ecuatorial* y *Poemas árticos*. El postmodernismo, en consecuencia, coexistiría con la vanguardia; sus integrantes no serían más que modernistas tardíos o vanguardistas rezagados. Lo cual, en ambos casos, no se corresponde con la verdad del hecho estético.

En cuanto al postmodernismo como movimiento, son todavía mayores las dudas y las dificultades para considerarlo como tal. Ninguno de los llamados postmodernistas sintió que formaba parte de un verdadero movimiento poético. Era un sentimiento justificado: cada uno de ellos pareció intuir que vivía un tiempo de resaca, que sus obras eran una suerte de aventura aislada y que debían reencontrar esa espontaneidad creadora que el modernismo había hecho posible. ¿No era lo que insinuaba López Velarde cuando decía: «Hemos perdido la inteligencia del lenguaje usual, y el Diccionario susurra»? Nada raro, pues, que se reaccionara contra el modernismo, o, más bien, contra la retórica de sus epígonos. Lo importante es que esa reacción ofreciese una nueva escritura.

La crítica ha querido fijar el comienzo de esa reacción con el soneto «Tuércele el cuello al cisne» (1911) del poeta mexicano Enrique González Martínez. Lo cual, por múltiples razones, resulta errático. En su soneto, González Martínez se vale de oposiciones simétricas que apenas van más allá de la mitología modernista o rubeniana: si opone la sabiduría y profundidad del *búho* a la mera sensorialidad, belleza decorativa y graciosa del *cisne*, no deja de recurrir a los mismos elementos helénicos (habla del Olimpo, de Palas). La frase inicial de su soneto, por lo demás, evoca de inmediato un verso del «Arte poética» de Verlaine (maestro de muchos modernistas y, especialmente, de Darío): «Tuércele el cuello a la elocuencia». Cuando González Martínez dice que el cisne (modernista) «no siente el alma de las cosas ni la voz del paisaje», parece desconocer todo lo que Darío —para dar un solo ejemplo— propuso en «Coloquio de los Centauros»: «Las cosas tienen un ser vital...». Aun si se opone al modernismo e intuye la necesidad de formular otra poética, González Martínez no tuvo la imaginación para crearla, mucho menos para hacerla viva a través de un nuevo lenguaje. Al reseñar uno de sus libros (*La muerte del cisne*, 1915), el propio López Velarde le objetará el tono «casi siempre cabal» y «la tendencia cerebral» de su poesía. Fue lo que ocurrió con otros poetas del llamado postmodernismo, a los que quizá obnubiló el deliberado propósito de oponerse a algo. Pero oposición implica proposición y ésta, a su vez, una nueva posición: un texto nuevo.

Fue lo que intuyeron los poetas mayores en esta etapa de transición. ¿Tuvieron conciencia de la «transición» o se dejaron llevar por su propio instinto creador? No sólo es innecesario decidirse al respecto; es igualmente inútil. Sus obras hablan mejor que sus propósitos. Ellas nos revelan un hecho significativo: la indagación en el lenguaje (su léxico, su sintaxis, su estructuración en el poema) como una manera de profundizar en la realidad. Tablada, aparentemente, no sería el mejor ejemplo para citarlo al respecto; lo es, sin embargo, en grado sumo. Aunque provenía directamente de la estética modernista, los libros que publica entre 1919 y 1922 se imponen de inmediato como un nuevo lenguaje y una nueva visión: la imagen condensada del haikú, que es el primero en adaptar a nuestra lengua; el ideograma o caligrama, cuyo aporte entre nosotros comparte con Vicente Huidobro. Sólo por su entonación, por las inflexiones de su lenguaje —lo que corresponde a la atmósfera mágica y onírica de su mundo—, José María Eguren logró recrear, no ya el modernismo, sino la propia estética del simbolismo. Un ejemplo no menos notable es el de José Antonio Ramos Sucre. El poema en prosa o la estructura versicular son los rasgos dominantes en su obra, que publica entre 1921 y 1929. No sólo ello es lo importante; lo importante es el sincretismo de esa obra que no puede ser explicado con referencias a los movimientos poéticos que inmediatamente la preceden, sino a toda una vasta literatura del pasado. En efecto, si algo singulariza a Ramos Sucre es el haber sabido imaginar el mundo (como antes Cervantes y ahora Borges) a través de la literatura misma. Sus textos son continuidad y ruptura: muestran la presencia y el esplendor de una tradición, pero, a un tiempo, la denuncia, al subrayar esa fisura entre las palabras y las cosas con que se inaugura la modernidad (esta vez desde Cervantes). A esa fisura fue quizá lo que él llamó *símbolo*: un signo que (ya) no puede aprehender directamente la realidad, ni siquiera figurarla o transponerla, sino referirse a sí mismo. Homenaje a la *lectura*, la obra de Ramos Sucre es igualmente su crítica. Ni veraz ni errónea, toda lectura, para él, es *re-lectura*, no tanto en el sentido de una mera modificación o «variación» como en el de una verdadera traducción. ¿No decía, justamente, que «leer es un acto de servilismo»? Sabemos que traducir es traicionar, sólo que Ramos Sucre quiere traducir para ser fiel al texto (a la vida) original. De ahí las tensiones que subyacen en su obra. Por ello, tal vez, se permitió ignorar los experimentos de la llamada vanguardia (sobre todo los muy superficiales de la literatura venezolana de su tiempo). En cambio, fue artífice de técnicas que apenas se conocían entre nosotros: el monólogo dramático, la narración impersonal, las vidas imaginarias, la glosa, la literatura como re-escritura. Esas técnicas que, sin embargo, todavía hoy siguen practicando algunos poetas hispanoamericanos —desde Borges y Paz hasta los más recientes.

Con todo lo cual se quiere decir que si el llamado postmodernismo es casi una entelequia, no lo son los poetas o algunos de los poetas a los que se clasifica dentro de él. Unas más, otras menos, sus obras forman parte de la mejor tradición de nuestra poesía moderna. A esos poetas no puede vérseles como simples mediadores entre una estética y otra. No sólo tuvieron existencia propia, aunque muchas veces aislada, sino que, además, lograron conquistar verdadera vigencia. Los mejores de ellos siguen siendo nuestros contemporáneos.

Pero esta breve introducción no pretende corregir los cánones que ya la crítica ha establecido; mucho menos proponer otros supuestamente nuevos. De cualquier modo que se les considere cánones, esquemas y clasificaciones suelen ser, finalmente, inútiles para la compensión de una obra. Quizá todo depende de la sensibilidad o de la comodidad del lector. A unos les dicen mucho, por ejemplo, categorías como «periodización», «generaciones», «escuelas», «estilos»; a otros, esas mismas categorías no les dicen nada, o muy poco. Ya no hay lectores sino críticos, comprobaba Borges hace algunos años. Puede ser cierto. Sólo que el linaje de los buenos lectores no ha cesado. Por ello la literatura se renueva; todo buen autor es siempre, y en primer lugar, un buen lector. Así, lo que se ha intentado en esta introducción es presentar un conjunto de poetas hispanoamericanos que, no obstante las diferencias de estilos y gustos, de tiempos y espacios, lograron crear un campo de mutuas referencias. La literatura es un sistema, pero un sistema plural y dinámico: una confrontación de textos.

G.S.

JOSE MARTI
[CUBA, 1853-1895]

NO OBSTANTE su desenlace trágico, o quizás por ello mismo, José Martí tuvo un destino privilegiado como escritor: su obra no sólo ilumina su vida, sino que, además, la prefigura. Lo cual no es nada sorprendente en quien, como él, postulaba que «en toda poesía ha de ir envuelto un acto». «No me pongan en lo oscuro/ A morir como un traidor:/ ¡Yo soy bueno, y como bueno/ Moriré de cara al sol!», escribía en un poema de 1891. Poco después, el 19 de mayo de 1895, moría en la batalla de Dos Ríos, intento último por liberar a su patria. Así el apóstol, el héroe y el poeta se conjugaban en una misma figura; más significativo aún: la letra encarnaba en su sentido profundo: ¿no es, justamente, el drama histórico como drama solar una de las constantes de Martí? Cuando muere, Martí apenas contaba cuarentidós años. Había vivido las experiencias más diversas: prisiones, exilios, viajes, activismo político y proselitista, la pobreza, el trabajo abrumador para subsistir, muchas veces el desencanto, sólo atenuado por su pasión e inteligencia excepcionales; dejaba escrita, sin embargo, una obra múltiple, que abarca casi todos los géneros. Es imposible aislar los distintos aspectos de esa obra; acá por razones obvias, nos concentraremos en su poesía. Martí rehuyó tanto cualquier vago esteticismo como la prédica disfrazada de arte. En este último sentido, alguna vez advirtió: «A la poesía, que es arte, no vale disculparla con que es patriótica o filosófica, sino que ha de resistir como el bronce y vibrar como la porcelana». De ahí también que su predilección estuviese por «las sonoridades difíciles, el verso escultórico, vibrante como la porcelana, volador como un ave, ardiente y arrollador como lengua de lava». Aun se propuso, continuando la gran utopía romántica, un objetivo todavía más radical: borrar las fronteras que han separado el arte y la vida. «Los pueblos —decía— han de cultivar a la vez el campo y la poesía». Como poeta, quizás más que como prosista, Martí amó y practicó la sencillez —a la que no debe confundirse con la simpleza. Su sencillez fue compleja y sutil. En primer término, la capacidad de síntesis y de sugerencia, la poesía como «un haz de relámpagos»; «el lenguaje ha de ser matemático, geométrico, escultórico» —proponía. Luego, un sabio juego de las proporciones, pues: «Todo lo desequilibrado, irrita. Esta es la gran ley estética, la ley matriz y esencial». Finalmente, el don de la composición pictórica; por ello consideraba que «Hay algo plástico en el lenguaje y tiene él su cuerpo visible. El escritor ha de pintar, como el pintor». Concentración verbal, transparencia, ritmo, dinamismo, color; la sencillez en Martí fue también una búsqueda de la naturaleza original («el único fin legítimo de la poesía moderna», afirmaba). Lo mejor de su poesía podría admitir las palabras con que él mismo llegó a definir la de Walt Whitman: la poesía «del hombre desnudo, virginal, amoroso, sincero, potente (...), del hombre que, sin dejarse cegar por la desdicha, lee la promesa de final ventura en el equilibrio y la gracia del mundo». ¿No llega a sostener, incluso, en uno de sus poemas que «el universo habla mejor que el hombre»? Tal vez ello explique que sea Martí, dentro del modernismo hispanoamericano, quien mejor supo arraigar las modalidades estéticas de su época (Parnaso, impresionismo, simbolismo) en una verdadera tradición castellana.

Naturaleza original: lenguaje original. El pensamiento poético de Martí se nutre de estas dos fuentes. De estos dos poderes. Si hay algo realmente contemporáneo en Martí es el reconocimiento a los poderes del lenguaje —lo cual expuso en diversos pasajes de su obra. Señalemos, acá tan sólo dos:

> ¿Quién no sabe que la lengua es jinete del pensamiento, y no su caballo? La imperfección de la lengua humana para expresar cabalmente los juicios, afectos y designios del hombre es una prueba perfecta y absoluta de la necesidad de una existencia venidera.

* * *

> Imágenes geniales, espontáneas y grandes, no vienen del laboreo penoso de la mente, sino de su propia voluntad e instinto.

BIBLIOGRAFIA

OBRA POETICA

Ismaelillo (1882); [*La edad de oro* (prosa y verso, 1889)]; *Versos sencillos* (1891); *Versos libres* [1878-1882] (póstumo); *Flores del destierro* [1882-1891] (póstumo); *Obras completas* (volúmenes 16 y 17. La Habana, Editorial Nacional de Cuba, 1964), *Obra literaria* (Prólogo, notas y cronología de Cintio Vitier. Caracas, Biblioteca Ayacucho, N° 40, 1978).

ESTUDIOS CRITICOS

Rubén Darío: «José Martí», en *Los raros*, 1896.

Roberto González Echeverría: «Martí y su 'Amor de ciudad grande'/notas hacia una poética de 'Versos Libres', en *Zona Franca*, Caracas, N° 6, 1978.

Juan Ramón Jiménez: «José Martí», en *Españoles de tres mundos*. 1942.

José Lezama Lima: «Influencias en busca de Martí», en *Algunos tratados en La Habana*. Barcelona, Anagrama, 1971.

Jorge Mañach: *Martí, el apóstol*. Puerto Rico, El Mirador, 1963.

Juan Marinello: *José Martí, escritor americano*. La Habana, Imprenta Nacional, 1962.

Gabriela Mistral: «La lengua de Martí», en *Anales de la Universidad de Chile*, Santiago de Chile, N° 89, 1953.

Mariano Picón-Salas: «Arte y virtud en José Martí», en *Obras Selectas*. Madrid-Caracas, Edime, 1962.

Iván Schulman: *Símbolo y color en la obra de José Martí*. Madrid, Gredos, 1970.

Iván Schulman y Manuel P. González: *Martí, Darío y el Modernismo*. Madrid, Gredos, 1969.

Cintio Vitier: «El arribo a la plenitud del espítitu. La integración poética de Martí», en *Lo cubano en la poesía*. La Habana, Instituto del Libro, 1970.

Cintio Vitier y Fina García Marruz: *Temas martianos*. La Habana, Biblioteca Nacional José Martí, 1969.

ISMAELILLO

VALLE LOZANO

Dígame mi labriego
¿Cómo es que ha andado
En esta noche lóbrega
Este hondo campo?
Dígame ¿de qué flores
Untó el arado,
Que la tierra olorosa
Trasciende a nardo?
Dígame ¿de qué ríos
Regó ese prado,
Que era un valle muy negro
Y ora es lozano?

Otros, con dagas grandes
Mi pecho araron:
Pues ¿qué hierro es el tuyo
Que no hace daño?
Y esto dije — y el niño
Riendo me trajo
En sus dos manos blancas
Un beso casto.

MI DESPENSERO

¿Qué me das? ¿Chipre?
Yo no lo quiero:
Ni rey de bolsa
Ni posaderos
Tienen del vino
Que yo deseo;

Ni es de cristales
De cristaleros
La dulce copa
En que lo bebo.

Mas está ausente
Mi despensero,
Y de otro vino
Yo nunca bebo.

VERSOS SENCILLOS

I

Yo soy un hombre sincero
De donde crece la palma,
Y antes de morirme quiero
Echar mis versos del alma.

Yo vengo de todas partes,
Y hacia todas partes voy:
Arte soy entre las artes,
En los montes, monte soy.

Yo sé los nombres extraños
De las yerbas y las flores,
Y de mortales engaños,
Y de sublimes dolores.

Yo he visto en la noche oscura
Llover sobre mi cabeza
Los rayos de lumbre pura
De la divina belleza.

Alas nacer vi en los hombros
De las mujeres hermosas:
Y salir de los escombros,
Volando las mariposas.

He visto vivir a un hombre
Con el puñal al costado,
Sin decir jamás el nombre
De aquella que lo ha matado.

Rápida, como un reflejo,
Dos veces vi el alma, dos:
Cuando murió el pobre viejo,
Cuando ella me dijo adiós.

Temblé una vez —en la reja,
A la entrada de la viña—,
Cuando la bárbara abeja
Picó en la frente a mi niña.

Gocé una vez, de tal suerte
Que gocé cual nunca: —cuando
La sentencia de mi muerte
Leyó el alcaide llorando.

Oigo un suspiro, a través
De las tierras y la mar,
Y no es un suspiro—, es
Que mi hijo va a despertar.

Si dicen que del joyero
Tome la joya mejor,
Tomo a un amigo sincero
Y pongo a un lado el amor.

Yo he visto al águila herida
Volar al azul sereno,
Y morir en su guarida
La víbora del veneno.

Yo sé bien que cuando el mundo
Cede, lívido, al descanso,
Sobre el silencio profundo
Murmura el arroyo manso.

Yo he puesto la mano osada,
De horror y júbilo yerta,
Sobre la estrella apagada
Que cayó frente a mi puerta.

Oculto en mi pecho bravo
La pena que me lo hiere:
El hijo de un pueblo esclavo
Vive por él, calla y muere.

Todo es hermoso y constante,
Todo es música y razón,
Y todo, como el diamante,
Antes que luz es carbón.

Yo sé que el necio se entierra
Con gran lujo y con gran llanto.
Y que no hay fruta en la tierra
Como la del camposanto.

Callo, y entiendo, y me quito
La pompa del rimador:
Cuelgo de un árbol marchito
Mi muceta de doctor.

III

Odio la máscara y vicio
Del corredor de mi hotel:
Me vuelvo al manso bullicio
De mi monte de laurel.

Con los pobres de la tierra
Quiero yo mi suerte echar:
El arroyo de la sierra
Me complace más que el mar.

Denle al vano el oro tierno
Que arde y brilla en el crisol:
A mí denme el bosque eterno
Cuando rompe en él el sol.

Yo he visto el oro hecho tierra
Barbullendo en la redoma:
Prefiero estar en la sierra
Cuando vuela una paloma.

Busca el obispo de España
Pilares para su altar;
¡En mi templo, en la montaña,
El álamo es el pilar!

Y la alfombra es puro helecho,
Y los muros abedul,
Y la luz viene del techo,
Del techo de cielo azul.

El obispo, por la noche,
Sale, despacio, a cantar:
Monta, callado, en su coche,
Que es la piña de un pinar.

Las jacas de su carroza
Son dos pájaros azules:
Y canta el aire y retoza,
Y cantan los abedules.

Duermo en mi cama de roca
Mi sueño dulce y profundo:
Roza una abeja mi boca
Y crece en mi cuerpo el mundo.

Brillan las grandes molduras
Al fuego de la mañana,
Que tiñe las colgaduras
De rosa, violeta y grana.

El clarín, solo en el monte,
Canta al primer arrebol:
La gasa del horizonte
Prende, de un aliento, el sol.

¡Díganle al obispo ciego,
Al viejo obispo de España
Que venga, que venga luego,
A mi templo, a la montaña!

V

Si ves un monte de espumas,
Es mi verso lo que ves:
Mi verso es un monte, y es
Un abanico de plumas.

Mi verso es como un puñal
Que por el puño echa flor:
Mi verso es un surtidor
Que da un agua de coral.

Mi verso es de un verde claro
Y de un carmín encendido:
Mi verso es un ciervo herido
Que busca en el monte amparo.

Mi verso al valiente agrada:
Mi verso, breve y sincero,
Es del vigor del acero
Con que se funde la espada.

IX

Quiero, a la sombra de un ala,
Contar este cuento en flor:
La niña de Guatemala,
La que se murió de amor.

Eran de lirios los ramos,
Y las orlas de reseda
Y de jazmín: la enterramos
En una caja de seda.

...Ella dio al desmemoriado
una almohadilla de olor:
El volvió, volvió casado:
Ella se murió de amor.

Iban cargándola en andas
Obispos y embajadores:
Detrás iba el pueblo en tandas,
Todo cargado de flores.

...Ella, por volverlo a ver,
Salió a verlo al mirador:
El volvió con su mujer:
Ella se murió de amor.

Como de bronce candente
Al beso de despedida
Era su frente ¡la frente
Que más he amado en mi vida!

...Se entró de tarde en el río,
La sacó muerta el doctor:
Dicen que murió de frío:
Yo sé que murió de amor.

Allí, en la bóveda helada,
La pusieron en dos bancos:
Besé su mano afilada,
Besé sus zapatos blancos.

Callado, al oscurecer,
Me llamó el enterrador:
¡Nunca más he vuelto a ver
A la que murió de amor!

XI

Yo tengo un paje muy fiel
Que me cuida y que me gruñe,
Y al salir, me limpia y bruñe
Mi corona de laurel.

Yo tengo un paje ejemplar
Que no come, que no duerme,
Y que se acurruca a verme
Trabajar, y sollozar.

Salgo, y el vil se desliza
Y en mi bolsillo aparece;
Vuelvo, y el terco me ofrece
Una taza de ceniza.

Si duermo, al rayar el día
Se sienta junto a mi cama:
Si escribo, sangre derrama
Mi paje en la escribanía.

Mi paje, hombre de respeto,
Al andar castañetea:
Hiela mi paje, y chispea:
Mi paje es un esqueleto.

XVII

Es rubia: el cabello suelto
Da más luz al ojo moro:
Voy, desde entonces, envuelto
En un torbellino de oro.

La abeja estival que zumba
Más ágil por la flor nueva,
No dice, como antes, «tumba»:
«Eva» dice: todo es «Eva».

Bajo, en lo oscuro, al temido
Raudal de la catarata:
¡Y brilla el iris tendido
Sobre las hojas de plata!

Miro, ceñudo, la agreste
Pompa del monte irritado:
¡Y en el alma azul celeste
Brota un jacinto rosado!

Voy, por el bosque, a paseo
A la laguna vecina:
Y entre las ramas la veo,
Y por el agua camina.

La serpiente del jardín
Silba, escupe, y se resbala
Por su agujero: el clarín
Me tiende, trinando, el ala.

¡Arpa soy, salterio soy
Donde vibra el Universo:
Vengo del sol, y al sol voy:
Soy el amor: soy el verso!

XXIII

Yo quiero salir del mundo
Por la puerta natural:
En un carro de hojas verdes
A morir me han de llevar.

No me pongan en lo oscuro
A morir como un traidor:
¡Yo soy bueno, y como bueno
Moriré de cara al sol!

XXV

Yo pienso, cuando me alegro
Como un escolar sencillo,
En el canario amarillo—,
¡Que tiene el ojo tan negro!

Yo quiero, cuando me muera,
Sin patria, pero sin amo,
Tener en mi losa un ramo
De flores—, ¡y una bandera!

XLV

Sueño con claustros de mármol
donde en silencio divino
los héroes, de pie, reposan:
¡de noche, a la luz del alma,
hablo con ellos: de noche!
Están en fila: paseo
entre las filas: las manos
de piedra les beso: abren
los ojos de piedra: mueven
los labios de piedra: tiemblan

las barbas de piedra: empuñan
la espada de piedra: lloran:
¡vibra la espada en la vaina!
Mudo, les beso la mano.

¡Hablo con ellos, de noche!
Están en fila: paseo
entre las filas: lloroso
me abrazo a un mármol: «¡Oh mármol,
dicen que beben tus hijos
su propia sangre en las copas
venenosas de sus dueños!

¡Que hablan la lengua podrida
de sus rufianes! ¡Que comen
juntos el pan del oprobio,
en la mesa ensangretada!
¡Que pierden en lengua inútil
el último fuego! ¡Dicen,
oh mármol, mármol dormido,
que ya se ha muerto tu raza!».

Echame en tierra de un bote
el héroe que abrazo: me ase
del cuello: barre la tierra
con mi cabeza: levanta
el brazo, ¡el brazo le luce
lo mismo que un sol!: resuena
la piedra: buscan el cinto
las manos blancas: ¡del soclo
saltan los hombres de mármol!

XLVI

Vierte, corazón, tu pena
donde no se llegue a ver
por soberbia, y por no ser
motivo de pena ajena.

Yo te quiero, verso amigo,
porque cuando siento el pecho
ya muy cargado y deshecho,
parto la carga contigo.

Tú me sufres, tú aposentas
en tu regazo amoroso,
todo mi amor doloroso,
todas mis ansias y afrentas.

Tú, porque yo pueda en calma
amar y hacer bien, consientes
en enturbiar tus corrientes
con cuanto me agobia el alma.

Tú, porque yo cruce fiero
la tierra, y sin odio, y puro,
te arrastras, pálido y duro,
mi amoroso compañero.

Mi vida así se encamina
al cielo limpia y serena,
y tú me cargas mi pena
con tu paciencia divina.

Y porque mi cruel costumbre
de echarme en ti te desvía
de tu dichosa armonía
y natural mansedumbre;

porque mis penas arrojo
sobre tu seno, y lo azotan,
y tu corriente alborotan,
y acá lívido, allá rojo,

blanco allá como la muerte,
ora arremetes y ruges,
ora con el peso crujes
de un dolor más que tú fuerte,

¿habré, como me aconseja
un corazón mal nacido,
de dejar en el olvido
a aquel que nunca me deja?

¡Verso, nos hablan de un Dios
adonde van los difuntos:
verso, o nos condenan juntos,
o nos salvamos los dos!

VERSOS LIBRES

AMOR DE CIUDAD GRANDE

De gorja son y rapidez los tiempos.
Corre cual luz la voz; en alta aguja,
cual nave despeñada en sirte horrenda,
húndese el rayo, y en ligera barca
el hombre, como alado, el aire hiende.
¡Así el amor, sin pompa ni misterio
muere, apenas nacido, de saciado!
¡Jaula es la villa de palomas muertas
y ávidos cazadores! Si los pechos
se rompen de los hombres, y las carnes
rotas por tierra ruedan, ¡no han de verse
dentro más que frutillas estrujadas!

Se ama de pie, en las calles, entre el polvo
de los salones y las plazas; muere
la flor el día en que nace. Aquella virgen
trémula que antes a la muerte daba
la mano pura que a ignorado mozo;
el goce de temer; aquel salirse
del pecho el corazón; el inefable
placer de merecer; el grato susto
de caminar de prisa en derechura

del hogar de la amada, y a sus puertas
como un niño feliz romper en llanto;
y aquel mirar, de nuestro amor al fuego,
irse tiñendo de color las rosas,
¡ea, que son patrañas! Pues ¿quién tiene
tiempo de ser hidalgo? ¡Bien que sienta,
cual áureo vaso o lienzo suntuoso,
dama gentil en casa de magnate!
¡O si se tiene sed, se alarga el brazo
y a la copa que pasa se la apura!
Luego, la copa turbia al polvo rueda,
¡y el hábil catador —manchado el pecho
de una sangre invisible— sigue alegre
coronado de mirtos, su camino!
¡No son los cuerpos ya sino desechos,
y fosas, y jirones! ¡Y las almas
no son como en el árbol fruta rica
en cuya blanda piel la almíbar dulce
en su sazón de madurez rebosa,
sino fruta de plaza que a brutales
golpes el rudo labrador madura!

¡La edad es ésta de los labios secos!
¡De las noches sin sueños! ¡De la vida
estrujada en agraz! ¿Qué es lo que falta
que la ventura falta? Como liebre
azorada, el espítitu se esconde,
trémulo huyendo al cazador que ríe;
cual en soto selvoso, en nuestro pecho;
y el deseo, de brazo de la fiebre,
cual rico cazador recorre el soto.

¡Me espanta la ciudad! ¡Toda está llena
de copas por vaciar, o huecas copas!
¡Tengo miedo ¡ay de mí! de que este vino
tósigo sea, y en mis venas luego
cual duende vengador los dientes clave!
¡Tengo sed; mas de un vino que en la tierra

no se sabe beber! ¡No he padecido
bastante aún, para romper el muro
que me aparta ¡oh dolor! de mi viñedo!
¡Tomad vosotros, catadores ruines
de vinillos humanos, esos vasos
donde el jugo de lirio a grandes sorbos
sin compasión y sin temor se bebe!
¡Tomad! ¡Yo soy honrado, y tengo miedo!

CRIN HIRSUTA

¿Que como crin hirsuta de espantado
caballo que en los troncos secos mira
garras y dientes de tremendo lobo,
mi destrozado verso se levanta?...
Sí, pero ¡se levanta! A la manera,
como cuando el puñal se hunde en el cuello
de la res, sube al cielo hilo de sangre.
Sólo el amor engendra melodías.

ARBOL DE MI ALMA

Como un ave cruza el aire claro,
siento hacia mí venir tu pensamiento
y acá en mi corazón hacer su nido.
Abrase el alma en flor; tiemblan sus ramas
como los labios frescos de un mancebo
en su primer abrazo a una hermosura;
cuchichean las hojas; tal parecen
lenguaraces obreras y envidiosas,
a la doncella de la casa rica
en preparar el tálamo ocupadas.
Ancho es mi corazón, y es todo tuyo.
¡Todo lo triste cabe en él, y todo
cuanto en el mundo llora, y sufre, y muere!

De hojas secas, y polvo, y derruidas
ramas lo limpio; bruño con cuidado
cada hoja, y los tallos; de las flores
los gusanos y el pétalo comido
separo; oreo el césped en contorno
y a recibirte, oh pájaro sin mancha,
¡apresto el corazón enajenado!

FLORES DEL DESTIERRO

DOS PATRIAS

Dos patrias tengo yo: Cuba y la noche.
¿O son una las dos? No bien retira
Su majestad el sol, con largos velos
Y un clavel en la mano, silenciosa
Cuba cual viuda triste me aparece.
¡Yo sé cuál es ese clavel sangriento
Que en la mano le tiembla! Está vacío
Mi pecho, destrozado está y vacío
En donde estaba el corazón. Ya es hora
De empezar a morir. La noche es buena
Para decir adiós. La luz estorba
Y la palabra humana. El universo
Habla mejor que el hombre.
                Cual bandera
Que invita a batallar, la llama roja
De la vela flamea. Las ventanas
Abro, ya estrecho en mí. Muda, rompiendo
Las hojas del clavel, como una nube
Que enturbia el cielo, Cuba, viuda, pasa...

DOMINGO TRISTE

Las campanas, el sol, el cielo claro
Me llenan de tristeza, y en los ojos

Llevo un dolor que el verso compasivo mira,
Un rebelde dolor que el verso rompe
¡Y es ¡oh mar! la gaviota pasajera
Que rumbo a Cuba va sobre tus olas!

Vino a verme un amigo, y a mí mismo
Me preguntó por mí; ya en mí no queda
Más que un reflejo mío, como guarda
La sal del mar la concha de la orilla.
Cáscara soy de mí, que en tierra ajena
Gira, a la voluntad del viento huraño,
Vacía, sin fruta, desgarrada, rota.
Miro a los hombres como montes; miro
Como paisajes de otro mundo, el bravo
Codear; el mugir, el teatro ardiente
De la vida en mi torno: Ni un gusano
Es ya más infeliz: ¡suyo es el aire,
Y el lodo en que muere es suyo!
Siento la coz de los caballos, siento
Las ruedas de los carros; mis pedazos
Palpo: ya no soy vivo: ¡ni lo era
Cuando el barco fatal levó las anclas
Que me arrancaron de la tierra mía!

JULIAN DEL CASAL
[CUBA, 1863-1893]

SE SABÍA ya condenado por la tuberculosis que lo venía minando. «Al borde de la tumba, adonde pronto me iré a dormir», le escribe una carta a Rubén Darío: la despedida *ritual,* ni siquiera al amigo sino al Poeta, a la Poesía. Entonces revisaba las pruebas del que iba a ser su libro póstumo, una colección de artículos y de poemas. ¿No se había ganado arduamente la vida con ellos en los diversos diarios de La Habana en que colaboró? En uno de esos últimos poemas había escrito: «ansias de aniquilarme sólo siento». ¿Tuvo alguna vez la idea del suicidio? En todo caso, se le adelantó el azar. Pese a la enfermedad, llevaba una vida «mundana» y se rodeaba de refinamientos ilusorios y de exotismos. Asistió a una cena de amigos, alguien dijo un chiste en la sobremesa y él se rió con tales ganas que se le produjo una hemoptisis casi fulminante. «Habiendo vivido como un delfín muerto de sueño,/ alcanzaste a morir muerto de risa», dirá Lezama Lima en la Oda realmente deslumbrante que le dedicó. Ese verso no busca subrayar lo que llamamos ironías del destino, sino, al contrario, mostrar cómo el destino se impone a sus propias ironías. En efecto, dominada por el *tedium vitae* y por la obsesión del vacío y la muerte, no se siente en la poesía de Julián de Casal la vaguedad tenebrosa, o aun lo tenebroso en ella parece la ingenua y fresca rebelión de un verdadero carácter: ¿por qué la vida o la naturaleza misma no estaban regidas por la belleza?, ¿por qué la belleza no era ya de este mundo? «Le había tomado la poesía nula», escribirá, sin embargo, Martí al saber de su muerte. Con esta frase injusta nació, quizá, la comparación entre ambos poetas y culminó en el contraste justo pero equívoco y simplista: el poeta artificial ante el poeta natural. Sólo la agudeza de Citio Vitier — descontando a Lezama— supo poner todo en su sitio. Sí, la poesía de Casal, como la de Martí, no revela las nupcias del espíritu con el mundo; pero advierte: «si no asume la realidad, asume hasta sus últimas consecuencias la irrealidad, y esto muy pocos pueden hacerlo». Muy pocos, cierto, aun dentro del propio modernismo. Habrá que releer a Julián del Casal desde esta otra perspectiva. No hay que eludir el tema de las influencias: Baudelaire y parnasianos de segundo orden, el *A rebours* de Huysmans y la pintura de Gustave Moreau, que quiso recrear en los diez sonetos de su «Museo ideal». Cuenta lo que Lezama llamó «el misterio del eco»: esas secretas mutaciones que al fin encuentran el tono de la impertinencia ¿y de la ironía? con que este poeta tan frágil y a la vez tan terco supo hacernos sentir el extrañamiento en el mundo. No el trivial desengaño del ideal, sino la pasión desolada.

BIBLIOGRAFIA

OBRA POETICA

Hojas al viento (1890); *Nieve* (1892); *Bustos y rimas* (póstumo, 1893); *Poesías completas* (Introducción y notas de Mario Cabrera Saqui. La Habana, 1945); *Poesías,* (La Habana, Biblioteca de Autores Cubanos, 1963).

ESTUDIOS CRITICOS

Emilio de Armas: *Casal,* La Habana, Edit. Letras Cubanas, 1981.
Esperanza Figueroa Amaral: «Julián del Casal y el modernismo», en *Revista Iberoamericana,* México, N° 59, 1965.
«El cisne modernista», en *Cuadernos Americanos,* México, N° 4, 1965.
Robert Jay Glickman: *The Poetry of Julian del Casal. A Critical Edition.* Gainesville, The University Press of Florida, 1976.
José Lezama Lima: «Julián del Casal», en *Analecta del reloj,* La Habana, 1953. «Paralelos. La pintura y la poesía en Cuba», en *La cantidad hechizada,* La Habana, 1970.
José María Monner Sans: *Julián del Casal y el modernismo hispanoamericano,* México, Colegio de México, 1952.
Luis Antonio de Villena: «El camino simbolista de Julián del Casal», en *El Simbolismo,* Editor J. Olivio Jiménez, Madrid, Taurus, Colec. «El escritor y la crítica», 1979.
Cintio Vitier: «Casal como antítesis de Martí. Hastío, forma, belleza, asimilación y originalidad. Nuevos rasgos de lo cubano: *el frío* y *lo otro»,* en *Lo cubano en la poesía,* La Habana, Instituto del Libro, 1970.

HOJAS AL VIENTO

MIS AMORES

SONETO POMPADOUR

Amo el bronce, el cristal, las porcelanas,
las vidrieras de múltiples colores,
los tapices pintados de oro y flores
y las brillantes lunas venecianas.

Amo también las bellas castellanas,
la canción de los viejos trovadores,
los árabes corceles voladores,
las flébiles baladas alemanas;

el rico piano de marfil sonoro,
el sonido del cuerno en la espesura,
del pebetero la fragante esencia,

y el lecho de marfil, sándalo y oro,
en que deja la virgen hermosura
la ensangrentada flor de su inocencia.

POST UMBRA

Cuando yo duerma, solo y olvidado,
        dentro de oscura fosa,
por haber en tu lecho malgastado
        mi vida vigorosa;

cuando en mi corazón, que tuyo ha sido,
        se muevan los gusanos
lo mismo que en un tiempo se han movido
        los afectos humanos;

cuando sienta filtrarse por mis huesos
gotas de lluvia helada,
y no me puedan reanimar tus besos
ni tu ardiente mirada;

una noche, cansada de estar sola
en tu alcoba elegante,
saldrás, con tu belleza de española,
a buscar otro amante.

Al verte mis amigos licenciosos
tan bella todavía,
te aclamarán, con himnos estruendosos,
la diosa de la orgía.

Quizá alguno, ¡oh, bella pecadora!,
mirando tus encantos,
te repita, con voz arrulladora,
mis armoniosos cantos;

aquellos en que yo celebré un día
tus amores livianos,
tu dulce voz, tu femenil falsía,
tus ojos africanos.

Otro tal vez, dolido de mi suerte
y con mortal pavura,
recuerde que causaste tú mi muerte,
mi muerte prematura.

Recordará mi vida siempre inquieta,
mis ansias eternales,
mis sueños imposibles de poeta,
mis pasiones brutales.

Y, en nuevo amor tu corazón ardiendo,
caerás en otros brazos,
mientras se esté mi cuerpo deshaciendo
en hediondos pedazos.

....

Pero yo, resignado a tu falsía,
    soportaré el martirio.
¿Quién pretende que dure más de un día
    el aroma de un lírio?

LA CANCION DE LA MORFINA

    Amantes de la quimera,
yo calmaré vuestro mal:
soy la dicha artificial,
que es la dicha verdadera.

    Isis que rasga su velo
polvoreado de diamantes,
ante los ojos amantes
donde fulgura el anhelo;

    encantadora sirena
que atrae, con su canción,
hacia la oculta región
en que fallece la pena;

    bálsamo que cicatriza
los labios de abierta llaga;
astro que nunca se apaga
bajo su helada ceniza;

    roja columna de fuego
que guía al mortal perdido,
hasta el país prometido
del que no retorna luego.

    Guardo, para fascinar
al que siento en derredor,
deleites como el amor,
secretos como la mar.

Tengo las áureas escalas
de las celestes regiones;
doy al cuerpo sensaciones;
presto al espíritu alas.

Percibe el cuerpo dormido
por mi mágico sopor,
sonidos en el color,
colores en el sonido.

Puedo hacer en un instante
con mi poder sobrehumano,
de cada gota un océano,
de cada guija un diamante.

Ante la mirada fría
del que codicia un tesoro,
vierte cascadas de oro,
en golfos de pedrería.

Ante los bardos sensuales
de loca imaginación,
abro la regia mansión,
de los goces orientales,

donde odaliscas hermosas
de róseos cuerpos livianos,
cíñenle, con blancas manos,
frescas coronas de rosas,

y alzan un himno sonoro
entre el humo perfumado
que exhala el ámbar quemado
en pebeteros de oro.

....

Quien me ha probado una vez
nunca me abandonará.
¿Qué otra embriaguez hallará
superior a mi embriaguez?

Tanto mi poder abarca,
que conmigo han olvidado,
su miseria el desdichado,
y su opulencia el monarca.

Yo venzo a la realidad,
ilumino el negro arcano
y hago del dolor humano
dulce voluptuosidad.

Yo soy el único bien
que nunca engendró el hastío.
¡Nada iguala el poder mío!
¡Dentro de mí hay un Edén!

Y ofrezco al mortal deseo
del ser que hirió ruda suerte,
con la calma de la Muerte,
la dulzura del Leteo.

NIEVE

LA AGONIA DE PETRONIO

A Francisco A. de Icaza

Tendido en la bañera de alabastro
donde serpea el purpurino rastro
de la sangre que corre de sus venas,
yace Petronio, el bardo decadente,
mostrando coronada la ancha frente
de rosas, terebintos y azucenas.

Mientras los magistrados le interrogan,
sus jóvenes discípulos dialogan
o recitan sus dáctilos de oro,
y al ver que aquéllos en tropel se alejan
ante el maestro ensangrentado dejan
caer las gotas de su amargo lloro.

Envueltas en sus peplos vaporosos
y tendidos los cuerpos voluptuosos
en la muelle extensión de los triclinios,
alrededor, sombrías y livianas,
agrúpanse las bellas cortesanas
que habitan del imperio en los dominios.

Desde el baño fragante en que aún respira,
el bardo pensativo las admira,
fija en la más hermosa la mirada,
y le demanda, con arrullo tierno,
la postrimera copa de falerno
por sus marmóreas manos escanciada.

Apurando el licor hasta las heces,
enciende las mortales palideces
que oscurecían su viril semblante,
y volviendo los ojos inflamados
a sus fieles discípulos amados
háblales triste en el postrer instante,

hasta que heló su voz mortal gemido,
amarilleó su rostro consumido,
frío sudor humedeció su frente,
amoratáronse sus labios rojos,
densa nube empañó sus claros ojos,
el pensamiento abandonó su mente.

Y como se doblega el mustio nardo,
dobló su cuello el moribundo bardo,
libre por siempre de mortales penas,
aspirando en su lángida postura
del agua perfumada la frescura
y el olor de la sangre de sus venas.

MI MUSEO IDEAL

I
SALOME

En el palacio hebreo, donde el suave
humo fragante por el sol deshecho,
sube a perderse en el calado techo
o se dilata en la anchurosa nave,

está el Tetrarca de mirada grave,
barba canosa y extenuado pecho,
sobre el trono, hierático y derecho,
como adormido por canciones de ave.

Delante de él, con veste de brocado
estrellada de ardiente pedrería,
al dulce son del bandolín sonoro,

Salomé baila y, en la diestra alzado,
muestra siempre, radiante de alegría,
un loto blanco de pistilos de oro.

II
LA APARICION

Nube fragante y cálida tamiza
el fulgor del palacio de granito,
ónix, pórfido y nácar. Infinito
deleite invade a Herodes. La rojiza

espada fulgurante inmoviliza
hierático el verdugo, y hondo grito
arroja Salomé frente al maldito
espectro que sus miembros paraliza.

Despójase del traje de brocado
y, quedando vestida en un momento,
de oro y perlas, zafiros y rubíes,

huye del Precursor decapitado
que esparce en el marmóreo pavimento
lluvia de sangre en gotas carmesíes.

III
PROMETEO

Bajo el dosel de gigantesca roca
yace el Titán, cual Cristo en el Calvario,
marmóreo, indiferente y solitario,
sin que brote el gemido de su boca.

Su pie desnudo en el peñasco toca
donde agoniza un buitre sanguinario
que ni atrae su ojo visionario
ni compasión en su ánimo provoca.

Escuchando el hervor de las espumas
que se deshacen en las altas peñas,
ve de su redención luces extrañas,

junto a otro buitre de nevadas plumas,
negras pupilas y uñas marfileñas
que ha extinguido la sed en sus entrañas.

IV
GALATEA

En el seno radioso de su gruta,
alfombrada de anémonas marinas,
verdes algas y ramas coralinas,
Galatea, del sueño el bien disfruta.

Desde la orilla de dorada ruta
donde baten las ondas cristalinas,
salpicando de espumas diamantinas
el pico negro de la roca bruta,

Polifemo, extasiado ante el desnudo
cuerpo gentil de la dormida diosa,
olvida su fiereza, el vigor pierde,
y mientras permanece, absorto y mudo,
mirando aquella piel color de rosa,
incendia la lujuria su ojo verde.

V
ELENA

Luz fosfórica entreabre claras brechas
en la celeste inmensidad, y alumbra
del foso en la fatídica penumbra
cuerpos hendidos por doradas flechas;

cual humo frío de homicidas mechas
en la atmósfera densa se vislumbra
vapor disuelto que la brisa encumbra
a las torres de Ilión, escombros hechas.

Envuelta en veste de opalina gasa,
recamada de oro, desde el monte
de ruinas hacinadas en el llano,

indiferentes a lo que en torno pasa,
mira Elena hacia el lívido horizonte
irguiendo un lirio en la rosada mano.

TRISTISSIMA NOX

Noche de soledad. Rumor confuso
hace el viento surgir de la arboleda,
donde su red de transparente seda
grisácea araña entre las hojas puso.

Del horizonte hasta el confín difuso
la onda marina sollozando rueda
y, con su forma insólita, remeda
tritón cansado ante el cerebro iluso.

Mientras del sueño bajo el firme amparo
todo yace dormido en la penumbra,
sólo mi pensamiento vela en calma,

como la llama de escondido faro
que con sus rayos fúlgidos alumbra
el vacío profundo de mi alma.

PAX ANIMAE

No me habléis más de dichas terrenales
que no ansío gustar. Está ya muerto
mi corazón, y en su recinto abierto
sólo entrarán los cuervos sepulcrales.

Del pasado no llevo las señales
y a veces de que existo no estoy cierto,
porque es la vida para mí un desierto
poblado de figuras espectrales.

No veo más que un astro oscurecido
por brumas de crepúsculo lluvioso,
y, entre el silencio de sopor profundo,

tan sólo llega a percibir mi oído
algo extraño y confuso y misterioso
que me arrastra muy lejos de este mundo.

PAISAJE ESPIRITUAL

Perdió mi corazón el entusiasmo
al penetrar en la mundana liza,
cual la chispa al caer en la ceniza
pierde el ardor en fugitivo espasmo.

Sumergido en estúpido marasmo
mi pensamiento atónito agoniza
o, al revivir, mis fuerzas paraliza
mostrándome en la acción un vil sarcasmo.

Y aunque no endulcen mi infernal tormento
ni la Pasión, ni el Arte, ni la Ciencia,
soporto los ultrajes de la suerte,

porque en mi alma desolada siento,
el hastío glacial de la existencia
y el horror infinito de la muerte.

FLOR DE CIENO

Yo soy como una choza solitaria
que el viento huracanado desmorona
y en cuyas piedras húmedas entona
hosco búho su endecha funeraria.

Por fuera sólo es urna cineraria
sin inscripción, ni fecha, ni corona;
mas dentro, donde el cieno se amontona,
abre sus hojas fresca pasionaria.

Huyen los hombres al oír el canto
del búho que en la atmósfera se pierde,
y, sin que sepan reprimir su espanto,

no ven que, como planta siempre verde,
entre el negro raudal de mi amargura
guarda mi corazón su esencia pura.

PAISAJE DE VERANO

Polvo y moscas. Atmósfera plomiza
donde retumba el tabletear del trueno
y, como cisnes entre inmundo cieno,
nubes blancas en cielo de ceniza.

El mar sus ondas glaucas paraliza,
y el relámpago, encima de su seno,
del horizonte en el confín sereno
traza su rauda exhalación rojiza.

El árbol soñoliento cabecea,
honda calma se cierne largo instante,
hienden el aire rápidas gaviotas,

el rayo en el espacio centellea,
y sobre el dorso de la tierra humeante
baja la lluvia en crepitantes gotas.

BUSTOS Y RIMAS

A LA BELLEZA

¡Oh, divina belleza! Visión casta
    de incógnito santuario,
ya muero de buscarte por el mundo
    sin haberte encontrado.
Nunca te han visto mis inquietos ojos,
    pero en el alma guardo
intuición poderosa de la esencia
    que anima tus encantos.
Ignoro en qué lenguaje tú me hablas,
    pero, en idioma vago,
percibo tus palabras misteriosas
    y te envío mis cantos.
Tal vez sobre la tierra no te encuentre,
    pero febril te aguardo,
como el enfermo, en la nocturna sombra,
    del sol el primer rayo.
Yo sé que eres más blanca que los cisnes,
    más pura que los astros,
fría como las vírgenes y amarga
    cual corrosivos ácidos.
Ven a calmar las ansias infinitas
    que, como mar airado,
impulsan el esquife de mi alma
    hacia país extraño.
Yo sólo ansío, al pie de tus altares,
    brindarte en holocausto
la sangre que circula por mis venas
    y mis ensueños castos.
En las horas dolientes de la vida
    tu protección demando,
como el niño que marcha entre zarzales
    tiende al viento los brazos.

Quizás como te sueña mi deseo
    estés en mí reinando,
mientras voy persiguiendo por el mundo
    las huellas de tu paso.
Yo te busqué en el fondo de las almas
    que el mal no ha mancillado
y surgen del estiércol de la vida
    cual lirios de un pantano.
En el seno tranquilo de la ciencia
    que, cual tumba de mármol,
guarda tras la bruñida superficie
    podredumbre y gusanos.
En brazos de la gran Naturaleza,
    de los que huí temblando
cual del regazo de la madre infame
    huye el hijo azorado.
En la infinita calma que se aspira
    en los templos cristianos
como el aroma sacro de incienso
    en ardiente incensario.
En las ruinas humeantes de los siglos,
    del dolor en los antros
y en el fulgor que irradian las proezas
    del heroísmo humano.
Ascendiendo del Arte a las regiones
    sólo encontré tus rasgos
de un pintor en los lienzos inmortales
    y en las rimas de un bardo.
Mas como nunca en mi áspero sendero
    cual te soñé te hallo,
moriré de buscarte por el mundo
    sin haberte encontrado.

CREPUSCULAR

Como vientre rajado sangra el ocaso,
manchando con sus chorros de sangre humeante
de la celeste bóveda el azul raso,
de la mar estañada la onda espejeante.

Alazan sus moles húmedas los arrecifes
donde el chirrido agudo de las gaviotas,
mezclado a los crujidos de los esquifes,
agujerea el aire de extrañas notas.

Va la sombra extendiendo sus pabellones,
rodea al horizonte cinta de plata,
y, dejando las brumas hechas jirones,
parece cada faro flor escarlata.

Como ramos que ornaron senos de ondinas
y que surgen nadando de infecto lodo,
vagan sobre las ondas algas marinas
impregnadas de espumas, salitre y yodo.

Abrense las estrellas como pupilas,
imitan los celajes negruzcas focas
y, extinguiendo las voces de las esquilas,
pasa el viento ladrando sobre las rocas.

NIHILISMO

Voz inefable que a mi estancia llega
en medio de las sombras de la noche,
por arrastrarme hacia la vida brega
con las dulces cadencias del reproche.

Yo la escucho vibrar en mis oídos,
como al pie de olorosa enredadera
los gorjeos que salen de los nidos
indiferente escucha herida fiera.

¿A qué llamarme al campo del combate
con la promesa de terrenos bienes,
si ya mi corazón por nada late
ni oigo la idea martillar mis sienes?

Reservad los laureles de la fama
para aquellos que fueron mis hermanos:
yo, cual fruto caído de la rama,
aguardo los famélicos gusanos.

Nadie extrañe mis ásperas querellas:
mi vida, atormentada de rigores,
es un cielo que nunca tuvo estrellas,
es un árbol que nunca tuvo flores.

De todo lo que he amado en este mundo
guardo, como perenne recompensa,
dentro del corazón, tedio profundo,
dentro del pensamiento, sombra densa.

Amor, patria, familia, gloria, rango,
sueños de calurosa fantasía,
cual nelumbios abiertos entre el fango
sólo vivisteis en mi alma un día.

Hacia país desconocido abordo
por el embozo del desdén cubierto:
para todo gemido estoy ya sordo,
para toda sonrisa estoy ya muerto.

Siempre el destino mi labor humilla
o en males deja mi ambición trocada:
de no verla llegar ya desconfío,
y más me tarda cuanto más la ansío
y más la ansío cuanto más me tarda.

EN EL CAMPO

Tengo el impuro amor de las ciudades,
y a este sol que ilumina las edades
prefiero yo del gas las claridades.

A mis sentidos lánguidos arroba,
más que el olor de un bosque de caoba,
el ambiente enfermizo de una alcoba.

Mucho más que las selvas tropicales,
plácenme los sombríos arrabales
que encierran las vetustas capitales.

A la flor que se abre en el sendero,
como si fuese terrenal lucero,
olvido por la flor de invernadero.

Más que la voz del pájaro en la cima
de un árbol todo en flor, a mi alma anima
la música armoniosa de una rima.

Nunca a mi corazón tanto enamora
el rostro virginal de una pastora,
como un rostro de regia pecadora.

Al oro de la mies en primavera,
yo siempre en mi capricho prefiriera
el oro de teñida cabellera.

No cambiara sedosas muselinas
por los velos de nítidas neblinas
que la mañana prende en las colinas.

Más que al raudal que baja de la cumbre,
quiero oír a la humana muchedumbre
gimiendo en su perpetua servidumbre.

El rocío que brilla en la montaña
no ha podido decir a mi alma extraña
lo que el llanto al bañar una pestaña.

Y el fulgor de los astros rutilantes
no trueco por los vívidos cambiantes
del ópalo, la perla o los diamantes.

JOSE ASUNCION SILVA
[COLOMBIA, 1865-1896]

RUBÉN DARÍO, sólo dos años menor que él, lo vio entre los modernos de lengua castellana como «uno de los primeros que han iniciado la innovación métrica». Rufino Blanco Fombona y Pedro-Emilio Coll fueron testigos del entusiasmo que suscitó su poesía entre los jóvenes modernistas de la revista *Cosmópolis*, fundada el mismo año, 1894, cuando Silva residió en Caracas por unos meses como miembro de la legación diplomática de su país. Sin embargo, su obra poética, prevista bajo los mejores auspicios, quedó inconclusa. Primero porque al regresar a su patria luego de su permanencia en Venezuela, perdió en el naufragio del buque que lo transportaba «lo mejor» —según sus propias palabras— de su trabajo creador. Por fin, su suicidio a los treintiún años de edad, sin haber reunido y seleccionado en un libro su poesía definitiva. Sobrevivieron algunos poemas manuscritos, otros que habían sido publicados en revistas de la época, bastantes, reconstruidos por la memoria de sus amigos, los escasos participantes de su «tertulia» literaria.

Nacido en Bogotá, de una familia aristócrata local, su vocación precoz por la literatura y, sobre todo, su reivindicación de la actitud artística como una manera intensa y plena de vivir, lo enfrentó con violencia a su época «mediocre y ruin», a la realidad burguesa despreciada. Su viaje a París por un año, en 1885, a los diecinueve años de edad, decidió en este sentido su desarraigo vital y al mismo tiempo, su búsqueda del otro mundo poético, secreto, que en él fue un acercamiento a lo sobrenatural, a lo extraño. Por esto fue un poeta de lo que llamó Miguel de Unamuno «la congoja metafísica», la obsesión del más allá de la tumba, el misterio detrás de la muerte. Pero también del dolor de la existencia humana, de la niñez y el amor perdidos, la implacable sucesión temporal, el tedio de vivir en el enervamiento y la ignorancia. Un acento de desencanto y de pesimismo que después resonará en la poesía latinoamericana, incluso en el Darío de *Cantos de vida y esperanza*.

De esta fragmentaria obra poética es cierto que gran parte responde al gusto de un último romanticismo, notablemente el de Gustavo Adolfo Bécquer. Por esto, para algunos críticos —Luis Alberto Sánchez, Rufino Blanco Fombona, Federico de Onís— Silva es sobre todo un poeta de transición al modernismo. Sin embargo, si atendemos a la gran audacia formal, a la introducción de los ritmos silábicos —de la poesía griega y latina, de la poesía anglosajona— en sus poemas plenamente personales, Silva representa la nueva conciencia estética, según la opinión que comparten Sanín Cano, Alberto Miramón, González Prada. Sabemos también que en esta poesía Silva recrea la atmósfera de Edgar Allan Poe y de Charles Baudelaire, según sus propias palabras «el más grande, para los verdaderos letrados, de los poetas de los últimos cincuenta años».

De su novela inconclusa *De Sobremesa*, una especie de «diario íntimo» del poeta que se desdobla en el protagonista, podemos extraer algunas de sus ideas estéticas:

> ¡Poeta yo! Llamarme a mí con el mismo nombre con que los hombres han llamado a Esquilo, a Homero, a Dante, a Shakespeare, a Shelley...! ¡Qué profanación y qué error! Lo que me hizo escribir mis versos fue que la lectura de los grandes poetas me produjo emociones tan profundas como son todas las mías; que esas emociones subsistieron por largo tiempo en mi espíritu y se impregnaron de mi sensibilidad y se convirtieron en estrofas. Uno no hace versos, los versos se hacen dentro de uno y salen.
>
> *
>
> Es que yo no quiero decir sino sugerir y para que la gestión se produzca es preciso que el lector sea un artista. En imaginaciones desprovistas de facultades de ese orden, ¿qué efecto producirá la obra de arte? Ninguno. La mitad de ella está en el verso, en la estatua, en el cuadro, la otra en el cerebro del que oye, ve o sueña. Golpea con los dedos esa mesa, es claro que sólo sonarán unos golpes; pásalos por las teclas de marfil y producirán una sinfonía: y el público es casi siempre mesa y no un piano que vibre como éste—, concluyó sentándose al Steinway y tocando las primeras notas del prólogo del *Mephisto*.

BIBLIOGRAFIA

OBRA POETICA

El libro de versos (póstumo); *Gotas amargas* (póstumo); *Versos varios* (póstumo); *Poesías* (Barcelona, Imprenta de Pedro Ortega, Casa Editorial Maucci, 1908); *Prosas* (Bogotá, Talleres de Ediciones Colombia, 1926), *Obra completa* (Prólogo de Eduardo Camacho Guizado. Caracas, Biblioteca Ayacucho, N° 20, 1977).

ESTUDIOS CRITICOS

Rufino Blanco Fombona: *El modernismo y los poetas modernistas*, Madrid, Editorial El Mundo Latino, 1929.

Eduardo Camacho Guizado: *Las poesías de José Asunción Silva*, Bogotá, Ediciones Universidad de Los Andes, 1968.

Ricardo Cano Gaviria: *La vida en clave de sombra de José Asunción Silva*, Caracas, Monte Avila Editores, 1992.

Rubén Darío: *España Contemporánea*, París, Gardnier, 1907.

Alberto Miramón: *José Asunción Silva. Ensayo biográfico con documentos inéditos*, Bogotá, Imprenta Nacional, 1937; Segunda Edición, Litografía Villegas, 1957.

Miguel de Unamuno y Hugo: «Prólogo» en *Poesías*, Barcelona, Imprenta de Pedro Ortega, 1908; en *Poesías completas seguidas de prosas selectas*, Madrid, Aguilar, Primera Edición, 1951.

EL LIBRO DE VERSOS

LOS MADEROS DE SAN JUAN

¡ASERRIN!
¡Aserrán!
Los maderos de San Juan,
piden queso, piden pan,
los de Roque
alfandoque
los de Rique
alfeñique
¡los de Triqui, triqui, tran!

Y en las rodillas duras y firmes de la Abuela,
con movimiento rítmico se balancea el niño
y ambos agitados y trémulos están;
la Abuela se sonríe con maternal cariño
mas cruza por su espíritu como un temor extraño
por lo que en lo futuro, de angustia y desengaño
los días ignorados del nieto guardarán.

Los maderos de San Juan
piden queso, piden pan.
¡Triqui, triqui, triqui, tran!

Esas arrugas hondas recuerdan una historia
de sufrimientos largos y silenciosa angustia
y sus cabellos, blancos, como la nieve, están.
De un gran dolor el sello marcó la frente mustia
y son sus ojos turbios espejos que empañaron
los años, y que, ha tiempos, las formas reflejaron
de cosas y seres que nunca volverán

Los de Roque, alfandoque
¡Triqui, triqui, triqui, tran!

Mañana cuando duerma la Anciana, yerta y muda,
lejos del mundo vivo, bajo la oscura tierra,
donde otros, en la sombra, desde hace tiempo están,
del nieto a la memoria, con grave son que encierra
todo el poema triste de la remota infancia,
cruzando por las sombras del tiempo y la distancia,
¡de aquella voz querida las notas vibrarán!

                    Los de Rique, alfeñique
                    ¡Triqui, triqui, triqui, tran!

Y en tanto en las rodillas cansadas de la Abuela
con movimiento rítmico se balancea el niño
y ambos conmovidos y trémulos están;
la Abuela se sonríe con maternal cariño
mas cruza por su espíritu como un temor extraño
por lo que en lo futuro, de angustia y desengaño
los días ingnorados del nieto guardarán.

                    ¡Aserrín!
                    ¡Aserrán!

                    Los maderos de San Juan
                    piden queso, piden pan,
                    los de Roque
                    alfandoque
                    los de Rique
                    alfeñique
                    ¡Triqui, triqui, triqui, tran!
                    ¡Triqui, triqui, triqui, tran!

NOCTURNO

Una noche,
una noche toda llena de perfumes, de murmullos y de música de alas,
una noche,
en que ardían en la sombra nupcial y húmeda, las luciérnagas
[fantásticas,
a mi lado, lentamente, contra mí ceñida, toda,
muda y pálida
como si un presentimiento de amarguras infinitas,
hasta el fondo más secreto de tus fibras te agitara,
por la senda que atraviesa la llanura florecida
caminabas,
y la luna llena
por los cielos azulosos, infinitos y profundos esparcía su luz blanca,
y tu sombra,
fina y lánguida,
y mi sombra
por los rayos de la luna proyectada,
sobre las arenas tristes
de la senda se juntaban
y eran una
y eran una
¡y eran una sola sombra larga!
¡Y eran una sola sombra larga!
¡Y eran una sola sombra larga!

Esta noche
solo, el alma
llena de las infinitas amarguras y agonías de tu muerte,
separado de ti misma, por la sombra, por el tiempo y la distancia
por el infinito negro,
donde nuestra voz no alcanza,
solo y mudo
por la senda caminaba,
y se oían los ladridos de los perros a la luna,
a la luna pálida
y el chillido
de las ranas...

Sentí frío; ¡era el frío que tenían en la alcoba
tus mejillas y tus sienes y tus manos adoradas,
entre las blancuras níveas
de las mortuorias sábanas!
Era el frío del sepulcro, era el frío de la muerte,
era el frío de la nada...
Y mi sombra
por los rayos de la luna proyectada,
iba sola
iba sola
¡iba sola por la estepa solitaria!
Y tu sombra esbelta y ágil,
fina y lánguida,
como en esa noche tibia de la muerta primavera,
como en esa noche llena de perfumes, de murmullos y de músicas
[de alas,
se acercó y marchó con ella,
se acercó y marchó con ella,
se acercó y marchó con ella... ¡Oh las sombras enlazadas!
¡Oh las sombras que se buscan y se juntan en las noches de
[negruras y de lágrimas!...

ARS

El verso es un vaso santo; ¡poned en él tan sólo,
un pensamiento puro,
en cuyo fondo bullan hirvientes las imágenes,
¡como burbujas de oro de un viejo vino oscuro!

Allí verted las flores que en la continua lucha
ajó del mundo el frío,
recuerdos deliciosos de tiempos que no vuelven,
y nardos empapados de gotas de rocío.

Para que la existencia mísera se embalsame
cual de una esencia ignota,
quemándose en el fuego del alma enternecida,
de aquel supremo bálsamo basta una sola gota.

VEJECES

Las cosas viejas, tristes, desteñidas,
sin voz y sin color, saben secretos
de las épocas muertas, de las vidas
que ya nadie conserva en la memoria,
y a veces a los hombres, cuando inquietos
las miran y las palpan, con extrañas
voces de agonizante, dicen, paso,
casi al oído, alguna rara historia
que tiene oscuridad de telarañas,
son de laúd y suavidad de raso.
¡Colores de anticuada miniatura,
hoy, de algún mueble en el cajón, dormida;
cincelado puñal; carta borrosa;
tabla en que se deshace la pintura
por el tiempo y el polvo ennegrecida;
histórico blasón, donde se pierde
la divisa latina, presuntuosa,
medio borrada por el liquen verde;
misales de las viejas sacristías;
de otros siglos fantásticos espejos
que en el azogue de las lunas frías
guardáis de lo pasado los reflejos;
arca, en un tiempo de ducados llena;
crucifijo que tanto moribundo,
humedeció con lágrimas de pena
y besó con amor grave y profundo;
negro sillón de Córdoba; alacena
que guardaba un tesoro peregrino
y donde anida la polilla sola;
sortija que adornaste el dedo fino
de algún hidalgo de espadín y gola;
mayúsculas del viejo pergamino;
batista tenue que a vainilla hueles;
seda que te deshaces en la trama
confusa de los ricos brocateles;
arpa olvidada que al sonar, te quejas;

barrotes que formáis un monograma
incomprensible en las antiguas rejas;
el vulgo os huye, el soñador os ama
y en vuestra muda sociedad reclama
las confidencias de las cosas viejas!

El pasado perfuma los ensueños
con esencias fantásticas y añejas
y nos lleva a lugares halagüeños
en épocas distantes y mejores;
¡por eso a los poetas soñadores,
les son dulces, gratísimas y caras,
las crónicas, historias y consejas,
las formas, los estilos, los colores
las sugestiones místicas y raras
y los perfumes de las cosas viejas!

Estrellas que entre lo sombrío
de lo ignorado y de lo inmenso,
asemejáis en el vacío
jirones pálidos de incienso;

nebulosas que ardéis tan lejos
en el infinito que aterra,
que sólo alcanza los reflejos
de vuestra luz hasta la tierra;

astros que en abismos ignotos
derramáis resplandores vagos,
constelaciones que en remotos
tiempos adoraron los Magos;

millones de mundos lejanos,
flores de fantástico broche,
islas claras en los océanos
sin fin ni fondo de la noche;

¡estrellas, luces pensativas!
¡Estrellas, pupilas inciertas!
¿Por qué os calláis si estáis vivas
y por qué alumbráis si estáis muertas?...

MUERTOS

En los húmedos bosques, en otoño,
al llegar de los fríos, cuando rojas,
vuelan sobre los musgos y las ramas,
en torbellinos, las marchitas hojas,
la niebla al extenderse en el vacío
le da al paisaje mustio un tono incierto
y el follaje do huyó la savia ardiente
tiene un adiós para el verano muerto
        y un color opaco y triste
        como el recuerdo borroso
        de lo que fue y ya no existe.

En los antiguos cuartos hay armarios
que en el rincón más íntimo y discreto,
de pasadas locuras y pasiones
guardan, con un aroma de secreto,
viejas cartas de amor, ya desteñidas,
que obligan a evocar tiempos mejores,
y ramilletes negros y marchitos,
que son como cadáveres de flores
        y tienen un olor triste
        como el recuerdo borroso
        de lo que fue y ya no existe.

Y en las almas amantes cuando piensan
en perdidos afectos y ternuras
que de la soledad de ignotos días
no vendrán a endulzar horas futuras,
hay el hondo cansancio que en la lucha
acaba de matar a los heridos,
vago como el color del bosque mustio,
como el olor de los perfumes idos,
        ¡y el cansancio aquel es triste
        como el recuerdo borroso
        de lo que fue y ya no existe!

DIA DE DIFUNTOS

La luz vaga... opaco el día,
la llovizna cae y moja
con sus hilos penetrantes la ciudad desierta y fría.
Por el aire tenebroso ignorada mano arroja
un oscuro velo opaco de letal melancolía,
y no hay nadie que, en lo íntimo, no se aquiete y
se recoja
al mirar las nieblas grises de la atmósfera sombría,
    y al oír en las alturas
    melancólicas y oscuras
    los acentos dejativos
    y tristísimos e inciertos
    con que suenan las campanas,
¡las campanas plañideras que les hablan a los vivos
    de los muertos!
    ¡Y hay algo angustioso e incierto
que mezcla a ese sonido su sonido,
e inarmónico vibra en el concierto
que alzan los bronces al tocar a muerto
    por todos los que han sido!
    Es la voz de una campana
    que va marcando la hora,
    hoy lo mismo que mañana,
    rítmica, igual y sonora;
    una campana se queja
    y la otra campana llora,
    ésa tiene voz de vieja,
    ésta de niña que ora.
Las campanas más grandes, que dan un doble recio
suenan con un acento de místico desprecio,
    mas la campana que da la hora,
    ríe, no llora.
Tiene en su timbre seco sutiles ironías,
su voz parece que habla de goces, de alegrías,
de placeres, de citas, de fiestas y de bailes,
de las preocupaciones que llenan nuestros días:
es una voz del siglo entre un coro de frailes,

y con sus notas se ríe,
escéptica y burladora,
de la campana que ruega
de la campana que implora
y de cuanto aquel coro conmemora,
y es porque con su retintín
ella midió el dolor humano
y marcó del dolor el fin;
por eso se ríe del grave esquilón
que suena allá arriba con fúnebre son,
por eso interrumpe los tristes conciertos
con que el bronce santo llora por los muertos...
¡No la oigáis, oh bronces! ¡No la oigáis, campanas,
que con la voz grave de ese clamoreo,
rogáis por los seres que duermen ahora
lejos de la vida, libres del deseo,
lejos de las rudas batallas humanas!
¡Seguid en el aire vuestro bamboleo
no la oigáis, campanas!
¿Contra lo imposible qué puede el deseo?
Allá arriba suena,
rítmica y serena,
esa voz de oro
y sin que lo impidan sus graves hermanas
que rezan en coro,
la campana del reloj
suena, suena, suena ahora,
y dice que ella marcó
con su vibración sonora
de los olvidos la hora,
que después de la velada
que pasó cada difunto,
en una sala enlutada
y con la familia junto
en dolorosa actitud
mientras la luz de los cirios
alumbraba el ataúd

y las coronas de lirios;
que despés de la tristura
de los gritos de dolor,
de las frases de amargura,
del llanto desgarrador,
marcó ella misma el momento
en que con la languidez
del luto huyó el pensamiento
del muerto, y el sentimiento...
Seis meses más tarde o diez...
Y hoy, día de muertos, ahora que flota,
en las nieblas grises la melancolía,
en que la llovizna cae, gota a gota,
y con sus tristezas los nervios emboba,
y envuelve en un manto la ciudad sombría,
ella que ha medido la hora y el día
en que a cada casa, lúgubre y vacía,
tras del luto breve volvió la alegría;
ella que ha marcado la hora del baile
en que al año justo, un vestido aéreo
estrena la niña, cuya madre duerme
olvidada y sola en el cementerio,
suena indiferente a la voz de fraile
del esquilón grave y a su canto serio;
ella que ha medido la hora precisa,
en que a cada boca, que el dolor sellaba,
como por encanto volvió la sonrisa,
esa precursora de la carcajada;
ella que ha marcado la hora en que el viudo
habló de suicidio y pidió el arsénico,
cuando aún en la alcoba, recién perfumada,
flotaba el aroma del ácido fénico
y ha marcado luego la hora en que, mudo
por las emociones con que el goce agobia,
para que lo unieran con sagrado nudo,
a la misma iglesia fue con otra novia;
¡ella no comprende nada del misterio
de aquellas quejumbres que pueblan el aire,

y lo ve en la vida todo jocoserio
y sigue marcando con el mismo modo
el mismo entusiasmo y el mismo desgaire
la huida del tiempo que lo borra todo!
y eso es lo angustioso y lo incierto
que flota en el sonido,
¡esa es la nota irónica que vibra en el concierto
que alzan los bronces al tocar a muerto
por todos los que han sido!
Esa es la voz fina y sutil,
de vibraciones de cristal,
que con acento juvenil
indiferente al bien y al mal,
mide lo mismo la hora vil,
que la sublime o la fatal
y resuena en las alturas,
melancólicas y oscuras,
sin tener en su tañido
claro, rítmico y sonoro,
los acentos dejativos
y tristísimos e inciertos
de aquel misterioso coro,
con que ruegan las campanas, las campanas,
las campanas plañideras
que les hablan a los vivos
de los muertos!

RUBEN DARIO
[NICARAGUA, 1867-1916]

DESDE MUY JOVEN —precocidad, pero también disciplina—, Rubén Darío tuvo un conocimiento excepcional de la poesía castellana; conocimiento que era igualmente dominio, empatía verbales. Siendo apenas un adolescente, escribió un extenso poema (titulado, justamente, «La poesía castellana», 1882) en el que evoca y se complace en imitar las grandes expresiones de ese corpus poético, desde el *Cantar de Mio Cid*, pasando por autores prerrenacentistas, clásicos, barrocos, hasta los románticos. Su curiosidad lo lleva, luego, a ampliar su aprendizaje creador en el trato con la poesía de otras lenguas, especialmente la francesa. También amplió sus límites geográficos. Un primer viaje, a Chile, donde publica *Azul*, en 1888, no es sino el inicio de una vida errante: la Argentina, Francia, España, para sólo mencionar las escalas más significativas. Incansable en sus viajes, lo fue también en su trabajo intelectual: vivió siempre de su poesía, de sus ensayos y textos críticos, de sus crónicas periodísticas, así como de esporádicas misiones diplomáticas. Tal vez fue Darío el hispanoamericano más universal de su tiempo. Empezó por ser el renovador de una poesía que se había aletargado en los siglos XVIII y XIX, y su influencia se hizo sentir de inmediato en todos los ámbitos de nuestra lengua. No son pocas las voces —de críticos y de poetas— que lo consideraron, hasta su momento, como el más grande renovador hispánico después de Góngora. Aun se le ha visto como el iniciador de la poesía contemporánea en la propia España: es el reconocimiento que le hace Gerardo Diego en su famosa antología *Poesía española contemporánea*, cuya primera edición empezaba con Juan Ramón Jiménez y ya la segunda, de 1934, con Darío. ¿Cuál ha sido la razón de esta admiración tan unánime? Sin duda que el inmenso don verbal de Darío, su poder para crear nuevas formas e imágenes, para hacer del sistema métrico un cuerpo vivo, resonante, luminoso. Con Darío, ciertamente, revivió la gracia, la sutileza, la densidad de la poesía castellana del Siglo de Oro (supo aliar a Garcilaso con Góngora y Quevedo) y aun la inocencia de una poesía anterior (la de un Berceo, por ejemplo). Todo ello sin caer en el fetichismo de la tradición, en el *clisé verbal*, lo que él mismo llamaba lo pseudoclásico, lo pseudorromántico, lo pseudomoderno. Darío tuvo una intuición central: que toda renovación poética pasa por ser, primero, una renovación de las formas. O, en otras palabras, que lo que en literatura se llama tradición no es más que la expansión de un sistema: no perpetuar modelos, sino reelaborar continuamente estructuras. Es por lo que pudo definirse a sí mismo como «muy antiguo y muy moderno; audaz, cosmopolita». Darío se nutrió, sobre todo, del Parnaso y del simbolismo franceses, pero no por exotismo, mucho menos por sumisión a la moda. De la fusión de esas dos estéticas logró un nuevo resultado: hizo visible (¿creó, despertó?) una sensibilidad americana a la vez original y universal. El modernismo hispanoamericano —precisa Octavio Paz— no se define por sus influencias, sino por sus creaciones. Y, entre éstas, la de Darío es quizás la de mayores consecuencias. Poesía pictórica, fuertemente sensorial, refinada, elegante; poesía también del ritmo del universo, de las analogías como clave para leer el mundo, e interpretarlo, la suya hizo del castellano moderno una presencia magnética, erótica, un cuerpo de sutilezas y relaciones: le dio respiración. Por ello la obra de Darío establece una línea divisoria. «De cualquier poema escrito en español puede decirse con precisión si se escribió antes o después de él», llegó a afirmar el gran filólogo y crítico Pedro Henríquez Ureña.

La maestría, en Darío, no fue sólo don natural. Si escribió grandes poemas fue también porque supo pensar el mundo a través de la reflexión sobre el lenguaje. Su poesía está sustentada por una poética. Los prólogos de sus libros, sus ensayos, la recogen con clara coherencia. Citemos algunos de sus puntos esenciales:

> ¿Y la cuestión métrica? ¿Y el ritmo? Como cada palabra tiene un alma, hay en cada verso, además de la armonía verbal, una melodía ideal. La música es sólo de la idea, muchas veces.

*

> El clisé verbal es dañoso porque encierra en sí el clisé mental, y, juntos, perpetúan la anquilosis, la inmovilidad.

*

El don del arte es aquel que de modo superior hace que nos reconozcamos íntima y exteriormente ante la vida. El poeta tiene la visión directa e introspectiva de la vida y una supervisión que va más allá de lo que está sujeto a las leyes del general conocimiento.

*

Es el Arte el que vence el espacio y el tiempo. He meditado ante el problema de la existencia y he procurado ir hacia la más alta idealidad. He expresado lo expresable de mi alma y he querido penetrar en el alma de los demás, y hundirme en la vasta alma universal. He apartado asimismo, como quiere Schopenhauer, mi individualidad del resto del mundo, y he visto con desinterés lo que a mi yo parece extraño, para convencerme de que nada es extraño a mi yo.

*

Jamás he manifestado el culto exclusivo de la palabra por la palabra. «Las palabras —escribe el señor Ortega y Gasset, cuyos pensares me halagan—, las palabras son logaritmos de las cosas, imágenes, ideas y sentimientos, y por tanto, sólo pueden emplearse como signos de valores, nunca como valores». De acuerdo. Mas la palabra nace juntamente con la idea, o coexiste con la idea, pues no podemos darnos cuenta de la una sin la otra.

*

En el principio está la palabra como única representación. No simplemente como signo, puesto que no hay antes nada que representar. En el principio está la palabra como manifestación de la unidad infinita, pero ya conteniéndola. *Et verbum erat Deus.*

BIBLIOGRAFIA

OBRA POETICA

Epístolas y poemas (1885); *Abrojos* (1887); *Rimas* (1887); *Azul* (1888; 2da. edición aumentada, 1890); *Prosas profanas* (1896; 2da. edición aumentada, 1901); *Cantos de vida y esperanza* (1905); *El canto errante* (1907); *Poema del otoño y otros poemas* (1910); *Canto a la Argentina y otros poemas* (1910; 2da. edición aumentada, 1914); *Poesía* (libros poéticos completos y antología de la obra dispersa. Prólogo de E. Anderson-Imbert, edición de Ernesto Mejía Sánchez. México, Fondo de Cultura Económica, 1952); *Poesías completas* (Edición, introducción y notas de Alfonso Méndez Plancarte. Madrid, Aguilar, 1968), *Poesía* (Prólogo de Angel Rama, edición de E. Mejía Sánchez. Caracas, Biblioteca Ayacucho, N° 9, 1977).

ESTUDIOS CRITICOS

E. Anderson-Imbert: *La originalidad de Rubén Darío*. Buenos aires, Centro Editor de América Latina, 1967.

Juan Ramón Jiménez: «Rubén Darío», en *Españoles de tres mundos*, 1942.

Roberto Ledesma: *Genio y figura de Rubén Darío*. Buenos Aires, Editorial Universitaria, 1965.

Arturo Marasso: *Rubén Darío y su creación poética*. Buenos Aires, Editorial Kapelusz, 1954.

Octavio Paz: «El caracol y la sirena», en *Cuadrivio*. México, Moritz, 1965.

Angel Rama: *Rubén Darío y el modernismo. Circunstancias socioeconómicas de un arte americano*. Caracas, Universidad Central de Venezuela, Ediciones de la Biblioteca, 1970.

Pedro Salinas: *La poesía de Rubén Darío*. Barcelona, Seix Barral, 1975.

Guillermo Sucre: «Relectura de Darío», en *Revista de Occidente*, Madrid, N° 61, abril 1968.

AZUL

VENUS

En la tranquila noche, mis nostalgias amargas sufría.
En busca de quietud, bajé al fresco y callado jardín.
En el obscuro cielo, Venus bella temblando lucía,
como incrustado en ébano un dorado y divino jazmín.

A mi alma enamorada, una reina oriental parecía,
que esperaba a su amante, bajo el techo de su camarín,
o que, llevada en hombros, la profunda extensión recorría,
triunfante y luminosa, recostada sobre un palanquín.

«¡Oh reina rubia! —díjele—, mi alma quiere dejar su crisálida
y volar hacia ti, y tus labios de fuego besar;
y flotar en el nimbo que derrama en tu frente luz pálida,

y en siderales éxtasis no dejarte un momento de amar».
El aire de la noche, refrescaba la atmósfera cálida.
Venus, desde el abismo, me miraba con triste mirar.

DE INVIERNO

En invernales horas, mirad a Carolina.
Medio apelotonada, descansa en el sillón,
envuelta con su abrigo de marta cibelina
y no lejos del fuego que brilla en el salón.

El fino angora blanco, junto a ella se reclina,
rozando con su hocico la falda de Alencón,
no lejos de las jarras de porcelana china
que medio oculta un biombo de seda del Japón.

Con sus sutiles filtros la invade un dulce sueño;
entro, sin hacer ruido; dejo mi abrigo gris;
voy a besar su rostro, rosado y halagüeño

como una rosa roja que fuera flor de lis.
Abre los ojos, mírame con su mirar risueño,
y en tanto cae la nieve del cielo de París.

PROSAS PROFANAS Y OTROS POEMAS

COLOQUIO DE LOS CENTAUROS

A Paul Groussac

En la isla en que detiene su esquife el argonauta
del inmortal Ensueño, donde la eterna pauta
de las eternas liras se escucha: —Isla de Oro
en que el tritón erige su caracol sonoro
y la sirena blanca va a ver el sol—, un día
se oye un tropel vibrante de fuerza y de harmonía.

Son los Centauros. Cubren la llanura. Les siente
la montaña. De lejos, forman son de torrente
que cae; su galope al aire que reposa
despierta, y estremece la hoja del laurel-rosa.

Son los Centauros. Unos enormes, rudos; otros,
alegres y saltantes como jóvenes potros;
unos, con largas barbas como los padres-ríos;
otros, imberbes, ágiles y de piafantes bríos,
y de robustos músculos, brazos y lomos, aptos
para portar las ninfas rosadas en los raptos.

Van en galope rítmico. Junto a un fresco boscaje,
frente al gran Océano, se paran. El paisaje
recibe, de la urna matinal, luz sagrada
que el vasto azul suaviza con límpida mirada.
Y oyen seres terrestres y habitantes marinos
la voz de los crinados cuadrúpedos divinos.

QUIRON

Calladas las bocinas a los tritones gratas,
calladas las sirenas de labios escarlatas,
los carrillos de Eolo desinflados, digamos
junto al laurel ilustre de florecidos ramos
la gloria inmarcesible de las Musas hermosas
y el triunfo del terrible misterio de las cosas.
He aquí que renacen los lauros milenarios;
vuelven a dar su luz los viejos lampadarios;
y anímase con mi cuerpo de Centauro inmortal
la sangre del celeste caballo paternal.

RETO

Arquero luminoso, desde el Zodíaco llegas;
aún presas en las crines tienes abejas griegas;
aún del dardo herakleo muestras la roja herida
por do salir no pudo la esencia de tu vida.
¡Padre y Maestro excelso! Eres la fuente sana
de la verdad que busca la triste raza humana:
aún Esculapio sigue la vena de tu ciencia;
siempre el veloz Aquiles sustenta su existencia
con el manjar salvaje que le ofreciste un día,
y Herakles, descuidando su maza, en la harmonía
de los astros, se eleva bajo el cielo nocturno...

QUIRON

La ciencia es flor del tiempo: mi padre fue Saturno.

ABANTES

Himnos a la sagrada Naturaleza; al vientre
de la tierra y al germen que entre las rocas y entre
las carnes de los árboles, y dentro humana forma,
es un mismo secreto y es una misma norma:
potente y sutilísimo, universal resumen
de la suprema fuerza, de la virtud del numen.

QUIRON

¡Himnos! Las cosas tienen un ser vital: las cosas
tienen raros aspectos, miradas misteriosas;
toda forma es un gesto, una cifra, un enigma;
en cada átomo existe un incógnito estigma;
cada hoja de cada árbol canta un propio cantar
y hay un alma en cada una de las gotas del mar;
el vate, el sacerdote, suele oír el acento
desconocido; a veces enuncia el vago viento
un misterio, y revela una inicial la espuma
o la flor; y se escuchan palabras de la bruma.
Y el hombre favorito del numen, en la linfa
o la ráfaga, encuentra mentor: —demonio o ninfa.

FOLO

El biforme ixionida comprende de la altura,
por la materna gracia, la lumbre que fulgura,
la nube que se anima de luz y que decora
el pavimento en donde rige su carro Aurora,
y la banda de Iris que tiene siete rayos
cual la lira en sus brazos siete cuerdas; los mayos
en la fragante tierra llenos de ramos bellos,
y el Polo coronado de cándidos cabellos.
El ixionida pasa veloz por la montaña,
rompiendo con el pecho de la maleza huraña
los erizados brazos, las cárceles hostiles;
escuchan sus orejas los ecos más sutiles;
sus ojos atraviesan las intrincadas hojas,
mientras sus manos toman para sus bocas rojas
las frescas bayas altas que el sátiro codicia;
junto a la oculta fuente su mirada acaricia
las curvas de las ninfas del séquito de Diana;
pues en su cuerpo corre también la esencia humana,
unida a la corriente de la savia divina
y a la salvaje sangre que hay en la bestia equina.
Tal el hijo robusto de Ixión y de la Nube.

QUIRON

Sus cuatro patas, bajan; su testa erguida, sube.

ORNEO

Yo comprendo el secreto de la bestia. Malignos
seres hay y benignos. Entre ellos se hacen signos
de bien y mal, de odio o de amor, o de pena
o gozo; el cuervo es malo y la torcaz es buena.

QUIRON

Ni es la torcaz benigna ni es el cuervo protervo:
son formas del Enigma la paloma y el cuervo.

ASTILO

El Enigma es el soplo que hace cantar la lira.

NESO

¡El Enigma es el rostro fatal de Deyanira!
Mi espalda aún guarda el dulce perfume de la bella;
aún mis pupilas llama su claridad de estrella.
¡Oh aroma de su sexo!, ¡oh rosas y alabastros!,
¡oh envidia de las flores y celos de los astros!

QUIRON

Cuando del sacro abuelo la sangre luminosa
con la marina espuma formara nieve y rosa,
hecha de rosa y nieve nació la Anadiomena.
Al cielo alzó los brazos la lírica sirena;
los curvos hipocampos sobre las verdes ondas
levaron los hocicos; y caderas redondas,
tritónicas melenas y dorsos de delfines
junto a la Reina nueva se vieron. Los confines

del mar llenó el grandioso clamor; el universo
sintió que un nombre harmónico, sonoro como un verso,
llenaba el hondo hueco de la altura: ese nombre
hizo gemir la tierra de amor: fue para el hombre
más alto que el de Jove, y los númenes mismos
lo oyeron asombrados; los lóbregos abismos
tuvieron una gracia de luz. ¡VENUS impera!
Ella es entre las reinas celestes la primera,
pues es quien tiene el fuerte poder de la Hermosura.
¡Vaso de miel y mirra brotó de la amargura!
Ella es la más gallarda de las emperatrices,
princesa de los gérmenes, reina de las matrices,
señora de las savias y de las atracciones,
señora de los besos y de los corazones.

EURITO

¡No olvidaré los ojos radiantes de Hipodamia!

HIPEA

Yo sé de la hembra humana la original infamia.
Venus anima artera sus máquinas fatales;
tras los radiantes ojos ríen traidores males;
de su floral perfume se exhala sutil daño;
su cráneo obscuro alberga bestialidad y engaño.
Tiene las formas puras del ánfora, y la risa
del agua que la brisa riza y el sol irisa;
mas la ponzoña ingénita su máscara pregona:
mejores son el águila, la yegua y la leona.
De su húmeda impureza brota el calor que enerva
los mismos sacros dones de la imperial Minerva;
y entre sus duros pechos, lirios del Aqueronte,
hay un olor que llena la barca de Caronte.

ODITES

Como una miel celeste hay en su lengua fina;
su piel de flor, aún húmeda está de agua marina.

Yo he visto de Hipodamia la faz encantadora,
la cabellera espesa, la pierna vencedora.
Ella de la hembra humana fuera ejemplar augusto;
ante su rostro olímpico no habría rostro adusto;
las Gracias junto a ella quedarían confusas,
y las ligeras Horas y las sublimes Musas
por ella detuvieran sus giros y su canto.

HIPEA

Ella la causa fuera de inenarrable espanto:
por ella el ixionida dobló su cuello fuerte.
La hembra humana es hermana del Dolor y la Muerte.

QUIRON

Por suma ley, un día llegará el himeneo
que el soñador aguarda: Cinis será Ceneo;
claro será el origen del femenino arcano:
la Esfinge tal secreto dirá a su soberano.

CLITO

Naturaleza tiende sus brazos y sus pechos
a los humanos seres; la clave de los hechos
conócela el vidente: Homero, con su báculo;
en su gruta Deifobe, la lengua del Oráculo.

CAUMANTES

El monstruo expresa un ansia del corazón del Orbe:
en el Centauro el bruto la vida humana absorbe;
el sátiro es la selva sagrada y la lujuria:
une sexuales ímpetus a la harmoniosa furia;
Pan junta la soberbia de la montaña agreste
al ritmo de la inmensa mecánica celeste;
la boca melodiosa que atrae en Sirenusa,
es la fiera alada y es de la suave musa;

con la bicorne bestia Pasifae se ayunta.
Naturaleza sabia, formas diversas junta,
y cuando tiende al hombre la gran Naturaleza,
el monstruo, siendo el símbolo, se viste de belleza.

GRINEO

Yo amo lo inanimado que amó el divino Hesiodo.

QUIRON

Grineo, sobre el mundo tiene un ánima todo.

GRINEO

He visto, entonces, raros ojos fijos en mí:
los vivos ojos rojos del alma del rubí;
los ojos luminosos del alma del topacio,
y los de la esmeralda que del azul espacio
la maravilla imitan; los ojos de las gemas
de brillos peregrinos y mágicos emblemas.
Amo el granito duro que el arquitecto labra
y el mármol en que duerme la línea y la palabra.

QUIRON

A Deucalión y a Pirra, varones y mujeres,
las piedras aún intactas, dijeron: «¿Qué nos quieres?».

LICIDAS

Yo he visto los lemures flotar, en los nocturnos
instantes, cuando escuchan los bosques taciturnos
el loco grito de Atis que su dolor revela
o la maravillosa canción de Filomela.
El galope apresuro, si en el boscaje miro
manes que pasan, y oigo su fúnebre suspiro.
Pues de la Muerte el hondo, desconocido Imperio,
guarda el pavor sagrado de su fatal misterio.

ORNEO

La Muerte es de la Vida la inseparable hermana.

QUIRON

La Muerte es la victoria de la progenie humana.

MEDON

¡La Muerte! Yo la he visto. No es demacrada y mustia,
ni ase corva guadaña, ni tiene faz de angustia.
Es semejante a Diana, casta y virgen como ella;
en su rostro hay la gracia de la núbil doncella
y lleva una guirnalda de rosas siderales.
En su siniestra tiene verdes palmas triunfales,
y en su diestra una copa con agua del olvido.
A sus pies, como un perro, yace un amor dormido.

AMICO

Los mismos dioses buscan la dulce paz que vierte.

QUIRON

La pena de los dioses es no alcanzar la Muerte.

EURITO

Si el hombre —Prometeo— pudo robar la vida,
la clave de la muerte seréle concedida.

QUIRON

La virgen de las vírgenes es inviolable y pura.
Nadie su casto cuerpo tendrá en la alcoba obscura,
ni beberá en sus labios el grito de victoria,
ni arrancará a su frente las rosas de su gloria.

. . . .

Mas he aquí que Apolo se acerca al meridiano.
Sus truenos prolongados repite el Oceano.
Bajo el dorado carro del reluciente Apolo
vuelve a inflar sus carrillos y sus odres Eolo.
A lo lejos, un templo de mármol se divisa
entre laureles-rosa que hace cantar la brisa.
Con sus vibrantes notas, de Céfiro desgarra
la veste transparente la helénica cigarra,
y por el llano extenso van en tropel sonoro
los Centauros, y al paso, tiembla la Isla de Oro.

SINFONIA EN GRIS MAYOR

El mar, como un vasto cristal azogado,
refleja la lámina de un cielo de zinc;
lejanas bandadas de pájaros manchan
el fondo bruñido de pálido gris.

El sol, como un vidrio redondo y opaco,
con paso de enfermo camina al cenit;
el viento marino descansa en la sombra
teniendo de almohada su negro clarín.

Las ondas, que mueven su vientre de plomo,
debajo del muelle parecen gemir.
Sentado en un cable, fumando su pipa,
está un marinero pensando en las playas
de un vago, lejano, brumoso país.

Es viejo ese lobo. Tostaron su cara
los rayos de fuego del sol del Brasil;
los recios tifones del mar de la China
le han visto bebiendo su frasco de *gin*.

La espuma, impregnada de yodo y salitre,
ha tiempo conoce su roja nariz,
sus crespos cabellos, sus bíceps de atleta,
su gorra de lona, su blusa de dril.

En medio del humo que forma el tabaco,
ve el viejo el lejano, brumoso país,
adonde una tarde caliente y dorada,
tendidas las velas, partió el bergantín...

La siesta del trópico. El lobo se duerme.
Ya todo lo envuelve la gama del gris.
Parece que un suave y enorme esfumino
del curvo horizonte borrará el confín.

La siesta del trópico. La vieja cigarra
ensaya su ronca guitarra senil,
y el grillo preludia su solo monótono
en la única cuerda que está en su violín.

AMA TU RITMO...

Ama tu ritmo y ritma tus acciones
bajo su ley, así como tus versos;
eres un universo de universos,
y tu alma una fuente de canciones.

La celeste unidad que presupones,
hará brotar en ti mundos diversos;
y al resonar tus números dispersos
pitagoriza en tus constelaciones.

Escucha la retórica divina
del pájaro del aire y la nocturna
irradiación geométrica adivina;

mata la indiferencia taciturna,
y engarza perla y perla cristalina
en donde la verdad vuelca su urna.

YO PERSIGO UNA FORMA...

Yo persigo una forma que no encuentra mi estilo,
botón de pensamiento que busca ser la rosa;
se anuncia con un beso que en mis labios se posa
al abrazo imposible de la Venus de Milo.

Adornan verdes palmas el blanco peristilo;
los astros me han predicho la visión de la Diosa;
y en mi alma reposa la luz, como reposa
el ave de la luna sobre un lago tranquilo.

Y no hallo sino la palabra que huye,
la iniciación melódica que de la flauta fluye
y la barca del sueño que en el espacio boga;

y bajo la ventana de mi Bella-Durmiente,
el sollozo continuo del chorro de la fuente
y el cuello del gran cisne blanco que me interroga.

CANTOS DE VIDA Y ESPERANZA, LOS CISNES Y OTROS POEMAS

CANTOS DE VIDA Y ESPERANZA

A. J. Enrique Rodó

I

Yo soy aquel que ayer no más decía
el verso azul y la canción profana,
en cuya noche un ruiseñor había
que era alondra de luz por la mañana.

El dueño fui de mi jardín de sueño,
lleno de rosas y de cisnes vagos;

el dueño de las tórtolas, el dueño
de góndolas y liras en los lagos;

y muy siglo diez y ocho, y muy antiguo
y muy moderno; audaz, cosmopolita;
con Hugo fuerte y con Verlaine ambiguo,
y una sed de ilusiones infinita.

Yo supe de dolor desde mi infancia;
mi juventud..., ¿fue juventud la mía?,
sus rosas aún me dejan su fragancia,
una fragancia de melancolía...

Potro sin freno se lanzó mi instinto,
mi juventud montó potro sin freno;
iba embriagada y con puñal al cinto;
si no cayó, fue porque Dios es bueno.

En mi jardín se vio una estatua bella;
se juzgó mármol y era carne viva;
una alma joven habitaba en ella,
sentimental, sensible, sensitiva.

Y tímida ante el mundo, de manera
que, encerrada, en silencio, no salía
sino cuando en la dulce primavera
era la hora de la melodía...

Hora de ocaso y de discreto beso;
hora crepuscular y de retiro;
hora de madrigal y de embeleso,
de «te adoro», de «¡ay!», y de suspiro.

Y entonces era en la dulzaina un juego
de misteriosas gamas cristalinas,
un renovar de notas del Pan griego
y un desgranar de músicas latinas,

con aire tal y con ardor tan vivo,
que a la estatua nacían de repente

en el muslo viril patas de chivo
y dos cuernos de sátiro en la frente.

Como la Galatea gongorina
me encantó la marquesa verleniana,
y así juntaba a la pasión divina
una sensual hiperestesia humana;

todo ansia, todo ardor, sensación pura
y vigor natural; y sin falsía,
y sin comedia y sin literatura...:
si hay un alma sincera, ésa es la mía.

La torre de marfil tentó mi anhelo;
quise encerrarme dentro de mí mismo,
y tuve hambre de espacio y sed de cielo
desde las sombras de mi propio abismo.

Como la esponja que la sal satura
en el jugo del mar, fue el dulce y tierno
corazón mío, henchido de amargura
por el mundo, la carne y el infierno.

Mas, por gracia de Dios, en mi conciencia
el Bien supo elegir la mejor parte;
y si hubo áspera hiel en mi existencia,
melificó toda acritud el Arte.

Mi intelecto libré de pensar bajo,
bañó el agua castalia el alma mía,
peregrinó mi corazón y trajo
de la sagrada selva la armonía.

¡Oh, la selva sagrada! ¡Oh, la profunda
emanación del corazón divino
de la sagrada selva! ¡Oh, la fecunda
fuente cuya virtud vence al destino!

Bosque ideal que lo real complica,
allí el cuerpo arde y vive y Psiquis vuela;
mientras abajo el sátiro fornica,
ebria de azul deslíe Filomela

perla de ensueño y música amorosa
en la cúpula en flor del laurel verde,
Hipsipila sutil liba en la rosa,
y la boca del fauno el pezón muerde.

Allí va el dios en celo tras la hembra
y la caña de Pan se alza del lodo:
la eterna vida sus semillas siembra,
y brota la armonía del gran Todo.

El alma que entra allí debe ir desnuda,
temblando de deseo y fiebre santa,
sobre cardo heridor y espina aguda:
así sueña, así vibra y así canta.

Vida, luz y verdad, tal triple llama
produce la interior llama infinita;
el Arte puro como Cristo exclama:
Ego sum lux et veritas et vita!

Y la vida es misterio; la luz ciega
y la verdad inaccesible asombra;
la adusta perfección jamás se entrega,
y el secreto ideal duerme en la sombra.

Por eso ser sincero es ser potente:
de desnuda que está, brilla la estrella;
el agua dice el alma de la fuente
en la voz de cristal que fluye d'ella.

Tal fue mi intento, hacer del alma pura
mía, una estrella, una fuente sonora,
con el horror de la literatura
y loco de crepúsculo y de aurora.

Del crepúsculo azul que da la pauta
que los celestes éxtasis inspira;
bruma y tono menor —¡toda la flauta!,
y Aurora, hija del Sol— ¡toda la lira!

Pasó una piedra que lanzó una honda;
pasó una flecha que aguzó un violento.
La piedra de la honda fue a la onda,
y la flecha del odio fuese al viento.

La virtud está en ser tranquilo y fuerte;
con el fuego interior todo se abrasa;
se triunfa del rencor y de la muerte,
y hacia Belén... ¡la caravana pasa!

VIII
A ROOSEVELT

Es con voz de la Biblia, o verso de Walt Whitman,
que habría de llegar hasta ti, Cazador,
primitivo y moderno, sencillo y complicado,
con un algo de Washington y cuatro de Nemrod.

Eres los Estados Unidos,
eres el futuro invasor
de la América ingenua que tiene sangre indígena,
que aún reza a Jesucristo y aún habla en español.

Eres soberbio y fuerte ejemplar de tu raza:
eres culto, eres hábil; te opones a Tolstoy.
Y domando caballos, o asesinando tigres,
eres un Alejandro-Nabucodonosor.
(Eres un profesor de Energía
como dicen los locos de hoy.)

Crees que la vida es incendio,
que el progreso es erupción,
que en donde pones la bala
el porvenir pones.

No.

Los Estados Unidos son potentes y grandes.
Cuando ellos se estremecen hay un hondo temblor
que pasa por las vértebras enormes de los Andes.
Si clamáis, se oye como el rugir del león.
Ya Hugo a Grant lo dijo: Las estrellas son vuestras.
(Apenas brilla, alzándose, el argentino sol
y la estrella chilena se levanta...) Sois ricos.
Juntáis al culto de Hércules el culto de Mammón;
y alumbrando el camino de la fácil conquista,
la Libertad levanta su antorcha en Nueva York.

Mas la América nuestra, que tenía poetas
desde los viejos tiempos de Netzahualcóyotl,
que ha guardado las huellas de los pies del gran Baco,
que el alfabeto pánico en un tiempo aprendió;
que consultó los astros, que conoció la Atlántida
cuyo nombre nos llega resonando en Platón,
que desde los remotos momentos de su vida
vive de luz, de fuego, de perfume, de amor,
la América del grande Moctezuma, del Inca,
la América fragante de Cristóbal Colón,
la América católica, la América española,
la América en que dijo el noble Guatemoc:
«Yo no estoy en un lecho de rosas»; esa América
que tiembla de huracanes y que vive de amor,
hombres de ojos sajones y alma bárbara, vive.
Y sueña. Y ama, y vibra, y es la hija del Sol.
Tened cuidado. ¡Vive la América española!
Hay mil cachorros sueltos del León Español.
Se necesitaría, Roosevelt, ser, por Dios mismo,
el Riflero terrible y el fuerte Cazador,
para poder tenernos en vuestras férreas garras.

Y, pues contáis con todo, falta una cosa: ¡Dios!

X
CANTO DE ESPERANZA

Un gran vuelo de cuervos mancha el azul celeste.
Un soplo milenario trae amagos de peste.
Se asesinan los hombres en el extremo Este.

¿Ha nacido el apocalíptico Anticristo?
Se han sabido presagios, y prodigios se han visto
y parece inminente el retorno del Cristo.

La tierra está preñada de dolor tan profundo
que el soñador, imperial meditabundo,
sufre con las angustias del corazón del mundo.

Verdugos de ideales afligieron la tierra,
en un pozo de sombras la humanidad se encierra
con los rudos molosos del odio y de la guerra.

¡Oh, Señor Jesucristo!, ¿por qué tardas, qué esperas
para tender tu mano de luz sobre las fieras
y hacer brillar al sol tus divinas banderas?

Surge de pronto y vierte la esencia de la vida
sobre tanta alma loca, triste o empedernida,
que, amante de tinieblas, tu dulce aurora olvida.

Ven, Señor, para hacer la gloria de ti mismo,
ven con temblor de estrellas y horror de cataclismo,
ven a traer amor y paz sobre el abismo.

Y tu caballo blanco, que miró el visionario,
pase. Y suene el divino clarín extraordinario.
Mi corazón será brasa de tu incensario.

XII
HELIOS

¡Oh ruido divino!
¡Oh ruido sonoro!
Lanzó la alondra matinal el trino,
y sobre ese preludio cristalino,
los caballos de oro
de que el Hiperionida
lleva la rienda asida,
al trotar forman música armoniosa,
un argentino trueno,
y en el azul sereno
con sus cascos de fuego dejan huellas de rosa.
Adelante, ¡oh cochero
celeste!, sobre Osa
y Pelion, sobre Titania viva.
Atrás se queda el trémulo matutino lucero,
y el universo el verso de su música activa.

Pasa, ¡oh dominador, oh conductor del carro
de la mágica ciencia! Pasa, pasa, ¡oh bizarro
manejador de la fatal cuadriga
que al pisar sobre el viento
despierta el instrumento
sacro! Tiemblan las cumbres
de los montes más altos
que en sus rítmicos saltos
tocó Pegaso. Giran muchedumbres
de águilas bajo el vuelo
de tu poder fecundo,
y si hay algo que iguale la alegría del cielo,
es el gozo que enciende las entrañas del mundo.

¡Helios!, tu triunfo es ése,
pese a las sombras, pese
a la noche, y al miedo, y a la lívida Envidia.
Tú pasas, y la sombra, y el daño y la desidia,

y la negra pereza, hermana de la muerte,
y el alacrán del odio que su ponzoña vierte,
y Satán todo, emperador de las tinieblas,
se hunden, caen. Y haces el alba rosa, y pueblas
de amor y de virtud las humanas conciencias,
riegas todas las artes, brindas todas las ciencias;
los castillos de duelo de la maldad derrumbas,
abres todos los nidos, cierras todas las tumbas,
y sobre los vapores del tenebroso Abismo,
pintas la Aurora, el Oriflama de Dios mismo.

¡Helios! Portaestandarte
de Dios, padre del Arte,
la paz es imposible, más el amor eterno.
Danos siempre el anhelo de la vida,
y una chispa sagrada de tu antorcha encendida,
con que esquivar podamos la entrada del Infierno.

Que sientan las naciones
el volar de tu carro; que hallen los corazones
humanos, en el brillo de tu carro, esperanza:
que del alma-Quijote y el cuerpo-Sancho Panza
vuele una psique cierta a la verdad del sueño;
que hallen las ansias grandes de este vivir pequeño
una realización invisible y suprema;
¡Helios! ¡Que no nos mate tu llama que nos quema!
Gloria hacia ti del corazón de las manzanas,
de los cálices blancos de los lirios,
y del amor que manas
hecho de dulces fuegos y divinos martirios,
y del volcán inmenso,
y del hueso minúsculo,
y del ritmo que pienso,
y del ritmo que vibra en el corpúsculo,
y del Oriente intenso
y de la melodía del crepúsculo.

¡Oh ruido divino!
Pasa sobre la cruz del palacio que duerme,
y sobre el alma inerme
de quien no sabe nada. No turbes el destino.
¡Oh ruido sonoro!
El hombre, la nación, el continente, el mundo,
aguardan la virtud de tu carro fecundo,
¡cochero azul que riges los caballos de oro!

OTROS POEMAS

XI
FILOSOFIA

Saluda al sol, araña, no seas rencorosa.
Da tus gracias a Dios, oh sapo, pues que eres.
El peludo cangrejo tiene espinas de rosa
y los moluscos reminiscencias de mujeres.
Sabed ser lo que sois, enigmas, siendo formas;
dejad la responsabilidad a las Normas,
que a su vez la enviarán al Todopoderoso...
(Toca, grillo, a la luz de la luna; y dance el oso.)

XII
LEDA

El cisne en la sombra parece de nieve;
su pico es de ámbar, del alba al trasluz;
el suave crepúsculo que pasa tan breve
las cándidas alas sonrosa de luz.

Y luego, en las ondas del lago azulado,
después que la aurora perdió su arrebol,
las alas tendidas y el cuello enarcado,
el cisne es de plata, bañado de sol.

Tal es, cuando esponja las plumas de seda,
olímpico pájaro herido de amor,
y viola en las linfas sonoras a Leda,
buscando su pico los labios en flor.

Suspira la bella desnuda y vencida,
y en tanto que al aire sus quejas se van,
del fondo verdoso de fronda tupida
chispean turbados los ojos de Pan.

XIII

¡Divina Psiquis, dulce mariposa invisible
que desde los abismos has venido a ser todo
lo que en mi ser nervioso y en mi cuerpo sensible
forma la chispa sacra de la estatua de lodo!

Te asomas por mis ojos a la luz de la tierra
y prisionera vives en mí de extraño dueño;
te reducen a esclava mis sentidos en guerra
y apenas vagas libre por el jardín del sueño.

Sabia de la Lujuria que sabe antiguas ciencias,
te sacudes a veces entre imposibles muros,
y más allá de todas las vulgares conciencias
exploras los recodos más terribles y obscuros.

Y encuentras sombra y duelo. Que sombra y duelo encuentres
bajo la viña en donde nace el vino del Diablo.
Te posas en los senos, te posas en los vientres
que hicieron a Juan loco e hicieron cuerdo a Pablo.

A Juan virgen y a Pablo militar y violento,
a Juan que nunca supo del supremo contacto;
a Pablo el tempestuoso que halló a Cristo en el viento,
y a Juan ante quien Hugo se queda estupefacto.

Entre la catedral y las ruinas paganas
vuelas, ¡oh Psiquis, oh alma mía!
—como decía
aquel celeste Edgardo,
que entró en el paraíso entre un son de campanas
y un perfume de nardo—,
entre la catedral
y las paganas ruinas
repartes tus dos alas de cristal,
tus dos alas divinas.
Y de la flor
que el ruiseñor
canta en su griego antiguo, de la rosa,
vuelas, ¡oh, Mariposa!,
a posarte en un clavo de nuestro Señor.

XV

¡Oh, miseria de toda lucha por lo finito!
Es como el ala de la mariposa
nuestro brazo que deja el pensamiento escrito.
Nuestra infancia vale la rosa,
el relámpago nuestro mirar,
y el ritmo que en el pecho
nuestro corazón mueve,
es un ritmo de onda de mar,
o un caer de copo de nieve,
o el del cantar
del ruiseñor,
que dura lo que dura el perfumar
de su hermana la flor.
¡Oh, miseria de toda lucha por lo finito!
El alma que se advierte sencilla y mira claramente la gracia pura de la luz cara a cara,
como el botón de rosa, como la coccinela,
esa alma es la que al fondo del infinito vuela.
El alma que ha olvidado la admiración, que sufre

en la melancolía agria, olorosa a azufre,
de envidiar malamente y duramente, anida
en un nido de topos. Es manca. Está tullida.
¡Oh, miseria de toda lucha por lo finito!

XVII

¡Carne, celeste carne de la mujer! Arcilla,
—dijo Hugo—; ambrosía más bien, ¡oh maravilla!
La vida se soporta,
tan doliente y tan corta,
solamente por eso:
roce, mordisco o beso
en ese pan divino
para el cual nuestra sangre es nuestro vino.
En ella está la lira,
en ella está la rosa,
en ella está la ciencia armoniosa,
en ella se respira
el perfume vital de toda cosa.

Eva y Cipris concentran el misterio
del corazón del mundo.
Cuando el áureo Pegaso
en la victoria matinal se lanza
con el mágico ritmo de su paso
hacia la vida y hacia la esperanza,
si alza la crin y las narices hincha
y sobre las montañas pone el casco sonoro
y hacia la mar relincha,
y el espacio se llena
de un gran temblor de oro,
es que ha visto desnuda a Anadiomena.

Gloria, ¡oh Potente a quien las sombras temen!
¡Que las más blancas tórtolas te inmolen,
pues por ti la floresta está en el polen
y el pensamiento en el sagrado semen!

Gloria, ¡oh sublime, que eres la existencia
por quien siempre hay futuros en el útero eterno!
¡Tu boca sabe al fruto del árbol de la Ciencia
y al torcer tus cabellos apagaste el infierno!

Inútil es el grito de la legión cobarde
del interés, inútil el progreso
yankee, si te desdeña.
Si el progreso es de fuego, por ti arde.
¡Toda lucha del hombre va a tu beso,
por ti se combate o se sueña!

Pues en ti existe Primavera para el triste,
labor gozosa para el fuerte,
néctar, ánfora, dulzura amable.
¡Porque en ti existe
el placer de vivir, hasta la muerte
y ante la eternidad de lo probable...!

XXVII
DE OTOÑO

Yo sé que hay quienes dicen: ¿Por qué no canta ahora
con aquella locura armoniosa de antaño?
Esos no ven la obra profunda de la hora,
la labor del minuto y el prodigio del año.

Yo, pobre árbol, produje, el amor de la brisa,
cuando empecé a crecer, un vago y dulce son.
Pasó ya el tiempo de la juvenil sonrisa:
¡dejad al huracán mover mi corazón!

XXIX
CARACOL

A Antonio Machado

En la playa he encontrado un caracol de oro
macizo y recamado de las perlas más finas;
Europa le ha tocado con sus manos divinas
cuando cruzó las ondas sobre el celeste toro.

He llevado a mis labios el caracol sonoro
y he suscitado el eco de las dianas marinas;
le acerqué a mis oídos, y las azules minas
me han contado en voz baja su secreto tesoro.

Así la sal me llega de los vientos amargos
que en sus hinchadas velas sintió la nave Argos
cuando amaron los astros el sueño de Jasón;

y oigo un rumor de olas y un incógnito acento
y un profundo oleaje y un misterioso viento...
(El caracol la forma tiene de un corazón.)

XXXII
NOCTURNO

A Mariano de Cavia

Los que auscultasteis el corazón de la noche,
los que por el insomnio tenaz habéis oído
el cerrar de una puerta, el resonar de un coche
lejano, un eco vago, un ligero ruido...

En los instantes del silencio misterioso,
cuando surgen de su prisión los olvidados
en la hora de los muertos, en la hora del reposo,
sabréis leer estos versos de amargor impregnados...

Como en un vaso vierto en ellos mis dolores
de lejanos recuerdos y desgracias funestas,
y las tristes nostalgias de mi alma, ebria de flores,
y el duelo de mi corazón, triste de fiestas.

Y el pesar de no ser lo que yo hubiera sido,
la pérdida del reino que estaba para mí,
el pensar que un instante pude no haber nacido,
¡y el sueño que es mi vida desde que yo nací!

Todo esto viene en medio del silencio profundo
en que la noche envuelve la terrena ilusión,
y siento como un eco del corazón del mundo
que penetra y conmueve mi propio corazón.

XLI
LO FATAL

A René Pérez

Dichoso el árbol que es apenas sensitivo,
y más la piedra dura, porque ésa ya no siente,
pues no hay dolor más grande que el dolor de ser vivo,
ni mayor pesadumbre que la vida consciente.

Ser, y no saber nada, y ser sin rumbo cierto,
y el temor de haber sido y un futuro terror...
Y el espanto seguro de estar mañana muerto,
y sufrir por la vida y por la sombra y por

lo que no conocemos y apenas sospechamos,
y la carne que tienta con sus frescos racimos
y la tumba que aguarda con sus fúnebres ramos,
¡y no saber adónde vamos,
ni de dónde venimos...!

EL CANTO ERRANTE

EL CANTO ERRANTE

El cantor va por todo el mundo
sonriente o meditabundo.

El cantor va sobre la tierra
en blanca paz o en roja guerra.

Sobre el lomo del elefante
por la enorme India alucinante.

En palanquín y en seda fina
por el corazón de la China;

en automóvil en Lutecia;
en negra góndola en Venecia;

sobre las pampas y los llanos
en los potros americanos;

por el río va en la canoa,
o se le ve sobre la proa

de un *steamer* sobre el vasto mar,
o en un vagón de *sleeping-car*.

El dromedario del desierto,
barco vivo, le lleva a un puerto.

Sobre el raudo trineo trepa
en la blancura de la estepa.

O en el silencio de cristal
que ama la aurora boreal.

El cantor va a pie por los prados,
entre las siembras y ganados.

Y entra en su Londres en el tren,
y en asno a su Jerusalén.

Con estafetas y con malas,
va el cantor por la humanidad.

El canto vuela, con sus alas:
Armonía y Eternidad.

METEMPSICOSIS

Yo fui un soldado que durmió en el lecho
de Cleopatra la reina. Su blancura
y su mirada astral y omnipotente.
    Eso fue todo.

¡Oh, mirada! ¡oh, blancura! y ¡oh, aquel lecho
en que estaba radiante la blancura!
¡Oh, la rosa marmórea omnipotente!
    Eso fue todo.

Y crujió su espinazo por mi brazo;
y yo, liberto, hice olvidar a Antonio.
(¡Oh el lecho y la mirada y la blancura!)
    Eso fue todo.

Yo, Rufo Galo, fui soldado y sangre
tuve de Galia, y la imperial becerra
me dio un minuto audaz de su capricho.
    Eso fue todo.

¿Por qué en aquel espasmo las tenazas
de mis dedos de bronce no apretaron
el cuello de la blanca reina en broma?
    Eso fue todo.

Yo fui llevado a Egipto. La cadena
tuve al pescuezo. Fui comido un día
por los perros. Mi nombre, Rufo Galo.
            Eso fue todo.

VISION

Tras de la misteriosa selva extraña
vi que se levantaba al firmamento,
horadada y labrada, una montaña,

que tenía en la sombra su cimiento.
Y en aquella montaña estaba el nido
del trueno, del relámpago y del viento.

Y tras sus arcos negros el rugido
se oía del león, y cual obscura
catedral de algún dios desconocido,

aquella fabulosa arquitectura
formada de prodigios y visiones,
visión monumental, me dio pavura.

A sus pies habitaban los leones;
y las torres y flechas de oro fino
se juntaban con las constelaciones.

Y había un vasto domo diamantino
donde se alzaba un trono extraordinario
sobre sereno fondo azul marino.

Hierro y piedra primero, y mármol pario
luego, y arriba mágicos metales.
Una escala subía hasta el santuario

de la divina sede. Los astrales
esplendores, las gradas repartidas
de tres en tres bañaban. Colosales

águilas con las alas extendidas
se contemplaban en el centro de una
atmósfera de luces y de vidas.

Y en una palidez de oro de luna
una paloma blanca se cernía,
alada perla en mística laguna.

La montaña, labrada parecía
por un majestüoso Piraneso
Babélico. En sus flancos se diría

que hubiese cincelado el bloque espeso
el rayo; y en lo alto, enorme friso
de la luz recibía un áureo beso,

beso de luz de aurora y paraíso.
Y yo grité en la sombra: —¿En qué lugares
vaga hoy el alma mía?— De improviso

surgió ante mí, ceñida de azahares
y de rosas blanquísimas, Estela,
la que suele surgir en mis cantares.

Y díjome con voz de Filomela:
—No temas: es el reino de la lira
de Dante; y la paloma que revuela

en la luz, es Beatrice. Aquí conspira
todo el supremo amor y alto deseo.
Aquí llega el que adora y el que admira—.

—¿Y aquel trono —le dije— que allá veo?—
—Ese es el trono en que su gloria asienta,
ceñido el lauro, el gibelino Orfeo.

Y abajo es donde duerme la tormenta.
Y el lobo y el león entre lo obscuro
encienden su pupila, cual violenta

brasa. Y el vasto y misterioso muro
es piedra y hierro; luego las arcadas
del medio son de mármol; de oro puro

la parte superior, donde en gloriosas
albas eternas se abre al infinito
la sacrosanta Rosa de las rosas—.

—¡Oh, bendito el Señor! —clamé—; bendito,
que permitió al arcángel de Florencia
dejar tal mundo de misterio escrito

con lengua humana y sobrehumana ciencia,
y crear este extraño imperio eterno
y ese trono radiante en su eminencia,

ante el cual abismado me prosterno.
¡Y feliz quien al Cielo se levanta
por las gradas de hierro de su Infierno!

Y ella: —Que este prodigio diga y cante
tu voz—. Y yo: —Por el amor humano
he llegado al divino. ¡Gloria al Dante!

Ella, en acto de gracia, con la mano
me mostró de las águilas los vuelos,
y ascendió como un lirio soberano

hacia Beatriz, paloma de los cielos.
Y en el azul dejaba blancas huellas
que eran a mí delicias y consuelos.

¡Y vi que me miraban las estrellas!

POEMA DEL OTOÑO Y OTROS POEMAS

POEMA DEL OTOÑO

Tú que estás la barba en la mano
meditabundo,
¿has dejado pasar, hermano,
la flor del mundo?

Te lamentas de los ayeres
con quejas vanas:
¡aún hay promesas de placeres
en los mañanas!

Aún puedes casar la olorosa
rosa y el lis,
y hay mirtos para tu orgullosa
cabeza gris.

El alma ahíta cruel inmola
lo que la alegra,
como Zingua, reina de Angola,
lúbrica negra.

Tú has gozado de la hora amable,
y oyes después
la imprecación del formidable
Eclesiastés.

El domingo de amor te hechiza;
mas mira cómo
llega el miércoles de ceniza;
Memento, homo...

Por eso hacia el florido monte
las almas van,
y se explican Anacreonte
y Omar Kayam.

Huyendo del mal, de improviso
se entra en el mal
por la puerta del paraíso
artificial.

Y, no obstante, la vida es bella,
por poseer
la perla, la rosa, la estrella
y la mujer.

Lucifer brilla. Canta el ronco
mar. Y se pierde
Silvano oculto tras el tronco
del haya verde.

Y sentimos la vida pura,
clara, real,
cuando la envuelve la dulzura
primaveral.

¿Para qué las envidias viles
y las injurias,
cuando retuercen sus reptiles
pálidas furias?

¿Para qué los odios funestos
de los ingratos?
¿Para qué los lívidos gestos
de los Pilatos?

¡Si lo terreno acaba, en suma,
cielo e infierno,
y nuestras vidas son la espuma
de un mar eterno!

Lavemos bien de nuestra veste
la amarga prosa;
soñemos en una celeste
mística rosa.

Cojamos la flor del instante;
¡la melodía
de la mágica alondra cante
la miel del día!

Amor a su fiesta convida
y nos corona.
Todos tenemos en la vida
nuestra Verona.

Aún en la hora crepuscular
canta una voz:
«¡Ruth, risueña, viene a espigar
para Booz!»

Mas coged la flor del instante,
cuando en Oriente
nace el alba para el fragante
adolescente.

¡Oh, niño que con Eros juegas,
niños lozanos,
danzad como las ninfas griegas
y los silvanos!

El viejo tiempo todo roe
y va de prisa;
sabed vencerle, Cintia, Cloe
y Cidalisa.

Trocad por rosas azahares,
que suena el son
de aquel *Cantar de los Cantares*
de Salomón.

Príapo vela en los jardines
que Cipris huella;
Hécate hace aullar los mastines;
mas Diana es bella,

y apenas envuelta en los velos
de la ilusión,
baja a los bosques de los cielos
por Endimión.

¡Adolescencia! Amor te dora
con su virtud;
goza del beso de la aurora,
¡oh juventud!

¡Desventurado el que ha cogido
tarde la flor!
¡Y ¡ay de aquel! que nunca ha sabido
lo que es amor!

Yo he visto en tierra tropical
la sangre arder,
como en un cáliz de cristal,
en la mujer,

y en todas partes la que ama
y se consume
como una flor hecha de llama
y de perfume.

Abrasaos en esa llama
y respirad
ese perfume que embalsama
la Humanidad.

Gozad de la carne, ese bien
que hoy nos hechiza
y después se tornará en
polvo y ceniza.

Gozad del sol, de la pagana
luz de sus fuegos;
gozad del sol, porque mañana
estaréis ciegos.

Gozad de la dulce armonía
que a Apolo invoca;
gozad del canto, porque un día
no tendréis boca.

Gozad de la tierra, que un
bien cierto encierra;
gozad, porque no estáis aún
bajo la tierra.

Apartad el temor que os hiela
y que os restringe;
la paloma de Venus vuela
sobre la Esfinge.

Aún vencen muerte, tiempo y hado
las amorosas;
en las tumbas se han encontrado
mirtos y rosas.

Aún Anadiómena en sus lidias
nos da su ayuda;
aún resurge en la obra de Fidias
Friné desnuda.

Vive el bíblico Adán robusto,
de sangre humana,
y aún siente nuestra lengua el gusto
de la manzana.

Y hace de este globo viviente
fuerza y acción
la universal y omnipotente
fecundación.

El corazón del cielo late
por la victoria
de este vivir, que es un combate
y es una gloria.

Pues aunque hay pena y nos agravia
el sino adverso,
en nosotros corre la savia
del universo.

Nuestro cráneo guarda el vibrar
de tierra y sol,
como el ruido de la mar
el caracol.

La sal del mar en nuestras venas
va a borbotones;
tenemos sangre de sirenas
y de tritones.

A nosotros encinas, lauros,
frondas espesas;
tenemos carne de centauros
y satiresas.

En nosotros la vida vierte
fuerza y calor.
¡Vamos al reino de la Muerte
por el camino del Amor!

LEOPOLDO LUGONES
[ARGENTINA, 1874-1938]

LUGONES ES quizás el poeta más prolífico y aun desmesurado del movimiento modernista. Por lo último, su obra incluso tiende a trascender los principios de este movimiento. Ya en el primer libro de Lugones, *Las montañas del oro*, se evidencia su ideal de participación social, su creencia en la historia como progreso y como advenimiento de un nuevo humanismo. No en vano en ese libro asume la actitud del poeta visionario y menciona como puntos de referencia a Homero, Dante, Hugo, Whitman. Es cierto que gran parte de su obra se alimenta todavía de los recursos del modernismo: ritmos evocativos, juegos cromáticos y sinestésicos, refinamiento expresivo, gusto de las sensaciones raras o complejas. Sin embargo, aun empleando esas técnicas, su poesía trasciende los límites precisos del modernismo. Lugones, en efecto, sistematizó el verso libre, creó un inusitado sistema de imágenes, no sólo más complejo sino también más desacralizador; logró, finalmente, introducir, en el ámbito de lo poético, el habla, la ironía crítica, el humor, a la vez que mitificar lo cotidiano, lo que hasta entonces parecía demasiado prosaico. En tal sentido, y en el de su inagotable poder (muy barroco, por cierto) de verbalizar el mundo, Lugones es uno de los antecedentes de la poética de vanguardia, sobre todo en libros como *Lunario sentimental* y *Poemas solariegos*. Hubo, en verdad, no uno sino muchos poetas en Lugones. También fue un escritor de los más variados registros expresivos. Ensayista, historiador, tuvo igualmente grandes dones narrativos. Sus dos libros de cuentos: *Las fuerzas extrañas* (1906) y *Cuentos fatales* (1924), de algún modo están en el origen de una narrativa fantástica, luego tan fecunda (Borges, Bioy Casares, Cortázar) en su país.

El prólogo de *Lunario sentimental* podría resumir lo esencial de la poética de Lugones. Hay en él, por lo menos dos ideas fundamentales: la metáfora como centro de la creación poética y la necesidad de la libertad métrica. Lugones tenía la intuición —válida, desde los románticos— de que el fundamento mismo del lenguaje es la metáfora.

125

«El lenguaje —dice— es un conjunto de imágenes, comportando, si bien se mira, una metáfora cada vocablo; de manera que hallar imágenes nuevas y hermosas, expresándolas con claridad y concisión, es enriquecer el idioma, renovándolo a la vez. Los encargados de esta obra, tan honorable, por lo menos, como la de refinar los ganados o administrar la renta pública, puesto que se trata de una función social, son los poetas. El idioma es un bien social, y hasta el elemento más sólido de las nacionalidades». ¿Habría, ciertamente, que buscar otra *función social* a la poesía? En cuanto a la prosodia poética, decía: «El verso libre quiere decir, como su nombre lo indica, una cosa sencilla y grande: la conquista de una libertad». ¿No es la libertad que ha buscado y cultivado toda la poesía contemporánea: la música verbal como ritmo interior, como movimiento vital?

BIBLIOGRAFIA

OBRA POETICA

Las montañas del oro (1897); *Los crepúsculos del jardín* (1905); *Lunario sentimental* (1909); *Odas seculares* (1910); *El libro fiel* (1912); *El libro de los paisajes* (1917); *Las horas doradas* (1922); *Romancero* (1924); *Poemas solariegos* (1927); *Romances del Rioseco* (póstumo, 1938), *Obras poéticas completas* (Prólogo de Pedro Miguel Obligado. Madrid, Aguilar, 1959).

ESTUDIOS CRITICOS

Guillermo Ara, *Leopoldo Lugones*, Buenos Aires, Editorial Mandrágora, 1958.

Jorge Luis Borges (en colaboración con Betina Edelberg), *Leopoldo Lugones*, Buenos Aires, Editorial Pleamar, 1965.

Mariano Picón-Salas, «Lugones, un gran argentino», en *Obras Selectas*, Madrid-Caracas, Edime, 1962.

Saúl Yurkievich, «Leopoldo Lugones o la pluralidad operativa», en *Celebración del modernismo*, Barcelona, Tusquets Editor, 1976.

LAS MONTAÑAS DEL ORO

Dijo el Espíritu Santo, tratando de los pre-
gones que se dan para hallar la Sabiduría
por sus señas, que dijo el abismo: «No la
tengo»; y el mar: «No es en mí»; y que la
muerte y la perdición dijeron: «Oímos su
fama, nuevas tenemos della».

Don Francisco de Quevedo Villegas

EL HIMNO DE LAS TORRES
(Selección)

I

Canto: las altas torres, gloria del siglo, y decoro del suelo. Las torres que ven las distancias; las torres que cantan la gloria de las buenas artes del hierro y de la piedra. Las torres gigantes que tienen cien
lenguas intactas: cien lenguas, que son las campanas, sapientes de un
májico idioma que dice a los astros las preces del culto extinguido,
con frases de bronce y de fe.

II

Las piedras están empapadas de música sacra; las piedras cuya alma
es unísona, cuya alma es un eco. Las piedras cuya alma despiertan los
órganos con su fluido lenguaje de flautas, cuando su noble mecánica
inventa los salmos que, bajo los eruditos dedos de un pálido músico,
parecen una galería de arco iris, ante cuyo triunfo, en colores de fama, pasan reyes de reales melenas, y obispos de tiaras suntuarias, en
caballos blancos, cuyas herraduras tienen un armonioso compás. Bajo los dedos de un pálido músico: bien Pedro Luis de Preneste, dicho
el Palestrina (*grande en su misa del Papa Marcelo*), bien Sebastián
Bach.

VI

Y mi alma —golondrina ideal— desde su torre sigue mirando: y mira
cómo viene la noche, y la media luna semejante a la herradura de plata

de un Pegaso en los territorios negros, o bien como una artística peineta de plata sobre una misma inmensa cabellera esparcida. Y a la luz de la media luna desarróllanse los Imperios: Francia, Asiria, Persia, Egipto, Judea, Macedonia, Roma, Méjico, Perú, Rusia, Arabia —otra vez Francia. Grandes tropeles de horda; banderas en el horizonte; lanzas agujereando la noche; clamores retumbando en el espíritu del viento, pájaros de presa entre desgarramientos de nubes; cadáveres bajo los árboles; osamentas sobre las piedras; un sueño, y águilas, águilas y banderas, y lanzas, y bosque, y noche, y montes, y un largo galope enmelenado de antorchas llevándose todo eso: el gran poema del hierro y del caballo, y las hostiles barbaries marchando bajo el huracán de Dios, bajo los truenos de Dios, bajo el talón que ha hollado hundimientos de mundos —el talón de Dios—, bajo la derecha de Dios, abierta como una palma de resplandores.

VIII

Y mi alma —golondrina ideal— desde su torre sigue mirando: y mira que ya viene el alba, y que una muchacha fresca ríe, y que en su risa se desparrama un puñado de sortijas de plata. Y mira despedirse las naves que van para los Continentes, para las tierras rojas, para las tierras negras donde el Sol se acuesta entre palmeras; donde hay serpientes que parecen joyas venenosas y flores más bien pintadas que los tigres; y bisontes, y elefantes, y jirafas, y pájaros del Paraíso, y luciérnagas, y resinas, y esencias, y bálsamos, y corales, y perlas —éstas en conchas de valvas rosadas, como hostias intactas entre labios que comulgan—, y dulces nueces, y polvo de oro; y tambores, y calabazas, y tinajas, que hacen la música de los dioses; y princesas desnudas que aman los besos de los amantes blancos. Y va Cristóbal Colón, con una cruz y una espada bien leal; y Marco Polo, con un tratado cosmográfico de Cosmas en la mano; y Vasco de Gama, con un astrolabio en el mástil; y Hernando de Magallanes con una hacha al cinto; y la *May-Flower* con la carta del rey Juan; y Dumont d'Urville con un planisferio y una áncora; y Tasman con una brújula; y Stanley con el lápiz del *New York Herald* y su casco de corcho; y Livingstone, el padre del Nilo.

LOS CREPUSCULOS DEL JARDIN

TENTACION

Calló por fin el mar, y así fue el caso:
En un largo suspiro violeta,
Se extenuaba de amor la tarde quieta
Con la ducal decrepitud del raso.

Dios callaba también; una secreta
Inquietud expresábase en tu paso;
La palidez dorada del Ocaso.
Recogía tu lánguida silueta.

El campo en cuyo trebolar maduro
La siembra palpitó como una esposa,
Contemplaba con éxtasis impuro.

Tu media negra; y una silenciosa
Golondrina rayaba el cielo rosa,
Como un pequeño pensamiento oscuro.

EMOCION ALDEANA

Nunca gocé ternura más extraña,
Que una tarde entre las manos prolijas
Del barbero de campaña,
Furtivo carbonario que tenía dos hijas.
Yo venía de la montaña
En mi claudicante jardinera,
Con timidez urbana y ebrio de primavera.

Aristas de mis parvas,
Tupían la fortaleza silvestre
De mi semestre
De barbas.

Recliné la cabeza
Sobre la fatigada almohadilla,
Con una plenitud sencilla
De docilidad y de limpieza;
Y en ademán cristiano presenté la mejilla...

El desonchado espejo,
Protegido por marchitos tules,
Absorbiendo el paisaje en su reflejo,
Era un óleo enorme de sol bermejo,
Praderas pálidas y cielos azules.
Y ante el mórbido gozo
De la tarde vibrada en pastorelas,
Flameaba como un soberbio trozo
Que glorificara un orgullo de escuelas.

La brocha, en tanto,
Nevaba su sedosa espuma
Con el encanto
De una caricia de pluma.
De algún redil cabrío, que en tibiezas amigas
Aprontaba al rebaño su familiar sosiego,
Exhalaban un perfume labriego
De polen almizclado las boñigas.

Con sonora mordedura
Raía mi fértil mejilla la navaja.
Mientras sonriendo anécdotas en voz baja,
El liberal barbero me hablaba mal del cura.
A la plática ajeno,
Preguntábale yo, superior y sereno
(Bien que con cierta inquietud de celibato),
Por sus dos hijas, Filiberta y Antonia;
Cuando de pronto deleitó mi olfato
Una ráfaga de agua de colonia.

Era la primogénita, doncella preclara,
Chisporroteada en pecas bajo rulos de cobre.

Mas en ese momento, con presteza avara,
Rociábame el maestro su vinagre a la cara,
En insípido aroma de pradera pobre.

Harto esponjada en sus percales,
La joven apareció, un tanto incierta,
A pesar de las lisonjas locales.
Por la puerta,
Asomaron racimos de glicinas,
Y llegó de la huerta
Un maternal escándalo de gallinas.

Cuando, con fútil prisa,
Hacia la bella volví mi faz más grata,
Su púdico saludo respondió a mi sonrisa.
Y ante el sufragio de mi amor pirata,
Y la flamante lozanía de mis carrillos,
Vi abrirse enormemente sus ojos de gata,
Fritos en rubor como dos huevecillos.

Sobre el espejo, la tarde lila
Improvisaba un lánguido miraje,
En un ligero vértigo de agua tranquila.
Y aquella joven con su blanco traje
Al borde de esa visionaria cuenca,
Daba al fugaz paisaje
Un aire de antigua ingenuidad flamenca.

LUNARIO SENTIMENTAL

DIVAGACION LUNAR

Si tengo la fortuna
De que con tu alma mi dolor se integre,
Te diré entre melancólico y alegre
Las singulares cosas de la luna.

Mientras el menguante exiguo
A cuyo noble encanto ayer amaste
Aumenta su desgaste
De cequín antiguo,
Quiero mezclar a tu champaña,
Como un buen astrónomo teórico,
Su luz, en sensación extraña
De jarabe hidroclórico.
Y cuando te envenene
La pálida mixtura,
Como a cualquier romántica Eloísa o Irene,
Tu espíritu de amable criatura
Buscará una secreta higiene
En la pureza de mi desventura.

Amarilla y flacucha,
La luna cruza el azul pleno,
Como una trucha
Por un estanque sereno.
Y su luz ligera,
Indefiniendo asaz tristes arcanos,
Pone una mortuoria traslucidez de cera
En la gemela nieve de tus manos.

Cuando aún no estaba la luna, y afuera
Como un corazón poético y sombrío
Palpitaba el cielo de primavera,
La noche, sin ti, no era
Más que un oscuro frío.
Perdida toda forma, entre tanta
Obscuridad, era sólo un aroma;
Y el arrullo amoroso ponía en tu garganta
Una ronca dulzura de paloma.
En una puerilidad de tactos quedos,
La mirada perdida en una estrella,
Me extravié en el roce de tus dedos.

Tu virtud fulminaba como una centella...
Mas el conjuro de los ruegos vanos
Te llevó al lance dulcemente inicuo,
Y el coraje se te fue por las manos
Como un poco de agua por un mármol oblicuo.

La luna fraternal, con su secreta
Intimidad de encanto femenino,
Al definirte hermosa te ha vuelto coqueta,
Sutiliza tus maneras un complicado tino;
En la lunar presencia,
No hay ya ósculo que el labio al labio suelde;
Y sólo tu seno de audaz incipiencia,
Con generosidad rebelde,
Continúa el ritmo de la dulce violencia.

Entre un recuerdo de Suiza
Y la anécdota de un oportuno primo,
Tu crueldad virginal se sutiliza;
Y con sumisión postiza
Te acurrucas en pérfido mimo,
Como un gato que se hace una bola
En la cabal redondez de su cola.
Es tu ilusión suprema
De joven soñadora,
Ser la joven mora
De un antiguo poema.
La joven cautiva que llora
Llena de luna, de amor y de sistema.

La luna enemiga
Que te sugiere tanta mala cosa,
Y de mi brazo cordial te desliga,
Pone un detalle trágico en tu intriga
De pequeño mamífero rosa.
Mas, al amoroso reclamo
De la tentación, en tu jardín alerta,
Tu grácil juventud despierta

Golosa de caricia y de *Yoteamo*.
En el albaricoque
Un tanto marchito de tu mejilla,
Pone el amor un leve toque
De carmín, como una lucecilla.
Lucecilla que a medias con la luna
Tu rostro excava en escultura inerte,
Y con sugestión oportuna
De pronto nos advierte
No sé qué próximo estrago,
Como el rizo anacrónico de un lago
Anuncia a veces el soplo de la muerte...

LUNA DE LOS AMORES

Desde que el horizonte suburbano,
El plenilunio crepuscular destella,
En el desierto comedor, un lejano
Reflejo, que apenas insinúa su huella.
Hay una mesa grande y un anaquel mediano.
Un viejo reloj de espíritu luterano.
Una gota de luna en una botella.
Y sobre el ébano sonoro del piano,
Resalta una clara doncella.

Arrojando al hastío de las cosas iguales
Su palabra bisílaba y abstrusa,
En lento brillo el péndulo, como una larga fusa,
Anota el silencio con tiempos inmemoriales.

El piano está mudo, con una tecla hundida
Bajo un dedo inerte. El encerado nuevo
Huele a droga desvanecida.
La joven está pensando en la vida.
Por allá dentro, la criada bate un huevo.

Llena ahora de luna y de discreta
Poesía, dijérase que esa joven brilla
En su corola de Cambray, fina y sencilla,
Como la flor del peral. ¡Pobre Enriqueta!

La familia, en el otro aposento,
Manifiéstame, en tanto, una alarma furtiva.
Por el tenaz aislamiento
De esa primogénita delgada y pensativa.
«No prueba bocado. Antes le gustaba el jamón.»
«Reza mucho y se cree un cero a la izquierda.»
«A veces siente una puntada en el pulmón.»
—Algún amor, quizá, murmura mi cuerda
Opinión...

En la obscuridad, a tientas halla
Mi caricia habitual la cabeza del nene...
Hay una pausa.
                    «Pero si aquí nadie viene
Fuera de usted», dice la madre. El padre calla.

El aire huele a fresia; de no sé qué espesuras
Viene, ya anacrónico, el gorjeo de un mirlo
Clarificado por silvestres ternuras.
La niña sigue inmóvil, y ¿por qué no decirlo?
Mi corazón se preña de lágrimas obscuras.

No; es inútil que alimente un dulce engaño;
Pues cuando la regaño
Por su lección de inglés, o cuando llévola
Al piano con mano benévola,
Su dócil sonrisa nada tiene de extraño.

«Mamá, ¿qué toco?», dice con su voz más llana;
«Forget me not?...». Y lejos de toda idea injusta:
Buenamente añade: «Al señor Lugones le gusta.»
Y me mira de frente delante de su hermana.

Sin idea alguna
De lo que pueda causar aquella congoja
—En cuya languidez parece que se deshoja—

Decidimos que tenga mal de luna.
La hermana, una limpia, joven de batista,
Nos refiere una cosa que le ha dicho.
A veces querría ser, por capricho,
La larga damisela de un cartel modernista
Eso es todo lo que ella sabe; pero eso
Es poca cosa
Para un diagnóstico sentimental. ¡Escabrosa
Cuestión la de estas almas en trance de beso!
Pues el «mal de luna», como dije más arriba,
No es sino el dolor de amar, sin ser amada.
Lo indefinible: una Inmaculada
Concepción, de la pena más cruel que se conciba.

La luna, abollada
Como el fondo de una cacerola
Enlozada.
Visiblemente turba a la joven sola.
Al hechizo pálido que le insufla,
Lentamente gira el giratorio banco;
Y mientras el virginal ruedo blanco
Se crispa sobre el moño rosa de la pantufla.
Rodeando la rodilla con sus manos, unidas
Como dos palomas en un beso embebecidas,
Con actitud que consagra
Un ideal quizá algo fotográfico,
La joven tiende su cuello seráfico
En un noble arcaísmo de Tanagra.

Conozco esa mirada que ahora
Remonta al ensueño mis humanas miserias.
Es la de algunas veladas dulces y serias
En que un grato silencio de amistad nos mejora.
Una pura mirada,
Suspensa de hito en hito.
Entre su costura inacabada
Y el infinito...

EL LIBRO FIEL

LA BLANCA SOLEDAD

Bajo la calma del sueño,
Calma lunar de luminosa seda,
La noche
Como si fuera
El blanco cuerpo del silencio,
Dulcemente en la inmensidad se acuesta...
Y desata
Su cabellera,
En prodigioso follaje
De alamedas.

Nada vive sino el ojo
Del reloj en la torre tétrica,
Profundizando inútilmente el infinito
Como un agujero abierto en la arena.
El infinito,
Rodado por las ruedas
De los relojes,
Como un carro que nunca llega.

La luna cava un blanco abismo
De quietud, en cuya cuenca
Las cosas son cadáveres
Y las sombras viven como ideas,
Y uno se pasma de lo próxima
Que está la muerte en la blancura aquella.
De lo bello que es el mundo
Poseído por la antigüedad de la luna llena.
Y el ansia tristísima de ser amado,
En el corazón doloroso tiembla.

Hay una ciudad en el aire,
Una ciudad casi invisible suspensa,

Cuyos vagos perfiles
Sobre la clara noche transparentan.
Como las rayas de agua en un pliego,
Su cristalización poliédrica.
Una ciudad tan lejana,
Que angustia con su absurda presencia.

¿Es una ciudad o un buque
En el que fuésemos abandonando la tierra.
Callados y felices,
Y con tal pureza,
Que sólo nuestras almas
En la blancura plenilunar vivieran?...

Y de pronto cruza un vago
Estremecimiento por la luz serena.
Las líneas se desvanecen,
La inmensidad cámbiase en blanca piedra,
Y sólo permanece en la noche aciaga
La certidumbre de tu ausencia.

EL CANTO DE LA ANGUSTIA

Yo andaba solo y callado
Porque tú te hallabas lejos;
Y aquella noche
Te estaba escribiendo,
Cuando por la casa desolada
Arrastró el horror su trapo siniestro.

Brotó la idea, ciertamente,
De los sombríos objetos:
El piano,
El tintero,
La borra de café en la taza,
Y mi traje negro.

Sutil como las alas del perfume
Vino tu recuerdo.
Tus ojos de joven cordial y triste,
Tus cabellos,
Como un largo y suave pájaro
De silencio.
(Los cabellos que resisten a la muerte
Con la vida de la seda, en tanto misterio.)
Tu boca donde suspira
La sombra interior habitada por los sueños.
Tu garganta,
Donde veo
Palpitar como un sollozo de sangre,
La lenta vida en que te mece durmiendo.

Un vientecillo desolado,
Más que soplar, tiritaba en soplo ligero.
Y entre tanto,
El silencio,
Como una blanda y suspirante lluvia
Caía lento.

Caía de la inmensidad,
Inmemorial y eterno.
Adivinábase afuera
Un cielo,
Peor que oscuro:
Un angustioso cielo ceniciento.

Y de pronto, desde la puerta cerrada
Me dio en la nuca un soplo trémulo,
Y conocí que era la cosa mala
De las cosas solas, y miré el blanco techo.
Diciéndome: «Es una absurda
Superstición, un ridículo miedo.»
Y miré la pared impávida.

Y noté que afuera había parado el viento.

¡Oh aquel desamparo exterior y enorme
Del silencio!
Aquel egoísmo de puertas cerradas
Que sentía en todo el pueblo.
Solamente no me atrevía
A mirar hacia atrás,
Aunque estaba cierto
De que no había nadie;
Pero nunca,
¡Oh, nunca habría mirado de miedo!
Del miedo horroroso
De quedarme muerto.

Poco a poco, en vegetante
Pululación de escalofrío eléctrico,
Erizáronse en mi cabeza
Los cabellos.
Uno a uno los sentía,
Y aquella vida extraña era otro tormento.

Y contemplaba mis manos
Sobre la mesa, qué extraordinarios miembros;
Mis manos tan pálidas,
Manos de muerto.
Y noté que no sentía
Mi corazón desde hacía mucho tiempo.
Y sentí que te perdía para siempre,
Con la horrible certidumbre de estar despierto.
Y grité tu nombre
Con un grito interno,
Con una voz extraña
Que no era la mía y que estaba muy lejos.
Y entonces, en aquel grito,
Sentí que mi corazón muy adentro,
Como un racimo de lágrimas,
Se deshacía en un llanto benéfico.

Y que era el dolor de tu ausencia
Lo que había soñado despierto.

HISTORIA DE MI MUERTE

Soñé la muerte y era muy sencillo:
Una hebra de seda me envolvía,
Y a cada beso tuyo,
Con una vuelta menos me ceñía.
Y cada beso tuyo
Era un día;
Y el tiempo que mediaba entre dos besos
Una noche. La muerte es muy sencilla.

Y poco a poco fue desenvolviéndose
La hebra fatal. Ya no la retenía
Sino por sólo un cabo entre los dedos...
Cuando de pronto te pusiste fría.
Y ya no me besaste...
Y solté el cabo, y se me fue la vida.

EL LIBRO DE LOS PAISAJES

SALMO PLUVIAL

TORMENTA

Erase una caverna de agua sombría el cielo;
El trueno, a la distancia, rodaba su peñón;
Y una remota brisa de conturbado vuelo,
Se acidulaba en tenue frescura de limón.

Como caliente polen exhaló el campo seco
Un relente de trébol lo que empezó a llover.

Bajo la lenta sombra, colgada en denso fleco,
Se vio el cardal con vívidos azules florecer.

Una fulmínea verga rompió el aire al soslayo;
Sobre la tierra atónita cruzó un pavor mortal,
Y el firmamento entero se derrumbó en un rayo,
Como un inmenso techo de hierro y de cristal.

LLUVIA

Y un mimbreral vibrante fue el chubasco resuelto
Que plantaba sus líquidas varillas al trasluz,
O en pajonales de agua se espesaba revuelto,
Descerrajando al paso su pródigo arcabuz.

Saltó la alegre lluvia por taludes y cauces;
Descolgó del tejado sonoro caracol;
Y luego, allá a lo lejos, se desnudó en los sauces,
Transparente y dorada bajo un rayo de sol.

CALMA

Delicias de los árboles que abrevó el aguacero.
Delicia de los gárrulos raudales en desliz.
Cristalina delicia del trino del jilguero.
Delicia serenísima de la tarde feliz.

PLENITUD

El cerro azul estaba fragante de romero,
Y en los profundos campos silbaba la perdiz.

LAS HORAS DORADAS

ALMA VENTUROSA

Al promediar la tarde de aquel día,
Cuando iba mi habitual adiós a darte,
Fue una vaga congoja de dejarte
Lo que me hizo saber que te quería.

Tu alma, sin comprenderlo, ya sabía...
Con tu rubor me iluminó el hablarte,
Y al separarnos te pusiste aparte
Del grupo, amedrentada todavía.

Fue silencio y temblor nuestra sorpresa;
Mas ya la plenitud de la promesa
Nos infundía un júbilo tan blando,

Que nuestros labios suspiraron quedos...
Y tu alma estremecíase en tus dedos
Como si se estuviera deshojando.

POEMAS SOLARIEGOS

EL COLLA

El colla solía llegar una mañana,
diligente, pequeño y macizo,
con su ponchito café, su alforja grana
y su sombrerote cenizo.
Era cosa de ver
en su sandalia rústica su pie de mujer
que aquellas marchas tan grandes
había podido hacer;
pues venía del fondo de los Andes
de las tierras del Inca que decían estar

a no menos de un largo mes de mula de andar.
Vacilaba en su rostro lampiño
una esquivez sumisa de viejo y de niño,
mas, su vigor enjuto, bajo el tosco picote,
forjaba una cobriza solidez de lingote.
Y cuando se quedaba mirando de hito en hito
con sus ojillos negros de insondable fijeza,
adquiría la desolada firmeza
de un aislamiento de monolito.

Iba vendiendo medicinas y magias
como ser polvos de asta de ciervo y de bezoar
cebadilla de estornudar
y agallas contra las hemorragias.
Jaborandi, quina y estoraque;
Illas, que eran cabritas y llamitas de cobre,
que traían suerte para salir de pobre
y librar los rebaños de todo ataque.
Habillas de rojo encendido
que, de a dos, quitan la hora, pero de a tres, la dan
y sortijas de piedra imán
contra los celos y el olvido.
Mientras sus cosas vendía,
cerrando la alforja con precaución avara
cada vez que sacaba una mercancía,
como si temiese que algo se le volara;
más de un curioso detrás de él se ponía,
para ver si bajo el sombrero
llevaba siempre la trenza
que tal vez ocultaba por vergüenza
del comentario chocarrero.
Entonces advertíase la destreza prudente
con que, sin descuidar jamás
al que con él trataba de frente,
podía mirar para atrás
como el guanaco, naturalmente,
pero, si nadie osaba con él burla o desprecio,

era porque sabía la palabra que evoca
a la hormiga y a la isoca
con que la chacra habíale plagado a más de un necio.

Hecha su venta al por menor,
sentábase en una orilla
del atrio de la capilla
donde nunca dejaba de rezar con fervor.
Y allá por largas horas, con lentitud de oruga,
mascullaba su coca, soñoliento
e indiferente al frío, al sol y al viento
que apenas fruncía sus ojos de tortuga.
Cambiaba en quichua un saludo
con algún santiagueño de su relación,
y después partía de la población
diligente, macizo y menudo.
A dónde sabría ir, que hubo menciones
de que una vez un mozo de Sumampa,
fue a sacarlo por la estampa
en el Carmen de Patagones.
Y como nunca lo vimos de regreso,
el mismo correveidile
aseguró que volvía por Chile
poniendo sus tres años en todo eso.

Así se iba por la campiña abierta
a correr las tierras del mundo.
Hasta que el horizonte profundo
cerrábase tras él como una puerta.
Y siempre se nos quedó trunca
la curiosidad por saber de qué modo
aquella alforja, nunca llena del todo
tampoco se acababa nunca.

LOS INFIMOS
(Selección)

I

Canto la atareada hormiga
Que se afana con su miga,
Y se empeña con su brizna,
Y de industrioso alquitrán se tizna
O de ácido agresivo se avinagra
En el ardor que a su labor consagra.

II

Y la consabida cigarra del apólogo
Que a pleno sol deflagra,
Poniendo en su monólogo
Una mecha a la pólvora de oro del calor
Y un cascabel al gato del amor.

III

Y el abejorro borrachón de miel,
Que tiene una amapola por tonel.

IV

Y la sensible araña que junto al piano
Teje a ocho agujas su ñandutí liviano.

V

El escarabajo magnífico, inmundo
Y redondo como el mundo.

Y la avispa exaltada que lacera
El seno pálido de la pera.

Y el grillo
Con su sencillo
Violín
De negrillo
Saltarín.

Y la mariposa sentimental
Que de flor en flor lleva su tarjeta postal.

Y el picarón Cupido de alas de mariposa
Que exalta cartulinas con su aneurisma rosa.

Y el adobe macizo y plano
Con su rústica honradez de paisano.

Y la escoria que en bello azul turquí,
Se tornasola como un colibrí.

Y la pava que arrulla cantarina,
Al lento rescoldo del bienestar.

Y la novelita ejemplar
En que se casa la heroína.

XLVIII

Y el cántaro del agua, que, a la avidez enjuta,
Anticipa una negra frescura de gruta.

XLIX

Y el sapo solterón,
Que instalado en el mismo rincón,
Cazando moscas paga su pensión.

L

Y el perfume del grano de anís,
Y la servicial discreción del gris.

LI

Y el pueblo en que nací y donde quisiera
Dormir en paz cuando me muera.

RICARDO JAIMES FREYRE
[BOLIVIA, 1868-1933]

NO FUE UNO DE «los raros» del modernismo, al menos en la medida en que lo fueron Julián del Casal, José Asunción Silva, Herrera y Reissig, el propio Darío. Su vida discurrió sin ninguna de las tensiones y obsesiones que caracterizaron la de éstos. Ejerce, por largos años, el profesorado en la Argentina (Escuela Normal y Universidad de Tucumán); ocupa, luego, hasta casi el final de su vida, altas posiciones en la política de su país: Canciller, Embajador en varias capitales americanas, aun tuvo la posibilidad de ser candidato a la Presidencia de la República, lo cual rechazó. Fue un temperamento inclinado al estudio: publicó diversas obras de investigación histórica, de crítica literaria y de psicología; contribuyó a fundar la *Revista de Letras y Ciencias Sociales*, editada en Tucumán. Estuvo animado, además, por una preocupación política y social que, a excepción de Martí, no fue precisamente uno de los rasgos de los modernistas; creyó en la posibilidad de un nuevo y original humanismo cristiano; se identificó con los ideales utopistas de Tolstoy, sobre quien escribe un extenso poema en *Los sueños son vida*.

La labor poética de Jaimes Freyre parece circunscribirse a la etapa de su vida en la Argentina: allí, al menos, escribió y publicó sus dos libros de poemas. En Buenos Aires conoció a Darío y a Lugones. El primero habla de él en su *Autobiografía*; el segundo escribió el prólogo de *Castalia bárbara*, en el cual, refiriéndose a «Aeternum Vale», dice: «es una de las piezas de más alta poesía con que cuenta la literatura americana». Y es que, no obstante las diferencias, son evidentes los nexos de Jaimes Freyre con la estética del modernismo. Resulta un poco vano y aun contradictorio el intento de buscar separarlo de esta estética y de adscribirlo a la de la generación española del 98 (cf. libro de Mireya Jaimes-Freyre). Es cierto que su poesía no insiste en la sensación pura, las sinestesias, lo bizarro, lo refinado, la suntuosidad verbal. Cierto, igualmente, que no fue un poeta impresionista (ni siquiera a la manera de Martí); mucho menos un poeta erótico-pagano (como Darío). En cambio, lo liga a los modernistas una misma búsqueda: la perfección formal del poema y, sobre todo, su desenvolvimiento rítmico; el desarraigo que conduce, si se quiere, a cierto «exotismo» (ya sabemos: mitologías y contextos ajenos). Todo ello para no nombrar la comunidad de fuentes: Parnaso y simbolismo franceses.

Es posible que hoy veamos su obra en una dimensión más modesta, lo que, sin duda, no es arbitrario. Pero, en su tiempo, esa misma obra no dejó de aportar algunas innovaciones importantes. Déjese de lado el hecho de si introdujo, o no, la mitología nórdica en su lucha, y desaparición, ante el cristianismo, tal como aparece en *Castalia bárbara*; quizá lo válido de este libro sea la recreación de un viejo recurso: las *kenningars* de los poetas islandeses del siglo X, que Borges estudiará después en uno de sus ensayos. Otro aporte: la estructuración musical del poema, que el mismo Borges confiesa haber seguido en algunos de sus textos. En tal sentido, además, Jaimes Freyre logró sistematizar y dar la clave del verdadero ritmo en la poesía de nuestra lengua: el predominio de lo acentual sobre lo silábico; con lo cual ya auguraba (y su propia poesía lo revela) la práctica del verso libre. Del libro en el que llegó a esclarecer este tema (*Leyes de la versificación castellana*, 1911), Unamuno le escribió: «me parece cuanto usted dice del todo exacto y creo que ha planteado usted la versificación castellana en su verdadero gozne». Sensibilidad más «auditiva» que «plástica» o «visual»: ello tiene otra consecuencia —innovadora— en la poesía de Jaimes Freyre. Se trata, en efecto, de una poesía con mayor recurrencia en lo imaginario, en lo fantástico y, a veces, nebuloso, onírico. Sin perder, por ello, realidad. Es por lo que en uno de sus artículos, Jaimes Freyre asienta: «La humanidad vaga por un mundo poblado de fantasías. En todo espíritu hay un fondo fantástico, y en las horas de la desolación, recorre las galerías siniestras de los fantasmas, va en busca del sueño, que existe en la realidad, como los organismos esparcidos en el Universo. El Arte debe despertar, con estilo y emoción, ese sueño, donde quiera que él esté, en el alma del salvaje o en el alma del culto.

BIBLIOGRAFIA

OBRA POETICA

Castalia bárbara (1899); *Los sueños son vida* (1917); *Castalia bárbara. Los sueños son vida* (Prólogo de Leopoldo Lugones. La Paz, Editorial Los Andes, 1918); *Poesías Completas* (Prólogo de Eduardo Joubin Colombres. Buenos Aires, Editorial Claridad, 1944), *Poesías Completas* (La Paz, Ministerio de Educación, 1957).

ESTUDIOS CRITICOS

E.M. Barreda: «Un maestro del simbolismo: Ricardo Jaimes Freyre», en *Nosotros*, Buenos Aires, N° 287, 1933.

Emilio Carilla: *Ricardo Jaimes Freyre*. Buenos aires, Ministerio de Educación y Justicia, 1962.

Enrique Diez-Canedo: «Poetas de Bolivia», en *Letras de América*. México, El Colegio de México, 1944.

Mireya Jaimes-Freyre: *Modernismo y 98 a través de Ricardo Jaimes Freyre*. Madrid, Gredos, 1969.

Arturo Torres Rioseco: «Ricardo Jaimes Freyre» en *Ensayos sobre Literatura Latinoamericana*. México, Fondo de Cultura Económica, 1953.

Miguel de Unamuno: «Leyes de la versificación castellana. Una carta a Jaimes Freyre de Unamuno», en *Revista de Letras y Ciencias Sociales*, Tucumán, N° 19, 1906.

CASTALIA BARBARA

SIEMPRE...

Peregrina paloma imaginaria
que enardeces los últimos amores;
alma de luz, de música y de flores
peregrina paloma imaginaria.

Vuela sobre la roca solitaria
que baña el mar glacial de los dolores;
halla, a tu paso, un haz de resplandores
sobre la adusta roca solitaria...

Vuela sobre la roca solitaria,
peregrina paloma, ala de nieve
como divina hostia, ala tan leve

Como un copo de nieve; ala divina
copo de nieve, lirio, hostia, neblina,
peregrina paloma imaginaria...

CASTALIA BARBARA

II
EL CANTO DEL MAL

Canta Lok en la obscura región desolada,
y hay vapores de sangre en el canto de Lok.
El Pastor apacienta su enorme rebaño de hielo,
que obedece —gigantes que tiemblan— la voz del Pastor.
Canta Lok a los vientos helados que pasan,
y hay vapores de sangre en el canto de Lok.

Densa bruma se cierne. Las olas se rompen
en las rocas abruptas, con sordo fragor.

En su dorso sombrío se mece la barca salvaje
del guerrero de rojos cabellos, huraño y feroz.
Canta Lok a las olas rugientes que pasan,
y hay vapores de sangre en el canto de Lok.

Cuando el himno del hierro se eleva al espacio
y a sus ecos responde siniestro clamor,
y en el foso, sagrado y profundo, la víctima busca,
con sus rígidos brazos tendidos, la sombra del Dios,
canta Lok a la pálida Muerte que pasa
y hay vapores de sangre en el canto de Lok.

IV
LA MUERTE DEL HEROE

Aún se estremece y se yergue y amenaza con su espada,
cubre el pecho destrozado su rojo y mellado escudo,
hunde en la sombra infinita su mirada
y en sus labios expirantes cesa el canto heroico y rudo.

Los dos Cuervos silenciosos ven de lejos su agonía
y al guerrero las sombrías alas tienden,
y la noche de sus alas, a los ojos del guerrero, resplandece como el día,
y hacia el pálido horizonte reposado vuelo emprenden.

VI
LOS ELFOS

Envuelta en sangre y polvo la jabalina,
en el tronco clavada de añosa encina,
a los vientos que pasan cede y se inclina,
envuelta en sangre y polvo la jabalina.

Los Elfos de la obscura selva vecina
buscan la venerable, sagrada encina.
Y juegan. Y a su peso cede y se inclina
envuelta en sangre y polvo la jabalina.

Con murmullos y gritos y carcajadas,
llena la alegre tropa las enramadas;
y hay rumores de flores y hojas holladas,
y murmullos y gritos y carcajadas.
Se ocultan en los árboles sombras calladas,
en un rayo de luna pasan las hadas:
llena la alegre tropa las enramadas
y hay rumores de flores y hojas holladas.

En las aguas tranquilas de la laguna,
más que en el vasto cielo, brilla la luna;
allí duermen los albos cisnes de Iduna,
en la margen tranquila de la laguna.
Cesa ya la fantástica ronda importuna,
su lumbre melancólica vierte la luna,
y los Elfos se acercan a la laguna
su lumbre melancólica vierte la luna,
y los Elfos se acercan a la laguna
y a los albos, dormidos cisnes de Iduna.

Se agrupan silenciosos en el sendero,
lanza la jabalina brazo certero;
de los dormidos cisnes hiere al primero,
y los Elfos lo espían desde el sendero.
Para oír el divino canto postrero
blandieron el venablo del caballero,
y escuchan, agrupados en el sendero,
el moribundo, alado canto postrero.

VIII
EL ALBA

Las auroras pálidas,
que nacen entre penumbras misteriosas,
y enredados en las orlas de sus mantos
llevan jirones de sombra,
iluminan las montañas,
las crestas de las montañas, rojas;

bañan las torres erguidas,
que saludan su aparición silenciosa,
con la voz de sus campanas
soñolienta y ronca;
ríen en las calles
dormidas de la ciudad populosa,
y se esparcen en los campos
donde el invierno respeta las amarillentas hojas.
Tienen perfumes de Oriente
las auroras;
los recogieron al paso, de las florestas ocultas
de una extraña Flora.
Tienen ritmos
y músicas harmoniosas,
porque oyeron los gorjeos y los trinos de las aves
exóticas.

Su luz fría,
que conserva los jirones de la sombra,
enredóse, vacilante, de los lotos
en las anchas hojas.
Chispeó en las aguas dormidas,
las aguas del viejo Ganges, dormidas y silenciosas;
y las tribus de los árabes desiertos,
saludaron con plegarias a las pálidas auroras.

Los rostros de los errantes beduinos
se bañaron con arenas ardorosas,
y murmuraron las suras del Profeta
voces roncas.

Tendieron las suaves alas
sobre los mares de Jonia,
y vieron surgir a Venus
de las suspirantes olas.
En las cimas,
donde las nieblas eternas sobre las nieves se posan,
vieron monstruos espantables

entre las rocas,
y las crines de los búfalos que huían
por la selva tenebrosa.
Reflejaron en la espada
simbólica,
que a la sombra de una encina
yacía, olvidada y polvorosa.

Hay ensueños,
hay ensueños en las pálidas auroras...
Hay ensueños,
que se envuelven en sus jirones de sombra...
Sorprenden los amorosos
secretos de las nupciales alcobas,
y ponen pálidos tintes en los labios
donde el beso dejó huellas voluptuosas...

Y el Sol eleva su disco fulgurante
sobre la tierra, los aires y las suspirantes olas.

X
EL WALHALLA

Vibra el himno rojo. Chocan los escudos y las lanzas
con largo fragor siniestro.
De las heridas sangrientas por la abierta boca brotan
ríos purpúreos.
Hay besos y risas.
Y un cráneo lleno
de hidromiel, en donde apagan,
abrasados por la fiebre, su sed los guerreros muertos.

XII
LOS CUERVOS

Sobre el himno del combate y el clamor de los guerreros,
pasa un lento batir de alas; se oye un lúgubre graznido,
y penetran los dos Cuervos, los divinos, tenebrosos mensajeros,
y se posan en los hombros del Dios y hablan a su oído.

XIII

AETERNUM VALE

Un Dios misterioso y extraño visita la selva.
Es un Dios silencioso que tiene los brazos abiertos.
Cuando la hija de Nhor espoleaba su negro caballo,
le vio erguirse, de pronto, a la sombra de un añoso fresno.
Y sintió que se helaba su sangre
ante el Dios silencioso que tiene los brazos abiertos.

De la fuente de Imer, en los bordes sagrados, más tarde,
la Noche a los Dioses absortos reveló el secreto;
el Aguila negra y los Cuervos de Odín escuchaban,
y los Cisnes que esperan la hora del canto postrero;
y a los Dioses mordía el espanto
de ese Dios silencioso que tiene los brazos abiertos.

En la selva agitada se oían extrañas salmodias;
mecía la encina y el sauce quejumbroso viento;
el bisonte y el alce rompían las ramas espesas,
y a través de las ramas espesas huían mugiendo.
En la lengua sagrada de Orga
despertaban del canto divino los divinos versos.

Thor, el rudo, terrible guerrero que blande la maza,
—en sus manos es arma la negra montaña del hierro—
va a aplastar, en la selva, a la sombra del árbol sagrado,
a ese Dios silencioso que tiene los brazos abiertos.
Y los Dioses contemplan la maza rugiente,
que gira en los aires y nubla la lumbre del cielo.

Ya en la selva sagrada no se oyen las viejas salmodias,
ni la voz amorosa de Freya cantando a lo lejos;
agonizan los Dioses que pueblan la selva sagrada,
y en la lengua de Orga se extinguen los divinos versos.

Solo, erguido a la sombra de un árbol,
hay un Dios silencioso que tiene los brazos abiertos.

157

PAIS DE SOMBRA

IV
EL HOSPITALARIO

A Rubén Darío

A la luz, difusa y fría, de la aurora
que ilumina la colina,
con su dulce voz sonora
reza
la campana
su plegaria matutina,
la colina, bajo el son de la campana,
se engalana con un manto de harmonía,
y en el dorso abrillantado
de las rocas se refleja la luz fría de la aurora.
A los ecos temblorosos
da la voz de la campana
su harmonía soñadora,
y ondulando,
suavemente, va en los ecos la oración de la mañana.

El tropel de los villanos
se encamina
hacia el templo, que domina la colina,
y la pálida mañana
va poblándose de voces y de risas argentinas.

A la sombra de una roca,
destacando su silueta
sobre el fondo obscuro y triste
de la gruta, donde habita con la Noche y el Espanto,
el leproso
sonríe,
a la pálida mañana,

y por su sonrisa lívida
pasa el Horror.

La campana
clama, y reza su plegaria matutina.

El tropel de los villanos
hacia el templo se encamina,
y a lo lejos, en el fondo nebuloso
de la pálida mañana,
se destaca la silueta del leproso;
a lo lejos,
a la entrada de la gruta de la Noche y el Espanto,
a la sombra de la roca,
con la lívida sonrisa de sus labios devorados por la Muerte.
Por la senda solitaria que a la gruta se avecina,
van los jóvenes guerreros;
en sus negras armaduras se refleja la luz fría de la aurora,
y el piafar de sus corceles
puebla de ecos y rumores la colina soñadora.

El leproso
sonríe
a la pálida mañana
y hunde el sueño de sus ojos en lejanos misteriosos horizontes.
La guerrera cabalgata
se aproxima.

Sobre el místico clamor de la campana,
sobre los ecos que pueblan la colina soñadora,
pasa un lúgubre alarido;
todo el terror de la noche, de la fiebre,
todo el sombrío cortejo de gemidos
de la Angustia;
hondo, intenso, doloroso,
como una ansiosa agonía;
como una desesperada
agonía.

Los villanos
enmudecen y se signan, a lo lejos.

A la entrada de la gruta,
los guerreros aterrados se detienen.

A la entrada sombría de la gruta
el leproso
gime extrañamente.
Dominando su horror, tranquilo y fiero,
refrena un caballero
su corcel erizado,
junto al mísero cuerpo doloroso,
baja sobre él la sudorosa frente,
y alzándolo en sus brazos sonriente,
besa la faz monstruosa del leproso.

LUSTRAL

Llamé una vez a la visión
y vino.

Y era pálida y triste, y sus pupilas
ardían como hogueras de martirios.
Y era su boca como una ave negra
de negras alas.
                        En sus largos rizos
había espinas. En su frente arrugas.
Tiritaba.
Y me dijo:
—¿Me amas aún?
                        Sobre sus negros labios
posé los labios míos;
en sus ojos de fuego hundí mis ojos
y acaricié la zarza de sus rizos.

Y uní mi pecho al suyo, y en su frente
apoyé mi cabeza.
                              Y sentí el frío
que me llegaba al corazón. Y el fuego
en los ojos.
                              Entonces
se emblanqueció mi vida como un lirio.

LOS SUEÑOS SON VIDA

LO FUGAZ

La rosa temblorosa
se desprendió del tallo
y la arrastró la brisa
sobre las aguas turbias del pantano.

Una onda fugitiva
le abrió su seno amargo,
y estrechando a la rosa temblorosa
la deshizo en sus brazos.

Flotaron sobre el agua
las hojas como miembros mutilados,
y confundidas con el lodo negro,
negras, aún más que el lodo, se tornaron.

Pero en las noches puras y serenas
se sentía vagar en el espacio
un leve olor de rosa
sobre las aguas turbias del pantano.

JULIO HERRERA Y REISSIG
[URUGUAY, 1875-1910]

«YO ESCRIBO para los evocadores, para los brujos, que hacen sudar luz sulfurosa de los sonidos en frotamientos irreales...», expresa Herrera y Reissig en un breve ensayo. Metáforas deslumbrantes, insólitas, a veces hasta abstractas e irreales; magia de la palabra: ¿no es éste, precisamente, uno de los signos relevantes de su poesía? Escasamente apreciado y hasta ignorado por muchos de sus contemporáneos (Rodó, por ejemplo), Herrera fue, sin embargo, una de las figuras más significativas del movimiento modernista. A diferencia de Darío —y salvo una corta estadía en Argentina—, no salió nunca de su país; al contrario, se evadió —sin duda como un acto de rebelión, de ruptura con el medio— a la «Torre de los Panoramas», altillo situado en la azotea de su casa, donde solía reunirse con otros jóvenes poetas y amigos. En 1900 estuvo muy próximo a la muerte —debido a una crisis cardíaca— y esta experiencia determinó, en gran parte, su auténtica entrada en el arte y toda su evolución posterior. El mismo llegó a reconocerlo así: «¿Queréis saber de mi amistad primera? —Pues bien: fue con la muerte. Mi vocación por el arte se me reveló de un golpe frente a esa enlutada». Gran parte de la crítica admite que lo más valioso y original de su producción surgió, efectivamente, en los últimos diez años de su existencia, cuando Herrera abandonó la poesía postromántica y moralizante.

No puede desconocerse, desde luego, la influencia del simbolismo en su obra. Aún en 1905 llega a afirmar: «Todo tiene un símbolo, todo esconde una revelación. La forma de cada objeto expresa el fondo. Un enorme pensamiento diseminado late oscuramente». También como los simbolistas —y los románticos— concibió el mundo como ritmo, bosque de símbolos —palabras— que se relacionan entre sí. Poesía de la armonía cósmica: juego de analogías y correspondencias en el universo; concepción casi mística de la naturaleza. Búsqueda metafísica, además: nostalgia de lo absoluto. Con una visión distinta de la realidad —proyección de su propia conciencia— abierta y múltiple, Herrera transpuso el mundo real a otro alucinado, mítico, de imágenes desbordantes, de prodigiosas violencias verbales, adentrándose en las zonas más irracionales del ser.

Aunque en sus composiciones alternan diversas formas métricas, utilizó, preferentemente, dos: el soneto —a veces en versos alejandrinos, con los que escribió *Los éxtasis de la montaña* (o «Eglogánimas»), a veces en endecasílabos: Las «eufocordias» de *Los parques abandonados*— y la décima. Son frecuentes en sus poemas los temas rurales —dentro de un marco generalmente idílico y eglógico— y un cierto erotismo abismal. Además, una tendencia lúdica, libre, un soterrado humorismo —una distante ironía— y un juego de ambigüedades que conduce a dobles lecturas.

Herrera tuvo también, sin duda, la lucidez y la sabiduría de su oficio de escritor. En su obra en prosa —particularmente en algunos ensayos y escritos sueltos— expresó una serie de reflexiones sobre el Arte, la escritura, la palabra: toda una poética, en fin. De ella habría que destacar algunos puntos esenciales.

> No expliquéis, ya que en la metafísica de la palabra y de la simple cosa se llega a un punto en que se pierde pie. ¿Qué es la idea sin el signo? ¿Qué es el signo sin la idea? Y bien, todo es idea, y todo es signo.
>
> *
>
> En el verso culto, las palabras tienen dos almas: una de armonía y otra ideológica. De su combinación que ondula un ritmo doble, fluye un residuo emocional: vaho extraño del sonido, eco último de la mente...
>
> *
>
> Poesía de humo y gasa, sin contornos, en sublime libertad molecular, que ambula alrededor de emblemas y de ritos, no la traduce sino el silencio, la mano en la frente oscura.
>
> *
>
> Hasta lo inverosímil en Arte es una verdad. (...) En el imperio de la Quimera, ser visionario es ser real, es ver el fondo.
>
> *
>
> He clamado que lo inverosímil llega a ser lo real. Afirmo también que lo sutil es lo natural y ambas cosas, elementos de oro en la obra estética.

El arte es combinación, indagación, auscultación, interpretación. ¡Ved algo nuevo y crearéis! ¡Oíd un nuevo sonido, descubrid una nueva línea, un nuevo matiz!

*

La hermosura fuera de la ética, tal es el ideal. Libremos
al arte de toda conducta.

BIBLIOGRAFIA

OBRA POETICA

Los peregrinos de piedra (Montevideo, O. M. Bertani, 1909, 2da. edición con prólogo de Rufino Blanco Fombona. París, 1914); *Poesías
Completas* (Estudio preliminar de Guillermo de Torre. Buenos Aires,
Ed. Losada, 1942; 4ta. edición, 1969, 1ª en Biblioteca Clásica y Contemporánea); *Poesías Completas y páginas en prosa* (Edición, estudio preliminar y notas de Roberto Bula Píriz, 2da. edición, Madrid,
Ed. Aguilar, 1961), *Poesía Completa y prosa selecta* (Prólogo de Idea
Vilariño; edición, notas y cronología de Alicia Migdal. Caracas, Biblioteca Ayacucho, Nº 46, 1978).

ESTUDIOS CRITICOS

Arturo Ardao: «De ciencia y metafísica en Herrera y Reissig», en *Marcha*, Nº 1.486, Montevideo, marzo de 1970.
Bernardo Gicovate: *Julio Herrera y Reissig and the symbolists.* Berkeley and Los Angeles, University of California Press, 1957. «La poesía de Julio Herrera y Reissig y el simbolismo», en *El Simbolismo.* Edición de José Olivo Jiménez. Madrid, Taurus, 1979.
Allen Phillips: «La metáfora en Julio Herrera y Reissig», en *Revista Iberoamericana*, XVI, México, 1950.
Yolanda Pino Saavedra: *La poesía de J. Herrera y Reissig. Sus temas
y su estilo.* Santiago de Chile, Prensas de la Universidad, 1932.
Angel Rama: «La estética de Julio Herrera y Reissig: el travestido de
la muerte», en *Río Piedras*, Nº 2, Universidad de Puerto Rico, marzo
de 1973.
Emir Rodríguez Monegal: «El caso Herrera y Reissig», en *Eco*, Bogotá,
Nos. 226 y 227, 1980.
Saúl Yurkievich: «Julio Herrera y Reissig: el áurico ensimismo», en *Celebración del Modernismo.* Barcelona, Tusquets Editor, 1976.

LOS PEREGRINOS DE PIEDRA

TERTULIA LUNATICA

II
AD COMPLETORIUM

En un bostezo de horror,
tuerce el estero holgazán
su boca de Leviatán
tornasolada de horror...
Dicta el sumo Redactor
a la gran Sombra Profeta,
y obsediendo la glorieta,
como una insana clavija,
rechina su idea fija
la turbadora veleta.

Ríe el viento confidente
con el vaivén de su cola
tersa de gato de Angola,
perfumada y confidente...
El mar inauditamente
se encoge de sumisión,
y el faro vidente, en son
de taumaturgas hombrías,
traduce al torvo Isaías
hipnotizando un león.

Estira aplausos de ascua
la hoguera por los establos:
rabiosa erección de diablos
con tenedores en ascua...
Un brujo espanto de Pascua
de Marizápalo asedia,
y una espectral Edad Media
danza epilepsias abstrusas,

como un horror de Medusas
de la Divina Comedia.

En una burla espantosa,
el túnel del terraplén
bosteza como Gwynplaine
su carcajada espantosa...
Hincha su giba la unciosa
cúpula, y con sus protervos
maleficios de hicocervos,
conjetura el santuario
el mito de un dromedario
carcomido por los cuervos.

Las cosas se hacen facsímiles
de mis alucinaciones
y son como asociaciones
simbólicas de facsímiles...
Entre humos inverosímiles
alínea el cañaveral,
con su apostura marcial
y sus penachos de gloria,
las armas de la victoria
en un vivac imperial.

Un arlequín tarambana,
con un toc-toc insensato,
el tonel de Fortunato
bate en mi sien tarambana...
Siento sorda la campana
que mi pensamiento intuye;
en el eco que refluye,
mi voz otra voz me nombra;
¡y hosco persigo en mi sombra
mi propia entidad que huye!

La realidad espectral
pasa a través de la trágica

y turbia linterna mágica
de mi razón espectral...
Saturno infunde el fatal
humor bizco de su influjo
y la luna en el reflujo
se rompe, fuga y se integra
como por la magia negra
de un escamoteo brujo.

En la cantera fantasma,
estampa Doré su mueca
fosca, saturniana y hueca,
de pesadilla fantasma...
En el Cementerio pasma
la Muerte un zurdo can-can;
ladra en un perro Satán,
y un profesor rascahuesos
trabuca en hipos aviesos
el Carnaval de Schumann.

EL DESPERTAR

Alisia y Cloris abren de par en par la puerta
y torpes, con el dorso de la mano haragana,
restréganse los húmedos ojos de lumbre incierta,
por donde huyen los últimos sueños de la mañana...

La inocencia del día se lava en la fontana,
el arado en el surco vagaroso despierta,
y en torno de la casa rectoral, la sotana
del cura se pasea gravemente en la huerta...

Todo suspira y ríe. La placidez remota
de la montaña sueña celestiales rutinas.
El esquilón repite siempre su misma nota

de grillo de las cándidas églogas matutinas.
Y hacia la aurora sesgan agudas golondrinas
como flechas perdidas de la noche en derrota.

LA NOCHE

La noche en la montaña mira con ojos viudos
de cierva sin amparo que vela ante su cría;
y como si asumiera un don de profecía,
en un sueño inspirado hablan los campos rudos.

Rayan el panorama, como espectros agudos,
tres álamos en éxtasis... Un gallo desvaría,
reloj de media noche. La grave luna amplía
las cosas, que se llenan de encantamientos mudos.

El lago azul de sueño, que ni una sombra empaña,
es como la conciencia pura de la montaña...
A ras del agua tersa, que riza con su aliento,

Albino, el pastor loco, quiere besar la luna.
En la huerta sonámbula vibra un canto de cuna...
Aúllan a los diablos los perros del convento.

DECORACION HERALDICA

> *Señora de mis pobres homenajes.*
> *Débote siempre amar aunque me ultrajes.*
>
> Góngora

Soñé que te encontrabas junto al muro
glacial donde termina la existencia,
paseando tu magnífica opulencia
de doloroso terciopelo oscuro.

Tu pie, decoro del marfil más puro,
hería, con satánica inclemencia,

169

las pobres almas, llenas de paciencia,
que aún se brindaban a tu amor perjuro.

Mi dulce amor que sigue sin sosiego,
igual que un triste corderito ciego,
la huella perfumada de tu sombra,

buscó el suplicio de tu regio yugo,
y bajo el raso de tu pie verdugo
puse mi esclavo corazón de alfombra.

POESIA COMPLETA

DESOLACION ABSURDA

A Paul Minelly, francesamente.

*Je serai ton cercueil,
aimable pestilence!...*

Noche de tenues suspiros
platónicamente ilesos:
vuelan bandadas de besos
y parejas de suspiros;
ebrios de amor los cefiros
hinchan su leve plumón,
y los sauces en montón
obseden los camalotes
como torvos hugonotes
de una muda emigración.

Es la divina hora azul
en que cruza el meteoro,
como metáfora de oro
por un gran cerebro azul.
Una encantada Estambul
surge de tu guardapelo,

y llevan su desconsuelo
hacia vagos ostracismos
floridos sonambulismos
y adioses de terciopelo.

En este instante de esplín,
mi cerebro es como un piano
donde un aire wagneriano
toca el loco del esplín.
En el lírico festín
de la ontológica altura,
muestra la luna su dura
calavera torva y seca,
y hace una rígida mueca
con su mandíbula oscura.

El mar, como gran anciano,
lleno de arrugas y canas,
junto a las playas lejanas
tiene rezongos de anciano.
Hay en acecho una mano
dentro del tembladeral;
y la supersustancial
vía láctea se me finge
la osamenta de una Esfinge
dispersada en un erial.

Cantando la tartamuda
frase de oro de una flauta,
recorre el eco su pauta
de música tartamuda.
El entrecejo de Buda
hinca el barranco sombrío,
abre un bostezo de hastío
la perezosa campaña,
y el molino es una araña
que se agita en el vacío.

¡Deja que incline mi frente
en tu frente subjetiva,
en la enferma, sensitiva
media luna de tu frente,
que en la copa decadente
de tu pupila profunda,
beba el alma vagabunda
que me da ciencias astrales
en las horas espectrales
de mi vida moribunda!

¡Deja que rime unos sueños
en tu rostro de gardenia,
Hada de la neurastenia,
trágica luz de mis sueños!
Mercadera de beleños
llévame al mundo que encanta;
¡soy el genio de Atalanta
que en sus delirios evoca
el ecuador de tu boca
y el polo de tu garganta!

Con el alma hecha pedazos,
tengo un Calvario en el mundo;
amo y soy un moribundo,
tengo el alma hecha pedazos:
¡cruz me deparan tus brazos;
hiel tus lágrimas salinas;
tus diestras uñas, espinas
y dos clavos luminosos
los aleonados y briosos
ojos con que me fascinas!

¡Oh mariposa nocturna
de mi lámpara suicida,
alma caduca y torcida,
evanescencia nocturna;
linfática taciturna

de mi Nirvana opioso,
en tu mirar sigiloso
me espeluzna tu erotismo,
que es la pasión del abismo
por el Angel Tenebroso!

(Es medianoche). Las ranas
torturan en su acordeón
un «piano» de Mendelssohn
que es un gemido de ranas;
habla de cosas lejanas
un clamoreo sutil;
y con aire acrobatil
bajo la inquieta laguna,
hace piruetas la luna
sobre una red de marfil.

Juega el viento perfumado
con los pétalos que arranca,
una partida muy blanca
de un ajedrez perfumado;
pliega el arroyo en el prado
su abanico de cristal,
y genialmente anormal
finge el monte a la distancia
una gran protuberancia
del cerebro universal.

¡Vengo a ti, serpiente de ojos
que hunden crímenes amenos,
la de los siete venenos
en el iris de sus ojos;
beberán tus llantos rojos
mis estertores acerbos,
mientras los fúnebres cuervos,
reyes de las sepulturas,
velan como almas oscuras
de atormentados protervos!

¡Tú eres póstuma y marchita,
misteriosa flor erótica,
miliunanochesca, hipnótica,
flor de Estigia acre y marchita;
tú eres absurda y maldita,
desterrada del Placer,
la paradoja del ser
en el borrón de la Nada,
una hurí desesperada
del harem de Baudelaire!

¡Ven, declina tu cabeza
de honda noche delincuente
sobre mi tétrica frente,
sobre mi aciaga cabeza;
deje su indócil rareza
tu numen desolador,
que en el drama inmolador
de nuestros mudos abrazos
yo te abriré con mis brazos
un paréntesis de amor!

NEURASTENIA

Le spectre de la realité traverse ma pensée

Víctor Hugo

Huraño el bosque muge su rezongo,
y los ecos, llevando algún reproche,
hacen rodar su carrasqueño coche
y hablan la lengua de un extraño Congo.

Con la expresión estúpida de un hongo,
clavado en la ignorancia de la noche,
muere la Luna. El humo hace un fantoche
de pies de sátiro y sombrero oblongo.

¡Híncate! Voy a celebrar la misa.
Bajo la azul genuflexión de Urano
adoraré cual hostia tu camisa:

«¡Oh, tus botas, los guantes, el corpiño...!»
Tu seno expresará sobre mi mano
la metempsícosis de un astro niño.

JULIO

¡Frío, frío, frío!
Pieles, nostalgias y dolores mudos.

Flota sobre el esplín de la campaña
una jaqueca sudorosa y fría,
y las ramas celebran en la umbría
una función de ventriloquia extraña.

La Neurastenia gris de la montaña
piensa, por singular telepatía,
con la adusta y claustral monomanía
del convento senil de la Bretaña.

Resolviendo una suma de ilusiones,
como un Jordán de cándidos vellones,
la majada eucarística se integra;

y a lo lejos el cuervo pensativo
sueña acaso en un Cosmos abstractivo
como una luna pavorosa y negra.

EL AMA

Erudita en lejías, doctora en la compota,
y loro en los esdrújulos latines de la misa,
tal ágil viste un santo, que zurce una camisa,
en medio de una impávida circunspección devota...

Por cuanto el señor cura es más que un hombre, flota
en el naufragio unánime su continencia lisa...
y un tanto regañona, es a la vez sumisa,
con los cincuenta inviernos largos de su derrota.

Hada del gallinero. Genio de la despensa.
Ella en el paraíso fía la recompensa...
Cuando alegran sus vinos, el vicario la engríe

ajustándole en chanza las pomposas casullas...
Y en sus manos canónicas, golondrinas y grullas
comulgan los recortes de las hostias que fríe.

FECUNDIDAD

«¡Adán, Adán, un beso!», dijo, y era
que en una dolorosa sacudida,
el absurdo nervioso de la vida
le hizo temblar el dorso y la cadera...

El iris floreció como una ojera
exótica. Y el «¡ay!» de una caída
fue el más dulce dolor. Y fue una herida.
La más roja y eterna primavera...

«¡Adán, Adán, procúrame un veneno!»,
dijo, y en una crispación flagrante
la eternidad atravesóle el seno...

Entonces comenzó a latir el mundo.
Y el sol colgaba del cenit, triunfante
como un ígneo testículo fecundo.

GENESIS

Los astros tienen las mejillas tiernas...
La Luna trunca es una paradoja

espectrohumana. Proserpina arroja
su sangre al mar. Las horas son eternas.

Júpiter en la orgía desenoja
su ceño absurdo; y junto a las cisternas,
las Ménades, al sol que las sonroja,
arman la columnata de sus piernas.

Juno duerme cien noches... Vorazmente,
Hércules niño, con precoz desvelo,
en un lúbrico rapto de serpiente,

le muerde el seno. Brama el Helesponto...
Surge un lampo de leche. Y en el cielo
la Vía Láctea escintiló de pronto.

JOSE JUAN TABLADA
[MEXICO, 1871-1945]

NO SÓLO por la cronología sino también por sus adhesiones estéticas: Tablada perteneció a la generación del modernismo. Sus artículos publicados en la *Revista Moderna* y sus dos primeros libros de poemas son buen testimonio de ello. Pero no es por su filiación modernista por lo que podría recordársele: en tal sentido no fue un innovador. Sin embargo, un año después de *Al sol y bajo la luna*, su obra experimenta un cambio radical que ya muy poco tenía que ver con su propio pasado y mucho con las nuevas formas que se estaban ya gestando en la poesía occidental. En 1919, en efecto, aparece —justamente en Caracas, donde Tablada ejercía funciones diplomáticas— el libro *Un día...* Textos brevísimos («poemas sintéticos», los llamó el autor): dos o tres versos tan sólo, casi siempre descriptivos, «instantáneas» verbales con un gran poder de sugerencia. En el prólogo de ese libro, el autor definía su método: «en breve verso hacer lucir,/ como en la gota de rocío,/ todas las rosas del jardín». Era la transposición por primera vez en nuestra lengua de la estructura y la técnica del *haikai* —que Tablada había estudiado en su viaje al Japón hacia 1900. La crítica de su época no lo entendió así y se pensó más bien en una poesía ligera, sin ninguna profundidad. El propio Tablada tuvo que aclararlo, luego, en el prólogo a otro libro suyo (*El jarro de flores*) que continuaba la misma técnica. Afirmó entonces: «Los *poemas sintéticos*, así como estas *disociaciones líricas*, no son sino poemas al modo de los «hokku» o «haikai» japoneses, que me complace haber introducido a la lírica castellana, aunque no fuese sino como reacción contra la zarrapastrosa retórica». No se trataba, evidentemente, de transponer o adaptar tan sólo a nuestra poesía una nueva fórmula, sino de aportar una mesura, cierto juego entre la concentración verbal y la expansión del sentido, entre la limpidez del enunciado y el misterio de sus resonancias. Esto último fue lo que logró Tablada en gran medida. En 1920, aparece (todavía en Caracas) *Li-Po y otros poemas*: otro experimento de escritura, que, aunque iniciado ya por Marinetti y Apollinaire, e introducido por Huidobro en nuestra lengua, no deja de lograr nuevos matices y aun cierta originalidad combinatoria en Tablada: v.g., la confrontación de dibujo y texto (como en los poemas, escritos en francés por cierto, «Vagues» y «Oiseau»), el poema-espejo a la manera de Lewis Carrol (como en «Día nublado», que hay que leer reflejando el texto en un espejo, pues los versos están escritos, inversamente, de izquierda a derecha). Aunque sólo fuese por estos aspectos señalados, Tablada ocupa un sitio muy personal en nuestra poesía contemporánea: contribuyó a la transparencia y a la composición de una escritura distinta.

BIBLIOGRAFIA

OBRA POETICA

El florilegio (1899; 2da. edición, 1904, y 3ra. edición, 1918); *Al sol y bajo la luna* (1918); *Un día...* (1919); *Li-Po y otros poemas* (1920); *El jarro de flores* (1922); *La feria* (1926); *Los mejores poemas de José Juan Tablada* (1943), *Obras: I. Poesía* (Recopilación, edición, prólogo y notas de Héctor Valdés. México, Universidad Nacional Autónoma de México, 1971).

ESTUDIOS CRITICOS

Nina Cabrera de Tablada: *José Juan Tablada en la intimidad.* México, UNAM, 1954.

Gloria Ceida Echeverría: *El haikai en la lírica mexicana.* México, Ediciones Andrea, 1967.

Enrique Diez-Canedo: «Tablada y el haikai», en *Letras de América.* México, El Colegio de México, 1944.

Eduardo Mitre: «Los ideogramas de J. J. Tablada», en *Revista Iberoamericana*, Pittsburgh, N° 92, 1976.

Octavio Paz: «Estela de José Juan Tablada», en *Las peras del olmo.* México, UNAM, 1957, 1965. «La tradición del Haikú», y «Alcance: 'Poesía' de Juan José Tablada», en *El signo y el garabato.* México, Mortiz, 1973.

Mariano Picón-Salas: «En un día», en *Buscando el camino.* Caracas, Editorial Cultural Venezolana, 1920.

Angel Rama: «José Juan Tablada en tierras de Bolívar», en *Escritura*, Caracas, N° 1, Universidad Central de Venezuela, 1976. (Con textos desconocidos de J. J. Tablada, sobre temas venezolanos.)

UN DIA...

EL SAUZ

Tierno saúz
casi oro, casi ámbar,
casi luz...

LOS GANSOS

Por nada los gansos
tocan alarma
en sus trompetas de barro.

HOJAS SECAS

El jardín está lleno de hojas secas;
nunca vi tantas hojas en sus árboles
verdes, en primavera.

LOS SAPOS

Trozos de barro,
por la senda en penumbra
saltan los sapos.

LA ARAÑA

Recorriendo su tela
esta luna clarísima
tiene a la araña en vela.

LI-PO Y OTROS POEMAS

LI-PO
(Fragmentos)

Lí-Pó, uno de los «Siete Sabios en el vino»
Fue un rutilante brocado de oro...

como una
sonrisa
de jade
sonoro

su infancia fue de porcelana
su loca juventud

un
rumoroso
bosque de bambúes
lleno de
garzas
y de misterios

rOstrOs de mujeres   en la laguna

ruiseñores
encantados
por la luna
en las jaulas
de los salterios

luciérnagas alternas
que enmarañaban el camino
del Poeta ebrio de vino
con el zigzag de sus linternas

Hasta que el poeta cae y el viento
lo deshoja el pensamiento como una flor
¡Como pesado pétalo

un sapo que deslíe
so ro
de confusió un paréntesis
y un grillo
que ríe

un pájaro que trina su música y breve
como en una ocarina en un almendro florido de nieve

mejor viajar
en palanquín
y hacer
un poema
sin fin
en la torre
de Kaolín
de Nankín
. . . .
. . . . . .

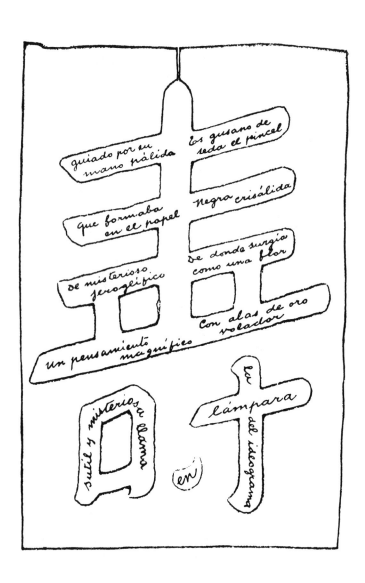

guiado por su
mano pálida

Los gusanos de
seda el pincel

que formaba
en el papel

Negra crisálida

de misterioso
jeroglífico

de donde surgía
como una flor

un pensamiento
magnífico

Con alas de oro
volador

sutil y misteriosa llama

la lámpara
del ideograma

en

NOCTURNO ALTERNO

Neoyorquina noche dorada
Fríos muros de cal moruna
Rectors champaña fox-trot
Casas mudas y fuertes rejas
Y volviendo la mirada
Sobre las silenciosas tejas
El alma petrificada
Los gatos blancos de la luna
Como la mujer de Loth

Y sin embargo
es una
misma
en New York
y en Bogotá

lA LUNA...!

LUCIERNAGAS

La luz

       de las

             Luciérnagas

es un

       blando   **suspiro**

Alternado

        con **pausas**   de oscuridad

Pensamientos

     sombríos   **que se**   **disuelven**

en **gotas**

      instantáneas   de claridad

EL JARDIN ESTA LLENO

        de suspiros de luz

Y por sus

      frondas   escurriendo   **van**

como

    lá

     gri

       mas   las últimas   **gotas**

   De la

    lluvia

      lunar. . . . .

EL JARRO DE FLORES

HONGO

Parece la sombrilla
este hongo policromo
de un sapo japonista.

VUELOS

Juntos, en la tarde tranquila
vuelan notas de Angelus,
murciélagos y golondrinas.

UN MONO

El pequeño mono me mira...
¡Quisiera decirme
algo que se le olvida!

PECES VOLADORES

Al golpe del oro solar
estalla en astillas el vidrio del mar.

SANDIA

¡Del verano, roja y fría
carcajada,
rebanada
de sandía!

LA FERIA

EL IDOLO EN EL ATRIO

Una Piedra del Sol
sobre el cielo de la mañana
asoma en lo alto
el ancho rostro de basalto
a la orilla de un charco de obsidiana
y parece que su boca vierte
un reguero de sangre humana
y zempazúchiles de muerte...

Es del trigo del sol
la gran piedra molar
que hace el pan de los días
en los molinos de la eternidad.

Piedra de las cronologías,
síntesis de los años y los días
donde se exhala en silencioso canto
el pertinaz espanto
de las viejas mitologías...

Los meses enflorados y agoreros
en ella ensartan lunas de pálido tecali
así como los cráneos hueros
en el zompantli del teocali.

En torno de esa tabla de la ley
gladiatorios o místicos agrúpanse los meses
entre bélicos cantos y rumores de preces
como en torno de un rey...

Y al final los días rezagados
los *Nemontemi*... ¡Cinco enmascarados
con pencas de maguey!...

Días en cuyas noches se derrite
la luna como turbio chalchihuite;
en que mancha de sombra luce el oro del sol
como la piel del tigre o como el girasol...

Otros días sonoros y ricos
como el trópico son, y si ruge el jaguar
y vuelan las parvadas de pericos,
¡parece que la selva echó a volar!

Y el relámpago de las guacamayas
rasga el cielo —clamor y bandera—
como si el eco y el vislumbre fuera
de la legión del dios de las batallas.

Y en pleno día las caudas de los quetzales
suben y giran como fuegos artificiales,
cual si cayeran astros o volaran las flores,
o las minas de esmeraldas ascendieran en surtidores
y se abatieran en festones de saucedales...

El gran boa anaconda se mueve como río
de sinuosos rastros
y la espesura escalofría
su largo dorso tenebroso y frío,
taraceado de flores e incrustado de astros
en simétrica geometría.

Otras tardes inunda la llanura el salvaje
tropel de los bisontes
y sus jibas ondulan cual montes
o proceloso mar de móvil oleaje.

Y dejando a su paso todo roto
en terrible crujir,
se hunde en la selva el terremoto
del Tapir...

Los macacos aúllan en el bambú empinado;
la iguana el tornasol de su iris cambió
y el armadillo se ha salvado
pues en su carapacho se escondió.

Contraído en su concha, hecho un ovillo,
rodó por la montaña noche y día
¡y salvo llegó al valle el armadillo!

El águila que lo perseguía
desde el azur adonde se cernía
lo dio por muerto...
¡y a poco el armadillo al sol surgía
como un santo ermitaño del desierto!

Burló del águila la garra,
mas al fin convertido en guitarra
bajo la mano
llena de amor patrio
de un zapatista suriano,
de la Tierra de Promisión,
¡al pie del Idolo del Atrio
el armadillo canta la canción!

EL LORO

TRIPTICO SENTIMENTAL

I

Loro idéntico al de mi abuela,
funambulesca voz de la cocina
del corredor y de la azotehuela.

No bien el sol ilumina,
lanza el loro su grito
y su áspera canción

con el asombro del gorrión
que sólo canta *El Josefito...*

De la cocinera se mofa
colérico y gutural,
y de paso apostrofa
a la olla del nixtamal.

Cuando pisándose los pies
el loro cruza el suelo de ladrillo
del gato negro hecho un ovillo,
el ojo de ámbar lo mira
y un azufre diabólico recela
contra ese íncubo verde y amarillo,
¡la pesadilla de su duermevela!

¡Mas de civilización un tesoro
hay en la voz
de este super-loro
de 1922!

Finge del aeroplano el ron-ron
y la estridencia del klaxón...

Y ahogar quisiera con su batahola
la música rival de la victrola...

En breve teatro proyector de oro,
de las vigas al suelo, la cocina
cruza un rayo solar de esquina a esquina
y afoca y nimba al importante loro...

Pero a veces, cuando lanza el jilguero
la canción de la selva en abril,
el súbito silencio del loro parlero
y su absorta mirada de perfil,

recelan una melancolía
indigna de su plumaje verde...

¡Tal vez el gran bosque recuerde
y la cóncava selva sombría!

¡En tregua con la cocinera
cesa su algarabía chocarrera,
tórnase hosco y salvaje...

*¡El loro es sólo un gajo de follaje
con un poco de sol en la mollera!*

* * *

JOSE MARIA EGUREN
[PERU, 1874-1942]

POETA MARGINAL, cuya obra se inserta en el ámbito de la creación visionaria, el autor de *Simbólicas* y *La canción de las figuras* es exponente caracterizado del simbolismo en el Perú. No obstante esta filiación, sabía advertir: «Me ha atraído la síntesis y el simbolismo del misterio sin limitarme a escuelas». Su trato con lo maravilloso, su predilección por una mitología más secreta y personal (que no excluye toda una tradición literaria) y, muy especialmente, la originalidad de un lenguaje lozano y estricto (giros arcaicos, neologismos únicos, predominio de la imagen eidética) lo apartan de la retórica modernista, plasmando en sus textos lo que Mariátegui llama «la ingenuidad y la *rêverie* del niño». Pero no hay que confundir el espíritu lúdico (teatro de marionetas, mundo de la fábula) que prevalece en esta poesía con los poemas infantiles de índole más o menos pedagógica. El temple de Eguren parece arbitrar otro juego detrás del juego, en un ejercicio siempre lúcido que va de lo extrasensorial a lo real, y viceversa. Como Baudelaire, que veía en el juguete una experiencia metafísica y en una tienda de juguetes la imagen en miniatura del universo, Eguren afirmaba: «Los juguetes son una imagen liliputiense de la vida. Los niños los llevan a acciones magnas. Lo pequeño implica vastedad. La metafísica de la miniatura es una síntesis y ésta puede mantener virtualmente grandes fuerzas». Con razón, pues, Emilio Westphalen ha señalado que uno de los aportes decisivos de Eguren a la poesía hispanoamericana es «haber hecho patente la fragilidad y el poder, a la vez, de la expresión poética: más poderosa cuanto más frágil». Lo mágico de la invocación sobre la nostalgia, el conjuro sobre la evocación: esto es lo que prevalece en los textos con frecuencia encantatorios de Eguren. No hay grandes temas, salvo el muy recurrente del desamparo, en esta visión del mundo que se ofrece desde un aura fantasmal —por lo que se le asignan con exageración rasgos medioevales o góticos. Motivos como el del ser, el tiempo, el miedo, el primer amor, la guerra, lo celeste, la noche, consiguen una intensa plasmación simbólica tanto por la virtud verbal, transida de sinestesias cromáticas y musicales, como por el despojo expresivo y el silencio.

El proyecto imaginario de Eguren lo aproxima al surrealismo por el juego onírico de su pensamiento, por su creencia en la realidad —la otra vida— del sueño. También está muy próximo de una estética como la de Huidobro. En un ensayo de 1930, Eguren escribía: «El hombre crea paralelamente a la naturaleza y algunas veces se evade de la imitativa. No hay símil en el Partenón; hay coincidencia en la nave por su arboladura y en el avión por su figura libelular. El creacionismo trata de deslindar en el hombre y la naturaleza el arte que les corresponde». La búsqueda de Eguren, en suma, lo sitúa como un innovador genuino en el ciclo del modernismo a la vanguardia.

BIBLIOGRAFIA

OBRA POETICA

Simbólicas (1911); *La canción de las figuras* (1916); *Poesías: Simbólicas. La canción de las figuras. Sombra. Rondinelas* (1929); *Poesías completas y prosas selectas* (Recopilación, introducción y notas de Estuardo Núñez. Lima, Editorial Universo, 1970); *Antología poética de José María Eguren* (Selección y prólogo de Américo Ferrari. Venezuela, Universidad de Carabobo, 1972), *Obras completas* (Edición, prólogo y notas de Ricardo Silva-Santisteban. Lima, Mosca Azul Editores, 1974).

ESTUDIOS CRITICOS

Xavier Abril: *Eguren, el obscuro (El simbolismo en América)*. Córdoba, Universidad Nacional de Córdoba, 1970.
Estuardo Nuñez: *José María Eguren, vida y obra*. Lima, Talleres Gráficos, P.L. Villanueva, 1964.
Julio Ortega: «José María Eguren», en *Figuración de la persona*. España, EDHASA, 1971.
Ricardo Silva-Santisteban (compilador): *José María Eguren. Aproximaciones y perspectivas*. Lima, Universidad del Pacífico, 1977.
Emilio Adolfo Westphalen: «Eguren y Vallejo: dos casos ejemplares», en *Diálogos*, N° 84, México noviembre-diciembre de 1978.

SIMBOLICAS

LAS TORRES

Brunas lejanías...;
batallan las torres
presentando
siluetas enormes.

Aureas lejanías...;
las torres monarcas
se confunden
en sus iras llamas.

Rojas lejanías...;
se hieren las torres;
purpurados
se oyen sus clamores.

Negras lejanías...;
horas cenicientas
se obscurecen
¡ay, las torres muertas!

EL DOMINO

Alumbraron en la mesa los candiles,
moviéronse solos los aguamaniles,
y un dominó vacío, pero animado,
mientras ríe por la calle la verbena,
se sienta, iluminado,
y principia la cena.

Su claro antifaz de un amarillo frío
da los espantos en derredor sombrío
esta noche de insondables maravillas,

y tiende vagas, lucífugas señales
a los vasos, las sillas
de ausentes comensales.

Y luego en horror que nacarado flota,
por la alta noche de voluptad ignota,
en la luz olvida manjares dorados,
ronronea una oración culpable, llena
de acentos desolados
y abandona la cena.

MARCHA FUNEBRE DE UNA MARIONETTE

Suena trompa del infante con aguda melodía...
la farándula ha llegado de la reina Fantasía;
y en las luces otoñales se levanta plañidera
la carroza delantera.
Pasan luego, a la sordina, peregrinos y lacayos
y con sus caparazones los acéfalos caballos;
va en azul melancolía
la muñeca. ¡No hagáis ruido!;
se diría, se diría
que la pobre se ha dormido.
Vienen túmidos y erguidos palaciegos borgoñones
y los siguen arlequines con estrechos pantalones.
Ya monótona en litera
va la reina de madera;
y Paquita siente anhelo de reír y de bailar,
flotó breve la cadencia de la murria y la añoranza;
suena el pífano campestre con los aires de la danza.
¡Pobre, pobre marionette que la van a sepultar!
Con silente poesía
va un grotesco Rey de Hungría
y lo siguen los alanos;
así toda la jauría
con los viejos cortesanos.
Y en tristor a la distancia

vuelan goces de la infancia,
los amores incipientes, los que nunca han de durar.
¡Pobrecita la muñeca que la van a sepultar!
Melancólico un zorcico se prolonga en la mañana,
la penumbra se difunde por el monte y la llanura,
marionette deliciosa va a llegar a la temprana
sepultura.
En la trocha aúlla el lobo
cuando gime el melodioso paro bobo.
Tembló el cuerno de la infancia con aguda melodía
y la dicha tempranera a la tumba llega ahora
con funesta poesía
y Paquita danza y llora.

LOS REYES ROJOS

Desde la aurora
combaten dos reyes rojos,
con lanza de oro.

Por verde bosque
y en los purpurinos cerros
vibra su ceño.

Falcones reyes
batallan en lejanías
de oro azulinas.

Por la luz cadmio,
airadas se ven pequeñas
sus formas negras.

Viene la noche
y firmes combaten foscos
los reyes rojos.

LA CANCION DE LAS FIGURAS

LA NIÑA DE LA LAMPARA AZUL

En el pasadizo nebuloso
cual mágico sueño de Estambul,
su perfil presenta destelloso
la niña de la lámpara azul.

Agil y risueña se insinúa,
y su llama seductora brilla,
tiembla en su cabello la garúa
de la playa de la maravilla.

Con voz infantil y melodiosa
en fresco aroma de abedul,
habla de una vida milagrosa
la niña de la lámpara azul.

Con cálidos ojos de dulzura
y besos de amor matutino,
me ofrece la bella criatura
un mágico y celeste camino.

De encantación en un derroche,
hiende leda, vaporoso tul;
y me guía a través de la noche
la niña de la lámpara azul.

LOS ANGELES TRANQUILOS

Pasó el vendaval; ahora,
con perlas y berilos,
cantan la soledad aurora
los ángeles tranquilos.

Modulan canciones santas
en dulces bandolines;
viendo caídas las hojosas plantas
de campos y jardines.

Mientras sol en la neblina
vibra sus oropeles,
besan la muerte blanquecina
en los Saharas crueles.

Se alejan de madrugada,
con perlas y berilos,
y con la luz del cielo en la mirada
los ángeles tranquilos.

EL CABALLO

Viene por las calles,
a la luna parva,
un caballo muerto
en antigua batalla.

Sus cascos sombríos...
trepida, resbala;
da un hosco relincho,
con sus voces lejanas.

En la plúmbea esquina
de la barricada,
con ojos vacíos
y con horror, se para.

Más tarde se escuchan
sus lentas pisadas,
por vías desiertas
y por ruinosas plazas.

LOS DELFINES

Es la noche de la triste remembranza;
en amplio salón cuadrado,
de amarillo iluminado,
a la hora de maitines
principia la angustiosa contradanza
de los difuntos delfines.
Tienen ricos medallones
terciopelos y listones;
por nobleza, por tersura
son cual de Van Dyck pintura;
mas, conservan un esbozo,
una llama de tristura
como el primo, como el último sollozo.
Es profunda la agonía
de su eterna simetría;
ora avanzan en las fugas y compases
como péndulos tenaces
de la última alegría.
Un Saber innominado,
abatidor de la infancia,
sufrir los hace, sufrir por el pecado
de la nativa elegancia.
Y por misteriosos fines,
dentro del salón de la desdicha nocturna,
se enajenan los delfines
en su danza taciturna.

POESIAS

LA MUERTA DE MARFIL

Contemplé, en la mañana,
la tumba de una niña;
en el sauce lloroso gemía tramontana,
desolando la amena, brilladora campiña.
Desde el túmulo frío, de verdes oquedades,

volaba el pensamiento
hacia la núbil áurea, bella de otras edades,
ceñida de contento.
Al ver obscuras flores,
libélulas moradas, junto a la losa abierta,
pensé en el jardín claro, en el jardín de amores,
de la beldad despierta.
Como sombría nube, al ver la tumba rara,
de un fluvión mortecino en la arena y el hielo,
pensé en la rubia aurora de juventud que amara
la niña, flor de cielo.
Por el lloroso sauce, lilial música de ella,
modula el aura sola en el panteón de olvido.
Murió canora y bella;
y están sus restos blancos como el marfil pulido.

LA RONDA DE ESPADAS

Por las avenidas
de miedo cercadas,
brilla en la noche de azules obscuros,
la ronda de espadas.

Duermen los postigos,
las viejas aldabas;
y se escuchan borrosas de canes
las músicas bravas.

Ya los extramuros
y las arruinadas
callejuelas, vibrante ha pasado
la ronda de espadas.

Y en los cafetines
que el humo amortaja,
al sentirla el tahúr de la noche,
cierra la baraja.

Por las avenidas
morunas, talladas,
viene lenta, sonora, creciente
la ronda de espadas.

Tras las celosías,
esperan las damas,
paladines que traigan de amores
las puntas de llamas.

Bajo los balcones
do están encantadas,
se detiene con súbito ruido
la ronda de espadas.

Tristísima noche
de nubes extrañas:
¡ay, de acero las hojas lucientes
se tornan guadañas!

¡Tristísima noche
de las encantadas!

EL CUARTO CERRADO

Mis ojos han visto
el cuarto cerrado;
cual inmóviles labios su puerta...
¡está silenciado!...
Su oblonga ventana, como un ojo abierto,
vidrioso me mira;
como un ojo triste,
con mirada que nunca retira
como un ojo muerto.
Por la grieta salen
las emanaciones
frías y morbosas;

¡ay, las humedades como pesarosas
fluyen a la acera:
como si de lágrimas,
el cuarto cerrado un pozo tuviera!
Los hechos fatales
nos oculta en su frío reposo...
¡cuarto enmudecido!
¡cuarto tenebroso
con sus penas habrá atardecido
cuántas juventudes!
¡oh, cuántas bellezas habrá despedido!
¡cuántas agonías!
¡cuántos ataúdes!
Su camino siguieron los años,
los días;
galantes engaños
y placenterías...;
en el cuarto fatal, aterido,
todo ha terminado;
hoy sus sombras el ánima oprimen:
¡y está como un crimen
el cuarto cerrado!

EL ESTANQUE

¡El verde estanque de la hacienda,
rey del jardín amable,
está en olvido
miserable!
En las lejanas, bellas horas
eran sus linfas cantadoras,
eran granates y auroras,
a campánulas y jazmines
iban insectos mandarines
con lamparillas purpuradas,
insectos cantarines
con las músicas coloreadas;

mas, del jardín, en la belleza
mora siempre arcana tristeza:
como la noche impenetrable,
como la ruina miserable.
Temblaba Vésper en los cielos,
gemían búhos paralelos
y, de tarde, la enramada
tenía vieja luz dorada;
era la hora entristecida
como planta por nieve herida;
como el insecto agonizante
sobre hojas secas navegante.
Clara, la niña bullidora,
corrió a bañarse en linfa mora,
para ir luego a la fiesta
de la heredad vecina;
ya a su oído llegaba orquesta
de violín, piano y ocarina.
Brilló un momento, anaranjada,
entre la sombra perfumada,
con las primeras sensaciones
del sarao de orquestaciones.
¡Oh! en la linfa funesta y honda
fue a bañarse la virgen blonda;
de los amores encendida,
la mirada llena de vida...
¡El verde estanque de la hacienda,
rey del jardín amable,
hoy es derrumbe
miserable!

LOS MUERTOS

Los nevados muertos,
bajo triste cielo,
van por la avenida
doliente que nunca termina.

Van con mustias formas
entre las auras silenciosas:
y de la muerte dan el frío
a sauces y lirios.

Lentos brillan blancos
por el camino desolado;
y añoran las fiestas del día
y los amores de la vida.

Al caminar, los muertos una
esperanza buscan:
y miran sólo la guadaña,
la triste sombra ensimismada.

En yerma noche de las brumas
y en el penar y la pavura,
van los lejanos caminantes
por la avenida interminable.

RAMON LOPEZ VELARDE
[MEXICO, 1888-1921]

NACE EN JEREZ, Zacatecas, el 15 de junio de 1888, año de la publicación de *Azul*, y muere en 1921, lo que sitúa su existencia en el período decisivo de la revolución mexicana. De esos escasos treinta y tres años sólo vive siete en la capital en forma sostenida, después de su graduación como abogado en San Luis de Potosí. Formación humanística estricta en los seminarios de Zacatecas y Aguascalientes. Desde 1908 colabora en periódicos y revistas con poemas y textos de prosa varia —artículos, ensayos, crónica dispersa— y ya en 1910 proyecta publicar *La sangre devota*, primer libro suyo que sólo ve la luz en 1916 por el rigor autocrítico que distingue al joven poeta. Desde el principio llama la atención el poder de su inventiva verbal en acuerdo con una visión mágica del mundo, que lo lleva a la búsqueda sorpresiva de la unidad en el juego múltiple de lo próximo y lo remoto, como si se tratara de un proyecto incesante de «transfigurar la caída en vuelo», según palabra suya propia. Poeta de pensamiento agónico y existencial desde la adolescencia, López Velarde asume la creación como ejercicio lúcido, llegando a afirmar en 1916 que «el sistema poético hase convertido en sistema crítico», atisbo que lo aproxima a la estética de la modernidad. Con este primer libro y posteriormente con *Zozobra*, 1919, y *El son del corazón*, 1932, su obra se hace punto de partida necesario para ahondar en el proceso posterior al modernismo. Así lo estiman Borges, Neruda, Octavio Paz, quienes reconocen en él, desde sus ángulos, a un adelantado en la conciencia del oficio, en el linaje de Lugones pero igualmente original. Al paso que la crítica más exigente profundiza todavía el estudio de sus aportes en el ciclo previo a la vanguardia.

Tradición e invención concurren en la obra velardeana plasmando una palabra distinta desde la tonalidad de lo erótico que es su clave mayor. Clave y misterio al mismo tiempo, en trama viva con lo religioso y lo enigmático, por obra acaso de la ironía y la extrañeza, categorías que enlazan su temple con los de Baudelaire y Jules Laforgue a quienes leyera minuciosamente y, más próximo en su plazo, con el de su admirado Lugones.

La coherencia visionaria del mexicano parece distante de la categoría romántica de la proyección sentimental pues no aspira a humanizar las cosas sino a que el espíritu encarne en ellas, se haga cosa en las cosas, *que zozobran en el alma y la saturan*, disolviéndose lenta y gradualmente en sensaciones, sentimientos y símbolos. Fluye en cambio el principio analógico en sus poemas más intensos, lo mismo en los del amor —*la posesión por pérdida*, entre Josefa y Margarita— que en aquellos cuyos motivos tocan la duda y la frustración, el desamparo, la fugacidad y la plenitud del instante, la muerte misma siempre al fondo. Otra constante suya es la fidelidad lárica a lo mexicano genuino, muy lejos por cierto de cualquier aldeanismo equívoco, como es dable admirar en la gracia expresiva de *Suave Patria*, pieza lírico-épica, y hasta dramática, para leer en sordina. Partidario implacable de la exactitud poética, exígese la más alta concentración desde un impulso siempre libre merced a asociaciones insólitas y muy especialmente por el injerto del lenguaje usual en el literario. Este último recurso lo aproxima a lo que más recientemente se ha venido llamando lenguaje coloquial. No todo lo suyo está libre de ese énfasis que combatiera ni de la mecánica retórica que acecha siempre a la palabra viva, pero su legado poético —treinta o más textos fundamentales— lo aparta de la euforia verbalizante de su tiempo junto con proponer nuevas posibilidades expresivas para la trizadura y la inseguridad del hombre actual.

Ahondando en sus visiones había dicho: «Quizá la norma superior consiste en tomar las perspectivas de lo eterno e incorporarlas a la obra de arte, como Eolo encierra a los huracanes en su odre». «De mi parte —afirma en su célebre ensayo *La derrota de la palabra*—, confieso que para recibir el mensaje lacónico de mi propia alma, me reconcentro con esa intensidad con que en el abismo de la noche sentimos el latido infatigable de nuestras sienes... Yo anhelo expulsar de mí cualquiera palabra, cualquiera sílaba que no nazca de la combustión de mis huesos».

BIBLIOGRAFIA

OBRA POETICA

La sangre devota (1916); *Zozobra* (1919); *El minutero* (póstumo, poemas en prosa, crónicas y ensayos, 1923); *El son del corazón* (póstumo, 1932); *Poesías completas y El minutero* (Edición y prólogo de Antonio Castro Leal. México, 1953), *Obras de Ramón López Velarde* (Edición y prólogo de José Luis Martínez, México, FCE, 1971).

ESTUDIOS CRITICOS

José Gorostiza: «Perfil humano y esencias literarias de Ramón López Velarde», en *México en la Cultura, Novedades*, junio de 1963.
Octavio Paz: «El lenguaje de López Velarde», en *Las peras del olmo*. México, UNAM, 1957; Barcelona, Seix Barral, 1974. «El camino de la pasión», en *Cuadrivio*. México, Mortiz, 1965.
Allen Phillips: *Ramón López Velarde, el poeta y el prosista*. México, Instituto de Bellas Artes, 1962.
Xavier Villaurrutia: «Ramón López Velarde», en *Obras*. México, FCE, 1974.

LA SANGRE DEVOTA

MI PRIMA AGUEDA

a Jesús Villalpando

Mi madrina invitaba a mi prima Agueda
a que pasara el día con nosotros,
y mi prima llegaba
con un contradictorio
prestigio de almidón y de temible
luto ceremonioso.

Agueda aparecía, resonante
de almidón, y sus ojos
verdes y sus mejillas rubicundas
me protegían contra el pavoroso
luto...
      Yo era rapaz
y conocía la *o* por lo redondo,
y Agueda, que tejía
mansa y perseverante en el sonoro
corredor, me causaba
calosfríos ignotos...
(Creo que hasta la debo la costumbre
heroicamente insana de hablar solo.)

A la hora de comer, en la penumbra
quieta del refectorio,
me iba embelesando un quebradizo
sonar intermitente de vajilla
y el timbre caricioso
de la voz de mi prima.
      Agueda era
(luto, pupilas verdes y mejillas
rubicundas) un cesto policromo
de manzanas y uvas
en el ébano de un armario añoso.

ZOZOBRA

LA MANCHA DE PURPURA

Me impongo la costosa penitencia
de no mirarte en días y días, por que mis ojos,
cuando por fin te miren, se aneguen en tu esencia
como si naufragasen en un golfo de púrpura,
de melodía y de vehemencia.

Pasa el lunes, y el martes, y el miércoles... Yo sufro
tu eclipse, ¡oh criatura solar! mas en mi duelo
el afán de mirar se dilata
como una profecía; se descorre cual velo
paulatino; se acendra como miel; se aquilata
como la entraña de las piedras finas;
y se aguza como el llavín
de la celda de amor de un monasterio en ruinas.

Tú no sabes la dicha refinada
que hay en huirte, que hay en el furtivo gozo
de adorarte furtivamente, de cortejarte
más allá de la sombra, de bajarse el embozo
una vez por semana, y exponer las pupilas,
en un minuto fraudulento,
a la mancha de púrpura de tu deslumbramiento.

En el bosque de amor, soy cazador furtivo;
te acecho entre dormidos y tupidos follajes,
como se acecha una ave fúlgida; y de estos viajes
por la espesura, traigo a mi aislamiento
el más fúlgido de los plumajes:
el plumaje de púrpura de tu deslumbramiento.

DIA 13

Mi corazón retrógrado
ama desde hoy la temerosa fecha
en que surgiste con aquel vestido
de luto y aquel rostro de ebriedad.

Día 13 en que el filo de tu rostro
llevaba la embriaguez como un relámpago
y en que tus lúgubres arreos daban
una luz que cegaba al sol de agosto,
así como se nubla el sol ficticio
en las decoraciones
de los Calvarios de los Viernes Santos.

Por enlutada y ebria simulaste,
en la superstición de aquel domingo,
una fúlgida cuenta de abalorio
humedecida en un licor letárgico.

¿En qué embriaguez bogaban tus pupilas
para que así pudiesen
narcotizarlo todo?
                    Tu tiniebla
guiaba mis latidos, cual guiaba
la columna de fuego al israelita.

Adivinaba mi acucioso espíritu
tus blancas y fulmíneas paradojas:
el centelleo de tus zapatillas,
la llamarada de tu falda lúgubre,
el látigo incisivo de tus cejas
y el negro luminar de tus cabellos.

Desde la fecha de superstición
en que colmaste el vaso de mi júbilo
mi corazón oscurantista clama
a la buena bondad del mal agüero;

que si mi sal se riega, irán sus granos
trazando en el mantel tus iniciales;
y si estalla mi espejo en un gemido,
fenecerá diminutivamente
como la desinencia de tu nombre.

Superstición, consérvame el radioso
vértigo del minuto perdurable
en que su traje negro devoraba
la luz desprevenida del cenit,
y en que su falda lúgubre era un bólido
por un cielo de hollín sobrecogido...

EL RETORNO MALEFICO

A D. Ignacio I. Gastelum

Mejor será no regresar al pueblo,
al edén subvertido que se calla
en la mutilación de la metralla.

Hasta los fresnos mancos,
los dignatarios de cúpula oronda,
han de rodar las quejas de la torre
acribillada en los vientos de fronda.

Y la fusilería grabó en la cal
de todas las paredes
de la aldea espectral,
negros y aciagos mapas,
porque en ellos leyese el hijo pródigo
al volver a su umbral
en un anochecer de maleficio,
a la luz de petróleo de una mecha
su esperanza deshecha.

Cuando la tosca llave enmohecida
tuerza la chirriante cerradura,
en la añeja clausura
del zaguán, los dos púdicos
medallones de yeso,
entornando los párpados narcóticos,
se mirarán y se dirán: «¿Qué es eso?».

Y yo entraré con pies advenedizos
hasta el patio agorero
en que hay un brocal ensimismado,
con un cubo de cuero
goteando su gota categórica
como un estribillo plañidero.

Si el sol inexorable, alegre y tónico,
hace hervir a las fuentes catecúmenas
en que bañábase mi sueño crónico;
si se afana la hormiga;
si en los techos resuena y se fatiga
de los buches de tórtola el reclamo
que entre las telarañas zumba y zumba;
mi sed de amar será como una argolla
empotrada en la losa de una tumba.

Las golondrinas nuevas, renovando
con sus noveles picos alfareros
los nidos tempraneros;
bajo el ópalo insigne
de los atardeceres monacales,
el lloro de recientes recentales
por la ubérrima ubre prohibida
de la vaca, rumiante y faraónica,
que al párvulo intimida;
campanario de timbre novedoso;
remozados altares;
el amor amoroso
de las parejas pares;

noviazgos de muchachas
frescas y humildes, como humildes coles,
y que la mano dan por el postigo
a la luz de dramáticos faroles;
alguna señorita
que canta en algún piano
alguna vieja aria;
el gendarme que pita...
...Y una íntima tristeza reaccionaria.

HORMIGAS

A la cálida vida que transcurre canora
con garbo de mujer sin letras ni antifaces,
a la invicta belleza que salva y que enamora,
responde, en la embriaguez de la encantada hora,
un encono de hormigas en mis venas voraces.

Fustigan el desmán del perenne hormigueo
el pozo del silencio y el enjambre del ruido,
la harina rebanada como doble trofeo
en los fértiles bustos, el Infierno en que creo,
el estertor final y el preludio del nido.

Mas luego mis hormigas me negarán su abrazo
y han de huir de mis pobres y trabajados dedos
cual se olvida en la arena un gélido bagazo;
y tu boca, que es cifra de eróticos denuedos,
tu boca, que es mi rúbrica, mi manjar y mi adorno,
tu boca, en que la lengua vibra asomada al mundo
como réproba llama saliéndose de un horno,
en una turbia fecha de cierzo gemebundo
en que ronde la luna porque robarte quiera,
ha de oler a sudario y a hierba machacada,
a droga y a responso, a pabilo y a cera.

Antes de que deserten mis hormigas, Amada,
déjalas caminar camino de tu boca
a que apuren los viáticos del sanguinario fruto
que desde sarracenos oasis me provoca.

Antes de que tus labios mueran, para mi luto,
dámelos en el crítico umbral del cementerio
como perfume y pan y tósigo y cauterio.

LA LAGRIMA...

Encima
de la azucena esquinada
que orna la cadavérica almohada;
encima
del soltero dolor empedernido
de yacer como imberbe congregante
mientras los gatos erizan el ruido
y forjan una patria espeluznante;
encima
del apetito nunca satisfecho
de la cal
que demacró las conciencias livianas,
y del desencanto profesional
con que saltan del lecho
las cortesanas;
encima
de la ingenuidad casamentera
y del descalabro que nada espera;
encima
de la huesa y del nido,
la lágrima salobre que he bebido.

Lágrima de infinito
que eternizaste el amoroso rito;
lágrima en cuyos mares
goza mi áncora su náufrago baño

y esquilmo los vellones singulares
de un compungido rebaño;
lágrima en cuya gloria se refracta
el iris fiel de mi pasión exacta;
lágrima en que navegan sin pendones
los mástiles de las consternaciones;
lágrima con que quiso
mi gratitud salar el Paraíso;
lágrima mía, en ti me encerraría,
debajo de un deleite sepulcral,
como un vigía
en su salobre y mórbido fanal.

LA ULTIMA ODALISCA

Mi carne pesa, y se intimida
porque su peso fabuloso
es la cadena estremecida
de los cuerpos universales
que se han unido con mi vida.

Ambar, canela, harina y nube
que en mi carne al tejer sus mimos,
se eslabonan con el efluvio
que ata los náufragos racimos
sobre las crestas del Diluvio.

Mi alma pesa, y se acongoja
porque su peso es el arcano
sinsabor de haber conocido
la Cruz y la floresta roja
y el cuchillo del cirujano.

Y aunque todo mi ser gravita
cual un orbe vaciado en plomo
que en la sombra paró su rueda,
estoy colgado en la infinita

agilidad del éter, como
de un hilo escuálido de seda.

Gozo... Padezco... Y mi balanza
vuela rauda con el beleño
de las esencias del rosal:
soy un harén y un hospital
colgados juntos de un ensueño.

Voluptuosa Melancolía:
en tu talle mórbido enrosca
el Placer su caligrafía
y la Muerte su garabato,
y en un clima de ala de mosca
la Lujuria toca a rebato.

Mas luego las samaritanas,
que para mí estuvieron prestas
y por mí dejaron sus fiestas,
se irán de largo al ver mis canas,
y en su alborozo, rumbo a Sión,
buscarán el torrente endrino
de los cabellos de Absalón.

¡Lumbre divina, en cuyas lenguas
cada mañana me despierto:
un día, al entreabrir los ojos,
antes que muera estaré muerto!

Cuando la última odalisca,
ya descastado mi vergel,
se fugue en pos de nueva miel
¿qué salmodia del pecho mío
será digna de suspirar
a través del harén vacío?

Si las victorias opulentas
se han de volver impedimentas,

si la eficaz y viva rosa
queda superflua y estorbosa,
¡oh, Tierra ingrata, poseída
a toda hora de la vida:
en esa fecha de ese mal,
hazme humilde como un pelele
a cuya mecánica duele
ser solamente un hospital!

TODO...

A José D. Frías

Sonámbula y picante,
mi voz es la gemela
de la canela.

Canela ultramontana
e islamita,
por ella mi experiencia
sigue de señorita.

Criado con ella,
mi alma tomó la forma
de su botella.

Si digo carne o espíritu,
paréceme que el diablo
se ríe del vocablo;
mas nunca vaciló
mi fe si dije «yo».

Yo, varón integral,
nutrido en el panal
de Mahoma
y en el que cuida Roma
en la Mesa Central.

Uno es mi fruto:
vivir en el cogollo
de cada minuto.

Que el milagro se haga,
dejándome aureola
o trayéndome llaga.

No porto insignias
de masón
ni de Caballero
de Colón.

A pesar del moralista
que la asedia
y sobre la comedia
que la traiciona,
es santa mi persona,
santa en el fuego lento
con que dora el altar
y en el remordimiento
del día que se me fue
sin oficiar.

En mis andanzas callejeras
del jeroglífico nocturno,
cuando cada muchacha
entorna sus maderas,
me deja atribulado
su enigma de no ser
ni carne ni pescado.

Aunque toca al poeta
roerse los codos,
vivo la formidable
vida de todas y de todos;
en mí late un pontífice
que todo lo posee

y todo lo bendice;
la dolorosa Naturaleza
sus tres reinos ampara
debajo de mi tiara;
y mi papal instinto
se conmueve
con la ignorancia de la nieve
y la sabiduría del jacinto.

EL SON DEL CORAZON

EL SUEÑO DE LOS GUANTES NEGROS

Soñé que la ciudad estaba dentro
del más bien muerto de los mares muertos.
Era una madrugada del invierno
y lloviznaban gotas de silencio.

No más señal viviente, que los ecos
de una llamada a misa, en el misterio
de una capilla oceánica, a lo lejos.

De súbito me sales al encuentro,
resucitada y con tus guantes negros.

Para volar a ti, le dio su vuelo
el Espíritu Santo a mi esqueleto.

Al sujetarme con tus guantes negros
me atrajiste al océano de tu seno,
y nuestras cuatro manos se reunieron
en medio de tu pecho y de mi pecho,
como si fueran los cuatro cimientos
de la fábrica de los universos.

¿Conservabas tu carne en cada hueso?
El enigma de amor se veló entero
en la prudencia de tus guantes negros.

¡Oh, prisionera del valle de México!
Mi carne...* de tu ser perfecto
quedarán ya tus huesos en mis huesos;
y el traje, el traje aquel, con que tu cuerpo
fue sepultado en el Valle de México;
y el figurín aquel, de pardo género
que compraste en un viaje de recreo...

Pero en la madrugada de mi sueño,
nuestras manos, en un circuito eterno
la vida apocalíptica vivieron.

Un fuerte... como en un sueño
libre como cometa, y en su vuelo
la ceniza y... del cementerio
gusté cual rosa...

---

*Los puntos suspensivos indican palabras ilegibles en el original.

JOSE ANTONIO RAMOS SUCRE
[VENEZUELA, 1890-1930]

Si en su época la obra de Ramos Sucre no fue ignorada ni rechazada del todo, tampoco se la apreció en su justa dimensión; en los últimos años, sin embargo, la crítica no ha dudado en reconocer, casi por unanimidad, el valor y trascendencia de la misma. Aunque todos los textos de Ramos Sucre fueron escritos en prosa, hasta en aquellos que inicialmente surgieron como ensayos, discursos o crónicas ya se percibe una visión poética. Riqueza, plenitud, posibilidad del lenguaje: ¿no lo intuyó así al afirmar que «un idioma es el universo traducido a ese idioma»; que «el lenguaje no consiente sinónimos, porque es individuante como el arte»? Los singulares juegos verbales —producto no sólo de un gran dominio lingüístico sino de una constante disciplina creadora, de un elaborado trabajo formal—, el carácter visionario, enigmático y aun simbólico de las imágenes, su propia estructura, confieren a esos poemas en prosa un poder de sugerencia, una densidad semántica indiscutibles: un universo expresado en la forma. En un texto que es casi una poética, llegó a decir de la imagen que «siempre está cerca del símbolo o se confunde con él, y, fuera de ser gráfica, deja por estela cierta vaguedad y santidad que son propias de la poesía más excelente, cercana a la música y lejana de la escultura» («Sobre la poesía elocuente»).

Una acentuada tendencia a la impersonalidad, a la neutralidad, un rechazo a lo patético (lo cual no es sinónimo de «evasión» ni de «deshumanización», como quiso verse) es lo dominante en su obra: mediante ciertas técnicas —el monólogo dramático, el yo narrativo testigo, las glosas o paráfrasis libres—, Ramos Sucre se desdobló en múltiples personas («máscaras») poéticas, creó vidas imaginarias, explorando en ellas la diversidad de los yo humanos. La historia y la mitología, cierta tradición hermética, la cábala, la alquimia y aun la magia, constituyeron para él un vasto campo de experimentación: es evidente en sus textos todo un sistema de alusiones, de correspondencias culturales. Pero se trata de una verdadera recreación: Ramos Sucre leyó la literatura sólo para reinventarla, para imaginarla de nuevo, haciendo del poema —del lenguaje— un ente propio en sí mismo aunque siempre abierto y virtual. Su concepción de la historia —y del arte— fue la de un espacio ubicuo, donde, a pesar de las distancias cronológicas, todos los hombres se identifican y representan los mismos papeles: «La humanidad —señalaba— es esencialmente la misma en todas partes».

Junto a la visión de un mundo sereno y por instantes luminoso, surge en su obra la de otro, trágico, apocalíptico, donde las fuerzas del mal, la muerte y la fatalidad son una constante. Pero si la estética del mal también funciona en Ramos Sucre —«el mal es un autor de la belleza... introduce la sorpresa, la innovación en este mundo rutinario», afirmaba en «Granizada»—, no hace una exaltación del mal en sí mismo; más bien lo explora a lo largo del devenir histórico, del inconsciente colectivo, y lo asume —quizás como una forma de conjuro— con una actitud fundamentalmente crítica y hasta irónica. En verdad, no evadió su realidad histórica —época de la dictadura gomecista— sino que la nombró a través de una perspectiva oblicua: ¿no pensaba que «el hombre ha inventado el símbolo porque no puede asir directamente la realidad»? Si en su poesía hay una crítica a la historia y a la condición humana, hay también una nostalgia del pasado, la indagación por los orígenes y el ser, la búsqueda, en fin, de un Yo verdadero y último en armonía con el universo.

De su poética —dispersa a lo largo de algunos textos— podrían destacarse otros puntos esenciales.

La imagen es la manera concreta y gráfica de expresarse, y declara una emotividad fina y emana de la aguda organización de los sentidos corporales...

*

La imagen, expresión de lo particular, conviene especialmente con la poesía, porque el arte es individuante.

*

La gramática sirve para justificar las sinrazones del lenguaje.

*

Las palabras se dividen en expresivas e inexpresivas. No hay palabras castizas.

*

Es buen escritor el que usa expresiones insustituibles.

BIBLIOGRAFIA

OBRA POETICA

Trizas de papel (1921); *Sobre las huellas del Humboldt* (1923); *La torre de Timón* (1925); *Las formas del fuego* (1929); *El cielo de esmalte* (1929); *Obras* (Prólogo de Félix Armando Núñez. Caracas, Ediciones del Ministerio de Educación, Biblioteca Popular Venezolana, 1956); *Obra poética* (Prólogo: «Las piedras mágicas» de Carlos Augusto León. Caracas, Dirección de Cultura, Universidad Central de Venezuela, 1979; 2da edición); *Obra completa* (Prólogo de José Ramón Medina y cronología y bibliografía de Sonia García. Caracas, Biblioteca Ayacucho, N° 73, 1980); *Antología poética* (Selección y prólogo de F. Pérez Perdomo. Caracas, Monte Avila, 1978; 3ra. edición, 1985 [Col. Altazor], 1ra. edición, 1988 [Col. Eldorado]); *Las formas del fuego* (Madrid, Ediciones Siruela, 1988), *Los aires del presagio* (Recopilación de textos, cartas y traducciones. Prólogo de Rafael Angel Insausti. Caracas, Monte Avila, Colección Eldorado, 1976).

ESTUDIOS CRITICOS

Cristian Alvarez: *Ramos Sucre y la Edad Media*, Caracas, Monte Avila, 1990.

Víctor Bravo: «Ramos Sucre: la escritura como itinerario hacia la muerte», en *Revista de Literatura Hispanoamericana*. Universidad del Zulia, N° 5, p. 93-112.

Alba Rosa Hernández: *Ramos Sucre: La voz de la retórica*. Caracas, Monte Avila, 1990.

Carlos Augusto León: *Las piedras mágicas*. Caracas, Suma, 1945.

José Ramón Medina: *Ramos Sucre ante la crítica* (Selección de textos críticos). Caracas, Monte Avila, 1981.

Eugenio Montejo: «Aproximación a Ramos Sucre», en *La ventana oblicua*. Universidad de Carabobo, 1974. «Nueva aproximación a Ramos Sucre», en *El taller blanco*, Caracas, Fundarte, 1983.

Fernando Paz Castillo: *José Antonio Ramos Sucre. El solitario de la Torre de Timón*. Caracas, Inciba, Colección Homenajes, 1972.

Angel Rama: *El universo simbólico de José Antonio Ramos Sucre*. Cumaná, Editorial Universitaria de Oriente, 1978.

Revista Oriente: «Homenaje a José Antonio Ramos Sucre». Revista de Cultura de la Universidad de Oriente, Cumaná, N° 10, 1981, p. 354.

Francisco Rivera: «10 Fragmentos sobre Ramos Sucre» en *Entre el silencio y la palabra*, Caracas, Monte Avila, 1986.

Oscar Sambrano Urdaneta: «Ramos Sucre: el hiperestésico», en *Escritura*, N° 3, Caracas, enero-junio 1977.

Ludovico Silva: «Ramos Sucre y nosotros», en *Revista Nacional de Cultura*, N° 219, Caracas.

Guillermo Sucre: «Ramos Sucre: anacronismo y/o renovación», en *Tiempo real*, Revista de la Universidad Simón Bolívar, N° 8, Caracas.

LA TORRE DE TIMON

PRELUDIO

Yo quisiera estar entre vacías tinieblas, porque el mundo lastima cruelmente mis sentidos y la vida me aflige, impertinente amada que me cuenta amarguras.

Entonces me habrán abandonado los recuerdos: ahora huyen y vuelven con el ritmo de infatigables olas y son lobos aullantes en la noche que cubre el desierto de nieve.

El movimiento, signo molesto de la realidad, respeta mi fantástico asilo; mas yo lo habré escalado de brazo con la muerte. Ella es una blanca Beatriz, y, de pies sobre el creciente de la luna, visitará la mar de mis dolores. Bajo su hechizo reposaré eternamente y no lamentaré más la ofendida belleza ni el imposible amor.

EL FUGITIVO

Huía ansiosamente, con pies doloridos, por el descampado. La nevisca mojaba el suelo negro.

Esperaba salvarme en el bosque de los abedules, incurvados por la borrasca.

Pude esconderme en el antro causado por el desarraigo de un árbol. Compuse las raíces manifiestas para defenderme del oso pardo, y despedí los murciélagos a gritos y palmadas.

Estaba atolondrado por el golpe recibido en la cabeza. Padecía alucinaciones y pesadillas en el escondite. Entendí escaparlas corriendo más lejos.

Atravesé el lodazal cubierto de juncos largos, amplectivos, y salí a un segundo desierto. Me abstenía de encender fogata por miedo de ser alcanzado.

Me acostaba a la intemperie, entumecido por el frío. Entreveía los mandaderos de mis verdugos metódicos. Me seguían a caballo, socorridos de perros negros, de ojos de fuego y ladrido feroz. Los jinetes ostentaban, de penacho, el hopo de una ardita.

Divisé, al pisar la frontera, la lumbre del asilo, y corrí a agazaparme a los pies de mi dios.

Su imagen sedente escucha con los ojos bajos y sonríe con dulzura.

ELOGIO DE LA SOLEDAD

Prebenda del cobarde y del indiferente reputan algunos la soledad, oponiéndose al criterio de los santos que renegaron del mundo y que en ella tuvieron escala de perfección y puerto de ventura. En la disputa acreditan superior sabiduría los autores de la opinión ascética. Siempre será necesario que los cultores de la belleza y del bien, los consagrados por la desdicha se acojan al mudo asilo de la soledad, único refugio acaso de los que parecen de otra época, desconcertados con el progreso. Demasiado altos para el egoísmo, no le obedecen muchos que se apartan de sus semejantes. Opuesta causa favorece a menudo tal resolución, porque así la invocaba un hombre en su descargo:

La indiferencia no mancilla mi vida solitaria; los dolores pasados y presentes me conmueven; me he sentido prisionero en las ergástulas; he vacilado con los ilotas ebrios para inspirar amor a la templanza; me sonrojo de afrentosas esclavitudes; me lastima la melancolía invencible de las razas vencidas. Los hombres cautivos de la barbarie musulmana, los judíos perseguidos en Rusia, los miserables hacinados en la noche como muertos en la ciudad del Támesis, son mis hermanos y los amo. Tomo el periódico, no como el rentista para tener noticias de su fortuna, sino para tener noticias de mi familia, que es toda la humanidad. No rehúyo mi deber de centinela de cuanto es débil y es bello, retirándome a la celda del estudio; yo soy el amigo de los paladines que buscaron vanamente la muerte en el riesgo de la última batalla larga y desgraciada, y es mi recuerdo desamparado ciprés sobre la fosa de los héroes anónimos. No me avergüenzo de homenajes caballerescos ni de galanterías anticuadas, ni me abstengo de recoger en el lodo del vicio la desprendida perla de rocío. Evito los abismos paralelos de la carne y de la muerte, recreándome con el afecto puro de la gloria; de noche en sueños oigo sus promesas y estoy, por milagro de ese amor, tan libre de lazos terrenales como aquel místico al saberse amado por la madre de Jesús. La historia me ha dicho que en la Edad Media las almas nobles se extinguieron todas en los claustros, y que a los malvados quedó el dominio y población del mundo; y la experiencia, que confirma esta enseñanza, al darme prueba de la veracidad de Cervantes que hizo estéril a su héroe, me fuerza a la imitación del Sol, único, generoso y soberbio.

Así defendía la soledad uno, cuyo afligido espíritu era tan sensible, que podía servirle de imagen un lago acorde hasta con la más tenue aura, y en cuyo seno se prolongaran todos los ruidos, hasta sonar recónditos.

LA ALUCINADA

La selva había crecido sobre las ruinas de una ciudad innominada. Por entre la maleza asomaba, a cada paso, el vestigio de una civilización asombrosa.

Labradores y pescadores vivían de la tierra aguanosa, aprovechando los aparejos primitivos de su oficio.

Más de una sociedad adelantada había sucumbido, de modo imprevisto, en el paraje malsano.

Conocí, por una virgen demente, el suceso más extraño. Lloraba a ratos, cuando los intervalos de razón suprimían su locura serena.

Se decía hija de los antiguos señores del lugar. Habían despedido de su mansión fastuosa una vieja barbuda, repugnante.

Aquella repulsa motivó sucesivas calamidades, venganzas de la arpía. Circunvino a la hija unigénita, casi infantil, y la persuadió a lanzar, con sus manos puras, yerbas cenicientas en el mar canoro.

Desde entonces juegan en silencio sus olas descolmadas. La prosperidad de la comarca desapareció en medio de un fragor. Arbustos y herbajos nacen de los pantanos y cubren los escombros.

Pero la virgen mira, durante su delirio, una floresta mágica, envuelta en una luz azul y temblorosa, originada de una apertura del cielo. Oye el gorjeo insistente de un pájaro invisible, y celebra las piruetas de los duendes alados.

La infeliz sonríe en medio de su desgracia, y se aleja de mí, diciendo entre dientes una canción desvariada.

LAUDE

Venezuela debe lo principal y más duradero de su crédito a la valentía de aquellos militares que con el siglo diecinueve surgieron apasionados e indóciles. La sana fuerza de su índole no se degradaba con tímidos recatos ni cedía un punto a la moral hipócrita de las sociedades en reposo. Nunca fue su norte el renombre de pacato y de honorable, lazo de incautos. Todos eran hombres ingenuos y violentos, de vida desproporcionada y libre.

Como suscitan la saña de los incoloros y la venganza de los eruditos apergaminados y dispépticos, una filosofía pobre, en que no alienta el entusiasmo adivinador de los poetas, rompe el sigilo de su sepulcro y turba el sueño de sus cenizas.

La crítica mezquina halla su más frecuente ocasión en el humor díscolo y altanero de los héroes. No descubre allí la fuerza profunda del linaje, la suficiencia individual, el confiado arrojo que hizo del abuelo español la consternación y la pesadilla del mundo.

Su gloria consiste en no haber depuesto el temerario reto a la metrópoli, y al reconocerles aquel mérito continúa elevado e intacto el de su jefe. La justicia crece con la distribución del premio, y hay deshonestidad en pretender que la fama de Bolívar coincide con el recorte de sus tenientes.

De esta opinión mojigata y pudibunda nace la docilidad como razón para el crédito a los honores, el examen superficial de la discordia, la repetida sentencia contra los varones levantiscos que ensangrientan y revuelven el curso de aquellos años. Se olvida que muchos entraron iguales a la lid; que los separaba el más contrastado interés; que los acontecimientos habrían de traer con la prueba de las aptitudes la escala de la jerarquía; que los ánimos porfiados, finalmente sometidos, acreditan el genio de Bolívar; que en la escena de duelo desentonaba, más que el amoroso pastor, el rebaño de las bestias pacíficas.

Para los mansos la medalla de buena conducta; para nuestros héroes el monumento elevado y la estatua perenne. Han impuesto al respeto de los extraños la serie de nuestros anales con un esfuerzo que pertenece a la epopeya, con actos extraordinarios que habría acogido, para perpetuarlos, la musa popular del romancero. De vez en cuando no siguieron las razones de Bolívar por la fatalidad que aísla al genio en su siglo. El los arrastra finalmente, y con tan digno séquito, como de bravos cóndores, preside la mitad del mundo desde el pico más alto y nevado de Los Andes.

DISCURSO DEL CONTEMPLATIVO

Amo la paz y la soledad; aspiro a vivir en una casa espaciosa y antigua donde no haya otro ruido que el de una fuente, cuando yo quiera oír su chorro abundante. Ocupará el centro del patio, en medio de árboles que, para salvar del sol y del viento el sueño de sus aguas, enlazarán las copas gemebundas. Recibiré la única visita de los pájaros que encontrarán descanso en mi refugio silencioso. Ellos divertirán mi sosiego con el vuelo arbitrario y el canto natural; su simpleza de inocentes criaturas disipará en mi espíritu la desazón exasperante del rencor, aliviando mi frente el refrigerio del olvido.

La devoción y el estudio me ayudarán a cultivar la austeridad como un asceta, de modo que ni interés humano ni anhelo terrenal estorbará las alas de mi meditación, que en la cima solemne del éxtasis descansarán del sostenido vuelo; y desde allí divisará mi espíritu el ambiguo deslumbramiento de la verdad inalcanzable.

Las novedades y variaciones del mundo llegarán mitigadas al sitio de mi recogimiento, como si las hubiera amortecido una atmósfera pesada. No aceptaré sentimiento enfadoso ni impresión violenta: la luz llegará hasta mí después de perder su fuego en la espesa trama de los árboles; en la distancia acabará el ruido antes que invada mi apaciguado recinto; la oscuridad servirá de resguardo a mi quietud; las cortinas de la sombra circundarán el lago diáfano e imperturbable del silencio.

Yo opondré al vario curso del tiempo la serenidad de la esfinge ante el mar de las arenas africanas. No sacudirán mi equilibrio los días espléndidos de sol, que comunican su ventura de donceles rubios y festivos, ni los opacos días de lluvia que ostentan la ceniza de la penitencia. En esa disposición ecuánime esperaré el momento y afrontaré el misterio de la muerte.

Ella vendrá, en lo más callado de una noche, a sorprenderme junto a la muda fuente. Para aumentar la santidad de mi hora última, vibrará por el aire un beato rumor, como de alados serafines, y un transparente efluvio de consolación bajará del altar del encendido cielo. A mi cadáver sobrará por tardía la atención de los hombres; antes que ellos, habrán cumplido el mejor rito de mis sencillos funerales, el beso virginal del aura despertada por la aurora y el revuelo de los pájaros amigos.

EL CULPABLE

Agonicé en la arruinada mansión de recreo, olvidada en un valle profundo.

Yacían por tierra los faunos y demás simulacros del jardín.

El vaho de la humedad enturbiaba el aire.

La maleza desmedraba los árboles de clásica prosapia.

Algunos escombros estancaban, delante de mi retiro, un río agotado.

Mis voces de dolor se prolongaban en el valle nocturno. Un mal extraño desfiguraba mi organismo.

Los facultativos usaban, en medio del desconcierto, los recursos más crueles de su arte. Prodigaban la saja y el cauterio.

Recuerdo la ocasión alegre, cuando sentí el principio de la enfermedad. Festejábamos, después de mediar la noche, el arribo de una extranjera y su belleza arrogante. La pesada lámpara de bronce cayó de golpe sobre la mesa del festín.

Entreveía en el curso de mis sueños, pausa de la desesperación, una doncella de faz seráfica, fugitiva en el remolino de los cendales de su veste. Yo la imploraba de rodillas y con las manos juntas.

Mi naturaleza venció, después de mucho tiempo, el mal encarnizado. Salí delgado y trémulo.

Visité, apenas restablecido, una familia de mi afecto, y encontré la virgen de rostro cándido, solaz de mi pasada amargura.

Estaba atenta a una melodía crepuscular.

El recuerdo de mis extravíos me llenaba de confusión y de sonrojo. La contemplaba respetuosamente.

Me despidió, indignada, de su presencia.

LA RESIPISCENCIA DE FAUSTO

Fausto quiere pacificar su curiosidad, encontrar razones con que explicar de una vez por todas el espejismo del universo. Ha solicitado la inspiración de la soledad y domina abrupta cima, teniendo debajo de sí un apretado cerco de nubes. Huella con ligereza de ave una mole de aristas resaltadas. La borrasca embiste sin tregua el paraje sublime, adecuado para la meditación del problema fundamental.

Fausto ha abandonado el estudio parsimonioso y el amor suave de Margarita, desde que trata con cierto personaje recién aportado al pueblo: un hombre de sospechosa parla, que desordena al vecindario con prestigios de invención diabólica, señalados por más de un detalle arlequinesco.

El propone a Fausto las interrogaciones últimas, inspirándole una curiosidad descontenta y soberbia, habilitándolo con máximas feroces, enemigas de contemplaciones y respetos. Fausto lo rechaza de su trato y amistad con términos violentos, proferidos en la abrupta cima, redoblados por los ecos temerosos del precipicio; y el seductor se retira gesticulando grandiosamente y sin compás, obstinado en visajes y maniobras de truhán. Parte confiado en la germinación de su influjo malsano.

Fausto prueba a aliviar con el viaje distante, dividido en peligros y orgías, la enfermedad de aquel ideal orgulloso, infundida por la ciencia; pero encuentra la desesperanza al cabo de las nuevas emociones. Solicita las vivaces comarcas meridionales; atraviesa, menos que fugitivo, un reino tenebroso, obseso de la matanza y de la hoguera, de alma sacerdotal con vistas a la muerte, y renegado del esfuerzo y de la vida.

Pero llega finalmente a un país elíseo donde los mirtos y los laureles, criados bajo un cielo primaveral, tremolan al paso del aire melodioso y montan guardia al lado y en torno de los mármoles ejemplares y de las ruinas sempiternas. Descansa en una ciudad quimérica, de lagunas y palacios, visitada por las aves; y deja entonces la investigación desconsolada. Crédulo en la mayor veracidad de los símbolos del arte, espera dar con una explicación musical y sintética del universo.

LA VIDA DEL MALDITO

Yo adolezco de una degeneración ilustre; amo el dolor, la belleza y la crueldad, sobre todo esta última, que sirve para destruir un mundo abandonado al mal. Imagino constantemente la sensación del padecimiento físico, de la lesión orgánica.

Conservo recuerdos pronunciados de mi infancia, rememoro la faz marchita de mis abuelos, que murieron en esta misma vivienda espaciosa, heridos por dolencias prolongadas. Reconstituyo la escena de sus exequias que presencié asombrado e inocente.

Mi alma es desde entonces crítica y blasfema; vive en pie de guerra contra los poderes humanos y divinos, alentada por la manía de la investigación; y esta curiosidad infatigable declara el motivo de mis triunfos escolares y de mi vida atolondrada y maleante al dejar las aulas. Detesto íntimamente a mis semejantes, quienes sólo me inspiran epigramas inhumanos; y confieso que, en los días vacantes de mi juventud, mi índole destemplada y huraña me envolvía sin tregua en reyertas vehementes y despertaba las observaciones irónicas de las mujeres licenciosas que acuden a los sitios de diversión y peligro.

No me seducen los placeres mundanos y volví espontáneamente a la soledad, mucho antes del término de mi juventud, retirándome a esta mi ciudad nativa, lejana del progreso, asentada en una comarca apática y neutral. Desde entonces no he dejado esta mansión de colgaduras y de sombras. A sus espaldas fluye un delgado río de tinta, sustraído de la luz por la espesura de árboles crecidos, en pie sobre las márgenes, azotados sin descanso por un viento furioso, nacido de los montes áridos. La calle delantera, siempre desierta, suena a veces con el paso de un carro de bueyes, que reproduce la escena de una campiña etrusca.

La curiosidad me indujo a nupcias desventuradas, y casé improvisadamente con una joven caracterizada por los rasgos de mi persona física, pero mejorados por una distinción original. La trataba con un desdén superior, dedicándole el mismo aprecio que a una muñeca desmontable por piezas. Pronto me aburrí de aquel ser infantil, ocasionalmente molesto, y decidí suprimirlo para enriquecimiento de mi experiencia.

La conduje con cierto pretexto delante de una excavación abierta adrede en el patio de esta misma casa. Yo portaba una pieza de hierro y con ella le coloqué encima de la oreja un firme porrazo. La infeliz cayó de rodillas dentro de la fosa, emitiendo débiles alaridos como de boba. La cubrí de tierra, y esa tarde me senté solo a la mesa, celebrando su ausencia.

La misma noche y otras siguientes, a la hora avanzada, un brusco resplandor iluminaba mi dormitorio y me ahuyentaba el sueño sin remedio. Enmagrecí y me torné pálido, perdiendo sensiblemente las fuerzas. Para distraerme, contraje la costumbre de cabalgar desde mi vivienda hasta fuera de la ciudad, por las campiñas libres y llanas, y paraba el trote de la cabalgadura debajo de un mismo árbol envejecido, adecuado para una cita diabólica. Escuchaba en tal paraje murmullos dispersos y confusos, que no llegaban a voces. Viví así innumerables días hasta que, después de una crisis nerviosa que me ofuscó la razón, desperté clavado por la parálisis en esta silla rodante, bajo el cuidado de un fiel servidor que defendió los días de mi infancia.

Paso el tiempo en una meditación inquieta, cubierto, la mitad del cuerpo hasta los pies, por una felpa anchurosa. Quiero morir y busco las sugestiones lúgubres, y a mi lado arde constantemente este tenebrario, antes escondido en un desván de la casa.

En esta situación me visita, increpándome ferozmente, el espectro de mi víctima. Avanza hasta mí con las manos vengadoras en alto mientras mi continuo servidor se arrincona de miedo; pero no dejaré esta mansión sino cuando sucumba por el encono del fantasma inclemente. Yo quiero escapar de los hombres hasta después de muerto, y tengo ordenado que este edificio desaparezca, al día siguiente de finar mi vida y junto con mi cadáver, en medio de un torbellino de llamas.

EL ROMANCE DEL BARDO

Yo estaba proscrito de la vida. Recataba dentro de mí un amor reverente, una devoción abnegada, pasiones macerantes, a la dama cortés, lejana de mi alcance.

La fatalidad había signado mi frente.

Yo escapaba a meditar lejos de la ciudad, en medio de ruinas severas, cerca de un mar monótono.

Allí mismo rondaban, animadas por el dolor, las sombras del pasado.

Nuestra nación había perecido resistiendo las correrías de una horda inculta.

La tradición había vinculado la victoria en la presencia de la mujer ilustre, superviviente de una raza invicta. Debía acompañarnos espontáneamente, sin conocer su propia importancia.

La vimos, la vez última, víspera del desastre, cerca de la playa, envuelta por la rueda turbulenta de las aves marinas.

Desde entonces, solamente el olvido puede enmendar el deshonor de la derrota.

La yerba crece en el campo de batalla, alimentada con la sangre de los héroes.

EL CIELO DE ESMALTE

PENITENCIAL

El caballero de túnica de grana, la misma de su efigie de mártir, aspira a divertirse del enfado jugando con un guante.

Oye en secreto los llamamientos de una voluntad omnímoda y presume el fin de su grandeza, el olvido en la cripta desnuda, salvo el tapiz de una araña abismada en el cómputo de la eternidad. Ha recibido una noche, de un monje ciego, una corona risible de paja.

El caballero se encamina a verse con el prior de una religión adusta y le propone la inquietud, el ansia del retiro. Los adversarios se regocijan esparciendo rumores falaces y lo devuelven a la polémica del mundo.

Las mujeres y los niños lamentan la muerte del caballero inimitable en la mañana de un día previsto, censuran el éxito de la cuadrilla pusilánime y besan la tierra para desviar los furores de la venganza. El cielo negro, mortificado, oprime la ciudad y desprende a veces una lluvia cálida.

EL VERSO

El nenúfar blanco surgía de la piscina, entre los ánades soberbios de lucir en sus plumas el rubor de las llamas. El ciprés confundía en el polvo las hojas tenues, en el cruce de las avenidas. Sufría, vestido de luto, el riego de una llovizna de cristal.

Un doméstico, abastecido de un tridente de hierro y de una linterna en la cintura, recorría dando voces el jardín aciago. Los pavones ruantes animaban las horas indolentes de la cerrazón.

La princesa de China, de talle esbelto, apareció de puntillas a lamentar la corola decadente de las flores criadas bajo una campana de vidrio y se abandonó a sus lágrimas humildes e infantiles.

Ese mismo día fue solicitada en casamiento y dividió conmigo su amargura. Quiso llevarse a la tienda de campaña de un nómade, al yermo glacial, un juicio profundo, un verso de mi fantasía, aplicado a la dureza de la suerte y yo lo dibujé en su abanico de marfil, recordando los signos de una caligrafía noble.

LOS GAFOS

La noche disimulaba el litoral bajo, inundado. Unas aves lo recorrían a pie y lo animaban con sus gritos. Igualaban la sucedumbre de las arpías.

Yo me había perdido entre las cabañas diseminadas de modo irregular. Me seguía una escolta de perros siniestros, inhábiles para el ladrido. Una conseja los señalaba por descendientes de una raza de hienas.

Yo no quería llamar a la puerta de uno de los vecinos. Se habían enfermado de ingerir los frutos corrompidos del mar y de la tierra y mostraban una corteza indolora en vez de epidermis. La alteraban con dibujos penetrantes, de inspiración augural. El vestido semejaba una funda y lo sujetaban por medio de vendas y de cintas, reproduciendo, sin darse cuenta, el aderezo de las momias.

Las líneas de una serranía se pronunciaban en la espesura del aire. Daban cabida, antes, a la aparición de una luna perspicaz. Un espasmo, el de la cabeza de un degollado, animaba los elementos de su fisonomía.

El satélite se había alejado de alumbrar el asiento de los pescadores, trasunto de un hospital. Yo me dirigí donde asomaba en otro tiempo y lo esperé sin resultado. Me detuve delante de un precipicio.

Los enfermos se juzgaron más infelices en el seno de la oscuridad y se abandonaron hasta morir.

ANTIFONA

Yo visitaba la selva acústica, asilo de la inocencia, y me divertía con la vislumbre fugitiva, con el desvarío de la luz.

Una doncella cándida, libre de los recuerdos de una vida mustia, sujetaba a su albedrío los pájaros turbulentos. El caracol servía de lazarillo al topo.

Yo frisaba apenas con la adolescencia y salía a mi voluntad de los límites del mundo real. La doncella clemente se presentó delante de mis pasos a referirme las aventuras de una vida señoril, los gracejos y desvíos de las princesas en un reino ideal. Yo los he leído en un drama de Shakespeare.

La memoria de mis errores en la selva diáfana embelesó mi juventud ferviente. Larvas y quimeras de mi numen triste, una ronda aérea seducía mis ojos bajo el cielo de ámbar y una corona de espinas, la de Cordelia, mortificaba las sienes de la doncella fiel.

LA CABALA

El caballero, de rostro famélico y de barba salvaje, cruzaba el viejo puente suspendido por medio de cadenas.

Dejó caer un clavel, flor apasionada, en el agua malsana del arroyo.

Me sorprendí al verlo solo. Un jinete de visera fiel le precedía antes, tremolando un jirón en el vértice de su lanza.

Discutían a cada momento, sin embargo de la amistad segura. El señor se había sumergido en la ciencia de los rabinos desde su visita a la secular Toledo. Iluminaba su aposento con el candelabro de los siete brazos, sustraído de la sinagoga, y lo había recibido de su amante, una beldad judía sentada sobre un tapiz de Esmirna.

El criado resuelve salvar al caballero de la seducción permanente y lo persuade a recorrer un mar lejano, en donde suenan los nombres de los almirantes de Italia y las Cícladas, las islas refulgentes de Horacio, imitan el coro vocal de las oceánidas.

Cervantes me refirió el suceso del caballero devuelto a la salud. Se restableció al discernir en una muchedumbre de paseantes la única doncella morena de Venecia.

EDAD DE PLATA

Yo vivía retirado en el campo desde el fenecimiento de mi juventud. Lucrecio me había aficionado al trato de la naturaleza imparcial. Yo había concebido la resolución de salir voluntariamente de la vida al notar los síntomas del tedio, al sentir las trabas y cadenas de la vejez. Yo habría perecido cerca de la fuente del río oscuro y un sollozo habría animado los sauces invariables. Mi cisne enlutado, símbolo y memoria de un eclipse, habría vuelto a su mundo salvaje.

Había dejado de visitar la ciudad vecina en donde nací. Me lastimaba la imagen continua de su decadencia y me consolaba el recuerdo de haber combatido por su soberanía.

Mis nacionales ejercitaban sentimientos afectuosos en medio de la infelicidad y me llamaron del retiro a participar en un duelo general. Rodeaban la familia de una doncella muerta en la mañana de sus bodas.

Yo asistí a las exequias y dibujé el movimiento circular de una danza en la superficie del ataúd incorruptible. Meleagro, el mismo de la Antología, escribió a mi ruego un solo verso en donde intentaba reconciliar al Destino.

LA JUVENTUD DEL RAPSODA

Yo vivía feliz en medio de una gente rústica. Sus orígenes se perdían en una antigüedad informe.

Deliraban de júbilo en el instante del plenilunio. Los antepasados habían insistido en el horror del mundo inicial, antes de nacer el satélite.

Una joven presidía los niños ocupados en la tarea de la vendimia. Se había desprendido del séquito de la aurora, en un caballo de blonda crin. Los sujetaba por medio de un cuento inverosímil y difería adrede su desenlace.

Escogía el jacinto para adornar sus cabellos negros, de un reflejo azul. Yo adoraba también la flor enferma de un beso de Eurídice en un momento de su desesperanza.

Me esforcé en conjeturar y descubrir su nombre y procedencia al darme cuenta de su afición a la flor desvaída. La joven disfrutaba el privilegio de volver de entre los muertos, con el fin de asistir a las honras litúrgicas del vino. Desapareció en el acto de evadir mis preguntas insinuantes.

EL CLAMOR

Yo vivía sumergido en la sombra de un jardín letal. Un ser afectuoso me había dejado en la soledad y yo honraba constantemente su memoria. Unos muros altos, de vejez secular, defendían el silencio. Los sauces lucían las flores de unas ramas ajenas, tejidas por mí mismo en su follaje estéril.

He salido de esa ciudad, asentada en un suelo pedregoso, durante el sueño narcótico de una noche y he olvidado el camino del regreso. ¿Habré visto su nombre leyendo el derrotero de los apóstoles? Yo estaba al arbitrio de mis mayores y no les pregunté, antes de su muerte, por el lugar de mi infancia.

La nostalgia se torna aguda de vez en cuando. La voz del ser afectuoso me visita a través del tiempo desvanecido y yo esfuerzo el pensamiento hasta caer en el delirio.

He entrevisto la ciudad en el curso de un soliloquio, hallándome enfermo y maciento. La voz amable me imploraba desde el recinto de un presidio y una muchedumbre me impedía el intento de un socorro. Los semblantes abominables se avenían con los símbolos de sus banderas.

Yo no acostumbraba salir de casa en la ciudad de mi infancia. Mis padres me detenían en la puerta de la calle con un gesto de terror.

EL HERBOLARIO

El topo y el lince eran los ministros de mi sabiduría secreta. Me habían seguido al establecerme en un paisaje desnudo. Unos pájaros blancos lamentaban la suerte de Euforión, el de las alas de fuego, y la atribuían al ardimiento precoz, al deseo del peligro.

El topo y el lince me ayudaban en el descubrimiento del porvenir por medio de las llamas danzantes y de la efusión del vino, de púrpura sombría. Yo contaba el privilegio de rastrear los pasos del ángel invisible de la muerte.

Yo recorría la tierra, sufriendo la grita y pedrea de la multitud.

No conseguí el afecto de mis vecinos alumbrándoles aguas subterráneas en un desierto de cal.

Una doncella se abstuvo de censurar mi traje irrisorio, presente de Klingsor, el mago infalible.

Yo la salvé de una enfermedad inveterada, de sus lágrimas constantes. Un espectro le había soplado en el rostro y yo le volví la salud con el auxilio de las flores disciplinadas y fragantes del díctamo, lenitivo de la pesadumbre.

EL EXTRANJERO

Había resuelto esconderse para el sufrimiento. Se holgaba en una vivienda sepulcral, asilo del musgo decadente y del hongo senil. Una lámpara inútil significaba la desidia.

Había renunciado a los escrúpulos de la civilización y la consideraba un trasunto de la molicie. Descansaba audazmente al raso, en medio de una hierba prensil.

Insinuaba la imagen de un ser primario, intento o desvarío de la vida en una época diluvial. El cabello y la barba de limo parecían alterados con el sedimento de un refugio lacustre.

Se vestía de flores y de hojas para festejar las vicisitudes del cielo, efemérides culminantes en el calendario del rústico.

Se recreaba con el pensamiento de volver al seno de la tierra y perderse en su oscuridad. Se prevenía para la desnudez en la fosa indistinta arrojándose a los azares de la naturaleza, recibiendo en su persona la lluvia fugaz del verano. Dejó de ser en un día de noviembre, el mes de las siluetas.

LAS FORMAS DEL FUEGO

EL MANDARIN

Yo había perdido la gracia del emperador de China.

No podía dirigirme a los ciudadanos sin advertirles de modo explícito mi degradación.

Un rival me acusó de haberme sustraído a la visita de mis padres cuando pulsaron el tímpano colocado a la puerta de mi audiencia.

Mis criados me negaron a los dos ancianos, caducos y desdentados, y los despidieron a palos.

Yo me prosterné a los pies del emperador cuando bajaba a su jardín por la escalera de granito. Recuperé el favor comparando su rostro al de la luna.

Me confió el debelamiento y el gobierno de un distrito lejano, en donde habían sobrevenido desórdenes. Aproveché la ocasión de probar mi fidelidad.

La miseria había soliviantado a los nativos. Agonizaban de hambre en compañía de sus perros furiosos. Las mujeres abandonaban sus criaturas a unos cerdos horripilantes. No era posible roturar el suelo sin provocar la salida y la difusión de miasmas pestilenciales. Aquellos seres lloraban en el nacimiento de un hijo y ahorraban escrupulosamente para comprarse un ataúd.

Yo restablecí la paz descabezando a los hombres y vendiendo sus cráneos para amuletos. Mis soldados cortaron después las manos de las mujeres.

El emperador me honró con su visita, me subió algunos grados en su privanza y me prometió la perdición de mis émulos.

Sonrió dichosamente al mirar los brazos de las mujeres convertidos en bastones.

Las hijas de mis rivales salieron a mendigar por los caminos.

LA PLAGA

Mi compañero, inspirado de una curiosidad equívoca y de una simpatía vehemente por los seres abatidos y réprobos, andaba de brazo con una joven extraviada.

Intenté disuadirlo de semejante compañía, alegando el porte censurable de la mujer, afectada por la memoria de un hermano vesánico, autor de su propia muerte.

Nos separamos una noche memorable. Las fortunas se hacían y deshacían en el garito de mayor estruendo. Los reverberos derramaban una luz clorótica y aguzaban la fisonomía de los tahúres. La angustia electrizaba el aire del recinto y reprimía el aplauso y la risa de las mujeres livianas.

Una muchedumbre de insectos alados cayó, el día siguiente, sobre la ciudad y difundió una peste contagiosa. Sus larvas se domiciliaban en los cabellos de los hombres y desde allí penetraban a devorar el encéfalo, socorridas de un mecanismo agudo. Arrojaban de sí mismas un estuche fibroso, para defenderse de alguna loción medicinal. Herían, de modo irreparable, los resortes del pensamiento y de la voluntad. Los infectados corrían por las calles dando alaridos.

Mi compañero se resistió a mi consejo de huir y vino a perecer, sin noticia de nadie, en su vivienda del suburbio.

Los naturales del reino se abstenían de pisar el contorno de la ciudad precita. Los agentes del orden asentados en lugares oportunos, impedían la visita de los rateros y circunscribían la zona del mal.

Yo arrostré la prohibición y conseguí descubrir la suerte de mi amigo.

Abrí, después de algún forcejeo, la puerta de su casa y lo vi tendido en el suelo, mostrando haberse revolcado.

Unas arañas, de ojos fosforescentes y de patas blandas y trémulas, saltaban ágilmente sobre su cadáver. La nueva ralea había despoblado la ciudad, corriendo en pos de los supervivientes.

EL NOMADE

Yo pertenecía a una casta de hombres impíos. La yerba de nuestros caballos vegetaba en el sitio de extintas aldeas, igualadas con el suelo. Habíamos esterilizado un territorio fluvial y gozábamos llevando el terror al palacio de los reyes vestidos de faldas, entretenidos en juegos sedentarios de previsión y de cálculo.

Yo me había apartado a descansar, lejos de los míos, en el escombro de una vivienda de recreo, disimulada en un vergel.

Un aldeano me trajo pérfidamente el vino más espirituoso, originado de una palma.

Sentí una embriaguez hilarante y ejecuté, riendo y vociferando, los actos más audaces del funámbulo.

Un peregrino, de rostro consumido, acertó a pasar delante de mí. Dijo su nombre entre balbuceos de miedo. Significaba Ornamento de Doctrina en su idioma litúrgico.

La poquedad del anciano acabó de sacarme de mí mismo. Lo tomé en brazos y lo sumergí repetidas veces en un río cubierto de limo. La sucedumbre se colgaba a los sencillos lienzos de su veste. Lo traté de ese modo hasta su último aliento.

Devolvía por la boca una corriente de lodo.

Recuperé el discernimiento al escuchar su amenaza proferida en el extremo de la agonía.

Me anunciaba, para muy temprano, la venganza de su ídolo de bronce.

ANCESTRAL

El sol, después de mediar su viaje, introduce por la vidriera un rayo oblicuo. No se da otra señal del curso del día.

La vidriera espesa y triple defiende del ruido exterior la sala de los caballeros. Los postigos permanecen cuidadosamente cerrados y uno sólo de ellos permite la infiltración del rayo oblicuo de sol. Los muebles arrimados a la pared, asoman entre la penumbra. Intentan acaso arrojar de sí mismos el velo de polvo de los siglos.

La araña de los cuentos, sensible al ritmo de la flauta de un prisionero, se arroja hasta el suelo, fiada en sus hilos y segura del equilibrio. La araña ha contribuido su tela para los guantes de las personas reales y ha urdido el velo de la Virgen en la siesta del verano.

Huecos y hornacinas interrumpen a cada paso el muro. Allí se esconde, tal vez, algún guerrero pérfido y desmandado.

Uno de mis abuelos usaba un yelmo de airón de llamas. Lo había recibido de un mago, según declaró en el delirio de una pasión infernal. Ese yelmo imperecedero quedó sobre la tierra al ser raptada Proserpina.

Ese mismo abuelo ocupa mi pensamiento. Preside con gesto impío una tragedia memorable y la impulsa a su desenlace.

Cerca de la mesa de nogal subsiste el sillón de Córdoba acostumbrado por su consorte. La forzó a tomar un tósigo.

El portero de esta mansión dejó entrar una vez, a esta misma hora de quietud y bochorno, una mujer de ánimo resuelto. Vestía un traje de moda histórica y su faz, de belleza ilustre, descubría las señales del llanto y de la cólera. Ocupó el sillón de Córdoba y se desvaneció en el aire sin dejar memoria de su visita.

Había penetrado sin esperar mi licencia. Es inútil oponerle cerrojos y trabas.

He dejado la sala de los caballeros en el mismo orden de aquel momento.

Nadie puede entrar allí antes de su vuelta.

LA VERDAD

La golondrina conoce el calendario, divide el año por el consejo de una sabiduría innata. Puede prescindir del aviso de la luna variable.

Según la ciencia natural, la belleza de la golondrina es el ordenamiento de su organismo para el vuelo, una proporción entre el medio y el fin, entre el método y el resultado, una idea socrática.

La golondrina salva continentes en un día de viaje y ha conocido desde antaño la medida del orbe terrestre, anticipándose a los dragones infalibles del mito.

Un astrónomo desvariado cavilaba en su isla de pinos y roquedos, presente de un rey, sobre los anillos de Saturno y otras maravillas del espacio y sobre el espíritu elemental del fuego, el fósforo inquieto. Un prejuicio teológico le había inspirado el pensamiento de situar en el ruedo del sol el destierro de las almas condenadas.

Recuperó el sentimiento humano de la realidad en medio de una primavera tibia. Las golondrinas habituadas a rodear los monumentos de un reino difunto, erigidos conforme una aritmética primordial, subieron hasta el clima riguroso y dijeron al oído del sabio la solución del enigma del universo, el secreto de la esfinge impúdica.

OFIR

La borrasca nos había separado del rumbo, arrojándonos fuera del litoral. Empezábamos a penetrar en la noche insondable del océano.

Oíamos el gemido de unas aves perdidas en la inmensidad y yo recordé el episodio de una fábula de los gentiles, en donde el héroe escucha graznidos al cruzar una laguna infernal. Los marineros, mudos de espanto, sujetaron a golpe de remo el ímpetu de la corriente y salieron a una ribera de palmas.

Yo vi animarse, en aquella zona del cielo, las figuras de las constelaciones y miré el desperezamiento del escorpión, autor de la caída de Faetonte.

Nosotros desembarcamos en la boca de un río y nos internamos siguiendo sus orillas de yerba húmeda. Los naturales nos significaron la hospitalidad, brindándonos agua en unas calabazas ligeras.

Subimos a reposar en una meseta y advertimos el dibujo de una ciudad en medio de la atmósfera transparente. La comparamos a la imagen pintada por la luz en el seno de un espejo.

El rey, acomodado en un palanquín, se aventuraba a recorrer la campiña, seguido de una escolta montada sobre avestruces. Gozaba nombre de sabio y se divertía proponiendo acertijos a los visitantes de su reino.

Unos pájaros, de plumaje dispuesto en forma de lira, bajaban a la tierra con vuelo majestuoso. Despedían del pecho un profundo sonido de arpa.

Yo discurrí delante del soberano sobre los enigmas de la naturaleza y censuré y acusé de impostores a los mareantes empecinados en sostener la existencia de los antípodas.

El rey agradeció mi disertación y me llevó consigo, en su compañía habitual. Me regaló esa misma noche con una música de batintines y de tímpanos, en donde estallaba, de vez en cuando, el son culminante del sistro.

Salí el día siguiente sobre un elefante, dádiva del rey, a contemplar el ocaso, el prodigio mayor del país, razón de mi viaje.

El sol se hundía a breve distancia, alumbrando los palacios mitológicos del mar.

EL ENVIADO

El bardo, agobiado por la senectud, esclarecía a los humildes el calendario de los días faustos e infaustos, obra de su numen. Les enunciaba preceptos saludables para la vida y el oficio del navegante y del labrador. Prefería, para su discurso, el sosiego vespertino, en los días señalados por el florecimiento del cardo.

El se decía vivo y activo en el curso de varias generaciones humanas y superior en edad a las encinas.

Estaba de más en la casa de los magnates. No había conseguido avenirlos, a pesar de su éxito con las fieras del monte.

El compadecía la situación mezquina de sus adeptos y los llevó tras de sí, para fundar un establecimiento pacífico, delante del cerco de piedras de una fuente.

Un relámpago anunciaba la salida fortuita del agua y el río se formaba a poco andar, fecundando una juncalera.

El consiguió ordenar los estamentos de la ciudad, previniendo los motivos de la discordia. Conforme su enseñanza, una fuerza íntima junta y sostiene, en torno a un centro, los elementos de cada ser de fábrica natural y señalaba el caso de la estrella y sus puntas separadas. Diciendo de esta suerte, escrutaba en la mano un grano de arena del color de la perla.

El les enseñó la administración de la leche de los rebaños y el modo de fermentarla en cubos de madera.

Les impuso la observación de una política tolerante con los pueblos de la redonda y les permitió iniciar la guerra si caía fija en el suelo una de las tres saetas lanzadas en el sentido de la carrera del sol. Por este consejo vino a crecer su nación de victoria en victoria.

Desapareció para morir, atento siempre a esconder la pequeñez de su naturaleza de hombre, y se alejó subiendo una colina desmoronada, en la compañía de un oso gris.

EL LAPIDARIO

El sentimiento del ritmo dirigía los actos y los discursos de la mujer. Dante habría señalado el valor de las cifras mágicas al criticar la fecha de su nacimiento y la de su muerte.

Volvieron sus cenizas del destierro en un país secular. El amor deshojaba, desde la nave taciturna, un ramo de azucenas en el mar de las olas fúnebres.

Yo divisaba desde una altura el arribo de sus reliquias y la escolta de los dolientes y me retraje de incorporarme al duelo.

He dibujado a golpes de cincel un signo secreto en la frente de una piedra volcánica, respetada en medio de la erosión del litoral y vecina del puerto del regreso.

El signo comprende mi nombre y el de la muerta y ha sido esculpido con la exquisitez de una letra historiada. Lo he inventado para despertar en los venideros, porfiados en calar el sentido, un ansia inefable y un descontento sin remedio.

CARNAVAL

Una mujer de facciones imperfectas y de gesto apacible obsede mi pensamiento. Un pintor septentrional la habría situado en el curso de una escena familiar, para distraerse de su genio melancólico, asediado por figuras macabras.

Yo había llegado a la sala de la fiesta en compañía de amigos turbulentos, resueltos a desvanecer la sombra de mi tedio. Veníamos de un lance, donde ellos habían arriesgado la vida por mi causa.

Los enemigos travestidos nos rodearon súbitamente, después de cortarnos las avenidas. Admiramos el asalto bravo y obstinado, el puño firme de los espadachines. Multiplicaban, sin decir palabra, sus golpes mortales, evitando declararse por la voz. Se alejaron, rotos y mohínos, dejando el reguero de su sangre en la nieve del suelo.

Mis amigos, seducidos por el bullicio de la fiesta, me dejaron acostado sobre un diván. Pretendieron alentar mis fuerzas por medio de una poción estimulante. Ingerí una bebida malsana, un licor salobre y de verdes reflejos, el sedimento mismo de un mar gemebundo, frecuentado por los albatros.

Ellos se perdieron en el giro del baile.

Yo divisaba la misma figura de este momento. Sufría la pesadumbre del artista septentrional y notaba la presencia de la mujer de facciones imperfectas y de gesto apacible en una tregua de la danza de los muertos.

GABRIELA MISTRAL
[CHILE, 1889-1957]

LECTORES hay y hubo que le negaron y la niegan todavía —¿estética retardataria, lengua impura, ritmo anacrónico?—, pero el arco abierto por *Los Sonetos de la Muerte* ese veintidós de diciembre de 1914 en Santiago de Chile y que pareció cerrarse con el Premio Nobel de 1945, e incluso con su desaparición el diez de enero de 1957, no termina todavía de crecer. Y aún espera la luz de la impresión el caudaloso material con múltiples textos y cuadernos desconocidos de temática varia. Obra parca y morosa la de su *oficio mayor*, como alguna vez llamó ella a la poesía: *Desolación*, 1922; *Ternura*, 1924; *Tala*, 1938; *Lagar*, 1954; *Recados contando a Chile*, 1957; y, póstumo, en 1967, el *Poema de Chile*. Esas seis claves autónomas en tránsito ascético y enriquecedor que va de la experiencia psicológica a la visionaria, conforme lo dejó muy en claro en aquel *Voto* —colofón del primer libro— plasman su imagen del mundo en faena ininterrumpida a lo largo de más de cuatro décadas, vigente aún la impronta del modernismo, —«¡quién puede resistir, Dios mío, la lectura de poesías semirrománticas, semi-modernistas, semi-todo!»—, hasta la clausura, y más acá, de las vanguardias; sin concesiones ni adhesiones mayores ni al uno (descontada la proceridad ética y estética de Martí), ni, por cierto, a las otras, tan distantes de su temple. Alguna vez fue excomulgada de una antología importante de su país pero apuró con altura la injusticia pues la rebelión fue siempre con ella cuando el cambio se le impuso necesario. «No me espantan las novedades lúdicas del día —escribe a Hugo Zambelli el 48 a propósito de otra antología juvenil—. Sólo me hartan cuando la locura resulta falsa, manida, aprendida, inventada. El frenesí no puede o no debe inventarse. Pero la marejada viva, verde, blanca... y negra me place; la saboreo en lo que es». Figura fundadora como pocas en América Hispánica, la leyenda la acompaña desde los primeros pasos autodidácticos, en un aprendizaje siempre fiel al hondón de la ruralidad que elementaliza su visión e intensifica su palabra de modo creciente, apartándola hacia un ejercicio barroco transido en tragicidad religiosa.

—«Errante y todo, soy una tradicionalista que sigue viviendo en el Valle de Elqui de su infancia».

Mucho insistió en no haber aprendido esta palabra suya libre y castiza de los clásicos de nuestra España; «la perdedora», como se atrevió a llamarla. Y en defensa de los arcaísmos que iban con su escritura y con su habla, agregó: «El campo americano —y en el campo me crié— sigue hablando su *lengua nueva* veteada de ellos. La ciudad, lectora de libros doctos, cree que un tal repertorio arranca en mí de los clásicos añejos, y la muy urbana se equivoca». Prolijo sería mostrar lo que fue para ella el ritmo como fundamento; lo que vino a ser el nombre, la corrección del texto («corrijo bastante más de lo que la gente puede creer»); o el *recado* innovador.

La infancia que ella pluralizó con el designio insistente de «mis infancias» o «mis niñeces» fue la sola edad posible para sus visiones más genuinas, hasta el punto de afirmar «la poesía es para mí simplemente un rezago, un sedimento de la infancia perdida». Así esa infancia o esas infancias como «estabilidad esencial liberada verdaderamente de la Gran Muerte» —en el decir de Roger Caillois—, parecen iluminar lo más hondo de su poesía en la inmediatez de su trato con las cosas desde una visión fija, sin tiempo, hacia el descubrimiento de una materia encendida o alucinada donde prevalece el ser sobre la existencia.

Por esa veta luminosa andan sus exégetas más exigentes, a la siga de su apetencia de absoluto, de su «anhelo religioso de eternidad», como decía Federico de Onís. Volvamos otra vez a su testimonio: «Entre los artistas, son religiosos los que, fuera de la capacidad para crear, tienen, al mirar el mundo exterior, la intuición del misterio».

BIBLIOGRAFIA

OBRA POETICA

Desolación (1922); *Ternura* (1923); *Tala* (1938); *Lagar* (1954); *Recados contando a Chile* (1957); *Poema de Chile* (póstumo, 1967); *Poesías completas* (Prólogo de Esther de Cáceres. Madrid, Aguilar, 1968), *Antología* (Prólogo de Hernán Díaz Arrieta. Santiago de Chile, Zig-Zag, 1955).

ESTUDIOS CRITICOS

Ciro Alegría: *Gabriela Mistral íntima*. Lima, Editorial Universitaria, 1973.

Fernando Alegría: *Genio y figura de Gabriela Mistral*. Buenos Aires, Editorial Universitaria, 1966.

Roger Caillois: «Postface du Traducteur», en *Poèmes*. París, Gallimard, 1946.

Helene Anderson: *Gabriela Mistral: The Poet and her Work*, New York, 1964.

Luis Oyarzun: «El mundo poético de Gabriela Mistral», en *Pequeña Antología de Gabriela Mistral*. Santiago de Chile, Talleres de la Escuela Nacional de Artes Gráficas, 1950.

Cintio Vitier: «La voz de Gabriela Mistral», en *Crítica sucesiva*. La Habana, Ediciones Unión, 1971.

Revista Orfeo: *Homenaje a Gabriela Mistral*. Santiago de Chile, números 23-27, 1967.

DESOLACION

LOS SONETOS DE LA MUERTE

I

Del nicho helado en que los hombres te pusieron,
te bajaré a la tierra humilde y soleada.
Que he de dormirme en ella los hombres no supieron,
y que hemos de soñar sobre la misma almohada.

Te acostaré en la tierra soleada con una
dulcedumbre de madre para el hijo dormido,
y la tierra ha de hacerse suavidades de cuna
al recibir tu cuerpo de niño dolorido.

Luego iré espolvoreando tierra y polvo de rosas,
y en la azulada y leve polvareda de luna,
los despojos livianos irán quedando presos.

Me alejaré cantando mis venganzas hermosas,
¡porque a ese hondor recóndito la mano de ninguna
bajará a disputarme tu puñado de huesos!

II

Este largo cansancio se hará mayor un día,
y el alma dirá al cuerpo que no quiere seguir
arrastrando su masa por la rosada vía,
por donde van los hombres, contentos de vivir...

Sentirás que a tu lado cavan briosamente,
que otra dormida llega a la quieta ciudad.
Esperaré que me hayan cubierto totalmente...
¡y después hablaremos por una eternidad!

Sólo entonces sabrás el porqué, no madura
para las hondas huesas tu carne todavía,
tuviste que bajar, sin fatiga, a dormir.

Se hará luz en la zona de los sinos, oscura;
sabrás que en nuestra alianza signo de astros había
y, roto el pacto enorme, tenías que morir...

III

Malas manos tomaron tu vida desde el día
en que, a una señal de astros, dejara su plantel
nevado de azucenas. En gozo florecía.
Malas manos entraron trágicamente en él...

Y yo dije al Señor: «Por las sendas mortales
le llevan. ¡Sombra amada que no saben guiar!
¡Arráncalo, Señor, a esas manos fatales
o le hundes en el largo sueño que sabes dar!

¡No le puedo gritar, no le puedo seguir!
Su barca empuja un negro viento de tempestad.
Retórnalo a mis brazos o le siegas en flor».
Se detuvo la barca rosa de su vivir...
¿Que no sé del amor, que no tuve piedad?
¡Tú, que vas a juzgarme, lo comprendes, Señor!

TERNURA

LA CUENTA-MUNDO

Niño pequeño, aparecido,
que no viniste y que llegaste,
te contaré lo que tenemos
y tomarás de nuestra parte.

EL AIRE

Esto que pasa y que se queda,
esto es el Aire, esto es el Aire,
y sin boca que tú le veas
te toma y besa, padre amante.
¡Ay!, le rompemos sin romperle;
herido vuela sin quejarse,
y parece que a todos lleva
y a todos deja, por buenos, el Aire...

LA LUZ

Por los aires anda la Luz
que para verte, hijo, me vale.
Si no estuviese, todas las cosas
que te aman no te mirasen;
en la noche te buscarían,
todas gimiendo y sin hallarte.

Ella se cambia, ella se trueca
y nunca es cosa de saciarse.
Amar el mundo nos creemos,
pero amamos la Luz que cae.

La Bendita, cuando nacías,
tomó tu cuerpo para llevarte.
Cuando yo muera y que te deje,
¡síguela, hijo, como a tu madre!

EL AGUA

¡Niñito mío, qué susto tienes
con el Agua adonde te traje,
y todo el susto por el gozo
de la cascada que se reparte!
Cae y cae como mujer,

ciega en espuma de pañales.
Esta es el Agua, esta es el Agua,
santa que vino de pasaje.
Corriendo va con cuerpo bajo,
y con espumas de señales.
En momentos ella se acerca
y en momentos queda distante.
Y pasando se lleva el campo
y lleva al niño con su madre...

¡Beben del Agua dos orillas,
bebe la Sed de sorbos grandes,
beben ganados y yuntadas,
y no se acaba el Agua Amante!

FUEGO

Como la noche ya se vino
y con su raya va a borrarte,
vamos a casa por el camino
de los ganados y del Arcángel.
Ya encendieron en casa el Fuego
que espinos montados arde.
Es el Fuego que mataría
y sólo sabe solazarte.
Salta en aves rojas y azules;
puede irse y quiere quedarse.
En donde estabas, lo tenías.
Está en mi pecho sin quemarte,
y está en el canto que te canto.
¡Amalo donde lo encontrases!
En la noche, el frío y la muerte,
bueno es el Fuego para adorarse,
¡y bendito para seguirlo,
hijo mío, de ser Arcángel!

LA TIERRA

Niño indio, si estás cansado,
tú te acuestas sobre la Tierra,
y lo mismo si estás alegre,
hijo mío, juega con ella...

Se oyen cosas maravillosas
al tambor indio de la Tierra:
se oye el fuego que sube y baja
buscando el cielo, y no sosiega.
Rueda y rueda, se oyen los ríos
en cascadas que no se cuentan.
Se oyen mugir los animales;
se oye el hacha comer la selva.
Se oyen sonar telares indios.
Se oyen trillas, se oyen fiestas.

Donde el indio lo está llamando,
el tambor indio le contesta,
y tañe cerca y tañe lejos,
como el que huye y que regresa...

Todo lo toma, todo lo carga
el lomo santo de la Tierra:
lo que camina, lo que duerme,
lo que retoza y lo que pena;
y lleva vivos y lleva muertos
el tambor indio de la Tierra.

Cuando muera, no llores, hijo:
pecho a pecho ponte con ella,
y si sujetas los alientos
como que todo o nada fueras,
tú escucharás subir su brazo
que me tenía y que me entrega,
y la madre que estaba rota
tú la verás volver entera.

TALA

PAN

A Teresa y Enrique Diez-Canedo

Dejaron un pan en la mesa,
mitad quemado, mitad blanco,
pellizcado encima y abierto
en unos migajones de ampo.

Me parece nuevo o como no visto,
y otra cosa que él no me ha alimentado,
pero volteando su miga, sonámbula,
tacto y olor se me olvidaron.

Huele a mi madre cuando dio su leche,
huele a tres valles por donde he pasado:
a Aconcagua, a Pátzcuaro, a Elqui,
y a mis entrañas cuando yo canto.

Otros olores no hay en la estancia
y por eso él así me ha llamado;
y no hay nadie tampoco en la casa
sino este pan abierto en un plato,
que con su cuerpo me reconoce
y con el mío yo reconozco.

Se ha comido en todos los climas
el mismo pan en cien hermanos:
pan de Coquinbo, pan de Oaxaca,
pan de Santa Ana y de Santiago.

En mis infancias yo le sabía
forma de sol, de pez o de halo,
y sabía mi mano su miga
y el calor de pichón emplumado...

Después le olvidé, hasta ese día
en que los dos nos encontramos,
yo con mi cuerpo de Sara vieja
y él con el suyo de cinco años.

Amigos muertos con que comíalo
en otros valles sientan el vaho
de un pan en septiembre molido
y en agosto en Castilla segado.

Es otro y es el que comimos
en tierras donde se acostaron.
Abro la miga y les doy su calor;
lo volteo y les pongo su hálito.

La mano tengo de él rebosada
y la mirada puesta en mi mano;
entrego un llanto arrepentido
por el olvido de tantos años,
y la cara se me envejece
o me renace en este hallazgo.

Como se halla vacía la casa,
estemos juntos los reencontrados,
sobre esta mesa sin carne y fruta,
los dos en este silencio humano,
hasta que seamos otra vez uno
y nuestro día haya acabado...

SAL

La sal cogida de la duna,
gaviota viva de ala fresca,
desde su cuenco de blancura,
me busca y vuelve su cabeza.

Yo voy y vengo por la casa
y parece que no la viera

y que tampoco ella me viese,
Santa Lucía blanca y ciega.

Pero la Santa de la sal,
que nos conforta y nos penetra,
con la mirada enjuta y blanca,
alancea, mira y gobierna
a la mujer de la congoja
y a lo tendido de la cena.

De la mesa viene a mi pecho;
va de mi cuarto a la despensa,
con ligereza de vilano
y brillos rotos de saeta.

La cojo como a criatura
y mis manos la espolvorean,
y resbalando con el gesto
de lo que cae y se sujeta
halla la blanca y desolada
duna de sal de mi cabeza.

Me salaba los lagrimales
y los caminos de mis venas,
y de pronto me perdería
como en juego de compañera,
pero en mis palmas, al regreso,
con mi sangre se reencuentra...

Mano a la mano nos tenemos
como Raquel, como Rebeca.
Yo volteo su cuerpo roto
y ella voltea mi guedeja,
y nos contamos las Antillas
o desvariamos las Provenzas.

Ambas éramos de las olas
y sus espejos de salmuera
y del mar libre nos trajeron

a una casa profunda y quieta;
y el puñado de Sal y yo,
en beguinas o en prisioneras,
las dos llorando, las dos cautivas,
atravesamos por la puerta...

AGUA

Hay países que yo recuerdo
como recuerdo mis infancias.
Son países de mar o río,
de pastales, de vegas y aguas.
Aldea mía sobre el Ródano,
rendida en río y en cigarras;
Antilla en palmas verdinegras
que a medio mar está y me llama;
¡roca lígure de Portofino:
mar italiana, mar italiana!

Me han traído a país sin río,
tierras-Agar, tierras sin agua;
Saras blancas y Saras rojas,
donde pecaron otras razas,
de pecado rojo de atridas
que cuentan gredas tajeadas;
que no nacieron como un niño
con unas carnazones grasas,
cuando las oigo, sin un silbo,
cuando las cruzo, sin mirada.

Quiero volver a tierras niñas;
llévenme a un blando país de aguas.
En grandes pastos envejezca
y haga al río fábula y fábula.
Tenga una fuente por mi madre
y en la siesta salga a buscarla,

y en jarras baje de una peña
un agua dulce, aguda y áspera.

Me venza y pare los alientos
el agua acérrima y helada.
¡Rompa mi vaso y al beberla
me vuelva niñas las entrañas!

SOL DEL TROPICO

Sol de los Incas, sol de los Mayas,
maduro sol americano,
sol en que mayas y quichés
reconocieron y adoraron,
y en el que viejos aimaráes
como el ámbar fueron quemados.
Faisán rojo cuando levantas
y cuando medias, faisán blanco,
sol pintador y tatuador
de casta de hombre y de leopardo.
Sol de montañas y de valles,
de los abismos y los llanos,
Rafael de las marchas nuestras,
lebrel de oro de nuestros pasos,
por toda tierra y todo mar
santo y seña de mis hermanos.
Si nos perdemos, que nos busquen
en unos limos abrasados,
donde existe el árbol del pan
y padece el árbol del bálsamo.

Sol del Cuzco, blanco en la puna,
Sol de México canto dorado
canto rodado sobre el Mayab,
maíz de fuego no comulgado,
por el que gimen las gargantas
levantadas a tu viático;

corriendo vas por los azules
estrictos y jesucristianos,
ciervo blanco o enrojecido,
siempre herido, nunca cazado...

Sol de los Andes, cifra nuestra,
veedor de hombres americanos,
pastor ardiendo de grey ardiendo
y tierra ardiendo en su milagro,
que ni se funde ni nos funde,
que no devora ni es devorado;
quetzal de fuego emblanquecido
que cría y nutre pueblos mágicos;
llama pasmado en rutas blancas
guiando llamas alucinados...

Raíz del cielo, curador
de los indios alanceados;
brazo santo cuando los salvas,
cuando los matas, amor santo.

Quetzalcóatl, padre de oficios
de la casta de ojo almendrado,
el moledor de los añiles,
el tejedor de algodón cándido;
los telares indios enhebras
en colibríes alocados
y das las grecas pintureadas
al mujerío de Tacámbaro.
¡Pájaro Roc, plumón que empolla
dos orientes desenfrenados!

Llegas piadoso y absoluto
según los dioses no llegaron,
tórtolas blancas en bandada,
maná que baja sin doblarnos.
No sabemos qué es lo que hicimos
para vivir transfigurados.

En especies solares nuestros
Viracochas se confesaron,
y sus cuerpos los recogimos
en sacramento calcinado.

A tu llama fié a los míos,
en parva de ascuas acostados.
Sobre tendal de salamandras
duermen y sueñan sus cuerpos santos.
O caminan contra el crepúsculo,
encendidos como retamos,
azafranes sobre el poniente,
medio Adanes, medio topacios...

Desnuda mírame y reconóceme,
si no me viste en cuarenta años,
con Pirámide de tu nombre,
con pitahayas y con mangos,
con los flamencos de la aurora
y los lagartos tornasolados.

¡Como el maguey, como la yuca,
como el cántaro del peruano,
como la jícara de Uruapan,
como la quena de mil años,
a ti me vuelvo, a ti me entrego,
en ti me abro, en ti me baño!
Tómame como los tomaste,
el poro al poro, el gajo al gajo,
y ponme entre ellos a vivir,
pasmada dentro de tu pasmo.

Pisé los cuarzos extranjeros,
comí sus frutos mercenarios;
en mesa dura y vaso sordo
bebí hidromieles que eran lánguidos;
recé oraciones mortecinas

y me canté los himnos bárbaros,
y dormí donde son dragones
rotos y muertos los Zodíacos.

Te devuelvo por mis mayores
formas y bultos en que me alzaron.
Riégame así con rojo riego;
dame el hervir vuelta tu caldo.
Emblanquéceme u oscuréceme
en tus lejías y tus cáusticos.
¡Quémame tú los torpes miedos,
sécame lodos, avienta engaños;
tuéstame habla, árdeme ojos,
sollama boca, resuello y canto,
límpiame oídos, lávame vistas,
purifica manos y tactos!

Hazme las sangres, y las leches,
y los tuétanos, y los llantos.
Mis sudores y mis heridas
sécame en lomos y en costados.
Y otra vez íntegra incorpórame
a los coros que te danzaron:
los coros mágicos, mecidos
sobre Palenque y Tihuanaco.

Gentes quechuas y gentes mayas
te juramos lo que jurábamos.
De ti rodamos hacia el Tiempo
y subiremos a tu regazo;
de ti caímos en grumos de oro,
en vellón de oro desgajado,
y a ti entraremos rectamente
según dijeron Incas Magos.

¡Como racimos al lagar
volveremos los que bajamos,

como el cardumen de oro sube
a flor de mar arrebatado
y van las grandes anacondas
subiendo al silbo del llamado!

CORDILLERA

¡Cordillera de los Andes,
Madre yacente y Madre que anda,
que de niños nos enloquece
y hace morir cuando nos falta;
que en los metales y el amianto
nos aupaste las entrañas;
hallazgo de los primogénitos,
de Mama Ocllo y Manco Cápac,
tremendo amor y alzado cuerno
del hidromiel de la esperanza!

Jadeadora del Zodíaco,
sobre la esfera galopada;
corredora de meridianos,
piedra Mazzepa que no se cansa,
Atalanta que en la carrera
es el camino y es la marcha,
y nos lleva, pecho con pecho,
a lo madre y lo marejada,
a maná blanco y peán rojo
de nuestra bienaventuranza.

Caminas, madre, sin rodillas,
dura de ímpetu y confianza;
con tus siete pueblos caminas
en tus faldas acigüeñadas;
caminas la noche y el día,
desde mi Estrecho a Santa Marta,

y subes de las aguas últimas
la cornamenta del Aconcagua.
Pasas el valle de mis leches,
amoratando la higuerada;
cruzas el cíngulo de fuego
· y los ríos Dioscuros lanzas;
pruebas Sargassos de salmuera
y desciendes alucinada...

Viboreas de las señales
del camino del Inca Huayna,
veteada de ingenierías
y tropeles de alpaca y llama,
de la hebra del indio atónito
y del ¡ay! de la quena mágica.
Donde son valles, son dulzuras;
donde repechas, das el ansia;
donde azurea el altiplano
es la anchura de la alabanza.

Extendida como una amante
y en los soles reverberada,
punzas al indio y al venado
con el jengibre y con la salvia;
en las carnes vivas te oyes
lento hormiguero, sorda vizcacha;
oyes al puma ayuntamiento
y a la nevera, despeñada,
y te escuchas el propio amor
en tumbo y tumbo de tu lava...
Bajan de ti, bajan cantando,
como de nupcias consumadas,
tumbadores de las caobas
y rompedor de araucarias.

Aleluya por el tenerte
para cosecha de las fábulas,
alto ciervo que vio San Jorge

de cornamenta aureolada
y el fantasma del Viracocha,
vaho de niebla y vaho de habla.
¡Por las noches nos acordamos
de bestia negra y plateada,
leona que era nuestra madre
y de pie nos amamantaba!

En los umbrales de mis casas,
tengo tu sombra amoratada.
Hago, sonámbula, mis rutas,
en seguimiento de tu espalda,
o devanándome en tu niebla,
o tanteando un flanco de arca;
y la tarde me cae al pecho
en una madre desollada.
¡Ancha pasión, por la pasión
de hombros de hijos jadeada!

¡Carne de piedra de la América,
halalí de piedras rodadas,
sueño de piedra que soñamos,
piedras del mundo pastoreadas;
enderezarse de las piedras
para juntarse con sus almas!
¡En el cerco del valle de Elqui,
bajo la luna de fantasma,
no sabemos si somos hombres
o somos peñas arrobadas!

Vuelven los tiempos en sordo río
y se les oye la arribada
a la meseta de los Cuzcos
que es la peana de la gracia.
Silbaste el silbo subterráneo
a la gente color del ámbar;
te desatamos el mensaje
enrollado de salamandra;

y de tus tajos recogemos
nuestro destino en bocanada.

¡Anduvimos como los hijos
que perdieron signo y palabra,
como beduino o ismaelita,
como las peñas hondeadas,
vagabundos envilecidos,
gajos pisados de vid santa,
hasta el día de recobrarnos
como amantes que se encontraran!

Otra vez somos los que fuimos,
cinta de hombres, anillo que anda,
viejo tropel, larga costumbre
en derechura a la peana,
donde quedó la madre-augur
que desde cuatro siglos llama,
en toda noche de los Andes
y con el grito que es lanzada.

Otra vez suben nuestros coros
y el roto anillo de la danza,
por caminos que eran de chasquis
y en pespunte de llamaradas.
Son otra vez adoratorios
jaloneando la montaña,
y la espiral en que columpian
mirra-copal, mirra-copaiba,
¡para tu gozo y nuestro gozo
balsámica y embalsamada!

Al fueguino sube al Caribe
por tus punas espejeadas;
a criaturas de salares
y de pinar lleva a las palmas.
Nos devuelves al Quetzalcóatl
acarreándonos al maya,

y en las mesetas cansa-cielos,
donde es la luz transfigurada,
braceadora, ata tus pueblos
como juncales de sabana.

¡Suelde el caldo de tus metales
los pueblos rotos de tus abras;
cose tus ríos vagabundos,
tus vertientes acainadas.
Puño de hielo, palma de fuego,
a hielo y fuego purifícanos!
¡Te llamemos en aleluya
y en letanía arrebatada:

¡Especie eterna y suspendida,
Alta-ciudad—Torres-doradas,
Pascual Arribo de tu gente,
Arca tendida de la Alianza!

TODAS IBAMOS A SER REINAS

Todas íbamos a ser reinas,
de cuatro reinos sobre el mar:
Rosalía con Efigenia
y Lucila con Soledad.

En el valle de Elqui, ceñido
de cien montañas o de más,
que como ofrendas o tributos
arden en rojo y azafrán.

Lo decíamos embriagadas,
y lo tuvimos por verdad,
que seríamos todas reinas
y llegaríamos al mar.

Con las trenzas de los siete años,
y batas claras de percal,
persiguiendo tordos huidos
en la sombra del higueral.

De los cuatro reinos, decíamos,
indudables como el Korán,
que por grandes y por cabales
alcanzarían hasta el mar.

Cuatro esposos desposarían,
por el tiempo de desposar,
y eran reyes y cantadores
como David, rey de Judá.

Y de ser grandes nuestros reinos,
ellos tendrían, sin faltar,
mares verdes, mares de algas
y el ave loca del faisán.

Y de tener todos los frutos,
árbol de leche, árbol del pan,
el guayacán no cortaríamos
ni morderíamos metal.

Todas íbamos a ser reinas,
y de verídico reinar;
pero ninguna ha sido reina
ni en Arauco ni en Copán...

Rosalía besó marino
ya desposado con el mar,
y al besador, en las Guaitecas,
se lo comió la tempestad.

Soledad crió siete hermanos
y su sangre dejó en su pan,

y sus ojos quedaron negros
de no haber visto nunca el mar.

En las viñas de Montegrande,
con su puro seno candeal,
mece los hijos de otras reinas
y los suyos nunca-jamás.

Efigenia cruzó extranjero
en las rutas, y sin hablar,
le siguió, sin saberle nombre,
porque el hombre parece el mar.

Y Lucila, que hablaba a río,
a montaña y cañaveral,
en las lunas de la locura
recibió reino de verdad.

En las nubes contó diez hijos
y en los salares su reinar,
en los ríos ha visto esposos
y su manto en la tempestad.

Pero en el valle de Elqui, donde
son cien montañas o son más,
cantan las otras que vinieron
y las que vienen cantarán:

«En la tierra seremos reinas,
y de verídico reinar,
y siendo grandes nuestros reinos,
llegaremos todas al mar».

COSAS

A Max Daircaux

Amo las cosas que nunca tuve
con las otras que ya no tengo:

Yo toco un agua silenciosa,
parada en pastos friolentos,
que sin un viento tiritaba
en el huerto que era mi huerto.

La miro como la miraba;
me da un extraño pensamiento,
y juego, lenta, con esa agua
como con pez o con misterio.

Pienso en umbral donde dejé
pasos alegres que ya no llevo,
y en el umbral veo una llaga
llena de musgo y de silencio.

Yo busco un verso que he perdido,
que a los siete años me dijeron.
Fue una mujer haciendo el pan
y yo su santa boca veo.

Viene un aroma roto en ráfagas;
soy muy dichosa si lo siento;
de tan delgado no es aroma,
siendo el olor de los almendros.

Me vuelve niños los sentidos;
le busco un nombre y no lo acierto,
y huelo el aire y los lugares
buscando almendros que no encuentro.

Un río suena siempre cerca.
Ha cuarenta años que lo siento.
Es canturía de mi sangre
o bien un ritmo que me dieron.

O el río Elqui de mi infancia
que me repecho y me vadeo.
Nunca lo pierdo; pecho a pecho,
como dos niños nos tenemos.

Cuando sueño la Cordillera,
camino por desfiladeros,
y voy oyéndoles, sin tregua
un silbo casi juramento.

Veo al remate del Pacífico
amoratado mi archipiélago,
y de una isla me ha quedado
un olor acre de alción muerto...

Un dorso, un dorso grave y dulce,
remata el sueño que yo sueño.
Es al final de mi camino
y me descanso cuando llego.

Es tronco muerto o es mi padre,
el vago dorso ceniciento.
Yo no pregunto, no lo turbo.
Me tiendo junto, callo y duermo.

Amo a una piedra de Oaxaca
o Guatemala, a que me acerco,
roja y fija como mi cara
y cuya grieta da un aliento.

Al dormirme queda desnuda;
no sé por qué yo la volteo.

Y tal vez nunca la he tenido
y es mi sepulcro lo que veo...

LAGAR

LA OTRA

Una en mí maté:
yo no la amaba.

Era la flor llameando
del cactus de montaña;
era aridez y fuego;
nunca se refrescaba.

Piedra y cielo tenía
a pies y a espaldas
y no bajaba nunca
a buscar «ojos de agua».

Donde hacía su siesta,
las hierbas se enroscaban
de aliento de su boca
y brasa de su cara.

En rápidas resinas
se endurecía su habla,
por no caer en linda
presa soltada.

Doblarse no sabía
la planta de montaña,
y al costado de ella,
yo me doblaba...

La dejé que muriese,
robándole mi entraña.
Se acabó como el águila
que no es alimentada.

Sosegó el aletazo,
se dobló, lacia,
y me cayó a la mano
su pavesa acabada...

Por ella todavía
me gimen sus hermanas,
y las gredas de fuego
al pasar me desgarran.

Cruzando yo les digo:
—Buscad por las quebradas
y haced con las arcillas
otra águila abrasada.

Si no podéis, entonces,
¡ay!, olvidadla.
Yo la maté. ¡Vosotras
también matadla!

PUERTAS

Entre los gestos del mundo
recibí el que dan las puertas.
En la luz yo las he visto
o selladas o entreabiertas
y volviendo sus espaldas
del color de la vulpeja.
¿Por qué fue que las hicimos
para ser sus prisioneras?

Del gran fruto de la casa
son la cáscara avarienta.
El fuego amigo que gozan
a la ruta no lo prestan.
Canto que adentro cantamos
lo sofocan sus maderas
y a su dicha no convidan
como la granada abierta:
¡Sibilas llenas de polvo,
nunca mozas, nacidas viejas!

Parecen tristes moluscos
sin marea y sin arenas.
Parecen, en lo ceñudo,
la nube de la tormenta.
A las sayas verticales
de la Muerte se asemejan
y yo las abro y las paso
como la caña que tiembla.

«¡No!», dicen a las mañanas
aunque las bañen, las tiernas.
Dicen «¡No!» al viento marino
que en su frente palmotea
y al olor de pinos nuevos
que se viene por la Sierra.
Y lo mismo que Casandra,
no salvan aunque bien sepan:
porque mi duro destino
él también pasó mi puerta.

Cuando golpeo me turban
igual que la vez primera.
El seco dintel da luces
como la espada despierta
y los batientes se avivan
en escapadas gacelas.
Entro como quien levanta

paño de cara encubierta,
sin saber lo que me tiene
mi casa de angosta almendra
y pregunto si me aguarda
mi salvación o mi pérdida.

Ya quiero irme y dejar
el sobrehaz de la Tierra,
el horizonte que acaba
como un ciervo, de tristeza,
y las puertas de los hombres
selladas como cisternas.
Por no voltear en la mano
sus llaves de anguilas muertas
y no oírles más el crótalo
que me sigue la carrera.

Voy a cruzar sin gemido
la última vez por ellas
y a alejarme tan gloriosa
como la esclava liberta,
siguiendo el cardumen vivo
de mis muertos que me llevan.
No estarán allá rayados
por cubo y cubo de puertas
ni ofendidos por sus muros
como el herido en sus vendas.

Vendrán a mí sin embozo,
oreados de luz eterna.
Cantaremos a mitad
de los cielos y la tierra.
Con el canto apasionado
haremos caer las puertas
y saldrán de ellas los hombres
como niños que despiertan
al oír que se descuajan
y que van cayendo muertas.

RECADOS CONTANDO A CHILE

CHILE Y LA PIEDRA

El chileno no puede contar como un idilio la historia de su patria. Ella ha sido muchas veces gesta o, en lengua militar, unas marchas forzadas.

Esta vida tal vez tenga por símbolo directo la piedra cordillerana. Cuando yo supe por primera vez que existían unos Andes boscosos, una cordillera vegetal, me quedé sin entender. Porque los Andes míos, aquéllos en que yo me crié, aparecen calvos y hostiles y no tienen más sensualidad de color que su piedra, ardiendo en violeta o en siena, o disparando el fogonazo blanco de sus cumbres.

Al decir «los Andes», el ecuatoriano dice «selva»; otro tanto el colombiano. Nosotros, al decir «cordillera», nombramos una materia porfiada y ácida, pero lo hacemos con un dejo filial, pues ella es para nosotros una criatura familiar, la matriarca original. Nuestro testimonio más visible en los mapas resulta ser la piedra; la memoria de los niños rebosa de cerros y serranías; la pintura de nuestros paisajistas anda poblada de la fosforescencia blanco azulada bajo la cual vivimos. El hombre nuestro, generalmente corpulento, parece piedra hondeada o peñón en reposo y nuestros muertos duermen como piedras lajas devueltas a sus cerros.

El lenguaje está lleno de sentidos peyorativos para la piedra, pero yo, hija suya, quiero dar los aspectos maternales que ella tiene para el indo-español. La piedra lo construyó todo en el Cuzco y en el Yucatán precolombinos, y en la Colonia española ella volvió a prestarse para levantar el templo, la casa gubernamental y las amplias moradas que todavía proclaman un estilo de vida de gran dignidad. La piedra es la meseta sudamericana, es decir, la aristocracia de clima, de luz y de vistas; ella regala los lugares más salubres, donde no existen la marisma ni la ciénaga, enemigas del aliento y de la piel.

Abandonada por cuatro siglos, la construcción parece ahora regresar, aunque sea molida, en la llamada piedra artificial, señora en Nueva York y en Río de Janeiro; vuelve ella restableciendo en el horizonte lo aquilino, lo avizor, el poder sobre el espacio y el alarde de la luz.

La piedra forma el respaldo de la chilenidad; ella, y no un tapiz de hierba, sostiene nuestros pies. Va de los Andes al mar en cordones o serranías, creándonos una serie de valles; se baja dócilmente hacia la llamada Cordillera de la Costa, y juega a hacernos colinas después de haber jugado a amasar gigantes en el Campanario y en el Tupungato. Ella parece seguirnos y perseguirnos hasta en el extremo sur, pues alcanza a la Tierra del Fuego, que es donde los Andes van a morir.

Pero, se dirá, la vida no prospera sobre la roca y sólo medra en limos fértiles. ¿Dónde escapan de ella para crear la patria?

Y la respuesta está aquí. Todos recuerdan los castillos feudales y los grandes monasterios de Europa, cuyo muro circulante es de piedra absoluta, de piedra ciega que no promete nada al que llega. La puerta tremenda se abre y entonces aparece un jardín, un parque, un gran viñedo y otros verdes espacios más.

Chile da la misma sorpresa. Se llega a él por «pasos» cordilleranos y se cae bruscamente sobre un vergel que nadie se esperaba; o bien se penetra por el Norte, y pasado el desierto de la sal, se abren a los ojos los valles de Copiapó, el Huasco y Elqui, crespos de viña o blanquecinos de higueral; o bien se entra por el Estrecho de Magallanes, y se recibe un país de hierba, una ondulación inacabable de pastales. Se avanza hacia el centro del país con el aliciente de esta promesa botánica y allí se encuentra, al fin, el agro en pleno del llano central, verdadero Valle del Paraíso, tendido en una oferta de paisaje y de logro a la vez. La región es nuestra revancha tomada sobre la piedra invasora, una larga dulzura donde curar los ojos heridos por los fijos cordilleranos.

El país llamado por muchos «arca de piedra», lo mismo que el cofre de los cuentos árabes, cela este largo tesoro. Por lo cual la clasificación de Chile se hace harto difícil. Allí existe tanta blandura de limos bajados de la mole cordillerana, y corre tanto resplandor floral a lo largo de las provincias centrales, y es tan ancha la banda de pomar que cubre el sur, que el clasificador simplista se ve en apuros: la piedra se retiró bruscamente hacia el este; el desierto del norte se anula como una ilusión óptica y el famoso Chile frío, de la nutria y los pingüinos se le deshace como un juego de espejos. Un sol semejante al que alabaron los poetas mediterráneos, brilla sobre el Valle Central, humanizando paisaje y costumbre, y la raza hortelana labra magistralmente, porque el chileno cuenta desde sus orígenes cuatro mil años de sabiduría agrícola vasco-árabe-española.

El Mercurio, 24 de abril de 1944
Santiago de Chile

LEON DE GREIFF
[COLOMBIA, 1895-1976]

Su origen escandinavo lo predispuso a lo exótico como una vía fecunda para la imaginación. Sin embargo, su nostalgia por las sagas y mitologías perdidas, por un mundo original, fue, al mismo tiempo, burla y descrédito de la historia, imposibilitada para encarnarlas. Su poesía comenzó dentro del modernismo y continuó, en buena parte, utilizando todos sus recursos formales para combatirlo. En efecto, el lenguaje prestigioso y preciosista del modernismo fue presentado como lo que había llegado a ser: palabrería hipócrita. Tal es el sentido de su parodia, la clave para entender su obra poética. La parodia como doblaje de otro lenguaje que, al repetirlo, lo descalifica como tal, al mostrar sus estereotipos y sus convenciones, vaciadas de sentido.

No solamente al lenguaje del modernismo, León de Greiff recurre también a los lenguajes del pasado. Sobre todo al lenguaje medieval de los romances, baladas y canciones de los juglares y trovadores, con el mito del amor cortés y galante, especialmente cultivado por la poesía lírica provenzal y galaico-portuguesa. Presentando un lenguaje arcaico, en forma, sintaxis y ortografía, y resucitando un mundo caballeresco, puede, de esta forma, ejercer su crítica, tanto del actual lenguaje poético como del mundo prosaico y rutinario. Asimismo, su ironía, se nutre del habla coloquial, propone nuevas palabras, risibles y grotescas, que vuelven todo tema, falso; toda invención verbal, un juego estrafalario.

Los metros y la rima, recursos para el ritmo y la música del poema, son utilizados profusamente para mostrar su trivialidad y su inadecuación a lo que pretenden: alcanzar el nivel sonoro de la sonata, el nocturno, la tocata. Por esto, hay una burla también, en esta poesía, de toda una nomenclatura de la música sinfónica y de cámara y hasta de la popular e ingenua.

La parodia verbal de este poeta devuelve a la poesía latinoamericana la risa, como otro de sus posibles respiraderos en un mundo cada vez más viciado por palabras serviles.

BIBLIOGRAFIA

OBRA POETICA

Tergiversaciones (1925); *Libro de Signos* (1930); *Variaciones alrededor de nada* (1936); *Prosas de Gaspar; primera suite (1918-25)* (1937); *Fárrago* (1954); *Bárbara charanga* (1957); *Obras Completas* (Prólogo de Jorge Zalamea, Medellín, Editorial Aguirre, 1960); *Poesía* (La Habana, Casa de Las Américas, 1973); *Nova et Vetera* (1973); *Obras Completas* (2 tomos: prólogo de Jorge Zalamea, Bogotá, Ediciones Tercer Mundo, 1975); *Obras de León de Greiff* (Bogotá, Instituto Colombiano de Cultura, 1976), *Antología de León de Greiff* (Selección y prólogo de Germán Arciniegas, Bogotá, Biblioteca Colombiana de Cultura, Colección Popular, 1976).

ESTUDIOS CRITICOS

Jaramillo Lino Gil: *A tientas por el laberinto poético de León de Greiff*, Cali, Ediciones Universidad del Valle, 1975.
Cecilia de Mendoza: *La poesía de León de Greiff*. Bogotá, Biblioteca Colombiana de Cultura, 1974.
Stephen Charles Mohler. *El estilo poético de León de Greiff*. Bogotá, Ediciones Tercer Mundo, 1975.

TERGIVERSACIONES

RONDELES

A Eduardo Castillo

II

Señora, Dama, dueña de mis votos!
¿cuándo veré tus ojos encantados,
tus manos inasibles, tus dedos ahusados,
y tus cabellos —piélagos ignotos—

Cuándo veré tus ojos encantados,
y oiré tu voz de ritmos sosegados...!
Pero serán todos mis sueños rotos
por el furor de inevitables notos...
y tus manos pequeñas —los dedos ahusados—
no curarán mis rudos alborotos,
ni darán paz a mis martirizados
labios, que ardieron odios y sedes y pecados...!

Señora, Dama, dueña de mis votos!
nunca veré tus ojos encantados,
ni tus cabellos —piélagos ignotos—
ni oiré tu voz de ritmos sosegados...,
ni besarán tus labios ambiciados,
sobre mi frente, mis ensueños rotos...!

IV

Pues si el amor huyó, pues si el amor se fue...
dejemos al amor y vamos con la pena,
y abracemos la vida con ansiedad serena,
y lloremos un poco por lo que tanto fue...

Pues si el amor huyó, pues si el amor se fue...

Dejemos al amor y vamos con la pena...
Vayamos al Nirvana o al reino de Thulé,
entre brumas de opio y aromas de café,
y abracemos la vida con ansiedad serena!

Y lloremos un poco por lo que tanto fue...
por el amor sencillo, por la amada tan buena,
por la amada tan buena, de manos de azucena...

Corazón mentiroso! si siempre la amaré!

ARIETAS

A Pepe Mexia

Perfumes, aromas ya idos...
Aromas, perfumes... Aromas
de áloes, sándalos y gomas,
suaves perfumes abolidos:
¿en cuáles Edenes perdidos,
en cuáles Pompeyas, Sodomas,
Lutecias, Corintos y Romas,
                estáis?

De etéreas, gráciles redomas,
de pebeteros encendidos
en noches de goces ardidos,
cuando los senos eran pomas
de áloes, sándalos y gomas...;
perfumes, aromas huidos,
suaves perfumes... ¿abolidos
                estáis?

De una guedeja desprendidos;
de candideces de palomas...;
olor de los besos que tomas
de los labios estremecidos

de Eva o Lilith...; olor de nidos;
de etéreas, gráciles redomas...
¿en dónde —perfumes, aromas—
        estáis?

FABLABAN DE TROVAS

A Abel Marín

Fablaban de trovas aquesos garridos
troveros vinientes de dulces Provenzas;
decían conceptos sotiles e suaves
como las sus manos de la mi Princesa...

Decían primores de Aglaes e Lauras,
e de Cidalisas e de Magdalenas;
tañían rabeles e flautas e violas,
e vinos bebían en áureas crateras...

Vinos de Borgoña, vinos de Champaña,
e los vinos pálidos de los Rhines lueñes,
todo entre los coros de canciones gayas,
epigramas áticos, e lindos rondeles...

Tiempos ambiciados por prosaicos vates
desta edad mezquina!, desta edad que tiene
por Dios un panzudo Rey de los Tocinos,
por meta... la bolsa llena de centenes!...

Que agora los vates viven de políticas.
De adular Mecenas. De henchir las columnas,
vacuas, de periódicos... —Los vates de antaño
bien eran distintos; loaban las puras

Roxanas e Bices, Cloes e Casandras,
preciosas...! E Aglaes, Lauras, Cidalisas,
doctas, petulantes...! pero tánto bellas!
ingenuas, pueriles...!, pero tánto lindas!

LIBRO DE SIGNOS

NOCTURNO Nº 2 EN MI BEMOL

(Scherzo Serioso)

I

Tiro los dados en el azul tapete de la noche
para jugar el albur supremo!

Juego mi vida!
La llevo perdida
sin remedio...!
Bien poco valía!

II

Juego mi vida contra una sonrisa de Venus Cipriota
hembra madura, parpadeante en acecho del primer cupido;
o contra la Osa Mayor
que ha de bailar en las ferias al són del adufe;
o contra el anillo de latón de Saturno, viejo verde,
taimado prestamista, insigne usurero;
o contra el rebaño de las Pléyades,
—vírgenes necias, capretinas locas—.

Juego mi vida contra la Cruz del Sur,
condecoración barata,
o contra un guiñar de ojos de Urano,
andrógino, equívoco planeta, ebrio Narciso;
o contra el diablo Algol,
veleta de Perseo, ágil funámbulo;
o contra la farola pintarrajeada
de Sirio, trovador nocharniego;
o contra el Cinto de Orión que apresa los flancos voluptuosos
de la Noche: febril sacerdotisa de los ritos secretos,

de las íntimas lides;
o contra un beso frío de la Luna
ofélida!

Tiro los dados en la azul alcatifa de la noche
para jugar el albur supremo!

Juego mi vida!
Bien poco valía!
La llevo perdida
sin remedio!

III

Para la burla de Venus Veleta
mi corazón es el premio;
y mi sonrisa —flor de indiferencia—.

Para las fechas del Sagitario
el amplio pecho,
y mi sonrisa —flor de cansancio—.

Para Scorpio
traicionero,
mis zancajos, y mi risa sin odio.

Para Shylock y su balanza,
mi carne, que es el precio,
y mi sangre —adehala.

Y para Zoilo y Compañía
—en el estuche del silencio—
la flor de la sonrisa.

Juego mi vida!
Bien poco valía!
La llevo perdida
sin remedio!

Juego mi vida, oh Noche, contra el abrazo perenne
de tu cuerpo moreno y felino, fogoso
o hecho ascuas de nieve!
Contra tu abrazo, oh Noche, Oh Sheherazada!
oh tú, Sacerdotisa de las íntimas lides,
de los ritos secretos!

Me extenúen tus besos profundos!
Me extinga entre tus brazos de terciopelo!
En tu seno aromoso me sepulte!
Y naufrague en tus ojos de sombra y de lascivia y de misterio!

BALADA DEL TIEMPO PERDIDO

I

El tiempo he perdido
y he perdido el viaje...

Ni sé adónde he ido...
Mas sí vi un paisaje
sólo en ocres:
desteñido...

Lodo, barro, nieblas; brumas, nieblas, brumas
de turbio pelaje,
de negras plumas.
Y luces mediocres. Y luces mediocres.
Vi también erectos
pinos: señalaban un dombo confuso,
ominoso, abstruso,
y un horizonte gris de lindes circunspectos.
Vi aves
graves,
aves graves de lóbregas plumas
—antipáticas al hombre—,
silencios escuché, mudos, sin nombre,

que ambulaban ebrios por entre las brumas...
Lodo, barro, nieblas; brumas, nieblas, brumas.

No sé adónde he ido,
y he perdido el viaje
y el tiempo he perdido...

II

El tiempo he perdido
y he perdido el viaje...

Ni sé adónde he ido...
Mas supe de un crepúsculo de fuego
crepitador: voluminosos gualdas
y calcinados lilas!
(otrora muelles como las tranquilas
disueltas esmeraldas).
Sentí, lascivo, aromas capitosos!
Bullentes crisopacios
brillaban lujuriosos
por sobre las bucólicas praderas!
Rojos vi y rubios, trémulos trigales
al beso de los vientos cariciosos!
Sangrantes de amapolas vi verde-azules eras!
Vi arbolados faunales:
versallescos palacios
fabulosos
para lances y juegos estivales!
Todo acorde con pitos y flautas,
cornamusas, fagotes pastoriles,
y el lánguido piano
chopiniano,
y voces incautas
y mezzo-viriles
de mezzo-soprano.

Ni sé adónde he ido...
y he perdido el viaje
y el tiempo he perdido...

III

Y el tiempo he perdido
y he perdido el viaje...

Ni sé adónde he ido...
por ver el paisaje
en ocres,
desteñido,
y por ver el crepúsculo de fuego!

Pudiendo haber mirado el escondido
jardín que hay en mis ámbitos mediocres!
o mirado sin ver: taimado juego,
buido ardid, sutil estratagema, del Sordo, el Frío, el Ciego.

VELERO PARADOJICO

VARIACIONES SOBRE UN AÑEJO TEMILLA

«Venías de tan lejos...» 1935.

VARIACION Nº 3

Venías de tan lejos que ya olvidé tu nombre.

De afincada en lo hondo, no sé cómo te llamas.
De que no te hayas ido, testigo la ceniza
fría —rescoldo extinto de lo que fueron llamas
arrebatadas, piras, flámulas del incendio:

Venías de tan lejos que ya olvidé tu nombre.

Cúyo tu nombre? Cómo te llamas? Hubo damas
de asaz cimera estirpe, y —ante tu nombre— anónimas
hembras fueran, magüer reputadas epónimas:
luminarias de escándalo, faros de vilipendio,
ilustres superféminas sólo por su virtuosa
maestría: en las lides venustas impecables.

Venías de tan lejos que ya olvidé tu nombre.

Cúyo tu nombre? Cómo te llamas? Hubo donas
de asaz elata estirpe, y —ante tu nombre— apenas
si se memora el suyo, magüer fueron sirenas,
Circes y Corisandas, Calypsos, Láis, Helenas,
Cleopatras, Dalilahs, Frinés, Aspasias, Didos,
Y Bethsabeths y Onfalias, Teodoras e Isabeles;
favoritas de Rizzios, y Amazonas varonas
como Cristina; Catalinas de sus validos;
Sacerdotisas doctas del rito deleitable,
féminas lujuriantes, faunesas belicosas...

Venías de tan lejos que ya olvidé tu nombre...

La Musa, la Combleza, la Vestal, la Novicia,
la Cortesana, el Amor Puro... Mas ignoro
las letras de tu nombre que antaño fueron nema,
que antaño fueran sigla del más fúlgido oro,
que antaño fueron cifra de mi blasón, emblema
sobre mi escudo y símbolo: sellos de la Delicia.
De haber sido tan mía..., no sé cómo te llamas:

Venías de tan lejos que ya olvidé tu nombre!

VARIACION Nº 5

Venías de tan lejos que ya olvidé tu nombre.

Venías de tan lejos... Mejor que no llegaras...

Sonatas de silencio y en claves inaudibles
contúrbanme el sentido con tácita latencia.
Cantatas de silencio, con voces abolidas
me inundan, cataratas sordas, mudas, de hielo...

Venías de tan lejos... Mejor que no llegaras,
mejor que no advinieras...: llegabas de mí mismo.
Función, mito, entelequia, trasunto, resonancia
de malhadados sueños sin apenas relieves,
sin apenas volumen: fantasma de quimera,
claridad incorpórea, sombra de fantasía:
eco, luz, cavilancia
—verberación del sueño—,
poema sin raigambre para en jamás escrito.
Venías de tan lejos que ya olvidé tu nombre.

Venías de tan lejos... Mejor que te quedaras...

Sonatas de sortílego fervor —imperfectibles—
contúrbanme el sentido —substancia sin presencia—.
Cantatas jubilosas, patéticas, transidas,
me invaden, cataratas de pasión sin anhelo.

Venías de tan lejos, mejor que te quedaras,
mejor que no advinieras: te nutría mi abismo.

Eras trasunto: recolmaste mi espíritu y mi estancia.
Eras mis sueños y resueños inútiles y densos o asaz leves.
Función o Cavilancia. Fata irreal, y única, y verdadera.
Claridad, eco, sombra, lumbre: si todo a ti me asía!
Substancia, resonancia,
ficción... Cordial, filtro o beleño...

Poema incorporado. Rito sensual, Sollozo, Extasis. Grito.

Venías de tan lejos que ya olvidé tu nombre.

* * *

SEGUNDA PARTE

El hombre nunca estuvo más cerca de la Naturaleza que ahora que ya no busca imitarla en sus apariencias, sino hacer lo mismo que ella, imitándola en el plano de sus leyes constructivas.

* * *

Anda en mi cerebro una gramática dolorosa y brutal
La matanza continua de conceptos internos

Vicente Huidobro

El poeta no debe ejercitarse, hay un mandato para él y es penetrar la vida y hacerla profética: el poeta debe ser una superstición, un ser místico.

* * *

Sin excluir deliberadamente nada, sin aceptar deliberadamente nada.

Pablo Neruda

Y el verbo encarnado habita entre nosotros

* * *

¡Y si después de tantas palabras,
no sobrevive la palabra!

César Vallejo

Has gastado los años y te han gastado,
Y todavía no has escrito el poema.

* * *

Por el hecho de que el poema es inagotable
Y se confunde con la suma de las criaturas
Y no llegará jamás al último verso
Y varía según los hombres

Jorge Luis Borges

INTRODUCCION

PARA HACER inteligibles, al menos globalmente, a los poetas que aparecen en esta segunda parte, es casi indispensable referirse a lo que se ha llamado universalmente, *la vanguardia**. No todos participaron directamente en ella; algunos coincidieron con sus proposiciones o las reelaboraron de manera personal; aun otros escribieron al margen de ella, y a veces muy al margen. Pero la vanguardia fue la tendencia dominante de la época a la que todos estos poetas pertenecieron; pretendió encarnar, además, y de modo absoluto, su espíritu. ¿Y qué artista de estos años no sintió, aunque no se lo formulase conscientemente, que él era también expresión de ese espíritu de la época? En cualquier tiempo, por supuesto, el arte lo ha sido; sólo que la vanguardia exacerbó tal sentimiento.

El vocablo *vanguardia*, muy usual en el siglo XIX, tuvo poco o ningún prestigio entonces; Baudelaire, por ejemplo, lo adscribía a la predilección de los franceses por las metáforas militares y, por ello, hablaba despectivamente de los «littérateurs d'avant-garde». Durante el siglo XX, en cambio, ha tenido mejor destino: antes que una etiqueta de los críticos, fue una suerte de santo y seña de los propios creadores. «Ecrivain d'avant-garde», para Breton, no era aquel que simplemente manejaba o manipulaba técnicas novedosas, sino aquel en quien se conjugaba una nueva visión del arte con una acción radical ante la vida. ¿No era el sentido revolucionario que le habían dado al término los socialistas libertarios y los anarquistas del siglo XIX? ¿No había titulado Bakunin una de las publicaciones que fundó en Suiza en 1878 con el nombre de «L'Avant-garde»? Pero Revolución y Vanguardia estética no llegaron a ser del todo equivalentes, por lo menos en la acepción política del primer término. Cuando estuvieron próximos de serlo, se presentó el gran impase: la ruptura de los surrealistas

---

*Cf. Guillermo de Torre: *Historia de las literaturas de vanguardia* (1965) y Renato Poggioli: *Teoría del arte de vanguardia* (1964).

con la Revolución soviética; el suicidio de Maiakovski y la persecución del movimiento futurista (también del formalismo y todo lo que significara vanguardia) en la Rusia ya dominada por Stalin y el realismo socialista. Si el futurista Marinetti proclamó la «necessitá della violenza» revolucionaria fue para, primero, celebrar las guerras colonialistas de Italia y, luego, terminar identificándose con el fascismo. También el expresionista alemán Gottfried Benn llegó a coincidir con el nacional socialismo, pero su caso es distinto: la coincidencia fue momentánea y a posteriori, no tenía origen en los principios mismos de su poética; la lucidez crítica de Benn no era de las que pactaba con ningún poder. En cambio, otros movimientos de vanguardia, como tales, fueron inmunes a la tentación revolucionaria de cualquier signo; el cubismo o el imaginismo, por ejemplo, sólo se propusieron y desarrollaron como actitudes estéticas, y no por ello fueron menos radicales en el arte. Ya se ha dicho muchas veces: el poder revolucionario de un arte no sólo no tiene por qué apoyarse en el extremismo ideológico o político; tampoco está en relación directa con él. Esto es aplicable igualmente a la vanguardia. Mientras los surrealistas crearon obras más perdurables y complejas, el futurismo de Marinetti no hizo más que someterse al frenesí de la moda: la idolatría de lo tecnológico. Por otra parte, aunque en una línea semejante, habría que decir que la vanguardia tuvo su «retaguardia»: no todos quisieron ser de avanzada; algunos, como el Picasso cubista o como Paul Klee buscaron regresar a cierto «primitivismo», a una forma más elemental de ver el mundo.

Una cosa, pues, es el valor aglutinante (¿efectismo, impacto?) que, por convención, concedemos a un término; otra, la realidad misma que él designa. O para ser más precisos: en el caso de la vanguardia, que acá nos ocupa, tras el nombre tan genérico hay que ver la diversidad y aun disparidad de lo nombrado. Es ya un lugar común reconocer que no existió una sino múltiples vanguardias, cada una con su propia denominación. No siempre ocurrió así con el arte de una época. Hubo muchas formas de romanticismo, pero sólo hubo una estética romántica, que aquellas formas encarnaban con mayor o menor profundidad. Igual podría decirse del simbolismo y del modernismo hispanoamericano —aun cuando el primero alcance transgresiones como las del Mallarmé de *Un Coup de Dés*; aun cuando en el segundo se produzcan extremos como los de Lugones y Herrera. La unicidad del nombre correspondía, pues, en gran medida, a la de la estética. Hay una explicación plausible para este hecho: aunque el romanticismo había iniciado una estética del cambio y de la ruptura de la tradición renacentista, hasta el siglo XIX persistía una cierta imagen coherente del mundo que daba una relativa homogeneidad a los movimientos artísticos. En cambio, la multiplicidad de términos para designar a los movimientos de vanguardia es consecuencia de lo contrario: ya se ha desintegrado toda imagen coherente del mundo. Aún más: con los progresos de la ciencia y de la tecnología, se ha acelerado el tiempo histórico y, simultáneamente, el tiempo del arte. Es así como, en nuestra época, toda ruptura estética se ha dado de manera extrema y violenta; a su vez, todo extremismo o toda violencia han sido vistos como verdadera renovación creadora. La vanguardia pareció erigirse en una invención total y continua; de ahí la sucesión vertiginosa de sus *ismos*. En menos de tres décadas produjo más *ismos*, es decir, supuestamente más movimientos artísticos, que en los cinco siglos que nos separan del Renacimiento. Unanimismo, expresionismo, cubismo, futurismo, imaginismo, dadaísmo, surrealismo, para sólo nombrar los más significativos.

Pero el cambio continuo colinda peligrosamente con la inmovilidad. Es lo que ha ocurrido con muchos de los *ismos* contemporáneos: la novedad por la novedad se volvió otra forma de la monotonía, los estallidos se petrificaron, las supuestas grandes renovaciones concluyeron en academias. Profesionales de vanguardia como los hay también de la revolución. Digamos no que no lograron crear movimientos perdurables —muchos movimientos efímeros en el tiempo, no lo fueron estéticamente; digamos que ni siquiera pudieron fundar una poética válida.

No sólo hay distintas vanguardias; hay también distintos grados de autenticidad en ellas. Y las que lograron fundar de verdad una poética fueron aquellas que justamente no pretendieron hacer tábula rasa del pasado. Sí asumieron, y muy radicalmente, el cambio y la ruptura, la desmesura de la invención o la invención desmesurada. Sus integrantes no se privaron de irreverencias y herejías; fueron verdaderos transgresores y aun pertinaces nihilistas (como, sobre todo, los dadaístas). Pero no confundieron la modernidad con la modernolatría; tuvieron cierta lucidez secreta, cierta sabiduría lúdica que les impidió quedarse en esa cómoda manera del estatismo: la adoración de la novedad por la novedad misma. El rechazo violento de toda tradición no les impidió saber que, en el fondo, estaban creando otra: la tradición de la ruptura, la tradición de lo nuevo*. No porque supiesen que la negación de un estilo, o de todo estilo, llega a constituirse también en *estilo*. No fueron minuciosos o calculados practicantes de la dialéctica; no buscaron hacer meras síntesis entre opuestos. Lo que parecieron intuir era que el arte atravesaba la historia sin dejarse atravesar por ella; que el arte no era sucesión sino simultaneidad. La más profunda impresión que nos deja la vanguardia, ¿no consiste, justamente, en la de sumergirnos en un tiempo muy moderno y, a la vez, sacarnos, desarraigarnos de él? Aunque sabemos que la vanguardia negó un determinado pasado (el ya historiado y jerarquizado), así como reivindicó otro (las tradiciones secretas, las culturas marginales), quizá sea más acertado decir que borró la noción de pasado. En efecto, para la genuina vanguardia, todo era nuevo: desde un producto del industrialismo hasta una máscara africana. Pero todo era nuevo si tenía *presencia* (vitalidad, concreción, memoria) en la obra de arte.

Y esta es una de las claves de la estética de vanguardia: su rebelión contra las formas consagradas por la historia correspondía a la rebelión contra las formas realistas (temáticas, figurativas) establecidas en el arte. Es cierto que, desde el romanticismo, se había abandonado el principio de fidelidad a la naturaleza, aun el de una belleza ideal; pero la vanguardia le da un nuevo sentido a esa «desviación». No se trataba sólo de no imitar lo real; era necesario hacer de la obra una naturaleza activa, aun desligada de la subjetividad del artista; que la obra naciera de su propio dinamismo interno, del continuo juego de formas. De igual modo, la belleza no precede a la obra sino que surge de ella; o lo que surge ni siquiera es una obra «bella» sino un hecho (estético) inédito, que se impone o que se instala en la realidad. La vanguardia no compara sino crea: crea realidades inexistentes en el mundo aparente, y que éste luego asimila (¿no había dicho ya Wilde que es la naturaleza la que copia al arte?). La imagen no nace de una analogía, explícita o no, sino que es una «creación pura del espíritu» (Pierre Reverdy). Los sentidos deforman, pero el espíritu forma (Georges Braque). Lejos, pues, de ser una estética de lo informe, la vanguardia es una estética de las formas: subraya la autonomía de éstas, su virtua-

---

*Cf. Octavio Paz: *Los hijos del limo* (ob. cit.) y *Corriente alterna* (1967), así como Harold Rosenbert: *La tradición de lo nuevo* (Caracas, Monte Avila, 1970).

lidad, su poder imaginario. Las formas como deseo: hacer de la obra un campo de atracciones magnéticas y eróticas. Las palabras hacen el amor, decía Breton; también: imaginación, lo que amo en ti es que no perdonas. La imaginación no simplemente para *traducir* lo nuevo, sino para *inventarlo*, y a través de este proceso cambiar la vida transformando la realidad de la sociedad moderna. Desde Nietzsche, esa realidad era sinónimo de mediocridad espiritual. Para Gottfried Benn no era más que «una fórmula capitalista»: parcelamientos, productos industriales, registros de hipotecas, todo lo que podía ser marcado con un precio. Transformar esa realidad: en este sentido, lo más genuino de la vanguardia sí encarnó la (otra) Revolución.

Disparidad de nombres y aun de poéticas, el tiempo de la vanguardia no fue —como suele creerse— el lineal y progresivo que implica cualquier visión meramente historicista. Su tiempo incluye muchos tiempos, por ser justamente la vanguardia el movimiento (o los movimientos) de la dispersión. Y si ésta supone la fragmentación, para la vanguardia significó también la multiplicidad del espíritu universal. Ese espíritu sopló donde quiso y como quiso: la gran dispersión relacionante. Cosmopolitismo, internacionalismo: la vanguardia no favoreció un centro prepotente. El dadaísmo se desarrolla simultáneamente en Zürich (donde tuvo su origen), en Berlín, París y Nueva York. Breton pudo hablar del surrealismo en los Estados Unidos, las Antillas, en Praga; redactar manifiestos y hacer exposiciones en México y aun mantener vínculos con grupos hispanoamericanos (v.g., «Mandrágora», de Chile). Si el centro de la vanguardia estuvo inicialmente en Europa, fue luego un centro compartido. De manera significativa, lo constituyen también literaturas hasta entonces marginales: la rusa (donde el futurismo o constructivismo coincide con uno de los movimientos lingüísticos más importantes de nuestro tiempo, y aun influye en él: el formalismo); la angloamericana (de cuyo imaginismo surgen grandes poetas como Pound, Eliot, William Carlos Williams, Wallace Stevens, Marianne Moore); la latinoamericana (en la cual, para dar sólo un ejemplo, Vicente Huidobro puede «rivalizar» en creación y en poética con el cubismo y el propio surrealismo). Con la vanguardia, en verdad, concluye definitivamente la marginalidad en arte (aunque habría que considerar muchos otros factores en tal sentido). A pesar de Goya, desde el siglo XVIII España casi no había contado en el panorama estético; sin embargo, son dos españoles (Picasso y Dalí) los que vienen a renovar la pintura. Un ruso (Kandinsky) es el creador de la pintura no figurativa. Un irlandés (Joyce) y un checo (Kafka), con técnicas muy distintas entre sí, renuevan la novela. Un rumano (el dadaísta Tristan Tzara) desencadena uno de los grandes procesos de transformación poética. El futurismo más creador no se produjo con los manifiestos y las obras del espectacular Marinetti, sino con el ruso Vladimir Maiakovski y con Alvaro de Campos —ese *heterónomo* que, entre otros, creó el prodigioso Fernando Pessoa. (Aunque marginalmente, habría que decirlo: fue Huidobro uno de los que puso límites a la egolatría de Marinetti al considerarse como punto de partida de todas las revoluciones estéticas contemporáneas. Aun sus poemas más modernos —le recordaba— «son más viejos que los de Rimbaud, Mallarmé, Lautréamont, Saint-Pol-Roux». Y, además de precisar la precedencia del cubismo, afirmaba: «No es el tema sino la manera de producirlo lo que lo hace ser novedoso. Los poetas creen que porque las máquinas son modernas, serán modernos al cantarlas»).

Pero, y es lo que acá nos interesa más, ¿qué fue la vanguardia en Hispanoamérica? Tampoco se trata de uno sino de varios movimientos, y hasta cabría preguntarse si éstos existieron como tales. No nos referimos, obviamente, a algunos *ismos* que sólo merecerían mención en una historia más o menos pintoresca de nuestra literatura: el «estridentismo» de Manuel Aples Arce, en México; o esos otros que con más frenesí que originalidad creadora se produjeron en Puerto Rico entre 1921 y 1928: «diepalismo», «euforismo», «noísmo», «atalayismo». Tampoco es necesario referirse a algunos autores que, como el peruano Alberto Hidalgo, pretendieron darnos su versión hispanoamericana del futurismo. Todo esto es lamentablemente paródico, así como el término «vanguardismo» con que la crítica sigue hablando de la poesía hispanoamericana de estos años, equiparando lo irrisorio con lo auténtico.

No obstante, fue justamente Alberto Hidalgo el primer antólogo de la poesía hispanoamericana que podría corresponder a una estética de vanguardia, tal como se la ha descrito anteriormente. De manera tal vez significativa, su antología no incorporó esa denominación: se tituló *Indice de la nueva poesía americana* (Buenos Aires, 1926). Además del propio Hidalgo, los otros prologuistas de dicha antología eran Huidobro y Borges. Ninguno hace mención del vocablo *vanguardia*, ni siquiera de *creacionismo* (como pudo haberlo hecho Huidobro) o de *ultraísmo* (como también pudo haberlo hecho Borges). El prólogo de Huidobro, por cierto, no era sino la versión castellana de «Manifeste peut-être», uno de los textos integrantes de *Manifestes*, el libro que había publicado en París un año antes. «El poeta no debe ser más instrumento de la naturaleza, sino que ha de hacer de la naturaleza su instrumento. Es toda la diferencia con las viejas escuelas»; «Un poema es un poema, tal como una naranja es una naranja y no una manzana»; «Y de todas las potencias humanas, la que más nos interesa es la potencia creadora». Pero no deja de ser clave que ese texto se iniciara con esta frase: «Nada de caminos verdaderos y una poesía escéptica de sí misma. ¿Entonces? Hay que buscar siempre». Exaltar sus poderes y a un tiempo cuestionarlos: ¿no fue éste uno de los rasgos más genuinos de la vanguardia universal? Era importante que un hispanoamericano lo subrayase a tiempo y en el tiempo mismo del esplendor de la vanguardia. Y no por lo que se refiere sólo a ésta. Después del modernismo (y aun dentro de él), lo mejor de nuestra literatura ha oscilado entre los dos polos, y es quizá esto lo que le ha conferido su más alta tensión. Para circunscribirse al lapso que comprende esta segunda parte, bastaría dar unos pocos ejemplos.

Altazor, de Huidobro, es una de nuestras grandes arquitecturas verbales; a la vez que la construye con su poder mágico, es la palabra misma la que la desconstruye; triunfo o fracaso, es el poema del drama del lenguaje por encarnar los estados límites del hombre. «El que no haya sentido el drama que se juega entre la cosa y la palabra, no podrá comprenderme», había escrito Huidobro en un manifiesto de 1921. Más escueto, Vallejo es también más concreto y humano; sólo que lo «humano» en él (como en Nietzsche) es otra forma de desmesura: quiere ser lo absoluto y lo sagrado realizado en la propia historia; de ahí que si en su poesía habita «el verbo encarnado», ésta no deja de ser también una continua problematización del lenguaje. Neruda puede ser el más exuberante y afirmativo en toda su obra; pero la poesía que escribe entre fines de los veinte y principios de los treinta vive sobre todo de la contradicción («el río que durando se destruye») y de la oscura búsqueda por fundar el ser del mundo, «sin excluir deliberadamente nada, sin aceptar deliberadamente nada». Borges alía lo entrañable cotidiano y la metafísica interrogativa; todo espacio se le vuelve laberíntico; escribe un poema infinito que nunca concluye y así su obra parece fundarse en el vértigo: vislumbramiento de la Obra e imposibilidad de hacerla presencia. Ni siquiera los más perfeccionistas y artífices del lenguaje logran escapar de estos dilemas. José Gorostiza construye un poema que es un monumento a la forma como eternidad; pero esa eternidad se va congelando en los páramos de la conciencia: es sólo una «muerte sin fin». ¿Para qué seguir citando casos análogos? Visión adánica y visión crítica: ésta es una de las constantes de nuestra poesía, que se inicia, en lo fundamental, con la vanguardia.

Volvamos a ella. Creacionismo y ultraísmo: éstos fueron, ciertamente, los únicos *ismos* válidos que se produjeron entre nosotros. ¿Les convendría el nombre de movimientos? Formulado por Huidobro, el primero es sobre todo una poética. Más carácter de movimiento tuvo el ultraísmo. Se origina en España en 1919 y, luego, a través de Borges, alcanza su mayor expansión en Buenos aires: allí agrupa a la nueva generación de poetas (además del propio Borges, Girondo, Leopoldo Marechal, González Lanuza); funda revistas como *Prisma, Proa* y *Martín Fierro*; hasta se inventa un maestro en Macedonio Fernández, cuya sistemática teoría de la no-obra será una de las fascinaciones en nuestra narrativa contemporánea. Se impone una advertencia: el ultraísmo debió mucho a la poética de Huidobro. Aunque en Madrid ya Ramón Gómez de la Serna había divulgado el futurismo y empezado a publicar sus *Greguerías*, fue la presencia de Huidobro allí, en 1918, y la publicación de *Poemas árticos* y *Ecuatorial*, lo que estimuló el verdadero cambio. El propio maestro del ultraísmo español, Rafael Cansinos-Assens, reconoció esta influencia decisiva. «La creacionista es, sin duda, de todas las escuelas de vanguardia, la que dio a Ultra mayores aportes», afirmará después Gloria Videla en su libro *El Ultraísmo* (Madrid, Gredos, 1963). Algo todavía más significativo: los dos poetas más relevantes del movimiento, en España, fueron Gerardo Diego y Juan Larrea; ambos se consideraron siempre muy cerca de Huidobro y éste los cita en su manifiesto «El creacionismo», de 1925. ¿Para qué repetirlo? Huidobro ejerce, en la poesía hispánica de su tiempo, la misma influencia renovadora que había ejercido antes Darío.

Huidobro: unos cuantos libros y una poética; el ultraísmo: un movimiento, pero bastante efímero (se sitúa cronológicamente entre 1921 y 1929). ¿Se reducirá a esto lo que fue la vanguardia en Hispanoamérica; a esto y a los otros *ismos* ya mencionados? Aceptarlo sería responder a un celo delimitativo casi inútil. Es, sin embargo, el criterio de algunos historiadores de nuestra literatura, que dividen toda esta época en lo que ellos llaman —¡helas!— «vanguardismo» y «postvanguardismo»*. El primero se definiría por una suerte de pirotecnia verbal, de mero experimentalismo y hasta de estallido informe; el segundo, por el *orden* después de *la aventura*, la mesura después de la desmesura, las visiones más profundas y el sentido de un mayor rigor formal. Así, mientras Huidobro sería como el «vanguardista» por excelencia, Borges lo sería sólo en los poemas de juventud que no recogió en sus tres primeros libros. No sólo un mismo autor sería las dos cosas, sino que lo sería también en un mismo libro: algunos poemas de *Trilce* serían «vanguardistas» y otros, «postvanguardistas». Neruda, aun en sus obras más radicales como *Tentativa del hombre infinito* (1925) y *Residencia en la tierra* (1933 y 1935), sería totalmente «postvanguardista». Todo esto puede parecer muy sutil o sagaz, pero no resiste al menor análisis concreto. Para no fatigar al lector con demasiados argumentos, bastaría exponer el más decisivo.

Es un asentimiento casi universal reconocer que el libro con que se inicia nuestra estética de vanguardia es *El espejo de agua* (1916), de Huidobro. No podría haber libro más «mesurado» que éste, que excluye las complejidades sintácticas, la estridencia y el abigarramiento metafórico (comparado con él, algunos libros de Lugones o de Herrera y Reissig resultarían ser mas «avanzados»). Construido con nitidez y gran despojamiento verbal, en ese libro, sin embargo, se postulaba algo más radical: el poema como actividad estructurante de la realidad y no como la descripción de ésta; apresar la sintaxis del mundo, y no tanto su semántica, sus contenidos, su gama de objetos. En otras palabras, como se formula en su «Arte poética», no *cantar* la rosa, sino hacerla *florecer* en la transposición verbal que debe ser todo poema. Descomponer y recomponer la realidad a través de la trama misma del lenguaje para así producir *otra* realidad (mental, imaginaria, desligada de todo causalismo positivista): esta concepción toma más cuerpo en los libros posteriores de Huidobro a través de las imágenes «creadas», la indeterminación sintáctica, la fragmentación y espacialización del verso en la página, la simultaneidad de planos. El poema que produce su propia realidad y no reproduce otra ya dada. El dinamismo, la movilidad del mundo moderno que encarnan en el poema

---

*Cf. Eugenio Florit y José Olivio Jiménez: *La poesía hispanoamericana desde el modernismo*. Nueva York, Appleton-Century-Crofts., 1968.

como tal poema, es decir, como *cuerpo* verbal. Todo lo cual nos remite a una poética muy cercana a la de Apollinaire, al cubismo de Picasso y de Braque, al de Pierre Reverdy. ¿Dónde residen la aventura arbitraria, el experimentalismo a ultranza? La verdad es que la gran desmesura, el juego verbal extremo y aun la sistematización del «nonsense» no se dan en Huidobro sino con *Altazor*, quince años después de *El espejo de agua*. De seguir, pues, las pautas críticas antes señaladas, el lector se encontrará con esta extrañísima inversión temporal: Huidobro sería «postvanguardista» antes de ser «vanguardista». ¿Por qué no, en último caso? La realidad de la poesía suele cometer tales travesuras frente a la docta crítica.

Pero no hay que tener la minuciosa (y complicada) sapiencia de la crítica, para percibir un hecho evidente. Si es posible hablar de la vanguardia en Hispanoamérica, es tanto por la obra de Huidobro como por la de Borges, Girondo, Vallejo, Martín Adán, Neruda, Nicolás Guillén, Carlos Pellicer, Xavier Villaurrutia. Es decir, casi todos los poetas que han sido incluidos en esta segunda parte. Ya se ha advertido que otros (¿Gorostiza, Paz Castillo, Fombona Pachano, Enriqueta Arvelo?) escribieron como al margen de ella, pero no sería aventurado subrayar que lo hicieron dentro de su atmósfera; o lo que es igual: aunque sus obras tengan otro «tempo» no pudieron darse sino dentro del tiempo de la vanguardia. Una comparación podría ser iluminadora al respecto. De la generación española del 27, es difícil situar en un mismo plano de vanguardia a Jorge Guillén y Pedro Salinas al lado de García Lorca, Alberti, Aleixandre, Cernuda. Pero todos son reflejos de un mismo espejo, o se miran en él. Lo cual nos conduciría, finalmente, a otra consideración. No todos los poetas de la vanguardia hispanoamericana tuvieron la misma continuidad que Huidobro. Podría decirse lo mismo de César Moro o de Díaz Casanueva, quienes, por distintas vías, a lo largo de toda su creación, buscan indagar en el mundo desde una experiencia onírica. Los demás cambian; pero, ¿en qué sentido? El Borges de los años veinte no es el mismo que el Borges de los años cuarenta y sucesivos. El Vallejo hermético y elíptico de *Trilce* encuentra una mayor expansión verbal en sus libros posteriores. No se trata, obviamente, de ningún regreso al «orden». Cambian, pero para hacer más intensas y aun radicales sus proposiciones originales.

G.S.

VICENTE HUIDOBRO
[CHILE 1893-1948]

SI RUBÉN DARÍO renovó la poesía de nuestra lengua a fines del siglo XIX, Vicente Huidobro cumplió el mismo papel en las primeras décadas del siglo XX. La aparición en Madrid el año 1918 de libros como *Poemas árticos*, y *Ecuatorial* significó el punto de partida de los movimientos de vanguardia en todo el ámbito hispánico, no obstante lo que ya había adelantado en tal sentido, y en prosa, Ramón Gómez de la Serna. Esos dos libros no eran las primeras incursiones de Huidobro en la nueva estética. Antes había publicado *El espejo de agua* y *Horizon Carré* —este último escrito, como parte de su obra, en francés. El «Arte poético» del primero resumía todos sus principios de renovación en esta fórmula: «Por qué cantáis la rosa, ¡oh Poetas!/ Hacedla florecer en el poema»; esto es, no describir, no comentar una realidad ya dada, sino hacer del poema una realidad en sí misma. En el segundo libro, Huidobro asimila los experimentos de una escritura ideogramática, que ya habían iniciado Filippo Marinetti y Guillaume Apollinaire: la grafía misma como dibujo de la imagen o de la idea. Así, los centros esenciales del poema eran, para Huidobro, la imagen y la composición del texto. La imagen concebida como una relación sorprendente entre los elementos más distantes entre sí; el texto estructurado como un espacio dinámico en el cual los signos se dispersan, el verso se fragmenta, la puntuación queda suprimida, haciendo posible una diversidad y hasta una simultaneidad de lecturas. En ambos casos, el poema aparece como una *entidad* verbal autónoma —no como un intento de *identidad* con lo real. Se trataba, en gran parte, de la transposición al plano poético de las técnicas de la pintura cubista. Pero Huidobro no buscaba adaptar a nuestra lengua «l'esprit nouveau» del arte europeo. Su busca no es sólo personal sino que, además, se va radicalizando de una manera inesperada. Su extenso poema *Altazor* (1931) constituye una de las obras claves de la poesía contemporánea. En él, Huidobro llega a la desmesura, pero también a la lucidez (lo uno por lo otro). Si con la palabra —parece decirse— ordenamos el mundo y lo hacemos inteligible, ¿por qué no podríamos, mediante la propia palabra, regirlo y cambiarlo? El poeta ya no debe ser un mero artífice, sino un mago, un «pequeño Dios» o un «super-hombre» (para emplear el término de Nietzsche). Por tanto, lo que parecía impulso lúdico en sus primeros libros se convierte, a lo largo de este poema, en un gran drama cósmico: juego y reflexión que a la vez son crítica a la historia, al tiempo, a la muerte, y por supuesto, al lenguaje mismo. Poema de la pre-potencia y también de la impotencia: una metafísica de la pasión.

El primer deber del poeta es crear, el segundo es crear, el tercero es crear: esto había dicho Huidobro en una de sus conferencias (1916). De ahí que el movimiento que inició en nuestra lengua fuese bautizado con el nombre de *creacionismo*, que él mismo aceptó. Bastaría reunir algunas de sus frases de sus diversos manifiestos, para comprender el sentido de esta denominación. Helas aquí:

> Hemos cantado a la naturaleza (cosa que a ella bien poco le importa). Nunca hemos creado realidades propias, como ella lo hace o lo hizo en tiempos pasados, cuando era joven y llena de impulsos creadores.

*

> Crear un poema sacando de la vida sus motivos y transformándolos para darles una vida nueva e independiente. Nada anecdótico ni descriptivo. La emoción debe nacer de la sola virtud creadora.
> Hacer un poema como la naturaleza hace un árbol.

*

> No se trata de imitar la naturaleza, sino hacer como ella; no imitar sus exteriorizaciones sino su poder exteriorizador.

*

> Contra la poesía hecha *alrededor de*. La cosa creada contra la cosa cantada.

*

> Lo que ha sido realizado en la mecánica también lo ha sido en la poesía. Os diré lo que entiendo por poema creado.

Es un poema en el que cada parte constitutiva y todo el conjunto presentan un hecho nuevo, independiente del mundo externo, desligado de toda otra realidad que él mismo, pues toma lugar en el mundo como un fenómeno particular aparte y diferente de los otros fenómenos.

*

El poeta es el que sorprende la relación oculta que existe entre las cosas más lejanas.

*

Yo digo que la imagen constituye una revelación. Y mientras más sorprendente sea esta revelación, más trascendental será su efecto.

*

Inventar consiste en que las cosas que se hallan paralelas en el espacio se encuentren en el tiempo, o viceversa, y que al unirse muestren un hecho nuevo.

BIBLIOGRAFIA

OBRA POETICA

Ecos del alma (1911); *La gruta del silencio* (1913); *Canciones en la noche* (1913); *Las pagodas ocultas* (1914); *Adán* (1916); *El espejo de agua* (1916); *Horizon Carré* (1917); *Tour Eiffel* (1918); *Hallali, poème de guerre* (1918); *Ecuatorial* (1918); *Poemas árticos* (1918); *Automne régulier* (1925); *Tout à coup* (1925); *Altazor* (1931); *Temblor de cielo* (1931); *Ver y palpar* (1941); *El ciudadano del olvido* (1941); *Ultimos poemas* (póstumo, 1948); *Poesía y prosa: antología* (Prólogo de Antonio de Undurraga. Madrid, Aguilar, 1957); *Obras completas* (Prólogo de Braulio Arenas. Santiago de Chile, Zig-Zag, 1964), *Obras completas* (Prólogo de Hugo Montes B. Santiago de Chile, Editorial Andrés Bello, 1976).

ESTUDIOS CRITICOS

David Bary: *Huidobro o la vocación poética*. Granada, Universidad de Granada, 1963.
René De Costa (compilador): *Vicente Huidobro y el creacionismo*. Madrid, Taurus, 1979.

Cedomil Goic: *La poesía de Vicente Huidobro*. Santiago de Chile, Ediciones Nueva Universidad, 1974.

Ana Pizarro: *Vicente Huidobro, un poeta ambivalente*. Concepción, Universidad de Concepción, 1971.

Caracciolo Trejo: *La poesía de Vicente Huidobro y la vanguardia*. Madrid, Gredos, 1974.

George Yudice: *Vicente Huidobro y la motivación del lenguaje*. Buenos Aires, Editorial Galerna, 1978.

Saúl Yurkievich: «Vicente Huidobro: el alto azor», en *Fundadores de la nueva poesía latinoamericana*. Barcelona, Barral, 1970.

Ramón Xirau: «Vicente Huidobro: teoría y práctica del creacionismo», en *Poesía iberoamericana contemporánea*. México, Setentas, 1972.

EL ESPEJO DE AGUA

ARTE POETICA

Que el verso sea como una llave
Que abra mil puertas.
Una hoja cae; algo pasa volando;
Cuanto miren los ojos creado sea,
Y el alma del oyente quede temblando.

Inventa mundos nuevos y cuida tu palabra;
El adjetivo, cuando no da vida, mata.

Estamos en el ciclo de los nervios.
El músculo cuelga,
Como recuerdo, en los museos;
Mas no por eso tenemos menos fuerza:
El vigor verdadero
Reside en la cabeza.

Por qué cantáis la rosa, ¡oh Poetas!
Hacedla florecer en el poema;
Sólo para nosotros
Viven todas las cosas bajo el Sol.

El poeta es un pequeño Dios.

EL ESPEJO DE AGUA

Mi espejo, corriente por las noches,
Se hace arroyo y se aleja de mi cuarto.

Mi espejo, más profundo que el orbe
Donde todos los cisnes se ahogaron.

Es un estanque verde en la muralla
Y en medio duerme tu desnudez anclada.

Sobre sus olas, bajo cielos sonámbulos,
Mis ensueños se alejan como barcos.

De pie en la popa siempre me veréis cantando.
Una rosa secreta se hincha en mi pecho
Y un ruiseñor ebrio aletea en mi dedo.

ECUATORIAL

A Pablo Picasso

Era el tiempo en que se abrieron mis párpados sin alas
Y empecé a cantar sobre las lejanías desatadas

Saliendo de sus nidos
                  Atruenan el aire las banderas

LOS HOMBRES
          ENTRE LA YERBA
                    BUSCABAN LAS FRONTERAS

Sobre el campo banal
                el mundo muere
De las cabezas prematuras
                    brotan alas ardientes
Y en la trinchera ecuatorial
                    trizada a trechos
Bajo la sombra de aeroplanos vivos
Los soldados cantaban en las tardes duras

Las ciudades de Europa
                se apagan una a una

Caminando al destierro
El último rey portaba al cuello
Una cadena de lámparas extintas

      Las estrellas
                que caían
      Eran luciérnagas del musgo

Y los afiches ahorcados
               pendían a lo largo de los muros

Una sombra rodó sobre la falda de los montes
Donde el viejo organista hace cantar las selvas

      El viento mece los horizontes
      Colgados de las jarcias y las velas

Sobre el arco iris
          un pájaro cantaba

      Abridme la montaña

Por todas partes en el suelo
He visto alas de golondrinas
Y el Cristo que alzó el vuelo
Dejó olvidada la corona de espinas

      Sentados sobre el paralelo
      Miremos nuestro tiempo

SIGLO ENCADENADO EN UN ANGULO DEL MUNDO

En los espejos corrientes
pasan las barcas bajo los puentes
Y los ángeles-correo
          reposan en el humo de los dreadnoughts

Entre la hierba
        silba la locomotora en celo
Que atravesó el invierno

313

Las dos cuerdas de su rastro
Tras ella quedan cantando
Como una guitarra indócil

Su ojo desnudo
                    Cigarro del horizonte
                                        Danza entre los árboles

Ella es el Diógenes con la pipa encendida
Buscando entre los meses y los días

Sobre el sendero equinoccial
Empecé a caminar

Cada estrella
                    es un obús que estalla

Las plumas de mi garganta
Se entibiaron al sol
                            que perdió un ala
El divino aeroplano
Traía un ramo de olivo entre las manos

Sin embargo
                    Los ocasos heridos se desangran
Y en el puerto los días que se alejan
Llevaban una cruz en el sitio del ancla

Cantando nos sentamos en las playas

Los más bravos capitanes   El capitán Cook
En un iceberg iban a los polos   Caza auroras boreales
Para dejar su pipa en labios   En el Polo Sur
Esquimales

Otros clavan frescas lanzas en el Congo

El corazón del Africa soleado
Se abre como los higos picoteados

Y los negros
                    de divina raza
Esclavos en Europa
Limpiaban de su rostro
                    la nieve que los mancha

Hombres de alas cortas
                    han recorrido todo
Y un noble explorador de la Noruega
Como botín de guerra

Trajo a Europa
                    entre raros animales
Y árboles exóticos
Los cuatro puntos cardinales

Yo he embarcado también
Dejando mi arrecife vine a veros

Las gaviotas volaban en torno a mi sombrero

Y heme aquí
            de pie
                    en otras bahías

Bajo el boscaje afónico
Pasan lentamente
                    las ciudades cautivas
Cosidas una a una por hilos telefónicos

Y las palabras y los gestos
Vuelan en torno del telégrafo
Quemándose las alas
                    cual dioses inexpertos

Los aeroplanos fatigados
Iban a posarse sobre los pararrayos

Biplanos encinta
                    pariendo al vuelo entre la niebla

Son los pájaros amados
Que en nuestras jaulas han cantado

Es el pájaro que duerme entre las ramas
Sin cubrir la cabeza bajo el ala

En las noches
                los aviones volaban junto al faro
El faro que agoniza al fondo de los años

Alguien amargado
                Las pupilas vacías
Lanzando al mar sus tristes días
Toma el barco

Partir
      Y de allá lejos
Mirar las ventanas encendidas
Y las sombras que cruzan los espejos

Como una bandada
                de golondrinas jóvenes
Los emigrantes cantaban sobre las olas invertidas

MAR

MAR DE HUMAREDAS VERDES

Yo querría ese mar para mi sed de antaño

Lleno de flotantes cabelleras
Sobre esas olas fuéronse mis ansias verdaderas

Bajo las aguas gaseosas
Un serafín náufrago
Teje coronas de algas

La luna nueva
con las jarcias rotas
Ancló en Marsella esta mañana

Y los más viejos marineros
En el fondo del humo de sus pipas
Habían encontrado perlas vivas

El capitán del submarino
Olvidó en el fondo su destino

Al volver a la tierra
vio que otro llevaba su estrella

Desterrados fiebrosos del planeta viejo
Muerto al alzar el vuelo
Por los cañones antiaéreos

Un emigrante ciego
traía cuatro leones maestrados
Y otro llevaba al hospital del puerto
Un ruiseñor desafinado

Aquel piloto niño
que olvidó su pipa humeante

Junto al volcán extinto
Encontró en la ciudad
los hombres de rodillas
Y vio alumbrar las vírgenes encintas
Allá lejos
Allá lejos

Vienen pensativos
                    los buscadores de oro
Pasan cantando entre las hojas
Sobre sus hombros
Traen la California
Al fondo del crepúsculo
Venían los mendigos semimudos

Un rezador murmullo
                    inclinaba los árboles
                    Sobre los mares
                    Huyó el estío

QUE DE COSAS HE VISTO

Entre la niebla vegetal y espesa
Los mendigos de las calles de Londres
Pegados como anuncios
Contra los fríos muros

Recuerdo bien
                Recuerdo

Aquella tarde en primavera
Una muchacha enferma
Dejando sus dos alas a la puerta
Entraba al sanatorio

Aquella misma noche
                    bajo el cielo oblongo
Diez Zeppelines vinieron a París
Y un cazador de jabalís
Dejó sangrando siete
Sobre el alba agreste

Entre la nube que rozaba el techo
Un reloj verde
                Anuncia el año
                  1917

LLUEVE

                    Bajo el agua
                    Enterraban los muertos
        Alguien que lloraba
        Hacía caer las hojas

Signos hay en el cielo
Dice el astrólogo barbudo
                    Una manzana y una estrella
                    Picotean los búhos

Marte

                pasa a través de
                        Sagitario

SALE LA LUNA

                        Un astro maltratado
                        Se desliza

Astrólogos de mitras puntiagudas
De sus barbas caían copos de ceniza

Y heme aquí
                entre las selvas afinadas
Más sabiamente que las viejas arpas

En la casa
            que cuelga del vacío
Cansados de buscar
                los Reyes Magos se han dormido

Los ascensores descansan en cuclillas

Y en todas las alcobas
Cada vez que da la hora

Salía del reloj un paje serio
Como a decir

       El coche aguarda

            mi señora

Junto a la puerta viva
El negro esclavo

       abre la boca prestamente
Para el amo pianista
Que hace cantar sus dientes

Esta tarde yo he visto
Los últimos afiches fonográficos
Era una confusión de gritos
Y cantos tan diversos
Como en los puertos extranjeros

Los hombres de mañana
Vendrán a descifrar los jeroglíficos
Que dejamos ahora
Escritos al revés
Entre los hierros de la Torre Eiffel

Llegamos al final de la refriega
Mi reloj perdió todas sus horas
Yo te recorro lentamente
Siglo cortado en dos

          Y con un puente
Sobre un río sangriento
Camino de Occidente

Una tarde

    al fondo de la vida
Pasaba un horizonte de camellos
En sus espaldas mudas
Entre dos pirámides huesudas
Los hombres del Egipto
Lloran como los nuevos cocodrilos

Y los santos en tren
                buscando otras regiones
Bajaban y subían en todas las estaciones

Mi alma hermana de los trenes
                Un tren puede rezarse como un rosario
                La cruz humeante perfumaba los llanos

Henos aquí viajando entre los santos

El tren es un trozo de la ciudad que se aleja

El anunciador de estaciones
Ha gritado
                        Primavera
                        Al lado izquierdo
                        30 minutos

Pasa el tren lleno de flores y de frutos

El Niágara ha mojado mis cabellos
Y una neblina nace en torno de ellos

Los ríos
        Todos los ríos de las nacientes cabelleras
Los ríos mal trenzados
Que los ardientes veranos han besado
Un paquebot perdido costeaba
Las islas de oro de la Vía Láctea
La Cordillera Andina
                Veloz como un convoy
Atraviesa la América Latina

El Amor

                                El Amor

En pocos sitios lo he encontrado
Y todos los ríos no explorados
Bajo mis brazos han pasado

Una mañana
                    Pastores alpinistas
Tocaban el violín sobre la Suiza

Y en la estrella vecina
Aquel que no tenía manos
Con las alas tocaba el piano

Siglo embarcado en aeroplanos ebrios

A DONDE IRAS

Caminando al destierro
El último rey portaba al cuello
Una cadena de lámparas extintas

Y ayer vi muerta entre las rosas
La amatista de Roma

ALFA
                              OMEGA
            DILUVIO
                                        ARCO IRIS

Cuántas veces la vida habrá recomenzado

Quién dirá todo lo que en un astro ha pasado

            Sigamos nuestra marcha
            Llevando la cabeza madura entre las manos

EL RUISEÑOR MECANICO HA CANTADO

Aquella multitud de manos ásperas
Lleva coronas funerarias
Hacia los campos de batalla

Alguien pasó perdido en su cigarro

QUIEN ES

Una mano cortada
Dejó sobre los mármoles
La línea ecuatorial recién brotada

Siglo
            Sumérgete en el sol
Cuando en la tarde
            Aterrice en un campo de aviación

Hacia el solo aeroplano
Que cantará un día en el azul
Se alzará de los años
Una bandada de manos

CRUZ DEL SUR

SUPREMO SIGNO   AVION DE CRISTO

El niño sonrosado de las alas desnudas
Vendrá con el clarín entre los dedos
El clarín aún fresco que anuncia
El Fin del Universo

POEMAS ARTICOS

HORAS

El villorrio
Un tren detenido sobre el llano

En cada charco
            duermen estrellas sordas

Y el agua tiembla
Cortinaje al viento

                La noche cuelga en la arboleda

En el campanario florecido

Una gotera viva
          desangra las estrellas

        De cuando en cuando
        Las horas maduras
                caen sobre la vida

EXPRES

Una corona yo me haría
De todas las ciudades recorridas

      Londres   Madrid   París
      Roma   Nápoles   Zürich

Silban en los llanos
          locomotoras cubiertas de algas

    AQUI NADIE HE ENCONTRADO

De todos los ríos navegados
yo me haría un collar

      El Amazonas   El Sena
      El Támesis   El Rin

Cien embarcaciones sabias
Que han plegado las alas

      Y mi canción de marinero huérfano
      Diciendo adiós a las playas

Aspirar el aroma del Monte Rosa
Trenzar las canas errantes del Monte Blanco
Y sobre el cenit del Monte Cenis
Encender en el sol muriente
El último cigarro

Un silbido horada el aire

       No es un juego de agua

          ADELANTE

Apeninos gibosos
        marchan hacia el desierto

Las estrellas del oasis
Nos darán miel de sus dátiles

En la montaña
El viento hace crujir las jarcias
Y todos los montes dominados
Los volcanes bien cargados
Levarán el ancla

      ALLA ME ESPERARAN

Buen viaje   *HASTA MAÑANA*

Un poco más lejos
Termina la Tierra

Pasan los ríos bajo las barcas
      La vida ha de pasar

HORIZONTE

Pasar el horizonte envejecido
Y mirar en el fondo de los sueños
La estrella que palpita
Eras tan hermosa
                    que no pudiste hablar

Yo me alejé
                pero llevo en la mano
Aquel cielo nativo
Con un sol gastado

Esta tarde
            en un café
                        he bebido

                    Un licor tembloroso
                    Como un pescado rojo

Y otra vez en el vaso escondido
Ese sueño filial
Eras tan hermosa
                    que no pudiste hablar
En tu pecho algo agonizaba

Eran verdes tus ojos
                        pero yo me alejaba
Eras tan hermosa
                que aprendí a cantar

VERMOUTH
MONTMARTRE

Bebo en un café
Al fondo de las horas olvidadas

Vasos de vino ardiente
                 y estrellas fermentadas

TODAS LAS VENDIMIAS
                 DE LAS HORAS PASADAS

Una angustia de amor cierra los ojos
Y pesa sobre los sueños este ramo

Llevo los siglos entreabiertos en mis hombros
Llevo todos los siglos y no caigo

Bebedores de vinos rojos
                 y de cielos gastados
Algo se esconde al fondo de los vasos

Bebedores de mares y de vidas
Yo os doy mi sangre en hostias líricas

Mi sangre que hizo rojas las auroras boreales
Viene de enfermedades vesperales
                       FILIAL LICOR

         Campesinos fragantes
         Ordeñaban el sol

Los árboles tienen orejas para esta voz que canta
Todos los siglos cantan en mi garganta

ALTAZOR
(Fragmentos)

CANTO I

Altazor, ¿por qué perdiste tu primera serenidad?
¿Qué ángel malo se paró en la puerta de tu sonrisa

Con la espada en la mano?
¿Quién sembró la angustia en las llanuras de tus ojos como el adorno
[de un dios?
¿Por qué un día de repente sentiste el terror de ser?
Y esa voz que te gritó vives y no te ves vivir
¿Quién hizo converger tus pensamientos al cruce de todos los vientos
[del dolor?
Se rompió el diamante de tus sueños en un mar de estupor
Estás perdido Altazor
Solo en medio del universo
Solo como una nota que florece en las alturas del vacío
No hay bien no hay mal ni verdad ni orden ni belleza

¿En dónde estás Altazor?

La nebulosa de la angustia pasa como un río
Y me arrastra según la ley de las atracciones

La nebulosa en olores solidificada huye su propia soledad
Siento un telescopio que me apunta como un revólver
La cola de un cometa me azota el rostro y pasa relleno de eternidad
Buscando infatigable un lago quieto en donde refrescar su tarea
[ineludible

Altazor morirás Se secará tu voz y serás invisible
La Tierra seguirá girando sobre su órbita precisa
Temerosa de un traspié como el equilibrista sobre el alambre que ata
[las miradas del pavor
En vano busca ojo enloquecido
No hay puerta de salida y el viento desplaza los planetas
Piensas que no importa caer eternamente si se logra escapar
¿No ves que vas cayendo ya?
Limpia tu cabeza de prejuicio y moral
Y si queriendo alzarte nada has alcanzado
Déjate caer sin parar tu caída sin miedo al fondo de la sombra
Sin miedo al enigma de ti mismo
Acaso encuentres una luz sin noche
Perdida en las grietas de los precipicios

Cae
   Cae eternamente
Cae al fondo del infinito
Cae al fondo del tiempo
Cae al fondo de ti mismo
Cae lo más bajo que se pueda caer
Cae sin vértigo
A través de todos los espacios y todas las edades
A través de todas las almas de todos los anhelos y todos los naufragios
Cae y quema al pasar los astros y los mares
Quema los ojos que te miran y los corazones que te aguardan
Quema el viento con tu voz
El viento que se enreda en tu voz
Y la noche que tiene frío en su gruta de huesos

Cae en infancia
Cae en vejez
Cae en lágrimas
Cae en risas
Cae en música sobre el universo
Cae de tu cabeza a tus pies
Cae de tus pies a tu cabeza
Cae del mar a la fuente
Cae al último abismo de silencio
Como el barco que se hunde apagando sus luces

Todo se acabó
El mar antropófago golpea la puerta de las rocas despiadadas
Los perros ladran a las horas que se mueren
Y el cielo escucha el paso de las estrellas que se alejan
Estás solo
Y vas a la muerte derecho como un iceberg que se desprende del polo
Cae la noche buscando su corazón en el océano
La mirada se agranda como los torrentes
Y en tanto que las olas se dan vuelta
La luna niño de luz se escapa de alta mar
Mira este cielo lleno
Más rico que los arroyos de las minas
Cielo lleno de estrellas que esperan el bautismo

Todas esas estrellas salpicaduras de un astro de piedra lanzado en las
[aguas eternas
No saben lo que quieren ni si hay redes ocultas más allá
Ni qué mano lleva las riendas
Ni qué pecho sopla el viento sobre ellas
Ni saben si no hay mano y no hay pecho
Las montañas de pesca
Tienen la altura de mis deseos
Y yo arrojo fuera de la noche mis últimas angustias
Que los pájaros cantando dispersan por el mundo

Reparad el motor del alba
En tanto me siento al borde de mis ojos
Para asistir a la entrada de las imágenes

Soy yo Altazor
Altazor
Encerrado en la jaula de su destino
En vano me aferro a los barrotes de la evasión posible
Una flor cierra el camino
Y se levanta como la estatua de las llamas
La evasión imposible
Más débil marcho con mis ansias
Que un ejército sin luz en medio de emboscadas

Abrí los ojos en el siglo
En que moría el cristianismo
Retorcido en su cruz agonizante
Ya va a dar el último suspiro
¿Y mañana qué pondremos en el sitio vacío?
Pondremos un alba o un crepúsculo
¿Y hay que poner algo acaso?
La corona de espinas

Chorreando sus últimas estrellas se marchita
Morirá el cristianismo que no ha resuelto ningún problema
Que sólo ha enseñado plegarias muertas
Muere después de dos mil años de existencia

330

Un cañoneo enorme pone punto final a la era cristiana
El Cristo quiere morir acompañado de millones de almas
Hundirse con sus templos
Y atravesar la muerte con un cortejo inmenso
Mil aeroplanos saludan la nueva era
Ellos son los oráculos y las banderas

Hace seis meses solamente
Dejé la ecuatorial recién cortada
En la tumba guerrera del esclavo paciente
Corona de piedad sobre la estupidez humana
Soy yo que estoy hablando en este año de 1919
Es el invierno
Ya la Europa enterró todos sus muertos
Y un millar de lágrimas hacen una sola cruz de nieve
Mirad esas estepas que sacuden las manos
Millones de obreros han comprendido al fin
Y levantan al cielo sus banderas de aurora
Venid venid os esperamos porque sois la esperanza
La única esperanza
La última esperanza

* * *

Soy una orquesta trágica
Un concepto trágico
Soy trágico como los versos que punzan en las sienes y no pueden salir
Arquitectura fúnebre
Matemática fatal y sin esperanza alguna
Capas superpuestas de dolor misterioso
Capas superpuestas de ansias mortales
Subsuelos de intuiciones fabulosas

Siglos siglos que vienen gimiendo en mis venas
Siglos que se balancean en mi canto
Que agonizan en mi voz
Porque mi voz es sólo canto y sólo puede salir en canto
La cuna de mi lengua se meció en el vacío

Anterior a los tiempos
Y guardará eternamente el ritmo primero
El ritmo que hace nacer los mundos
Soy la voz del hombre que resuena en los cielos
Que reniega y maldice
Y pide cuentas de por qué y para qué

Soy todo el hombre
El hombre herido por quién sabe quién
Por una flecha perdida del caos
Humano terreno desmesurado
Sí desmesurado y lo proclamo sin miedo
Desmesurado porque no soy burgués ni raza fatigada

Soy bárbaro tal vez
Desmesurado enfermo
Bárbaro limpio de rutinas y caminos marcados
No acepto vuestras sillas de seguridades cómodas
Soy el ángel salvaje que cayó una mañana
En vuestras plantaciones de preceptos
Poeta
Antipoeta
Culto
Anticulto
Animal metafísico cargado de congojas
Animal espontáneo directo sangrando sus problemas
Solitario como una paradoja
Paradoja fatal
Flor de contradicciones bailando un fox-trot
Sobre el sepulcro de Dios
Sobre el bien y el mal
Soy un pecho que grita y un cerebro que sangra
Soy un temblor de tierra
Los sismógrafos señalan mi paso por el mundo

Crujen las ruedas de la tierra
Y voy andando a caballo en mi muerte
Voy pegado a mi muerte como un pájaro al cielo

Como una fecha en el árbol que crece
Como el nombre en la carta que envío
Voy pegado a mi muerte
Voy por la vida pegado a mi muerte
Apoyado en el bastón de mi esqueleto

El sol nace en mi ojo derecho y se pone en mi ojo izquierdo
En mi infancia una infancia ardiente como un alcohol
Me sentaba en los caminos de la noche
A escuchar la elocuencia de las estrellas
Y la oratoria del árbol
Ahora la indiferencia nieva en la tarde de mi alma
Rómpanse en espigas las estrellas
Pártase la luna en mil espejos
Vuelve el árbol al nido de su almendra
Sólo quiero saber por qué
Por qué
Por qué
Soy protesta y araño el infinito con mis garras
Y grito y gimo con miserables gritos oceánicos
El eco de mi voz hace tronar el caos

Soy desmesurado cósmico
Las piedras las plantas las montañas
Me saludan Las abejas las ratas
Los leones y las águilas
Los astros los crepúsculos las albas
Los ríos y las selvas me preguntan
¿Qué tal cómo está usted?
Y mientras los astros y las olas tengan algo que decir
Será por mi boca que hablarán a los hombres

* * *

Hay palabras que tienen sombra de árbol
Otras que tienen atmósfera de astros
Hay vocablos que tienen fuego de rayos

Y que incendian donde caen
Otros que se congelan en la lengua y se rompen al salir
Como esos cristales alados y fatídicos
Hay palabras con imanes que atraen los tesoros del abismo
Otras que se descargan como vagones sobre el alma
Altazor desconfía de las palabras
Desconfía del ardid ceremonioso
Y de la poesía
Trampas
        Trampas de luz y cascadas lujosas
Trampas de perla y de lámpara acuática
Anda como los ciegos con sus ojos de piedra
Presintiendo el abismo a todo paso

Mas no temas de mí que mi lenguaje es otro
No trato de hacer feliz ni desgraciado a nadie
Ni descolgar banderas de los pechos
Ni dar anillos de planetas
Ni hacer satélites de mármol en torno a un talismán ajeno
Quiero darte una música de espíritu
Música mía de esta cítara plantada en mi cuerpo
Música que hace pensar en el crecimiento de los árboles
Y estalla en luminarias adentro del sueño
Yo hablo en nombre de un astro por nadie conocido
Hablo en una lengua mojada en mares no nacidos
Con una voz llena de eclipses y distancias
Solemne como un combate de estrellas o galeras lejanas
Una voz que se desfonda en la noche de las rocas
Una voz que da la vista a los ciegos atentos
Los ciegos escondidos al fondo de las casas

Como al fondo de sí mismos
Los veleros que parten a distribuir mi alma por el mundo
volverán convertidos en pájaros
Una hermosa mañana alta de muchos metros
Alta como el árbol cuyo fruto es el sol
Una mañana frágil y rompible

A la hora en que las flores se lavan la cara
Y los últimos sueños huyen por las ventanas

Tanta exaltación para arrastrar los cielos a la lengua
El infinito se instala en el nido del pecho
Todo se vuelve presagio
                        ángel entonces
El cerebro se torna sistro revelador
Y la hora huye despavorida por los ojos
Los pájaros grabados en el cenit no cantan
El día se suicida arrojándose al mar
Un barco vestido de luces se aleja tristemente
Y al fondo de las olas un pez escucha el paso de los hombres

Silencio la tierra va a dar a luz un árbol
La muerte se ha dormido en el cuello de un cisne
Y cada pluma tiene un distinto temblor
Ahora que Dios se sienta sobre la tempestad
Que pedazos de cielo caen y se enredan en la selva
Y que el tifón despeina las barbas del pirata
Ahora sacad la muerta al viento
Para que el viento abra sus ojos

Silencio la tierra va a dar a luz un árbol
Tengo cartas secretas en la caja del cráneo
Tengo un carbón doliente en el fondo del pecho
Y conduzco mi pecho a la boca
Y la boca a la puerta del sueño

El mundo se me entra por los ojos
Se me entra por las manos se me entra por los pies
Me entra por la boca y se me sale
En insectos celestes o nubes de palabras por los poros

Silencio la tierra va a dar a luz un árbol
Mis ojos en la gruta de la hipnosis
Mastican el universo que me atraviesa como un túnel

Un escalofrío de pájaro me sacude los hombros
Escalofrío de alas y olas interiores
Escalas de olas y alas en la sangre
Se rompen las amarras de las venas
Y se salta afuera de la carne
Se sale de las puertas de la tierra
Entre palomas espantadas

Habitante de tu destino
¿Por qué quieres salir de tu destino?
¿Por qué quieres romper los lazos de tu estrella
Y viajar solitario en los espacios
Y caer a través de tu cuerpo de tu cenit a tu nadir?

No quiero ligaduras de astro ni de viento
Ligaduras de luna buenas son para el mar y las mujeres
Dadme mis violines de vértigo insumiso
Mi libertad de música escapada
No hay peligro en la noche pequeña encrucijada
Ni enigma sobre el alma
La palabra electrizada de sangre y corazón
Es el gran paracaídas y el pararrayos de Dios

Habitante de tu destino
Pegado a tu camino como roca
Viene la hora del sortilegio resignado
Abre la mano de tu espíritu
El magnético dedo
En donde el anillo de la serenidad adolescente
Se posará cantando como el canario pródigo
Largos años ausente

Silencio
          Se oye el pulso del mundo como nunca pálido
La tierra acaba de alumbrar un árbol

CANTO II

Mujer el mundo está amueblado por tus ojos
Se hace más alto el cielo en tu presencia
La tierra se prolonga de rosa en rosa
Y el aire se prolonga de paloma en paloma

Al irte dejas una estrella en tu sitio
Dejas caer tus luces como el barco que pasa
Mientras te sigue mi canto embrujado
Como una serpiente fiel y melancólica
Y tú vuelves la cabeza detrás de algún astro

¿Qué combate se libra en el espacio?
Esas lanzas de luz entre planetas
Reflejo de armaduras despiadadas
¿Qué estrella sanguinaria no quiere ceder el paso?
En dónde estás triste noctámbula
Dadora de infinito
Que pasea en el bosque de los sueños

Heme aquí perdido entre mares desiertos
Solo como la pluma que se cae de un pájaro en la noche
Heme aquí en una torre de frío
Abrigado del recuerdo de tus labios marítimos
Del recuerdo de tus complacencias y de tu cabellera
Luminosa y desatada como los ríos de montaña
¿Irías a ser ciega que Dios te dio esas manos?
Te pregunto otra vez

El arco de tus cejas tendido para las armas de los ojos
En la ofensiva alada vencedora segura con orgullos de flor
Te hablan por mí las piedras aporreadas
Te hablan por mí las olas de pájaros sin cielo
Te habla por mí el color de los paisajes sin viento
Te habla por mí el rebaño de ovejas taciturnas
Dormido en tu memoria

Te habla por mí el arroyo descubierto
La yerba sobreviviente atada a la aventura
Aventura de luz y sangre de horizonte
Sin más abrigo que una flor que se apaga
Si hay un poco de viento

Las llanuras se pierden bajo tu gracia frágil
Se pierde el mundo bajo tu andar visible
Pues todo es artificio cuando tú te presentas
Con tu luz peligrosa
Inocente armonía sin fatiga ni olvido
Elemento de lágrima que rueda hacia adentro
Construido de miedo altivo y de silencio

Haces dudar al tiempo
Y al cielo con instintos de infinito
Lejos de ti todo es mortal
Lanzas la agonía por la tierra humillada de noches
Sólo lo que piensa en ti tiene sabor a eternidad

He aquí tu estrella que pasa
Con tu respiración de fatigas lejanas
Con tus gestos y tu modo de andar
Con el espacio magnetizado que te saluda
Que nos separa con leguas de noche

Sin embargo te advierto que estamos cosidos
A la misma estrella
Estamos cosidos por la misma música tendida
De uno a otro
Por la misma sombra gigante agitada como árbol
Seamos ese pedazo de cielo
Ese trozo en que pasa la aventura misteriosa
La aventura del planeta que estalla en pétalos de sueño

En vano tratarías de evadirte de mi voz
Y de saltar los muros de mis alabanzas

Estamos cosidos por la misma estrella
Estás atada al ruiseñor de las lunas
Que tiene un ritual sagrado en la garganta

Qué me importan los signos de la noche
Y la raíz y el eco funerario que tengan en mi pecho
Qué me importa el enigma luminoso
Los emblemas que alumbran el azar
Y esas islas que viajan por el caos sin destino a mis ojos
Qué me importa ese miedo de flor en el vacío
Qué me importa el nombre de la nada
El nombre del desierto infinito
O de la voluntad o del azar que representan
Y si en ese desierto cada estrella es un deseo de oasis
O banderas de presagio y de muerte

Tengo una atmósfera propia en tu aliento
La fabulosa seguridad de tu mirada con sus constelaciones íntimas
Con su propio lenguaje de semilla
Tu frente luminosa como un anillo de Dios
Más firme que todo en la flora del cielo
Sin torbellinos de universo que se encabrita
Como un caballo a causa de su sombra en el aire

Te pregunto otra vez
¿Irías a ser muda que Dios te dio esos ojos?

Tengo esa voz tuya para toda defensa
Esa voz que sale de ti en latidos de corazón
Esa voz en que cae la eternidad
Y se rompe en pedazos de esferas fosforescentes
¿Qué sería la vida si no hubieras nacido?
Un cometa sin manto muriéndose de frío
Te hallé como una lágrima en un libro olvidado
Con tu nombre sensible desde antes en mi pecho
Tu nombre hecho del ruido de palomas que se vuelan
Traes en ti el recuerdo de otras vidas más altas

De un Dios encontrado en alguna parte
Y al fondo de ti misma recuerdas que eras tú
El pájaro de antaño en la clave del poeta

Sueño en un sueño sumergido
La cabellera que se ata hace el día
La cabellera al desatarse hace la noche
La vida se contempla en el olvido
Sólo viven tus ojos en el mundo
El único sistema planetario sin fatiga
Serena piel anclada en las alturas
Ajena a toda red y estratagema
En su fuerza de luz ensimismada
Detrás de ti la vida siente miedo
Porque eres la profundidad de toda cosa
El mundo deviene majestuoso cuando pasas
Se oyen caer lágrimas del cielo
Y borras en el alma adormecida
La amargura de ser vivo
Se hace liviano el orbe en las espaldas

Mi alegría es oír el ruido del viento en tus cabellos
(Reconozco ese ruido desde lejos)
Cuando las barcas zozobran y el río arrastra troncos de árbol
Eres una lámpara de carne en la tormenta
Con los cabellos a todo viento
Tus cabellos donde el sol va a buscar sus mejores sueños
Mi alegría es mirarte solitaria en el diván del mundo
Como la mano de una princesa soñolienta
Con tus ojos que evocan un piano de olores
Una bebida de paroxismos
Una flor que está dejando de perfumar
Tus ojos hipnotizan la soledad
Como la rueda que sigue girando después de la catástrofe

Mi alegría es mirarte cuando escuchas
Ese rayo de luz que camina hacia el fondo del agua
Y te quedas suspensa largo rato

Tantas estrellas pasadas por el harnero del mar
Nada tiene entonces semejante emoción
Ni un mástil pidiendo viento
Ni un aeroplano ciego palpando el infinito
Ni la paloma demacrada dormida sobre un lamento
Ni el arco iris con las alas selladas
Más bello que la parábola de un verso
La parábola tendida en puente nocturno de alma a alma

Nacida en todos los sitios donde pongo los ojos
Con la cabeza levantada
Y todo el cabello al viento
Eres más hermosa que el relincho de un potro en la montaña
Que la sirena de un barco que deja escapar toda su alma
Que un faro en la neblina buscando a quien salvar
Eres más hermosa que la golondrina atravesada por el viento
Eres el ruido del mar en verano
Eres el ruido de una calle populosa llena de admiración

Mi gloria está en tus ojos
Vestida del lujo de tus ojos y de su brillo interno
Estoy sentado en el rincón más sensible de tu mirada
Bajo el silencio estático de inmóviles pestañas
Viene saliendo un augurio del fondo de tus ojos
Y un viento de océano ondula tus pupilas

Nada se compara a esa leyenda de semillas que deja tu presencia
A esa voz que busca un astro muerto que volver a la vida
Tu voz hace un imperio en el espacio
Y esa mano que se levanta en ti como si fuera a colgar soles en el aire
Y ese mirar que escribe mundos en el infinito
Y esa cabeza que se dobla para escuchar un murmullo en la eternidad
Y ese pie que es la fiesta de los caminos encadenados
Y esos párpados donde vienen a vararse las centellas del éter
Y ese beso que hincha la proa de tus labios
Y esa sonrisa como un estandarte al frente de tu vida
Y ese secreto que dirige las mareas de tu pecho
Dormido a la sombra de tus senos

Si tú murieras
Las estrellas a pesar de su lámpara encendida
Perderían el camino
¿Qué sería del universo?

CANTO III

Romper las ligaduras de las venas
Los lazos de la respiración y las cadenas

De los ojos senderos de horizontes
Flor proyectada en cielos uniformes
El alma pavimentada de recuerdos
Como estrellas talladas por el viento

El mar es un tejado de botellas
Que en la memoria del marino sueña

Cielo es aquella larga cabellera intacta
Tejida entre manos de aeronauta

Y el avión trae un lenguaje diferente
Para la boca de los cielos de siempre

Cadenas de miradas nos atan a la tierra
Romped romped tantas cadenas

Vuela el primer hombre a iluminar el día
El espacio se quiebra en una herida

Y devuelve la bala al asesino
Eternamente atado al infinito

Cortad todas las amarras
De río mar o de montaña

De espíritu y recuerdo
De ley agonizante y sueño enfermo

Es el mundo que torna y sigue y gira
En una última pupila

Mañana el campo
Seguirá los galopes del caballo

La flor se comerá a la abeja
porque el hangar será colmena

El arco iris se hará pájaro
Y volará a su nido cantando

Los cuervos se harán planetas
Y tendrán plumas de hierba

Hojas serán las plumas entibiadas
Que caerán de sus gargantas

Las miradas serán ríos
Y los ríos heridas en las piernas del vacío

Conducirá el rebaño a su pastor
Para que duerma el día cansado como avión

Y el árbol se posará sobre la tórtola
Mientras las nubes se hacen roca

Porque todo es como es en cada ojo
Dinastía astrológica y efímera
Cayendo de universo en universo

Manicura de la lengua es el poeta
Mas no el mago que apaga y enciende
Palabras estelares y cerezas de adioses vagabundos
Muy lejos de las manos de la tierra
Y todo lo que dice es por él inventado
Cosas que pasan fuera del mundo cotidiano
Matemos al poeta que nos tiene saturados

Poesía aún y poesía poesía
Poética poesía poesía
Poesía poética de poético poeta
Poesía
Demasiada poesía
Desde el arco iris hasta el culo pianista de la vecina
Basta señora poesía bambina
Y todavía tiene barrotes en los ojos
El juego es juego y no plegaria infatigable
Sonrisa o risa y no lamparillas de pupila
Que ruedan de la aflicción hasta el océano
Sonrisa y habladurías de estrella tejedora
Sonrisas del cerebro que evoca estrellas muertas
En la mesa mediúmnica de sus irradiaciones

Basta señora arpa de las bellas imágenes
De los furtivos comos iluminados
Otra cosa otra cosa buscamos
Sabemos posar un beso como una mirada
Plantar miradas como árboles
Enjaular árboles como pájaros
Regar pájaros como heliotropos
Tocar un heliotropo como una música
Vaciar una música como un saco
Degollar un saco como un pingüino
Cultivar pingüinos como viñedos
Ordeñar un viñedo como una vaca
Desarbolar vacas como veleros
Peinar un velero como un cometa
Desembarcar cometas como turistas
Embrujar turistas como serpientes
Cosechar serpientes como almendras
Desnudar una almendra como un atleta
Leñar atletas como cipreses
Iluminar cipreses como faroles
Anidar faroles como alondras
Exhalar alondras como suspiros
Bordar suspiros como sedas

Derramar sedas como ríos
Tremolar un río como una bandera
Desplumar una bandera como un gallo
Apagar un gallo como un incendio
Bogar en incendios como en mares
Segar mares como trigales
Repicar trigales como campanas
Desangrar campanas como corderos
Dibujar corderos como sonrisas
Embotellar sonrisas como licores
Engastar licores como alhajas
Electrizar alhajas como crepúsculos
Tripular crepúsculos como navíos
Descalzar un navío como un rey
Colgar reyes como auroras
Crucificar auroras como profetas
Etc. etc. etc.
Basta señor violín hundido en una ola ola
Cotidiana ola de religión miseria
De sueño en sueño posesión de pedrerías

Después del corazón comiendo rosas
Y de las noches del rubí perfecto
El nuevo atleta salta sobre la pista mágica
Jugando con magnéticas palabras
Caldeadas como la tierra cuando va a salir un volcán
Lanzando sortilegios de sus frases pájaro
Agoniza el último poeta
Tañen las campanas de los continentes
Muere la luna con su noche a cuestas
El sol se saca del bolsillo el día
Abre los ojos el nuevo paisaje solemne
Y pasa desde la tierra a las constelaciones
El entierro de la poesía

* * *

CANTO IV

* * *

No hay tiempo que perder
Todo esto es triste como el niño que está quedándose huérfano
O como la letra que cae al medio del ojo
O como la muerte del perro de un ciego
O como el río que se estira en su lecho de agonizante
Todo esto es hermoso como mirar el amor de los gorriones
Tres horas después del atentado celeste
O como oír dos pájaros anónimos que cantan a la misma azucena
O como la cabeza de la serpiente donde sueña el opio
O como el rubí nacido de los deseos de una mujer
Y como el mar que no se sabe si ríe o llora
Y como los colores que caen del cerebro de las mariposas
Y como la mina de oro de las abejas
Las abejas satélites del nardo como las gaviotas del barco
Las abejas que llevan la semilla en su interior
Y van más perfumadas que pañuelos de narices
Aunque no son pájaros
Pues no dejan sus iniciales en el cielo
En la lejanía del cielo besada por los ojos
Y al terminar su viaje vomitan el alma de los pétalos
Como las gaviotas vomitan el horizonte
Y las golondrinas el verano

No hay tiempo que perder
Ya viene la golondrina monotémpora
Trae un acento antípoda de lejanías que se acercan
Viene gondoleando la golondrina

Al horitaña de la montazonte
la violondrina y el goloncelo
Descolgada esta mañana de la lunala
Se acerca a todo galope
Ya viene viene la golondrina
Ya viene viene la golonfina
Ya viene la golontrina

Ya viene la goloncima
Viene la golonchina
Viene la golonclima
Ya viene la golonrima
Ya viene la golonrisa
La golonniña
La golongira
La golonlira
La golonbrisa
La golonchilla
Ya viene la golondía
Y la noche encoge sus uñas como el leopardo
Ya viene la golontrina
Que tiene un nido en cada uno de los dos calores
Como yo lo tengo en los cuatro horizontes
Viene la golonrisa
Y las olas se levantan en la punta de los pies

Viene la golonniña
Y siente un vahído la cabeza de la montaña
Viene la golongira
Y el viento se hace parábola de sílfides en orgía
Se llenan de notas los hilos telefónicos
Se duerme el ocaso con la cabeza escondida
Y el árbol con el pulso afiebrado

Pero el cielo prefiere el rodoñol
Su niño querido el rorreñol
Su flor de alegría el romiñol
Su piel de lágrima el rofañol
Su garganta nocturna el rosolñol
El rolañol
El rosiñol

* * *

CANTO VI

Alhaja apoteosis y molusco
Anudado
      noche
         nudo
El corazón
Esa entonces dirección
            nudo temblando
Flexible corazón la apoteosis
Un dos tres
        cuatro
Lágrima
      mi lámpara
         y molusco
El pecho al melodioso
Anudado la joya
Conque temblando angustia
Normal tedio
        Sería pasión
        Muerte el violoncelo
Una bujía el ojo
         Otro otra
Cristal si cristal era
Cristaleza
Magnetismo
        sabéis la seda
Viento flor
      lento nube lento
Seda cristal lento seda
El magnetismo
         seda aliento cristal seda
Así viajando en postura de ondulación
Cristal nube
Molusco sí por violoncelo y joya
Muerte de joya y violoncelo
Así sed por hambre o hambre y sed
Y nube y joya

Lento
        nube
        Ala ola ole ala Aladino
El ladino Aladino Ah ladino dino la
Cristal nube
Adónde
        en dónde
Lento lenta
        ala ola
Ola ola el ladino si ladino
Pide ojos
        Tengo nácar
En la seda cristal nube
Cristal ojos
        y perfumes
Bella tienda
Cristal nube
        muerte joya o en ceniza
Porque eterno porque eterna
                lento lenta
Al azar del cristal ojos
Gracia tanta
        y entre mares
Miramares
Nombres daba
        por los ojos hojas mago
Alto alto
Y el clarín de la Babel
Pida nácar
        tenga muerte
Una dos y cuatro muerte
Para el ojo y entre mares
Para el barco en los perfumes
Por la joya al infinito
Vestir cielo sin desmayo
Se deshoja tan prodigio
El cristal ojo

Y la visita
>   flor y rama
Al gloria trino
>   apoteosis
Va viajando Nudo Noche
Me daría
>   cristaleras
>   tanto azar
>   y noche y noche
Que tenía la borrasca
Noche y noche
>   Apoteosis
Que tenía cristal ojo cristal seda cristal nube
La escultura seda o noche
Lluvia
>   Lana flor por ojo
>   Flor por nube
>   Flor por noche
Señor horizonte viene viene
Puerta
Iluminando negro
Puerta hacia idas estatuarias
Estatuas de aquella ternura
A dónde va
De dónde viene
>   el paisaje viento seda
El paisaje
>   señor verde
Quién diría
Que se iba
Quién diría cristal noche
Tanta tarde
Tanto cielo que levanta
Señor cielo
>   cristal cielo
Y las llamas
>   y en mi reino

Ancla noche apoteosis
Anudado
   la tormenta
Ancla cielo
    sus raíces
El destino tanto azar
Se desliza deslizaba
Apagándose pradera
Por quien sueña
Lunancero cristal luna
En que sueña
En que reino
     de sus hierros
Ancla mía golondrina
Sus resortes en el mar
Angel mío
    tan obscuro
      tan color
Tan estatua y tan aliento
Tierra y mano
La marina tan armada
Armaduras los cabellos
Ojos templo
    y el mendigo
Estallado corazón
Montanario
Campañoso
Suenan perlas
Llaman perlas
El honor de los adioses
      Cristal nube
El rumor y la lazada
Nadadora
    Cristal noche
La medusa irreparable
Dirá espectro
    Cristal seda
Olvidando la serpiente

Olvidando sus dos piernas
Sus dos ojos
Sus dos manos
Sus orejas
Aeronauta
        en mi terror
Viento aparte
Mandodrina y golonlina
Mandolera y ventolina
Enterradas
Las campanas
Enterrados los olvidos
En su oreja
        viento norte
Cristal mío
Baño eterno
        el nudo noche
El gloria trino
        sin desmayo
Al tan prodigio
Con su estatua
Noche y rama
        Cristal sueño
        Cristal viaje
Flor y noche
Con su estatua
        Cristal muerte

VER Y PALPAR

ELLA

Ella daba dos pasos hacia delante
Daba dos pasos hacia atrás
El primer paso decía buenos días señor
El segundo paso decía buenos días señora

Y los otros decían cómo está la familia
Hoy es un día hermoso como una paloma en el cielo

Ella llevaba una camisa ardiente
Ella tenía ojos de adormecedora de mares
Ella había escondido un sueño en un armario oscuro
Ella había encontrado un muerto en medio de su cabeza

Cuando ella llegaba dejaba una parte más hermosa muy lejos
Cuando ella se iba algo se formaba en el horizonte para esperarla

Sus miradas estaban heridas y sangraban sobre la colina
Tenía los senos abiertos y cantaba las tinieblas de su edad
Era hermosa como un cielo bajo una paloma

Tenía una boca de acero
Y una bandera mortal dibujada entre los labios
Reía como el mar que siente carbones en su vientre
Como el mar cuando la luna se mira ahogarse
Como el mar que ha mordido todas las playas
El mar que desborda y cae en el vacío en los tiempos de abundancia
Cuando las estrellas arrullan sobre nuestras cabezas
Antes que el viento norte abra sus ojos
Era hermosa en sus horizontes de huesos
Con su camisa ardiente y sus miradas de árbol fatigado
Como el cielo a caballo sobre las palomas

NOCHE Y DIA

Buenos días día
Buenas noches noche
El sombrero del día se levanta hacia la noche
El sombrero de la noche se baja hacia el día
Y yo paso como un árbol con el sombrero en la mano
Saludo a los amigos que llevan una flor en la mirada
Para ponerla en el sombrero de las niñas
Que van por la otra vereda

Buenos días día
Buenas noches noche
La que yo amo es hermosa
Como ese pájaro a la cabecera de la eternidad
Y sus ojos se encendían como una selva

El vendedor de otoños
Se va por el día hacia la noche
Es el árbol materno y el camino también
Son los ojos de la noche hacia el día
Es el árbol que cumple años y se festeja
O acaso el árbol que se defiende contra la tempestad
Buenos días día
No me hables de la que yo amo
Cuando sus ojos aparecen en la calle
Como la primavera de repente en todos los astros

Buenos días día
Cierra los labios de tu presencia
Es el sol que se degüella sobre las montañas del alba
O bien la tierra lujosa y apasionada
Pagando a precio de oro la primavera
Como yo pagaría tus labios al universo
Porque tú eres hermosa como las buenas tardes a la tarde
Y porque yo amo los relámpagos de tu piel
Cuando sales de tu realidad hacia mi boca
Entonces el piano desata su corazón
Y me dejo llevar río abajo

El tiempo tiene un sombrero nuevo de tiempo en tiempo
Y ceremonias de gruta con manto de cola y estalactitas
La gruta profunda como el reposo
La gruta que las estrellas están buscando desde largos años
Como la noche de mis piélagos internos y dolientes
Cuando la muerte se estrella en el campanario

Buenas noches noche
La gruta llora

La luna se cansa de nosotros
El único silencio
El silencio de los ojos como una flor adentro
El único silencio
El silencio de ese pedazo de la noche en donde tú estás de pie

Buenas noches noche
¿De dónde vienes? Qué tarde llegas
Es el ruido del viento que quiere pasar a través del agua
Y oír los murmullos de los peces
O bien la paloma de la soledad
O tal vez el cielo dispersando la tempestad
O mi alma tibia como una mano y arrullándose a sí misma
O la tempestad dispersando las estrellas
Las estrellas que se despiden con el sombrero en la mano
Y se van hacia la gruta de los sueños inmemoriales
La misma gruta que hemos descrito anteriormente

EL CIUDADANO DEL OLVIDO

SOLO

Solo solo entre la noche y la muerte
Andando en medio de la eternidad
Comiendo una fruta en medio del vacío

La noche La muerte
El muerto recién plantado en el infinito
La tierra se va la tierra vuelve

Solo con una estrella al frente
Solo con un gran canto adentro y ninguna estrella al frente

La noche y la muerte
La noche de la muerte
La muerte de la noche rondando por la muerte

ULTIMOS POEMAS

EL PASO DEL RETORNO

A Raquel que me dijo
un día cuando tú te
alejas un solo instante,
el tiempo y yo lloramos.

Yo soy ese que salió hace un año de su tierra
Buscando lejanías de vida y muerte
Su propio corazón y el corazón del mundo
Cuando el viento silbaba entrañas
En un crepúsculo gigante y sin recuerdos

Guiado por mi estrella
Con el pecho vacío
Y los ojos clavados en la altura
Salí hacia mi destino

Oh mis buenos amigos
¿Me habéis reconocido?
He vivido una vida que no puede vivirse
Pero tú Poesía no me has abandonado un solo instante

Oh mis amigos aquí estoy
Vosotros sabéis acaso lo que yo era
Pero nadie sabe lo que soy
El viento me hizo viento
La sombra me hizo sombra
El horizonte me hizo horizonte preparado a todo

La tarde me hizo tarde
Y el alba me hizo alba para cantar de nuevo
Oh poeta esos tremendos ojos
Ese andar de alma de acero y de bondad de mármol
Este es aquel que llegó al final del último camino
Y que vuelve quizás con otro paso
Hago al andar el ruido de la muerte

Mientras la herida cierra los párpados para dormirse
Me crece el corazón
Hasta romper sus horizontes
Hasta saltar por encima de los árboles
Y estrellarse en el cielo
La noche sabe qué corazón tiene más amargura

Sigo las flores y me pierdo en el tiempo
De soledad en soledad
Sigo las olas y me pierdo en la noche
De soledad en soledad
Tú has escondido la luz en alguna parte
¿En dónde? ¿En dónde?
Andan los días en tu busca
Los días llagados coronados de espinas
Se caen se levantan
Y van goteando sangre
Te buscan los caminos de la tierra
De soledad en soledad
Me crece terriblemente el corazón
Nada vuelve

Todo es otra cosa
Nada vuelve nada vuelve
Se van las flores y las hierbas
El perfume apenas llega como una campanada de otra provincia
Vienen otras miradas y otras voces
Viene otra agua en el río
Vienen otras hojas de repente en el bosque
Todo es otra cosa
Nada vuelve
Se fueron los caminos
Se fueron los minutos y las horas
Se alejó el río para siempre
Como los cometas que tanto admiramos
Desbordará mi corazón sobre la tierra
Y el universo será mi corazón

Tan lejos tan lejos
El mundo se va por el viento
Y un perro aúlla de infinito buscando la tierra perdida

BALADA DE LO QUE NO VUELVE

Venía hacia mí por la sonrisa
Por el camino de su gracia
Y cambiaba las horas del día
El cielo de la noche se convertía en el cielo del amanecer
El mar era un árbol frondoso lleno de pájaros
Las flores daban campanadas de alegría
Y mi corazón se ponía a perfumar enloquecido

Van andando los días a lo largo del año
¿En dónde estás?
Me crece la mirada
Se me alargan las manos
En vano la soledad abre sus puertas
Y el silencio se llena de tus pasos de antaño
Me crece el corazón
Se me alargan los ojos
Y quisiera pedir otros ojos
Para ponerlos allí donde terminan los míos
¿En dónde estás ahora?
¿Qué sitio del mundo se está haciendo tibio con tu presencia?
Me crece el corazón como una esponja
O como esos corales que van a formar islas
Es inútil mirar los astros
O interrogar las piedras encanecidas
Es inútil mirar ese árbol que te dijo adiós el último
Y te saludará el primero a tu regreso
Eres sustancia de lejanía
Y no hay remedio
Andan los días en tu busca
A qué seguir por todas partes la huella de sus pasos
El tiempo canta dulcemente

Y si mis ojos os dicen
Cuánta vida he vivido y cuánta muerte he muerto
Ellos podrían también deciros
Cuánta vida he muerto y cuánta muerte he vivido

¡Oh mis fantasmas! ¡Oh mis queridos espectros!
La noche ha dejado noche en mis cabellos
¿En dónde estuve? ¿Por dónde he andado?
¿Pero era ausencia aquélla o era mayor presencia?

Cuando las piedras oyen mi paso
Sienten una ternura que les ensancha el alma
Se hacen señas furtivas y hablan bajo:
Allí se acerca el buen amigo
El hombre de las distancias
Que viene fatigado de tanta muerte al hombro
De tanta vida en el pecho
Y busca donde pasar la noche

Heme aquí ante vuestros limpios ojos
Heme aquí vestido de lejanías
Atrás quedaron los negros nubarrones
Los años de tinieblas en el antro olvidado
Traigo un alma lavada por el fuego
Vosotros me llamáis sin saber a quién llamáis
Traigo un cristal sin sombra un corazón que no decae
La imagen de la nada y un rostro que sonríe
Traigo un amor muy parecido al universo
La Poesía me despejó el camino
Ya no hay banalidades en mi vida
¿Quién guió mis pasos de modo tan certero?

Mis ojos dicen a aquellos que cayeron
Disparad contra mí vuestros dardos
Vengad en mí vuestras angustias
Vengad en mí vuestros fracasos

Yo soy invulnerable
He tomado mi sitio en el cielo como el silencio

Los siglos de la tierra me caen en los brazos
Yo soy amigos el viajero sin fin
Las alas de la enorme aventura
Batían entre inviernos y veranos
Mirad cómo suben estrellas en mi alma
Desde que he expulsado las serpientes del tiempo oscurecido

¿Cómo podremos entendernos?
Heme aquí de regreso de donde no se vuelve
Compasión de las olas y piedad de los astros
¡Cuánto tiempo perdido! Este es el hombre de las lejanías
El que daba vuelta las páginas de los muertos
Sin tiempo sin espacio sin corazón sin sangre
El que andaba de un lado para otro
Desesperado y solo en las tinieblas
Solo en el vacío
Como un perro que ladra hacia el fondo de un abismo

¡Oh vosotros! ¡Oh mis buenos amigos!
Los que habéis tocado mis manos
¿Qué habéis tocado?
Y vosotros que habéis escuchado mi voz
¿Qué habéis escuchado?
Y los que habéis contemplado mis ojos
¿Qué habéis contemplado?

Lo he perdido todo y todo lo he ganado
Y ni siquiera pido
La parte de la vida que me corresponde
Ni montañas de fuego ni mares cultivados
Es tanto más lo que he ganado que lo que he perdido
Así es el viaje al fin del mundo
Y ésta es la corona de sangre de la gran experiencia
La corona regalo de mi estrella
¿En dónde estuve en dónde estoy?

Los árboles lloran un pájaro canta inconsolable
Decid ¿quién es el muerto?
El viento me solloza
¡Qué inquietudes me has dado!
Algunas flores exclaman
¿Estás vivo aún?
¿Quién es el muerto entonces?
Las aguas gimen tristemente
¿Quién ha muerto en estas tierras?
Ahora sé lo que soy y lo que era
Conozco la distancia que va del hombre a la verdad
Conozco la palabra que aman los muertos
Este es el que ha llorado el mundo el que ha llorado resplandores

Las lágrimas se hinchan se dilatan
Y empiezan a girar sobre su eje
Heme aquí ante vosotros
Cómo podremos entendernos Cómo saber lo que decimos
Hay tantos muertos que me llaman
Allí donde la tierra pierde su ruido
Allí donde me esperan mis queridos fantasmas
Mis queridos espectros
Miradme os amo tanto pero soy extranjero
¿Quién salió de su tierra
Sin saber el hondor de su aventura?
Al desplegar las alas
El mismo no sabía qué vuelo era su vuelo

Vuestro tiempo y vuestro espacio
No son mi espacio ni mi tiempo
¿Quién es el extranjero? ¿Reconocéis su andar?
Es el que vuelve con un sabor de eternidad en la garganta
Con un olor de olvido en los cabellos
Con un sonar de venas misteriosas
Es este que está llorando el universo
Que sobrepasó la muerte y el rumor de la selva secreta
Soy impalpable ahora como ciertas semillas

Que el viento mismo que las lleva no las siente
Oh Poesía nuestro reino empieza

Este es aquel que durmió muchas veces
Allí donde hay que estar alerta
Donde las rocas prohíben la palabra
Allí donde se confunde la muerte con el canto del mar
Ahora vengo a saber que fui a buscar las llaves
He aquí las llaves
¿Quién las había perdido?
¿Cuánto tiempo ha que se perdieron?
Nadie encontró las llaves perdidas en el tiempo y en las brumas
¡Cuántos siglos perdidas!

Al fondo de las tumbas
Al fondo de los mares
Al fondo del murmullo de los vientos
Al fondo del silencio
He aquí los signos
¡Cuánto tiempo olvidados!
Pero entonces amigo ¿qué vas a decirnos?
¿Quién ha de comprenderte? ¿De dónde vienes?
¿En dónde estabas? ¿En qué alturas en qué profundidades?
Andaba por la Historia del brazo con la muerte
Oh hermano nada voy a decirte
Cuando hayas tocado lo que nadie puede tocar
Más que el árbol te gustará callar

LA POESIA ES UN ATENTADO CELESTE

Yo estoy ausente pero en el fondo de esta ausencia
Hay la espera de mí mismo
Y esta espera es otro modo de presencia
La espera de mi retorno
Yo estoy en otros objetos
Ando en viaje dando un poco de mi vida

A ciertos árboles y a ciertas piedras
Que me han esperado muchos años

Se cansaron de esperarme y se sentaron

Yo no estoy y estoy
Estoy ausente y estoy presente en estado de espera
Ellos querrían mi lenguaje para expresarse
Y yo querría el de ellos para expresarlos
He aquí el equívoco el atroz equívoco

Angustioso lamentable
Me voy adentrando en estas plantas
Voy dejando mis ropas
Se me van cayendo las carnes
Y mi esqueleto se va revistiendo de cortezas

Me estoy haciendo árbol Cuántas veces me he ido convirtiendo en
                                                    [otras cosas...
Es doloroso y lleno de ternura

Podría dar un grito pero se espantaría la transubstanciación
Hay que guardar silencio Esperar en silencio

MONUMENTO AL MAR

Paz sobre la constelación cantante de las aguas
Entrechocadas como los hombros de la multitud
Paz en el mar a las olas de buena voluntad
Paz sobre la lápida de los naufragios
Paz sobre los tambores del orgullo y las pupilas tenebrosas
Y si yo soy el traductor de las olas
Paz también sobre mí

He aquí el molde lleno de trizaduras del destino
El molde de la venganza
Con sus frases iracundas despegándose de los labios

He aquí el molde lleno de gracia
Cuando eres dulce y estás allí hipnotizado por las estrellas

He aquí la muerte inagotable desde el principio del mundo
Porque un día nadie se paseará por el tiempo
Nadie a lo largo del tiempo empedrado de planetas difuntos

Este es el mar
El mar con sus olas propias
Con sus propios sentidos
El mar tratando de romper sus cadenas
Queriendo imitar la eternidad
Queriendo ser pulmón o neblina de pájaros en pena
O el jardín de los astros que pesan en el cielo
Sobre las tinieblas que arrastramos
O que acaso nos arrastran
Cuando vuelan de repente todas las palomas de la luna
Y se hace más oscuro que las encrucijadas de la muerte

El mar entra en la carroza de la noche
Y se aleja hacia el misterio de sus parajes profundos
Se oye apenas el ruido de las ruedas
Y el ala de los astros que penan en el cielo
Este es el mar
Saludando allá lejos la eternidad
Saludando a los astros olvidados
Y a las estrellas conocidas

Este es el mar que se despierta como el llanto de un niño
El mar abriendo los ojos y buscando el sol con sus pequeñas manos
                                                    [temblorosas
El mar empujando las olas
Sus olas que barajan los destinos

Levántate y saluda el amor de los hombres

Escucha nuestras risas y también nuestro llanto
Escucha los pasos de millones de esclavos

Escucha la protesta interminable
De esa angustia que se llama hombre
Escucha el dolor milenario de los pechos de carne
Y la esperanza que renace de sus propias cenizas cada día

También nosotros te escuchamos
Rumiando tantos astros atrapados en tus redes
Rumiando eternamente los siglos naufragados
También nosotros te escuchamos

Cuando te revuelcas en tu lecho de dolor
Cuando tus gladiadores se baten entre sí

Cuando tu cólera hace estallar los meridianos
O bien cuando te agitas como un gran mercado en fiesta
O bien cuando maldices a los hombres
O te haces el dormido
Tembloroso en tu gran telaraña esperando la presa

Lloras sin saber por qué lloras
Y nosotros lloramos creyendo saber por qué lloramos
Sufres sufres como sufren los hombres
Que oiga rechinar tus dientes en la noche
Y te revuelques en tu lecho
Que el insomnio no te deje calmar tus sufrimientos
Que los niños apedreen tus ventanas
Que te arranquen el pelo
Tose tose revienta en sangre tus pulmones
Que tus resortes enmohezcan
Y te veas pisoteado como césped de tumba

Pero soy vagabundo y tengo miedo que me oigas
Tengo miedo de tus venganzas
Olvida mis maldiciones y cantemos juntos esta noche
Hazte hombre te digo como yo a veces me hago mar
Olvida los presagios funestos
Olvida la explosión de mis praderas
Yo te tiendo las manos como flores

Hagamos las paces te digo
Tú eres el más poderoso
Que yo estreche tus manos en las mías
Y sea la paz entre nosotros

Junto a mi corazón te siento
Cuando oigo el gemir de tus violines
Cuando estás ahí tendido como el llanto de un niño
Cuando estás pensativo frente al cielo
Cuando estás dolorido en tus almohadas
Cuando te siento llorar detrás de mi ventana
Cuando lloramos sin razón como tú lloras

He aquí el mar
El mar donde viene a estrellarse el olor de las ciudades
Con su regazo lleno de barcas y peces y otras cosas alegres
Esas barcas que pescan a la orilla del cielo
Esos peces que escuchan cada rayo de luz
Esas algas con sueños seculares
Y esa ola que canta mejor que las otras

He aquí el mar
El mar que se estira y se aferra a sus orillas
El mar que envuelve las estrellas en sus olas
El mar con su piel martirizada
Y los sobresaltos de sus venas
Con sus días de paz y sus noches de histeria

Y al otro lado qué hay al otro lado
Qué escondes mar al otro lado
El comienzo de la vida largo como una serpiente
O el comienzo de la muerte más honda que tú mismo
Y más alta que todos los montes
Qué hay al otro lado
La milenaria voluntad de hacer una forma y un ritmo
O el torbellino eterno de pétalos tronchados

He ahí el mar
El mar abierto de par en par
He ahí el mar quebrado de repente
Para que el ojo vea el comienzo del mundo
He ahí el mar
De una ola a la otra hay el tiempo de la vida
De sus olas a mis ojos hay la distancia de la muerte

CESAR VALLEJO
[PERU, 1892-1938]

MIENTRAS VIVIÓ padeció el infortunio, la «mala suerte» como hombre («En la calle me aguarda la vida, lista, sin duda, a golpearme a su antojo») pero, sobre todo, como poeta. En efecto, cuando murió, un viernes Santo en París («Me moriré en París con aguacero»), donde residía desde hacía quince años y donde había soportado casi siempre una «miseria absoluta», la mitad de su corta obra poética —doscientos cincuenta y cinco poemas— permanecía inédita. Ahora esta poesía, que en vida de Vallejo muy pocos reconocieron, está considerada, unánimemente, como una obra de fundación o «de descubrimiento y de conquista que se sitúa entre las más fecundas de la creación literaria contemporánea», según el juicio de Américo Ferrari. Cierto, su obra, inclasificable dentro de cualquier movimiento literario, conmocionó, como ninguna otra antes en Latinoamérica, el lenguaje establecido, las normas de corrección gramatical; y dedujo de esta revolución lingüística, un lenguaje restituido a sus raíces, a sus palabras primeras, aún en libertad.

En Perú había logrado publicar, a su propio costo, dos libros de poesía. *Los heraldos negros*, el primero, significó la transición de la estética postmodernista (de Herrera y Reissig y López Velarde) a un lenguaje propio que se resuelve en el tono coloquial y simple de la vida doméstica, pacificada por la figura de la madre; pero también en la crisis existencial, la fractura del hombre en el mundo, la angustia ante el destino humano: el sufrimiento, el desgaste temporal, la muerte. Su segundo libro, *Trilce* (el número tres, la tercera letra, cifras mágicas) fue la ruptura total con el lenguaje, la destrucción de la sintaxis, la forma, la ortografía, aceptadas por convención, la caída en el caos y en el absurdo («Absurdo, sólo tú eres puro»), libro de oscuridad y de búsqueda metafísica de lo absoluto, continúa, sin embargo, la nostalgia por el habla familiar, la unidad materna, constante en toda su poesía. «El libro ha nacido en el mayor vacío. Soy responsable de él. Asumo toda la responsabilidad de su estética... Si no he de ser hoy libre, no lo seré jamás» —le escribió Vallejo a su íntimo amigo y también prologuista del libro, Antenor Orrego.

Cuando se fue del Perú, en 1923, había sufrido también una prisión injusta de cuatro meses («El momento más grave de mi vida fue mi prisión en una cárcel del Perú»).

Su tercer libro quedó manuscrito y fue publicado en 1939, un año después de su muerte. *Poemas humanos* (título elegido entre otros posibles dados por el poeta) en realidad incluye tres núcleos poéticos. Los *Poemas en prosa*, escritos desde el año 1923 hasta el 29, con los que regresa, sin el recurso del verso, a una escritura, aunque más abierta a una inteligencia inmediata, sin embargo, en tensión sobre el silencio. Los *Poemas humanos* descubren el sentido, olvidado hasta ahora por la historia, de la palabra hombre, hermano, compañero. La «orfandad» espiritual de Vallejo es ahora la de todos; la injusticia social y humana traspasan su palabra de sufrimiento, como un nuevo cristiano, pero también de lucha política, en un intento por asumir el marxismo-socialista como la ideología del rescate. Allí resurge el lenguaje después de la experiencia límite de *Trilce* (no un callejón sin salida puesto que era la negación necesaria, la antítesis), afirmado ahora en nexos imprevistos, funciones nuevas para las palabras, una semántica adánica. Sin embargo, a pesar de esta posible redención política del dolor humano, *Poemas humanos* es el libro de la alienación, de la vida ajena a la sensibilidad y al amor. Es en *España, aparta de mí este cáliz*, escrito en los tres meses finales del año 37, asediado por la experiencia de la guerra, donde Vallejo alcanza la visión utópica de un mundo perfecto, nacido del holocausto y martirio de la república española. Como dice Guillermo Sucre: «El sacrificio del pueblo español funda la ciudad feliz del mañana. Pero todo, aquí, flota en una atmósfera de mito, de utopía, de milagro, y se piensa más en la Biblia que en Marx».

Vallejo no fue un teórico de su poesía. Su obra en prosa incluye tres novelas, cuentos, proyectos para obras teatrales. Como corresponsal de diversas revistas latinoamericanas, escribió numerosos artículos donde aborda diferentes temas. De ellos, extraemos estas citas que ayudan a comprender su concepción estética:

> El pesimismo y la desesperación deben ser siempre etapas y no metas. Para que ellos agiten y fecunden el espíritu, deben desenvolverse hasta transformarse en afirma-

ciones constructivas. De otra manera, no pasan de gérmenes patológicos, condenados a devorarse a sí mismos.

*

Nuestra táctica criticista y destructiva debe marchar unida inseparablemente a una profesión de fe constructiva, derivada científica y objetivamente de la historia. Nuestra lucha contra el orden social vigente entraña, según la dialéctica materialista, un movimiento tácito y necesario, hacia la substitución de ese orden por otro nuevo. Revolucionariamente, los conceptos de destrucción y construcción son inseparables...

*

La presentación gráfica de los versos no debe servir para sugerir lo que dice ya el texto de tales versos, sino para sugerir lo que el texto no dice. De otra manera, ello no pasa de un pleonasmo y de un adorno de salón de «nuevo rico»...

*

Un poema es una entidad vital mucho más orgánica que un ser orgánico de la naturaleza. A un animal se le amputa un miembro y sigue viviendo. A un vegetal se le corta una rama y sigue viviendo. Pero si a un poema se le amputa un verso, una palabra, una letra, un signo ortográfico, muere. Como el poeta, al ser traducido, no puede conservar su absoluta y viviente integridad, él debe ser leído en su lengua de origen, y esto, naturalmente, limita, por ahora, la universalidad de su emoción.

*

La gramática, como norma colectiva en poesía carece de razón de ser. Cada poeta forja su gramática personal e intransferible, su sintaxis, su ortografía, su analogía, su prosodia, su semántica. Le basta con no salir de los fueros básicos del idioma. El poeta puede hasta cambiar, en cierto modo, la estructura literal y fonética de una misma palabra, según los casos. Y esto, en vez de restringir el alcance socialista y universal de la poesía, como pudiera creerse, lo dilata al infinito. Sabido es que cuanto más personal (repito, no digo individual) es la sensibilidad del artista, su obra es más universal y colectiva.

BIBLIOGRAFIA

OBRA POETICA

Los heraldos negros (1918); *Trilce* (1922); *Poemas humanos* (póstumo, 1939); *España, aparta de mí este cáliz*, (póstumo, 1939); *Poesías completas* (Buenos Aires, Editorial Losada, 1949); *Obra poética completa* (Prólogo de Américo Ferrari Lima, Francisco Moncloa Editores, 1968); *Poesías completas* (Prólogo de Roberto Fernández Retamar. La Habana, Casa de las Américas, 1970); *Obra poética completa, Obras completas* (Tomo III. Lima, Ediciones Búsqueda, Mosca Azul Editores, 1974); *Poesías completas* (Edición crítica y exegética al cuidado de Juan Larrea. España, Barral Editores, 1978); *Obra Poética* (Prólogo Enrique Ballón Aguirre. Caracas, Biblioteca Ayacucho, 1980), *Obra poética* (Edición crítica Américo Ferrari. Colección Archivos, Colombia, 1988).

ESTUDIOS CRITICOS

Xavier Abril: *Vallejo: ensayo de aproximación crítica*. Buenos Aires, Editorial Front, 1958.
André Coyne: *César Vallejo y su obra poética*. Lima, Editorial Letras Peruanas, 1958.
César Vallejo. Buenos Aires, Ediciones Nueva Visión, 1968.
Alberto Escobar: *Cómo leer a Vallejo*. Lima. P.L. Villanueva Editor, 1973. «Símbolos de la poesía de Vallejo» en *Patio de Letras*, Lima, Eds. Caballo de Troya, 1965.
Américo Ferrari: *El universo poético de César Vallejo*. Caracas, Monte Avila, 1972.
James Higgins: *Visión del hombre y de la vida en las últimas obras poéticas de César Vallejo*. México. Siglo XXI, 1970.

372

Juan Larrea: *César Vallejo o Hispanoamérica en la cruz de su razón*. Córdoba. Universidad Nacional, 1958.

Luis Monguió: *César Vallejo (1892-1938)*. *Vida y obra*. *Bibliografía*. *Antología*. New York, Hispanic Institute in the United States, 1952. Reimpresión: Lima, Editora Perú Nuevo, 1960.

Julio Ortega (compilador): *César Vallejo*. Madrid, Taurus, Colección «El escritor y la crítica», 1974.

Georgette de Vallejo: *Apuntes biográficos sobre «Poemas en prosa» y «Poemas humanos»*. Lima, Moncloa Editores, 1968.

VISION DEL PERU. «Homenaje internacional a César Vallejo» (estudios críticos, ilustraciones, iconografía, cartas inéditas, facsímiles, fotografías, etc.), Lima, *Revista de Cultura*, N° 4, 1969.

LOS HERALDOS NEGROS

LOS HERALDOS NEGROS

Hay golpes en la vida, tan fuertes... Yo no sé!
Golpes como del odio de Dios; como si ante ellos,
la resaca de todo lo sufrido
se empozara en el alma... Yo no sé!

Son pocos; pero son... Abren zanjas oscuras
en el rostro más fiero y en el lomo más fuerte.
Serán talvez los potros de bárbaros atilas;
o los heraldos negros que nos manda la Muerte.

Son las caídas hondas de los Cristos del alma,
de alguna fe adorable que el Destino blasfema.
Esos golpes sangrientos son las crepitaciones
de algún pan que en la puerta del horno se nos quema.

Y el hombre... Pobre... pobre! Vuelve los ojos, como
cuando por sobre el hombro nos llama una palmada;
vuelve los ojos locos, y todo lo vivido
se empoza, como charco de culpa, en la mirada.

Hay golpes en la vida, tan fuertes... Yo no sé!

LOS PASOS LEJANOS

Mi padre duerme. Su semblante augusto
figura un apacible corazón;
está ahora tan dulce...
si hay algo en él de amargo, seré yo.

Hay soledad en el hogar; se reza;
y no hay noticias de los hijos hoy.
Mi padre se despierta, ausculta

la huida a Egipto, el restañante adiós.
Está ahora tan cerca;
si hay algo en él de lejos, seré yo.

Y mi madre pasea allá en los huertos,
saboreando un sabor ya sin sabor.
Está ahora tan suave,
tan ala, tan salida, tan amor.

Hay soledad en el hogar sin bulla,
sin noticias, sin verde, sin niñez.
Y si hay algo quebrado en esta tarde,
y que baja y que cruje,
son dos viejos caminos blancos, curvos.
Por ellos va mi corazón a pie.

A MI HERMANO MIGUEL

In memoriam

Hermano, hoy estoy en el poyo de la casa,
donde nos haces una falta sin fondo!
Me acuerdo que jugábamos esta hora, y que mamá
nos acariciaba: «Pero, hijos...».

Ahora yo me escondo,
como antes, todas estas oraciones
vespertinas, y espero que tú no des conmigo.
Por la sala, el zaguán, los corredores.
Después, te ocultas tú, y yo no doy contigo.
Me acuerdo que nos hacíamos llorar,
hermano, en aquel juego.

Miguel, tú te escondiste
una noche de agosto, al alborear;
pero, en vez de ocultarte riendo, estabas triste.
Y tu gemelo corazón de esas tardes

extintas se ha aburrido de no encontrarte. Y ya
cae sombra en el alma.

Oye, hermano, no tardes
en salir. Bueno? Puede inquietarse mamá.

ESPERGESIA

Yo nací un día
que Dios estuvo enfermo.

Todos saben que vivo,
que soy malo; y no saben
del diciembre de ese enero.
Pues yo nací un día
que Dios estuvo enfermo.

Hay un vacío
en mi aire metafísico
que nadie ha de palpar:
el claustro de un silencio
que habló a flor de fuego.
Yo nací un día
que Dios estuvo enfermo.

Hermano, escucha, escucha...
Bueno. Y que no me vaya
sin llevar diciembres,
sin dejar eneros.
Pues yo nací un día
que Dios estuvo enfermo.

Todos saben que vivo,
que mastico... Y no saben
por qué en mi verso chirrían,
oscuro sinsabor de féretro,
luyidos vientos

desenroscados de la Esfinge
preguntona del Desierto.

Todos saben... Y no saben
que la Luz es tísica,
Y la Sombra gorda...
Y no saben que el Misterio sintetiza...
que él es la joroba
musical y triste que a distancia denuncia
el paso meridiano de las lindes a las Lindes.

Yo nací un día
que Dios estuvo enfermo,
grave.

TRILCE

II

Tiempo Tiempo.

Mediodía estancado entre relentes.
Bomba aburrida del cuartel achica
tiempo tiempo tiempo tiempo.

Era Era.

Gallos cancionan escarbando en vano.
Boca del claro día que conjuga
era era era era.

Mañana Mañana.

El reposo caliente aún de ser.
Piensa el presente guárdame para
mañana mañana mañana mañana.

Nombre Nombre.

¿Qué se llama cuanto heriza nos?
Se llama Lomismo que padece
nombre nombre nombre nombrE.

III

Las personas mayores
¿a qué hora volverán?
Da las seis el ciego Santiago,
y ya está muy oscuro.

Madre dijo que no demoraría.

Aguedita, Nativa, Miguel,
cuidado con ir por ahí, por donde
acaban de pasar gangueando sus memorias
dobladoras penas,
hacia el silencioso corral, y por donde
las gallinas que se están acostando todavía,
se han espantado tanto.
Mejor estemos aquí no más.
Madre dijo que no demoraría.

Ya no tengamos pena. Vamos viendo
los barcos ¡el mío es más bonito de todos!
con los cuales jugamos todo el santo día,
sin pelearnos, como debe ser:
han quedado en el pozo de agua, listos,
fletados de dulces para mañana.

Aguardemos así, obedientes y sin más
remedio, la vuelta, el desagravio
de los mayores siempre delanteros
dejándonos en casa a los pequeños,
como si también nosotros
                no pudiésemos partir.

Aguedita, Nativa, Miguel?
Llamo, busco al tanteo en la oscuridad.
No me vayan a haber dejado solo,
y el único recluso sea yo.

IV

Rechinan dos carretas contra los martillos
hasta los lagrimales trifurcas,
cuando nunca las hicimos nada.
A aquella otra sí, desamada,
amargurada bajo túnel campero
por lo uno, y sobre duras áljidas
pruebas   espiritivas.

Tendime en son de tercera parte,
mas la tarde —qué la bamos a hhazer—
se anilla en mi cabeza, furiosamente
a no querer dosificarse en madre. Son los anillos.
Son los nupciales trópicos ya tascados.
El alejarse, mejor que todo,
rompe a Crisol.

Aquel no haber descolorado
por nada. Lado al lado al destino y llora
y llora. Toda la canción
cuadrada en tres silencios.

Calor. Ovario. Casi transparencia.
Hase llorado todo.   Hase entero velado
en plena izquierda.

XV

En el rincón aquel, donde dormimos juntos
tantas noches, ahora me he sentado

a caminar. La cuja de los novios difuntos
fue sacada, o talvez qué habrá pasado.

Has venido temprano a otros asuntos
y ya no estás. Es el rincón
donde a tu lado, leí una noche,
entre tus tiernos puntos
un cuento de Daudet. Es el rincón
amado. No lo equivoques.

Me he puesto a recordar los días
de verano idos, tu entrar y salir,
poca y harta y pálida por los cuartos.

En esta noche pluviosa,
ya lejos de ambos dos, salto de pronto...
Son dos puertas abriéndose cerrándose
dos puertas que al viento van y vienen
sombra   a   sombra.

XVIII

Oh las cuatro paredes de la celda.
Ah las cuatro paredes albicantes
que sin remedio dan al mismo número.

Criadero de nervios, mala brecha,
por sus cuatro rincones cómo arranca
las diarias aherrojadas extremidades.

Amorosa llavera de innumerables llaves,
si estuvieras aquí, si vieras hasta
qué hora son cuatro estas paredes.
Contra ellas seríamos contigo, los dos,
más dos que nunca. Y ni lloraras,
di, libertadora!

Ah las paredes de la celda.
De ellas me duelen entretanto más
las dos largas que tienen esta noche
algo de madres que ya muertas
llevan por bromurados declives,
a un niño de la mano cada una.

Y sólo yo me voy quedando,
con la diestra, que hace por ambas manos,
en alto, en busca de terciario brazo
que ha de pupilar, entre mi dónde y mi cuándo,
esta mayoría inválida de hombre.

XXIII

Tahona estuosa de aquellos mis bizcochos
pura yema infantil innumerable, madre.

Oh tus cuatro gorgas, asombrosamente
mal plañidas, madre: tus mendigos.
Las dos hermanas últimas, Miguel que ha muerto
y yo arrastrando todavía
una trenza por cada letra del abecedario.

En la sala de arriba nos repartías
de mañana, de tarde, de dual estiba,
aquellas ricas hostias de tiempo, para
que ahora nos sobrasen
cáscaras de relojes en flexión de las 24
en punto parados.

Madre, y ahora! Ahora, en cuál alvéolo
quedaría, en qué retoño capilar,
cierta migaja que hoy se me ata al cuello
y no quiere pasar. Hoy que hasta
tus puros huesos estarán harina

que no habrá en qué amasar
¡tierna dulcera de amor!
hasta en la cruda sombra, hasta en el gran molar
cuya encía late en aquel lácteo hoyuelo
que inadvertido lábrase y pulula ¡tú lo viste tánto!
en las cerradas manos recién nacidas.

Tal la tierra oirá en tu silenciar,
cómo nos van cobrando todos
el alquiler del mundo donde nos dejas
y el valor de aquel pan inacabable.
Y nos lo cobran, cuando, siendo nosotros
pequeños entonces, como tú verías,
no se lo podíamos haber arrebatado
a nadie; cuando tú nos lo diste,
¿di, mamá?

XXVII

Me da miedo ese chorro,
buen recuerdo, señor fuerte, implacable
cruel dulzor. Me da miedo.
Esta casa me da entero bien, entero
lugar para este no saber dónde estar.

No entremos. Me da miedo este favor
de tornar por minutos, por puentes volados.
Yo no avanzo, señor dulce,
recuerdo valeroso, triste
esqueleto cantor.

Qué contenido, el de esta casa encantada,
me da muertes de azoque, y obtura
con plomo mis tomas
a la seca actualidad.

El chorro que no sabe a cómo vamos,
dame miedo, pavor.
Recuerdo valeroso, yo no avanzo.
Rubio y triste esqueleto, silba, silba.

XXVIII

He almorzado solo ahora, y no he tenido
madre, ni súplica, ni sírvete, ni agua,
ni padre que, en el facundo ofertorio
de los choclos, pregunte para su tardanza
de imagen, por los broches mayores del sonido.

Cómo iba yo a almorzar. Cómo me iba a servir
de tales platos distantes esas cosas,
cuando habráse quebrado el propio hogar,
cuando no asoma ni madre a los labios.
Cómo iba yo a almorzar nonada.

A la mesa de un buen amigo he almorzado
con su padre recién llegado del mundo,
con sus canas tías que hablan
en tordillo retinte de porcelana,
bisbiseando por todos sus viudos alvéolos;
y con cubiertos francos de alegres tiroriros,
porque estánse en su casa. Así, qué gracia!
Y me han dolido los cuchillos
de esta mesa en todo el paladar.

El yantar de estas mesas así, en que se prueba
amor ajeno en vez del propio amor,
torna tierra el bocado que no brinda la
                    MADRE,
hace golpe la dura deglución; el dulce,
hiel; aceite funéreo, el café.

Cuando ya se ha quebrado el propio hogar,
y el sírvete materno no sale de la
tumba,
la cocina a oscuras, la miseria de amor.

LXV

Madre, me voy mañana a Santiago,
a mojarme en tu bendición y en tu llanto.
Acomodando estoy mis desengaños y el rosado
de llaga de mis falsos trajines.

Me esperará tu arco de asombro,
las tonsuradas columnas de tus ansias
que se acaban la vida. Me esperará el patio,
el corredor de abajo con sus tondos y repulgos
de fiesta. Me esperará mi sillón ayo,
aquel buen quijarudo trasto de dinástico
cuero, que pára no más rezongando a las nalgas
tataranietas, de correa a correhuela.

Estoy cribando mis cariños más puros.
Estoy ejeando ¿no oyes jadear la sonda?
                    ¿no oyes tascar dianas?
estoy plasmando tu fórmula de amor
para todos los huecos de este suelo.
Oh si se dispusieran los tácitos volantes
para todas las cintas más distantes,
para todas las citas más distintas.

Así, muerta inmortal. Así.
Bajo los dobles arcos de tu sangre, por donde
hay que pasar tan de puntillas, que hasta mi padre
para ir por allí,
humildóse hasta menos de la mitad del hombre,
hasta ser el primer pequeño que tuviste.

Así, muerta inmortal.
Entre la columnata de tus huesos
que no puede caer ni a lloros,
y a cuyo lado ni el Destino pudo entrometer
ni un solo dedo suyo.

Así, muerta inmortal.
Así.

POEMAS HUMANOS

EL BUEN SENTIDO

Hay, madre, un sitio en el mundo, que se llama París. Un sitio muy grande y lejano y otra vez grande.

Mi madre me ajusta el cuello del abrigo, no porque empieza a nevar, sino para que empiece a nevar.

La mujer de mi padre está enamorada de mí, viniendo y avanzando de espaldas a mi nacimiento y de pecho a mi muerte. Que soy dos veces suyo: por el adiós y por el regreso. La cierro, al retornar. Por eso me dieran tánto sus ojos, justa de mí, in fraganti de mí, aconteciéndose por obras terminadas, por pactos consumados.

Mi madre está confesa de mí, nombrada de mí. ¿Cómo no da otro tanto a mis otros hermanos? A Víctor, por ejemplo, el mayor, que es tan viejo ya, que las gentes dicen: ¡Parece hermano menor de su madre! ¡Fuere porque yo he viajado mucho! ¡Fuere porque yo he vivido más!

Mi madre acuerda carta de principio colorante a mis relatos de regreso. Ante mi vida de regreso, recordando que viajé durante dos corazones por su vientre, se ruboriza y se queda mortalmente lívida, cuando digo, en el tratado del alma: Aquella noche fui dichoso. Pero, más se pone triste; más se pusiera triste.

—Hijo, ¡cómo estás viejo!

Y desfila por el color amarillo a llorar, porque me halla envejecido, en la hoja de espada, en la desembocadura de mi rostro. Llora de mí, se entristece de mí. ¿Qué falta hará mi mocedad, si siempre seré su hijo? ¿Por qué las madres se duelen de hallar envejecidos a sus hijos, si jamás la edad de ellos alcanzará a la de ellas? ¿Y por qué, si los hijos, cuando más se acaban, más se aproximan a los padres? ¡Mi madre llora porque estoy viejo de mi tiempo y porque nunca llegaré a envejecer del suyo!

Mi adiós partió de un punto de su ser, más externo que el punto de su ser al que retorno. Soy, a causa del excesivo plazo de mi vuelta, más el hombre ante mi madre que el hijo ante mi madre. Allí reside el candor que hoy nos alumbra con tres llamas. Le digo entonces hasta que me callo:

—Hay, madre, en el mundo un sitio que se llama París. Un sitio muy grande y muy lejano y otra vez grande.

La mujer de mi padre, al oírme, almuerza y sus ojos mortales descienden suavemente por mis brazos.

LA VIOLENCIA DE LAS HORAS

Todos han muerto.

Murió doña Antonia, la ronca, que hacía pan barato en el burgo.

Murió el cura Santiago, a quien placía le saludasen los jóvenes y las mozas, respondiéndoles a todos, indistintamente: «Buenos días, José! Buenos días, María!»

Murió aquella joven rubia, Carlota, dejando un hijito de meses, que luego también murió a los ocho días de la madre.

Murió mi tía Albina, que solía cantar tiempos y modos de heredad, en tanto cosía en los corredores, para Isidora, la criada de oficio, la honrosísima mujer.

Murió un viejo tuerto, su nombre no recuerdo, pero dormía al sol de la mañana, sentado ante la puerta del hojalatero de la esquina.

Murió Rayo, el perro de mi altura, herido de un balazo de no se sabe quién.

Murió Lucas, mi cuñado en la paz de las cinturas, de quien me acuerdo cuando llueve y no hay nadie en mi experiencia.

Murió en mi revólver mi madre, en mi puño mi hermana y mi hermano en mi víscera sangrienta, los tres ligados por un género triste de tristeza, en el mes de agosto de años sucesivos.

Murió el músico Méndez, alto y muy borracho, que solfeaba en su clarinete tocatas melancólicas, a cuyo articulado se dormían las gallinas de mi barrio, mucho antes de que el sol se fuese.

Murió mi eternidad y estoy velándola.

VOY A HABLAR DE LA ESPERANZA

Yo no sufro este dolor como César Vallejo. Yo no me duelo ahora como artista, como hombre ni como simple ser vivo siquiera. Yo no sufro este dolor como católico, como mahometano ni como ateo. Hoy sufro solamente. Si no me llamase César Vallejo, también sufriría este mismo dolor. Si no fuese artista, también lo sufriría. Si no fuese hombre ni ser vivo siquiera, también lo sufriría. Si no fuese católico, ateo ni mahometano, también lo sufriría. Hoy sufro desde más abajo. Hoy sufro solamente.

Me duelo ahora sin explicaciones. Mi dolor es tan hondo, que no tuvo ya causa ni carece de causa. ¿Qué sería su causa? ¿Dónde está aquello tan importante, que dejase de ser su causa? Nada es su causa; nada ha podido dejar de ser su causa. ¿A qué ha nacido este dolor, por sí mismo? Mi dolor es del viento del norte y del viento del sur, como esos huevos neutros que algunas aves raras ponen del viento. Si hubiera muerto mi novia, mi dolor sería igual. Si me hubieran cortado el cuello de raíz, mi dolor sería igual. Si la vida fuese, en fin, de otro modo, mi dolor sería igual. Hoy sufro desde más arriba. Hoy sufro solamente.

Miro el dolor del hambriento y veo que su hambre anda tan lejos de mi sufrimiento, que de quedarme ayuno hasta morir, saldría siempre de mi tumba una brizna de yerba al menos. Lo mismo el enamorado. ¡Qué sangre la suya más engendrada, para la mía sin fuente ni consumo!

Yo creía hasta ahora que todas las cosas del universo eran, inevitablemente, padres o hijos. Pero he aquí que mi dolor de hoy no es padre ni es hijo. Le falta espalda para anochecer, tanto como le sobra pecho para amanecer y si lo pusiesen en la estancia oscura, no daría luz y si lo pusiesen en una estancia luminosa, no echaría sombra. Hoy sufro suceda lo que suceda. Hoy sufro solamente.

HALLAZGO DE LA VIDA

¡Señores! Hoy es la primera vez que me doy cuenta de la presencia de la vida. ¡Señores! Ruego a ustedes dejarme libre un momento, para saborear esta emoción formidable, espontánea y reciente de la vida, que hoy, por la primera vez, me extasía y me hace dichoso hasta las lágrimas.

Mi gozo viene de lo inédito de mi emoción. Mi exultación viene de que antes no sentí la presencia de la vida. No la he sentido nunca. Miente quien diga que la he sentido. Miente y su mentira me hiere a tal punto que me haría desgraciado. Mi gozo viene de mi fe en este hallazgo personal de la vida, y nadie puede ir contra esta fe. Al que fuera, se le caería la lengua, se le caerían los huesos y correría el peligro de recoger otros, ajenos, para mantenerse de pie ante mis ojos.

Nunca, sino ahora, ha habido vida. Nunca, sino ahora, han pasado gentes. Nunca, sino ahora, ha habido casas y avenidas, aire y horizonte. Si viniese ahora mi amigo Peyriet, le diría que yo no le conozco y que debemos empezar de nuevo. ¿Cuándo, en efecto, le he conocido a mi amigo Peyriet? Hoy sería la primera vez que nos conocemos. Le diría que se vaya y regrese y entre a verme, como si no me conociera, es decir, por la primera vez.

Ahora yo no conozco a nadie ni nada. Me advierto en un país extraño, en el que todo cobra relieve de nacimiento, luz de epifanía inmarcesible. No, señor. No hable usted a ese caballero. Usted no lo conoce y le sorprendería tan inopinada parla. No ponga usted el pie sobre esa piedrecilla: quién sabe no es piedra y vaya usted a dar en el vacío. Sea usted precavido, puesto que estamos en un mundo absolutamente inconocido.

¡Cuán poco tiempo he vivido! Mi nacimiento es tan reciente, que no hay unidad de medida para contar mi edad. ¡Si acabo de nacer! ¡Si aún no he vivido todavía! Señores: soy tan pequeñito, que el día apenas cabe en mí.

Nunca, sino ahora, oí el estruendo de los carros, que cargan piedras para una gran construcción del boulevard Haussmann. Nunca, sino ahora, avancé paralelamente a la primavera, diciéndola: «Si la muerte hubiera sido otra...». Nunca, sino ahora, vi la luz áurea del sol sobre las cúpulas del Sacré-Coeur. Nunca, sino ahora, se me acercó un niño y me miró hondamente con su boca. Nunca, sino ahora, supe que existía una puerta, otra puerta y el canto cordial de las distancias.

¡Dejadme! La vida me ha dado ahora en toda mi muerte.

NO VIVE YA NADIE...

—No vive ya nadie en la casa —me dices—; todos se han ido. La sala, el dormitorio, el patio, yacen despoblados. Nadie ya queda, pues que todos han partido.

Y yo te digo: Cuando alguien se va, alguien queda. El punto por donde pasó un hombre, ya no está solo. Unicamente está solo, de soledad humana, el lugar por donde ningún hombre ha pasado. Las casas nuevas están más muertas que las viejas, porque sus muros son de piedra o de acero, pero no de hombres. Una casa viene al mundo, no cuando la acaban de edificar, sino cuando empiezan a habitarla. Una casa vive únicamente de hombres, como una tumba. De aquí esa irresistible semejanza que hay entre una casa y una tumba. Sólo que la casa se nutre de la vida del hombre, mientras que la tumba se nutre de la muerte del hombre. Por eso la primera está de pie, mientras que la segunda está tendida.

Todos han partido de la casa, en realidad, pero todos se han quedado en verdad. Y no es el recuerdo de ellos lo que queda, sino ellos mismos. Y no es tampoco que ellos queden en la casa, sino que continúan por la casa. Las funciones y los actos se van de la casa en tren o en avión o a caballo, a pie o arrastrándose. Lo que continúa en la casa es el órgano, el agente en gerundio y en círculo. Los pasos se han ido, los besos, los perdones, los crímenes. Lo que continúa en la casa es el pie, los labios, los ojos, el corazón. Las negaciones y las afirmaciones, el bien y el mal, se han dispersado. Lo que continúa en la casa, es el sujeto del acto.

HOY ME GUSTA LA VIDA MUCHO MENOS...

Hoy me gusta la vida mucho menos,
pero siempre me gusta vivir: ya lo decía.
Casi toqué la parte de mi todo y me contuve
con un tiro en la lengua detrás de mi palabra.

Hoy me palpo el mentón en retirada
y en estos momentáneos pantalones yo me digo:
¡Tánta vida y jamás!
¡Tántos años y siempre mis semanas!...
Mis padres enterrados con su piedra
y su triste estirón que no ha acabado;
de cuerpo entero hermanos, mis hermanos,
y, en fin, mi ser parado y en chaleco.

Me gusta la vida enormemente
pero, desde luego,
con mi muerte querida y mi café
y viendo los castaños frondosos de París
y diciendo:
Es un ojo éste, aquél; una frente ésta, aquélla... Y repitiendo:
¡Tánta vida y jamás me falla la tonada!
¡Tántos años y siempre, siempre, siempre!

Dije claleco, dije
todo, parte, ansia, dije casi, por no llorar.
Que es verdad que sufrí en aquel hospital que queda al lado
y está bien y está mal haber mirado
de abajo para arriba mi organismo.

Me gustará vivir siempre, así fuese de barriga,
porque, como iba diciendo y lo repito,
¡tánta vida y jamás! ¡Y tántos años,
y siempre, mucho siempre, siempre siempre!

CONSIDERANDO EN FRIO, IMPARCIALMENTE

Considerando en frío, imparcialmente,
que el hombre es triste, tose y, sin embargo,
se complace en su pecho colorado;
que lo único que hace es componerse
de días;
que es lóbrego mamífero y se peina...

Considerando
que el hombre procede suavemente del trabajo
y repercute jefe, suena subordinado;
que el diagrama del tiempo
es constante diorama en sus medallas
y, a medio abrir, sus ojos estudiaron,
desde lejanos tiempos,
su fórmula famélica de masa...

Comprendiendo sin esfuerzo
que el hombre se queda, a veces, pensando,
como queriendo llorar,
y, sujeto a tenderse como objeto,
se hace buen carpintero, suda, mata
y luego canta, almuerza, se abotona...

Considerando también
que el hombre es en verdad un animal
y, no obstante, al voltear, me da con su tristeza en la cabeza...

Examinando, en fin,
sus encontradas piezas, su retrete,
su desesperación, al terminar su día atroz, borrándolo...

Comprendiendo
que él sabe que le quiero
que le odio con afecto y me es, en suma, indiferente...

Considerando sus documentos generales
y mirando con lentes aquel certificado
que prueba que nació muy pequeñito...

le hago una seña,
viene,
y le doy un abrazo, emocionado.
¡Qué más da! Emocionado... Emocionado...

Y SI DESPUES DE TANTAS PALABRAS

¡Y si después de tántas palabras,
no sobrevive la palabra!
¡Si después de las alas de los pájaros,
no sobrevive el pájaro parado!
¡Más valdría, en verdad,
que se lo coman todo y acabemos!

¡Haber nacido para vivir de nuestra muerte!
¡Levantarse del cielo hacia la tierra
por sus propios desastres
y espiar el momento de apagar con su sombra su tiniebla!
¡Más valdría, francamente,
que se lo coman todo y qué más da!...

¡Y si después de tánta historia, sucumbimos,
no ya de eternidad,
sino de esas cosas sencillas, como estar
en la casa o ponerse a cavilar!
¡Y si luego encontramos,
de buenas a primeras, que vivimos,
a juzgar por la altura de los astros,
por el peine y las manchas del pañuelo!
¡Más valdría, en verdad,
que se lo coman todo, desde luego!

Se dirá que tenemos
en uno de los ojos mucha pena
y también en el otro, mucha pena
y en los dos, cuando miran, mucha pena...
Entonces... ¡Claro!... Entonces... ¡ni palabra!

TRASPIE ENTRE DOS ESTRELLAS

¡Hay gentes tan desgraciadas que ni siquiera
tienen cuerpo; cuantitativo el pelo,

baja, en pulgadas, la genial pesadumbre;
el modo, arriba;
no me busques, la muela del olvido,
parecen salir del aire, sumar suspiros mentalmente, oír
claros azotes en sus paladares!

Vanse de su piel, rascándose el sarcófago en que nacen
y suben por su muerte de hora en hora
y caen, a lo largo de su alfabeto gélido, hasta el suelo.

¡Ay de tánto! ¡ay de tan poco! ¡ay de ellas!
¡Ay en mi cuarto, oyéndolas con lentes!
¡Ay en mi tórax, cuando compran trajes!
¡Ay de mi mugre blanca, en su hez mancomunada!

¡Amadas sean las orejas sánchez,
amadas las personas que se sientan,
amado el desconocido y su señora,
el prójimo con mangas, cuello y ojos!

¡Amado sea aquel que tiene chinches,
el que lleva zapato roto bajo la lluvia,
el que vela el cadáver de un pan con dos cerillas,
el que se coge un dedo en una puerta,
el que no tiene cumpleaños,
el que perdió su sombra en un incendio,
el animal, el que parece un loro,
el que parece un hombre, el pobre rico,
el puro miserable, el pobre pobre!

¡Amado sea
el que tiene hambre o sed, pero no tiene
hambre con qué saciar toda su sed,
ni sed con qué saciar todas sus hambres!

¡Amado sea el que trabaja al día, al mes, a la hora,
el que suda de pena o de vergüenza,
aquel que va, por orden de sus manos, al cinema,

el que paga con lo que le falta,
el que duerme de espaldas,
el que ya no recuerda su niñez; amado sea
el calvo sin sombrero,
el justo sin espinas,
el ladrón sin rosas,
el que lleva reloj y ha visto a Dios,
el que tiene un honor y no fallece!

¡Amado sea el niño, que cae y aún llora
y el hombre que ha caído y ya no llora!

¡Ay de tánto! ¡Ay de tan poco! ¡Ay de ellos!

EN SUMA, NO POSEO PARA EXPRESAR MI VIDA

En suma, no poseo para expresar mi vida, sino mi muerte.

Y, después de todo, al cabo de la escalonada naturaleza y del gorrión en bloque, me duermo, mano a mano con mi sombra.

Y, al descender del acto venerable y del otro gemido, me reposo pensando en la marcha impertérrita del tiempo.

¿Por qué la cuerda, entonces, si el aire es tan sencillo? ¿Para qué la cadena, si existe el hierro por sí solo?

César Vallejo, el acento con que amas, el verbo con que escribes, el vientecillo con que oyes, sólo saben de ti por tu garganta.

César Vallejo, póstrate, por eso, con indistinto orgullo, con tálamo de ornamentales áspides y exagonales ecos.

Restitúyete al corpóreo panal, a la beldad; aroma los florecidos corchos, cierra ambas grutas al sañudo antropoide; repara, en fin, tu antipático venado; tente pena.

¡Que no hay cosa más densa que el odio en voz pasiva, ni más mísera ubre que el amor!

¡Que ya no puedo andar, sino en dos harpas!

¡Que ya no me conoces, sino porque te sigo instrumental, prolijamente!

¡Que ya no doy gusanos, sino breves!

¡Que ya te implico tánto, que medio que te afilas!

¡Que ya llevo unas tímidas legumbres y otras bravas!

Pues el afecto que quiébrase de noche en mis bronquios, lo trajeron de día ocultos deanes y, si amanezco pálido, es por mi obra; y, si anochezco rojo, por mi obrero. Ello explica, igualmente, estos cansancios míos y estos despojos, mis famosos tíos. Ello explica, en fin, esta lágrima que brindo por la dicha de los hombres.

> ¡César Vallejo, parece
> mentira que así tarden tus parientes,
> sabiendo que ando cautivo,
> sabiendo que yaces libre!
> ¡Vistosa y perra suerte!
> ¡César Vallejo, te odio con ternura!

PIEDRA NEGRA SOBRE UNA PIEDRA BLANCA

> Me moriré en París con aguacero,
> un día del cual tengo ya el recuerdo.
> Me moriré en París —y no me corro—
> talvez un jueves, como es hoy, de otoño.
>
> Jueves será, porque hoy, jueves, que proso
> estos versos, los húmeros me he puesto
> a la mala y, jamás como hoy, me he vuelto,
> con todo mi camino, a verme solo.
>
> César Vallejo ha muerto, le pegaban
> todos sin que él les haga nada;
> le daban duro con un palo y duro
>
> también con una soga; son testigos
> los días jueves y los huesos húmeros,
> la soledad, la lluvia, los caminos...

ESPAÑA, APARTA DE MI ESTE CALIZ

I
HIMNO A LOS VOLUNTARIOS DE LA REPUBLICA

Voluntario de España, miliciano
de huesos fidedignos, cuando marcha a morir tu corazón,
cuando marcha a matar con su agonía
mundial, no sé verdaderamente
qué hacer, dónde ponerme; corro, escribo, aplaudo,
lloro, atisbo, destrozo, apagan, digo
a mi pecho que acabe, al bien, que venga,
y quiero desgraciarme;
descúbrome la frente impersonal hasta tocar
el vaso de la sangre, me detengo,
detienen mi tamaño esas famosas caídas de arquitecto
con las que se honra al animal que me honra;
refluyen mis instintos a sus sogas,
humea ante mi tumba la alegría
y, otra vez, sin saber qué hacer, sin nada, déjame,
desde mi piedra en blanco, déjame,
solo,
cuadrumano, más acá, mucho más lejos,
al no caber entre mis manos tu largo rato extático,
quiebro contra tu rapidez de doble filo
mi pequeñez en traje de grandeza!

Un día diurno, claro, atento, fértil
¡oh bienio, el de los lóbregos semestres suplicantes,
por el que iba la pólvora mordiéndose los codos!
¡oh dura pena y más duros pedernales!
¡oh frenos los tascados por el pueblo!
Un día prendió el pueblo su fósforo cautivo, oró de cólera
y soberanamente pleno, circular,
cerró su natalicio con manos electivas;
arrastraban candado ya los déspotas
y en el candado, sus bacterias muertas...

¿Batallas? ¡No! Pasiones. Y pasiones precedidas
de dolores con rejas de esperanzas,
¡de dolores de pueblo con esperanzas de hombres!
¡Muerte y pasión de paz, las populares!
¡Muerte y pasión guerreras entre olivos, entendámonos!
Tal en tu aliento cambian de agujas atmosféricas los vientos
y de llave las tumbas en tu pecho,
tu frontal elevándose a primera potencia de martirio.

El mundo exclama: «¡Cosas de españoles!». Y es verdad. Consideremos,
durante una balanza, a quema ropa,
a Calderón, dormido sobre la cola de un anfibio muerto
o a Cervantes, diciendo: «Mi reino es de este mundo, pero también del
otro»: ¡punta y filo en dos papeles!
Contemplemos a Goya, de hinojos y rezando ante un espejo,
a Coll, el paladín en cuyo asalto cartesiano
tuvo un sudor de nube el paso llano
o a Quevedo, ese abuelo instantáneo de los dinamiteros
o a Cajal, devorado por su pequeño infinito, o todavía
a Teresa, mujer, que muere porque no muere
o a Lina Odena, en pugna en más de un punto con Teresa...
(Todo acto o voz genial viene del pueblo
y va hacia él, de frente o transmitido
por incesantes briznas, por el humo rosado
de amargas contraseñas sin fortuna).
Así tu criatura, miliciano, así tu exangüe criatura,
agitada por una piedra inmóvil,
se sacrifica, apártase,
decae para arriba y por su llama incombustible sube,
sube hasta los débiles,
distribuyendo españas a los toros,
toros a las palomas...

Proletario que mueres de universo, ¡en qué frenética armonía
acabará tu grandeza, tu miseria, tu vorágine impelente
tu violencia metódica, tu caos teórico y práctico, tu gana
dantesca, españolísima, de amar, aunque sea a traición, a tu enemigo!

¡Liberador ceñido de grilletes,
sin cuyo esfuerzo hasta hoy continuaría sin asas la extensión,
vagarían acéfalos los clavos,
antiguo, lento, colorado, el día,
nuestros amados cascos, insepultos!
¡Campesino caído con tu verde follaje por el hombre,
con la inflexión social de tu meñique,
con tu buey que se queda, con tu física,
también con tu palabra atada a un palo
y tu cielo arrendado
y con la arcilla inserta en tu cansancio
y la que estaba en tu uña, caminando!
¡Constructores
agrícolas, civiles y guerreros,
de la activa, hormigueante eternidad: estaba escrito
que vosotros haríais la luz, entornando
con la muerte vuestros ojos;
que, a la caída cruel de vuestras bocas,
vendrá en siete bandejas la abundancia, todo
en el mundo será de oro súbito
y el oro,
fabulosos mendigos de vuestra propia secreción de sangre,
y el oro mismo será entonces de oro!

¡Se amarán todos los hombres
y comerán tomados de las puntas de vuestros pañuelos tristes
y beberán en nombre
de vuestras gargantas infaustas!
Descansarán andando al pie de esta carrera,
sollozarán pensando en vuestras órbitas, venturosos
serán y al son
de vuestro atroz retorno, florecido, innato,
ajustarán mañana sus quehaceres, sus figuras soñadas y cantadas!

¡Unos mismos zapatos irán bien al que asciende
sin vías a su cuerpo
y al que baja hasta la forma de su alma!
¡Entrelazándose hablarán los mudos, los tullidos andarán!

¡Verán, ya de regreso, los ciegos
y palpitando escucharán los sordos!
¡Sabrán los ignorantes, ignorarán los sabios!
¡serán dados los besos que no pudisteis dar!
¡Sólo la muerte morirá! ¡La hormiga
traerá pedacitos de pan al elefante encadenado
a su brutal delicadeza; volverán
los niños abortados a nacer perfectos, espaciales
y trabajarán todos los hombres,
engendrarán todos los hombres,
comprenderán todos los hombres!

¡Obrero, salvador, redentor nuestro,
perdónanos, hermano, nuestras deudas!
Como dice un tambor al redoblar, en sus adagios:
qué jamás tan efímero, tu espalda!
qué siempre tan cambiante, tu perfil!

¡Voluntario italiano, entre cuyos animales de batalla
un león abisinio va cojeando!
¡Voluntario soviético, marchando a la cabeza de tu pecho universal!
¡Voluntarios del sur, del norte, del oriente
y tú, el occidental, cerrando el canto fúnebre del alba!
¡Soldado conocido, cuyo nombre
desfila en el sonido de un abrazo!
¡Combatiente que la tierra criara, armándote
de polvo,
calzándote de imanes positivos,
vigentes tus creencias personales,
distinto de carácter, íntima tu férula,
el cutis inmediato,
andándote tu idioma por los hombros
y el alma coronada de guijarros!
¡Voluntario fajado de tu zona fría,
templada o tórrida,
héroes a la redonda,
víctima en columna de vencedores:
en España, en Madrid, están llamando
a matar, voluntarios de la vida!

¡Porque en España matan, otros matan
al niño, a su juguete que se para,
a la madre Rosenda esplendorosa,
al viejo Adán que hablaba en voz alta con su caballo
y al perro que dormía en la escalera.
Matan al libro, tiran a sus verbos auxiliares,
a su indefensa página primera!
Matan el caso exacto de la estatua,
al sabio, a su bastón, a su colega,
al barbero de al lado —me cortó posiblemente,
pero buen hombre y, luego, infortunado;
al mendigo que ayer cantaba enfrente,
a la enfermera que hoy pasó llorando,
al sacerdote a cuestas con la altura tenaz de sus rodillas...

¡Voluntarios,
por la vida, por los buenos, matad
a la muerte, matad a los malos!
¡Hacedlo por la libertad de todos,
del explotado y del explotador,
por la paz indolora —la sospecho
cuando duermo al pie de mi frente
y más cuando circulo dando voces—
y hacedlo, voy diciendo,
por el analfabeto a quien escribo,
por el genio descalzo y su cordero,
por los camaradas caídos,
sus cenizas abrazadas al cadáver de un camino!

Para que vosotros,
voluntarios de España y del mundo, vinierais,
soñé que era yo bueno, y era para ver
vuestra sangre, voluntarios...
De esto hace mucho pecho, muchas ansias,
muchos camellos en edad de orar.
Marcha hoy de vuestra parte el bien ardiendo,
os siguen con cariño los reptiles de pestaña inmanente
y, a dos pasos, a uno,
la dirección del agua que corre a ver su límite antes que arda.

III

Solía escribir con su dedo grande en el aire:
«¡Viban los compañeros! Pedro Rojas»,
de Miranda de Ebro, padre y hombre,
marido y hombre, ferroviario y hombre,
padre y más hombre, Pedro y sus dos muertes.

Papel de viento, lo han matado: ¡pasa!
Pluma de carne, lo han matado: ¡pasa!
¡Abisa a todos compañeros pronto!

Palo en el que han colgado su madero,
lo han matado;
¡lo han matado al pie de su dedo grande!
¡Han matado, a la vez, a Pedro, a Rojas!

¡Viban los compañeros
a la cabecera de su aire escrito!
¡Viban con esa b del buitre en las entrañas
de Pedro
y de Rojas, del héroe y del mártir!
Registrándole, muerto, sorprendiéronle
en su cuerpo un gran cuerpo, para
el alma del mundo,
y en la chaqueta una cuchara muerta.

Pedro también solía comer
entre las criaturas de su carne, asear, pintar
la mesa y vivir dulcemente
en representación de todo el mundo.
Y esta cuchara anduvo en su chaqueta,
despierto o bien cuando dormía, siempre,
cuchara muerta viva, ella y sus símbolos.
¡Abisa a todos compañeros pronto!
¡Viban los compañeros al pie de esta cuchara para siempre!

Lo han matado, obligándole a morir
a Pedro, a Rojas, al obrero, al hombre, a aquel

que nació muy niñín, mirando al cielo,
y que luego creció, se puso rojo
y luchó con sus células, sus nos, sus todavías, sus hambres, sus pedazos.
Lo han matado suavemente
entre el cabello de su mujer, la Juana Vásquez,
a la hora del fuego, al año del balazo
y cuando andaba cerca ya de todo.

Pedro Rojas, así, después de muerto,
se levantó, besó su catafalco ensangrentado,
lloró por España
y volvió a escribir con el dedo en el aire:
«¡Viban los compañeros! Pedro Rojas».
Su cadáver estaba lleno de mundo.

XII
MASA

Al fin de la batalla,
y muerto el combatiente, vino hacia él un hombre
y le dijo: «No mueras, te amo tánto!»
Pero el cadáver ¡ay! siguió muriendo.

Se le acercaron dos y repitiéronle:
«¡No nos dejes! ¡Valor! ¡Vuelve a la vida!»
Pero el cadáver ¡ay! siguió muriendo.

Acudieron a él veinte, cien, mil, quinientos mil,
clamando: «¡Tánto amor y no poder nada contra la muerte!»
Pero el cadáver ¡ay! siguió muriendo.

Le rodearon millones de individuos,
con un ruego común: «¡Quédate, hermano!»
Pero el cadáver ¡ay! siguió muriendo.

Entonces, todos los hombres de la tierra
le rodearon; les vio el cadáver triste, emocionado;

incorporóse lentamente,
abrazó al primer hombre; echóse a andar...

XIII
REDOBLE FUNEBRE A LOS ESCOMBROS
DE DURANGO

Padre polvo que subes de España,
Dios te salve, libere y corone,
padre polvo que asciendes del alma.

Padre polvo que subes del fuego,
Dios te salve, te calce y dé un trono,
padre polvo que estás en los cielos.

Padre polvo, biznieto del humo,
Dios te salve y ascienda a infinito,
padre polvo, biznieto del humo.

Padre polvo en que acaban los justos,
Dios te salve y devuelva a la tierra,
padre polvo en que acaban los justos.

Padre polvo que creces en palmas,
Dios te salve y revista de pecho,
padre polvo, terror de la nada.

Padre polvo, compuesto de hierro,
Dios te salve y te dé forma de hombre,
padre polvo que marchas ardiendo.

Padre polvo, sandalia del paria,
Dios te salve y jamás te desate,
padre polvo, sandalia del paria.

Padre polvo que avientan los bárbaros,
Dios te salve y te ciña de dioses,
padre polvo que escoltan los átomos.

Padre polvo, sudario del pueblo,
Dios te salve del mal para siempre,
padre polvo español, padre nuestro.

Padre polvo que vas al futuro,
Dios te salve, te guíe y te dé alas,
padre polvo que vas al futuro.

XIV

¡Cuídate, España, de tu propia España!
¡Cuídate de la hoz sin el martillo,
cuídate del martillo sin la hoz!
¡Cuídate de la víctima apesar suyo,
del verdugo apesar suyo
y del indiferente apesar suyo!
¡Cuídate del que, antes de que cante el gallo,
negárate tres veces,
y del que te negó, después, tres veces!
¡Cuídate de las calaveras sin las tibias,
y de las tibias sin calaveras!
¡Cuídate de los nuevos poderosos!
¡Cuídate del que come tus cadáveres,
del que devora muertos a tus vivos!
¡Cuídate del leal ciento por ciento!
¡Cuídate del cielo más acá del aire
y cuídate del aire más allá del cielo!
¡Cuídate de los que te aman!
¡Cuídate de tus héroes!
¡Cuídate de tus muertos!
¡Cuídate de la República!
¡Cuídate del futuro!...

XV
ESPAÑA, APARTA DE MI ESTE CALIZ

Niños del mundo,
si cae España —digo, es un decir—
si cae
del cielo abajo su antebrazo que asen,
en cabestro, dos láminas terrestres;
niños, ¡qué edad la de las sienes cóncavas!
¡qué temprano en el sol lo que os decía!
¡qué pronto en vuestro pecho el ruido anciano!
¡qué viejo vuestro 2 en el cuaderno!

¡Niños del mundo, está
la madre España con su vientre a cuestas;
está nuestra maestra con sus férulas,
está madre y maestra,
cruz y madera, porque os dio la altura,
vértigo y división y suma, niños;
está con ella, padres procesales!

Si cae —digo, es un decir— si cae
España, de la tierra para abajo,
niños, ¡cómo vais a cesar de crecer!
¡cómo va a castigar el año al mes!
¡cómo van a quedarse en diez los dientes,
en palote el diptongo, la medalla en llanto!
¡Cómo va el corderillo a continuar
atado por la pata al gran tintero!
¡Cómo vais a bajar las gradas del alfabeto
hasta la letra en que nació la pena!

Niños,
hijos de los guerreros, entre tanto,
bajad la voz, que España está ahora mismo repartiendo
la energía entre el reino animal,
las florecillas, los cometas y los hombres.

¡Bajad la voz, que está
con su rigor, que es grande, sin saber
qué hacer, y está en su mano
la calavera hablando y habla y habla,
la calavera, aquélla de la trenza,
la calavera, aquélla de la vida!

¡Bajad la voz, os digo;
bajad la voz, el canto de las sílabas, el llanto
de la materia y el rumor menor de las pirámides, y aún
el de las sienes que andan con dos piedras!
¡Bajad el aliento, y si
el antebrazo baja,
si las férulas suenan, si es la noche,
si el cielo cabe en dos limbos terrestres,
si hay ruido en el sonido de las puertas,
si tardo
si no veis a nadie, si os asustan
los lápices sin punta, si la madre
España cae —digo, es un decir—
salid, niños del mundo; id a buscarla!...

PABLO DE ROKHA
[CHILE, 1894-1968]

CONTROVERTIDO, repudiado y hasta negado por la crítica oficial de su país, excluido de la mayor parte de las muestras antológicas del continente, ya es tópico situarlo en el ciclo innovador de Huidobro, próximo a la fuerza expresiva de la Mistral, previo a Neruda, como uno de los exponentes máximos de la poesía de Chile. De abolengo profético y apocalíptico, hay en *Los Gemidos*, 1922, cierto desprecio por la medida, cierta apetencia por la búsqueda más que por el hallazgo del fundamento, pasado cualquier riesgo de hipertrofia verbal, cierto humor agresivo y un proyecto protoplasmático que lo aproxima a lo informe, «a la manera de los sentidos desparramados» —como lo dijo alguna vez él mismo—, y el tono moral desde lo áspero de la blasfemia. Presumible, por afinidad de lectura y experiencia, el estímulo literario de Lautréamont en las treinta y cinco piezas en prosa de «lava líquida», por parodiar a León Bloy en su exégesis del montevideano. ¿Conocería De Rokha la traducción de un fragmento de *Los Cantos de Maldoror* publicado en 1919, en la revista *Vida Nuestra* de Buenos Aires? Tal vez el primero en atisbar el aporte del «furor poeticus» rokhiano fue el Neruda adolescente quien escribió un estudio en *Claridad*, órgano oficial de la federación de estudiantes de Chile, en diciembre de 1922, donde se exalta el fenómeno de enriquecimiento elemental de esta palabra nueva: «Un impulso hacia la raíz trascendente del hecho, una mirada que escarba y agujerea en el esqueleto de la vida y un lenguaje humano, de hijo de mujer, un lenguaje exacerbado, casi siempre sabio, de hombre que grita, que gime, que aúlla: ésa es la superficie de *Los Gemidos*»... Por su parte Juan de Luigi, uno de los críticos escasos que supo ver por dentro el sistema imaginario de este poeta, propuso para esa obra desmesurada y para otras que la siguieron la clave existencial de lo que él llamó «La Herida». Aludió también al impulso épico que alienta en la vasta producción que discurre a lo largo de cincuenta años de trabajo sostenido, algunos de cuyos momentos estelares pueden ser *Escritura de Raimundo Contreras*, 1929, donde lo vernáculo genuino se enlaza con lo onírico en un ejercicio de lenguaje experimental de la mayor altura; *Suramérica*, del mismo año; *Jesucristo*, 1933; *Fuego negro*, 1953; *Idioma del mundo*, 1958, obra en la que fulgura con luz propia *La república asesinada*; *Genio del pueblo*, 1960; *Acero de invierno*, 1961; y, casi al cierre de su vida, *Epopeya de las comidas y las bebidas de Chile*, y *Canto del macho anciano*, 1965.

Se suele hablar de un parentesco posible entre esta poesía, en la que la gracia parece ser sacrificada por la fuerza y la plasmación por la denuncia, con el muralismo de los grandes maestros mexicanos. Tal vez no alcanzó la coherencia visionaria de *Altazor* o *Residencia en la tierra* y el arrebato torrencial lo dispersó hacia los excesos retóricos, pero nadie tan fiel a la tonalidad afectiva nacional desde Carlos Pezoa Véliz en Chile, como es dable observar aún en libros suyos de aire ensayístico como *Heroísmo sin alegría*, 1927.

Desbordado, reiterativo, parece haberlo limitado con frecuencia, su propio ímpetu, en una obra por demás copiosa. Pero esa poética desigual, irreverente y desacralizante se proyecta y profundiza como palabra necesaria.

BIBLIOGRAFIA

OBRA POETICA

Los gemidos (1922); *Cosmogonía* (1927); *Suramérica* (1927); *U* (1927); *Ecuación* (1929); *Escritura de Raimundo Contreras* (1929); *Jesucristo* (1933); *Gran temperatura* (1937); *Morfología del espanto* (1942); *Los poemas continentales* (1945); *Epopeya de las comidas y las bebidas de Chile* (1949); *Antología* (1916-1953); *Idioma del mundo* (1958); *Genio del pueblo* (1960); *Acero de invierno* (1961); *Canto del macho anciano* (1961); *Estilo de masas* (1965); *Mis grandes poemas* (Chile, Nascimento, 1969).

ESTUDIOS CRITICOS

Carlos Droguet: «Pablo de Rokha, trayectoria de una soledad», Madrid, Cuadernos Hispanoamericanos, 1976.
Mario Ferrero: *Pablo de Rokha*. Santiago de Chile, Ediciones Alerce, 1972.

Fernando Lamberg: *Vida y obra de Pablo de Rokha*. Santiago de Chile, Editorial Zig-Zag, 1966.

Revista *Atenea*: «Nuestro padre violento», número especial dedicado a Pablo de Rokha, números 421-422, año XLV, Tomo CLXX.

Gonzalo Rojas: «Testimonio sobre Pablo de Rokha», en *Revista Iberoamericana*, Nos. 106-107, Enero-junio 1979.

Jorge Roman-Lagunas: *Antología poética de Pablo de Rokha* (prólogo), Santiago de Chile, Ediciones Nueva Universidad, 1972.

LOS GEMIDOS

BALADA

Yo canto el canto sin querer, necesariamente, irremediablemente, fatalmente, al azar de los sucesos, como quien come, bebe o anda y porque sí; moriría si no cantase, moriría si no contase; el acontecimiento popular del poema estimula mis nervios sonantes, no puedo hablar, entono, pienso en canciones, no puedo hablar, no puedo hablar; las ruidosas, trascendentales epopeyas me definen, e ignoro el sentido de mi flauta; aprendí a cantar siendo nebulosa, odio las utilitarias labores erradas, cuotidianas, prosaicas y amo la ociosidad ilustre de lo bello; cantar, cantar, cantar... he aquí lo único que sabes, Pablo de Rokha...

Los sofismas universales, las cósmicas, subterráneas leyes dinámicas me rigen, mi canción natural, polifónica se abre más allá del espíritu, la ancha belleza subconsciente, trágica, matemática, fúnebre, guía mis pasos en la obscura claridad; cruzo las épocas cantando como en un gran sueño deforme; mi verdad es la verdadera verdad, el corazón orquestal, musical, orquestal, dionisíaco, flota en la augusta, perfecta, la eximia resonancia unánime, los fenómenos convergen a él, y agrandan su sonora sonoridad sonora, sonora; y estas fatales manos van, sonámbulas, apartando la vida externa —conceptos, fórmulas, costumbres, apariencias—; mi intuición sigue los caminos de las cosas, vidente, iluminada y feliz, porque todo se hace canto en mis huesos, todo se hace canto en mis huesos.

Pus, llanto y nieblas lúgubres, dolor, sólo dolor mamo en los roñosos pechos de la vida, no tengo casa y mi vestido es pobre; sin embargo, mis cantares dramáticos-inéditos, modestísimos suman el pensamiento, todo el pensamiento de la raza y la voz del instante; soy un país hecho poeta, por la gracia de «Dios»; desprecio el determinismo de las ciencias parciales, convencionales, pues mi sabiduría monumental surge pariendo axiomas desde lo infinito y su elocuencia errante, fabulosa y terrible crea mundos e inventa universos continuamente; afirmo o niego, y mi pasión gigante atraviesa tronando el pueblo imbécil del prejuicio, la mala aldea clerical de la rutina.

Atardeciendo me arrodillé junto a una inmensa y gris piedra humilde, democrática, trágica y su oratoria, su elocuencia inmóvil habló conmigo, en aquel sordo lenguaje cosmopolita e ingenuo del ritmo universal; hoy, tendido a la sombra de los lagos, he sentido el llanto de los muertos flotando en las corolas; oigo crecer las plantas y morir los viajeros planetas degollados igual que animales, el sol se pone al fondo de mis años lúgubres, amarillos, amarillos, amarillos, las espigas van naciéndome, a media noche los eternos ríos lloran a la orilla de mi tristeza y a mis dolores maximalistas se les caen las hojas... «buenos días, buenos días, árbol», dije al reventar la mañana sobre las rubias cumbres chilenas y más tarde clamaba: «estrellas, sois estrellas, ¡oh prodigio!...».

Mis pensamientos hacen sonar los siglos contra los siglos; voy caminando, caminando, caminando musicalmente y mis actos son himnos, cánticos naturales, completamente naturales; las campanas del tiempo repican cuando me oyen sentirme; constituyo el principio y la razón primordial de todas las tonadas, el eco de mis trancos restalla en la eternidad, los triángulos paradójicos de mi actitud resumen el gesto de los gestos, el gesto, la figura del superhombre loco que balanceó la cuna macabra del orbe e iba enseñándole a hablar.

Los cantos de mi lengua tienen ojos y pies, ojos y pies, minúsculos, alma, sensaciones, grandiosidad de héroes y pequeñas costumbres modestas, simplísimas, mínimas, simplísimas de recién nacidos, aúllan y hacen congojas enormes, enormes, enormemente enormes, sonríen, lloran, sonríen, escupen al cielo infame o echan serpientes por la boca, obran, obran lo mismo que gentes o pájaros, dignifican el reino animal, el reino vegetal, el reino mineral, y son bestias de mármol, bestias, bestias cuya sangre ardiendo y triste-triste, asciende a ellos desde las entrañas del globo, y cuyo ser poliédrico, múltiple, simultáneo está en los quinientos horizontes geográficos; florecen gozosos, redondos, sonoros en octubre, dan frutos rurales a principios de mayo o junio o a fines de agosto, maduran todo el año y desde nunca a desde nunca; anarquistas, estridentes, impávidos, crean un individuo y una gigante realidad nueva, algo que antes, antes algo que antes no estaba en la tierra, prolongan mi anatomía terrible hacia lo absoluto, aun existiendo independientemente; ¡tocad su cuerpo, tocad su cuerpo y os ensangrentaréis los dedos miserables!...

Ariel y Calibán, Grecia, Egipto, Roma, el país judío y Chile, las polvosas naciones prehistóricas, Jesús de Nazareth, los cielos, las montañas, el mar y los hombres más hombres, las oceánicas multitudes, ciudades, campos, talleres, usinas, árboles, flores, sepulcros, sanatorios, hospicios u hospitales, brutos de piel terrosa y lejano mirar, lleno de églogas, insectos y aves, pequeñas, armoniosas mujeres pálidas, el cosmos idiota, maravilloso, maravilloso, maravilloso, orienta mis palabras, y rodaré sonando eternamente, como el viejo del viejo, nidal en donde anidan todos los gorjeos del mundo!...

PAGINA 15 DE LOS GEMIDOS

Aquí yace *Juan, el carpintero*; vivió setenta y tres años sobre la tierra, pobremente, vio grandes a sus nietos menores y amó, amó, amó su oficio con la honorabilidad del hombre decente, odió al capitalista imbécil y al peón canalla, vil o utilitario; —juzgaba a los demás *según el espíritu.*
Las sencillas gentes honestas del pueblo veíanle al atardecer explicando a sus hijos el valor funeral de las cosas del mundo; anochecido ya, cantaba ingenuamente junto a la cuna del rorro, un olor a virutas de álamo o quillay, maqui, litre, boldo y peumos geniales perfumaba el ambiente rústico de la casa, su mujer sonreía; no claudicó jamás, y así fue su existencia, así fue su existencia.

* * *

Ejerció diariamente el grande sacerdocio del trabajo desde el alba, pues quiso ser humilde e infantil, modesto en ambiciones; los domingos leía a Kant, Cervantes o Job; hablaba poco y prefería las sanas legumbres del campo; *vivió setenta y tres años sobre la tierra*, falleció en el patíbulo, POR REVOLUCIONARIO. R.I.P.

412

COSMOGONIA

CIRCULO

Ayer jugaba el mundo como un gato en tu falda;
hoy te lame las finas botitas de paloma;
tienes el corazón poblado de cigarras,
y un parecido a muertas vihuelas desveladas,
            gran melancólica.

Posiblemente quepa todo el mar en tus ojos
y quepa todo el sol en tu actitud de acuario;
como un perro amarillo te siguen los otoños,
y, ceñida de dioses fluviales y astronómicos,
eres la eternidad en la gota de espanto.

Tu ilusión se parece a una ciudad antigua,
a las caobas llenas de aroma entristecido,
a las piedras eternas y a las niñas heridas;
un pájaro de agosto se ahoga en tus pupilas,
y, como un traje obscuro, se te cae el delirio.

Seria como una espada, tienes la gran dulzura
de los viejos y tiernos sonetos del crepúsculo;
tu dignidad pueril arde como las frutas;
tus cantos se parecen a una gran jarra obscura
que se volcase arriba del ideal del mundo.

Tal como las semillas, te desgarraste en hijos,
y, lo mismo que un sueño que se multiplicara,
la carne dolorosa se te llenó de niños;
mujercita de invierno, nublada de suspiros,
la tristeza del sexo te muerde la palabra.

Todo el siglo te envuelve como una echarpe de oro;
y, desde la verdad lluviosa de mi enigma,
entonas la tonada de los últimos novios;

tu arrobamiento errante canta en los matrimonios,
cual una alondra de humo, con las alas ardidas.

Enterrada en los cubos sellados de la angustia,
como Dios en la negra botella de los cielos,
nieta de hombres, nacida en pueblos de locura,
a tu gran flor herida la acuestas en mi angustia,
debajo de mis sienes aradas de silencio.

Asocio tu figura a las hembras hebreas,
y te veo, mordida de aceites y ciudades,
escribir la amargura de las tierras morenas
en la táctica azul de la gran danza horrenda
con la cuchilla rosa del pie inabordable.

Niña de las historias melancólicas, niña,
niña de las novelas, niña de las tonadas,
tienes un gesto inmóvil de estampa de provincia
en el agua de asombro de la cara perdida
y en los serios cabellos goteados de dramas.

Estás sobre mi vida de piedra y hierro ardiente,
como la eternidad encima de los muertos,
recuerdo que viniste y has existido siempre,
mujer, mi mujer mía, conjunto de mujeres,
toda la especie humana se lamenta en tus huesos.

Llenas la tierra entera, como un viento rodante,
y tus cabellos huelen a tonada oceánica;
naranjo de los pueblos terrosos y joviales,
tienes la soledad llena de soledades,
y tu corazón tiene la forma de una lágrima.

Semejante a un rebaño de nubes, arrastrando
la cola inmensa y turbia de lo desconocido
tu alma enorme rebasa tus hechos y tus cantos,
y es lo mismo que un viento terrible y milenario
encadenado a una matita de suspiros.

Te pareces a esas cántaras populares,
tan graciosas y tan modestas de costumbres;
tu aristocracia inmóvil huele a yuyos rurales,
muchacha del país, florida de velámenes,
y la greda morena, triste de aves azules.

Derivas de mineros y de conquistadores,
ancha y violenta gente llevó tu sangre extraña,
y tu abuelo, Domingo Sánderson fue un HOMBRE;
yo los miro y los veo cruzando el horizonte
con tu actitud futura encima de la espalda.

Eres la permanencia de las cosas profundas
y la amada geografía llenando el Occidente;
tus labios y tus pechos son un panal de angustia,
y tu vientre maduro es un racimo de uvas
colgado del parrón colosal de la muerte.

Ay, amiga, mi amiga, tan amiga mi amiga,
cariñosa, lo mismo que el pan del hombre pobre;
naciste tú llorando y sollozó la vida;
yo te comparo a una cadena de fatigas
hecha para amarrar estrellas en desorden.

CANCION DE LAS TIERRAS CHILENAS

Claros los astros de diamante,
dolorosa la tierra arada,
y el mar como un árbol sonante,
o lo mismo que un gran cantante
parado encima de la nada.

Un cinturón de cordilleras
le ciñe los huesos profundos;
cabellera de sementeras,
y el cielo como una bandera
clavada en la proa del mundo.

Murmuran los vinos violentos
en las tinajas del pasado;
el sur le azota con los vientos;
su sol es como un monumento
al «rotaje» crucificado.

Viejo de pueblos y vihuelas,
oloroso a naranjas rubias,
ingenuo como las escuelas,
con inviernos llenos de abuelas
y grandes ladridos de lluvias.

Los caminos aventureros
cruzan la cara del paisaje,
cual una hilera de viajeros;
el canto de los carreteros
es como un carro de forraje.

Ceñido de gentes valientes,
la majada clara y madura
levanta sus cantos hirvientes;
cien soles frutales y ardientes
alimentan la agricultura.

Y anchas ciudades al concreto
en la pollera de los ríos;
allá un boldo como un soneto,
o un peumo como un toro inquieto
hacia las vacas del vacío.

Ferrocarriles y guitarras
trenzados sobre el campo inmóvil
a la orilla de las cigarras;
y el gesto animal de las parras
cayendo sobre el automóvil.

Va la hembra chilena vistiendo
refajos de melancolía;

flor de cordura y sangre ardiendo,
el cielo la viene siguiendo
desde el otro lado del día.

Puñaladas y valdivianos,
toronjiles y damajuanas,
y la cueca tremenda, hermanos;
los jaguares americanos
bramando sobre la montaña.

U

Soy el hombre casado, yo soy el hombre casado que inventó el
[matrimonio;
varón antiguo y egregio, ceñido de catástrofes, lúgubre;
hace mil años, mil años que no duermo cuidando los chiquillos y las
[estrellas desveladas;
por eso arrastro mis carnes peludas de sueño
encima del país gutural de las chimeneas de ópalo.

Dromedario, polvoroso dromedario,
gran animal andariego y amarillo de verdades crepusculares,
voy trotando con mi montura de amores tristes...

Alta y ancha rebota la vida tremenda
sobre mi enorme lomo de toro;
el pájaro con tongo de lo cuotidiano se sonríe de mis guitarras
[tentaculares y absortas;
acostumbrado a criar hijos y cantos en la montaña,
degüello los sarcasmos del ave terrible con mis cuchillos inexistentes,
y continúo mis grandes estatuas de llanto;
los pueblos futuros aplauden la vieja chaqueta de verdugo de mis
[tonadas.

Comparo mi corazón al preceptor de la escuela del barrio,
y papiroteo en las tumbas usadas
la canción obscura de aquel que tiene deberes y obligaciones con
lo infinito.

Además van a orillas mías los difuntos precipitados de ahora y sus
[andróginos en aceite;
los domino con la mirada muerta de mi corbata,
y mi actitud continúa encendiendo las lámparas despavoridas.

Cuando los perros mojados del invierno aúllan, desde la otra vida,
y, desde la otra vida, gotean las aguas,
yo estoy comiendo charqui asado en carbones rumorosos,
los vinos maduros cantan en mis bodegas espirituales;
sueña la pequeña Winétt, acurrucada en su finura triste y herida,
ríen los niños y las brasas alabando la alegría del fuego,
y todos nos sentimos millonarios de felicidad, poderosos de felicidad,
contentos de la buena pobreza,
y tranquilos,
seguros de la buena pobreza y la buena tristeza que nos torna
[humildes y emancipados,
...entonces, cuando los perros mojados del invierno aúllan, desde la
[otra vida...

«Bueno es que el hombre aguante, le digo»,
así le digo al esqueleto cuando se me anda quedando atrás,
[refunfuñando,
y le pego un puntapié en las costillas.

Frecuentemente voy a comprar avellanas o aceitunas al cementerio,
voy con todos los mocosos, bien alegre,
como un fabricante de enfermedades que se hiciese vendedor de rosas;
a veces encuentro a la muerte meando detrás de la esquina,
o a una estrella virgen con todos los pechos desnudos.

Mis dolores cuartelados
tienen un ardor tropical de orangutanes;
poeta del Occidente,
tengo los nervios mugrientos de fábricas y de máquinas,
las dactilógrafas de la actividad me desparraman la cara trizada de
[abatimiento,
y las ciudades enloquecieron mi tristeza
con la figura trepidante y estridente del automóvil:

civiles y municipales,
mis pantalones continúan la raya quebrada del siglo;
semejante a una inmensa oficina de notario,
poblada de aburrimiento,
la tinaja ciega de la voluntad llena de moscas.

Un muerto errante llora debajo de mis canciones deshabitadas.

Y un pájaro de pólvora
canta en mis manos tremendas y honorables, lo mismo que el
[permanganato,
la vieja tonada de la gallina de los huevos azules.

ECUACION

ECUACION
(CANTO DE LA FORMULA ESTETICA)

1

Al poema, como al candado, es menester echarle llave; al poema, como a la flor, o a la mujer, o a la actitud, que es la entrada del hombre; al poema, como al sexo, o al cielo.

2

Que nunca el canto se parezca a nada, ni a un hombre, ni a un alma, ni a un canto.

3

No es posible hacer el himno vivo con dolores muertos, con verdades muertas, con deberes muertos, con amargo llanto humano; acciones de hombres, no, trasmutaciones; que el poema devenga ser, acción, voluntad, organismo, virtudes y vicios, que constituya, que determine, que establezca su atmósfera y la gran costumbre del gesto, juicio del acto; dejar al animal nuevo la ley que él cree, que él es, que él invente; asesinemos la amargura y aun la alegría, y ojalá el poema se ría solo, sin recuerdos, ojalá sin instintos.

4

¿Qué canta el canto? Nada. El canto canta, el canto canta, no como el pájaro, sino como el canto del pájaro.

CARTA-PERDIDA A CARLOS DE ROKHA
(Fragmentos)

Todo lo lloro en ti, Carlos de Rokha, hijo querido mío: la vida heroica, acumulada, grandiosa y terrible que hiciste, y tu muerte súbita. Traías sobre la frente escrita, con significado trágico, la estrella roja y sola de los predestinados geniales. Y cuando mamabas la leche maternal, ya estabas chupando en el pecho de lirio de la niña divina y maravillosa, sol y mar y flor de la gran poesía de Latinoamérica, el sentido y el destino mortal, la total congoja de la Humanidad irredenta: el sello del genio de Winétt de Rokha, te persiguió, como una gran águila de fuego, desde la cuna a la tumba, pero no te influyó, porque no te influyó nadie, encima del mundo.

Perdóname el haberte dado la vida.

* * *

Ahora, tú sabías que nosotros, los viejos andados, golpeados, licoreados por el destino social de los héroes, no nos arrepentimos de nuestros errores, nos arrepentimos de nuestras virtudes, no de lo que hicimos y pudimos hacer, sino de lo que no hicimos y pudimos hacer y debimos porque quisimos hacer, y como yo aludo a mujeres y vinos, que tu madre me perdone, grandiosa, el enorme y gran afán colosal de las capitanías en todas las formas de todas las cosas viriles; por eso escribo estos renglones póstumos, entre póstumos; escucha, en la tumba, entonces, no la emoción de París, la conmoción de Moscú, la conmoción de Pekín, que tu padre, tu anciano padre, enfurecido contra la vida caída, te transmite de las tres ciudades tentaculares, que tanto hubieras tú amado en el recuerdo inmortal de Winétt, la gran amiga mía.

Adiós, Carlos de Rokha, hasta la hora en que no nos volvamos a encontrar jamás, en todos los siglos de los siglos, aunque sean vecinos de vestiglos, los átomos desesperados que nos hicieron hombres.

JORGE LUIS BORGES
[ARGENTINA, 1899-1986]

BORGES SE INICIA en la literatura como poeta y (casi) simultáneamente como ensayista; después llega a ser uno de los más grandes creadores de *ficciones* de nuestro tiempo. Su primera actividad es, sin embargo, decisiva: toda su obra, en verdad, está regida por una imaginación poética; incluso sus últimos libros han sido de poemas. Hablar sobre Borges como poeta, ensayista o narrador confluye, por tanto; es la busca de una misma identidad estética; los géneros literarios poco importan cuando, como en él, trascienden cualquier límite: constituyen una totalidad indisoluble. Esa totalidad podría ser definida a partir de dos frases del propio Borges. En un artículo de los años veinte habla de «la durable inquietud metafísica» perceptible en sus primeros libros; en un ensayo de los cincuenta, llega a formular: «quizás la historia universal es la historia de la diversa entonación de algunas metáforas». Ambas frases se corresponden, y definen la coherencia de este escritor a un tiempo paradójico y consecuente. Lo separan del *ultraísmo*, una de las tantas variantes hispánicas de los movimientos de la vanguardia universal, y del cual fue justamente él uno de sus fundadores en la Argentina. Es cierto que el ultraísmo —como el creacionismo de Huidobro— había renovado las estructuras poéticas, desechando lo anecdótico y descriptivo, haciendo de la imagen un juego de insólitas relaciones, liberando el verso de la música externa de la métrica y de la rima; sólo que, finalmente, Borges intuye lo que podía derivarse de él: un nuevo estereotipo verbal, una máquina de fabricar imágenes, una moda que eludiese algo más esencial de la literatura. Esta, para él, es un *sistema* a la par abierto y cerrado, que admite la creación pero sólo como recreación de posibilidades inevitables; es también una nueva manera de ver el mundo en tanto proyecte sobre éste nuestra conciencia (pasión) y no trate simplemente de reflejar sus apariencias. «Siempre fui novelero de metáforas, pero solicitando en ellas antes lo eficaz que lo insólito», decía Borges en el prólogo de su primer libro; por esa misma época, en uno de sus poemas hablaba de su «pensativo sentir». Así, lo realmente novedoso de su obra poética (incluyendo todos los géneros) reside en esa doble capacidad de combinar la tradición y lo nuevo, lo cotidiano y lo metafísico. Es de este modo como Borges logra crear un original arte de correspondencias: Buenos Aires es una ciudad real pero también una mitología personal (¿o colectiva?); un hecho histórico se vuelve un drama cósmico; una experiencia personal (la ceguera, por ejemplo) recorre todo un avatar universal; un texto ya fijado deriva en otros textos, etc. Un hombre es todos los hombres; el más mínimo acontecimiento implica todo el universo. Como dice el propio Borges: «en el principio de la literatura está el mito, y asimismo en el fin». Todo en la poesía de Borges se constituye en fabulación de lo irreparable: vida y muerte, soledad y comunión, tiempo y destino. No es todo lo que aporta a la poesía hispanoamericana; faltaría enumerar otros rasgos: la entonación de lo coloquial dentro de lo literario, la cálida lucidez, el monólogo dramático, la escritura como superposición de muchos textos. Sobre todo, esa impresión que deja su obra: el que detrás de una voz personal se sienta una sabiduría, una ética del universo.

El pensamiento poético de Borges recorre toda su obra; quizás no sea traicionarlo el resumirlo en estos puntos:

> Hemos sintetizado la poesía en su elemento primordial: la metáfora, a la que concedemos una máxima independencia, más allá de los jueguitos de aquellos que comparan entre sí cosas de forma semejante, equiparando a un circo con la luna.

>   *

> Suele suponerse que la literatura ya ha dicho las palabras esenciales de nuestra vida y sólo puede innovar en las gramatiquerías y en las metáforas. Me atrevo a asegurar lo contrario: sobran laboriosidades y faltan preservaciones válidas de lo eterno: de la felicidad, de la muerte, de la amistad.

>   *

> Las cosas no son poéticas intrínsecamente; para ascenderlas a poesía es preciso que las vinculemos a nuestro vivir, que nos acostumbremos a pensarlas con devoción.

No de intuiciones originales —hay pocas— sino de variaciones y casualidades y travesuras, suele alimentarse la lengua. La lengua: es decir, humilladoramente el pensar.

*

La imagen que un solo hombre puede formar es la que no toca a ninguno.

*

La música, los estados de felicidad, la mitología, las caras trabajadas por el tiempo, ciertos crepúsculos y ciertos lugares, quieren decirnos algo, o algo dijeron que no hubiéramos debido perder, o están por decir algo; esta inminencia de una revelación, que no se produce, es, quizás, el hecho estético.

*

Toda poesía es misteriosa; nadie sabe del todo lo que le ha sido dado escribir. La triste mitología de nuestro tiempo habla de la subsconsciencia o, lo que aún es menos hermoso, de lo subconsciente; los griegos invocaban la musa, los hebreos el Espíritu Santo; el sentido es el mismo.

*

Descreo de las estéticas. En general no pasan de ser abstracciones inútiles; varían para cada escritor y aun para cada texto y no pueden ser sino estímulos o instrumentos ocasionales.

BIBLIOGRAFIA

OBRA POETICA

Fervor de Buenos Aires (1923); *Luna de enfrente* (1925); *Cuaderno San Martín* (1929); *El hacedor* (1960); *El otro, el mismo* (1964); *Para las seis cuerdas* (1965); *Elogio de la sombra* (1969); *El oro de los tigres* (1972); *La rosa profunda* (1975); *La moneda de hierro* (1976); *Historia de la noche* (1977); *La cifra* (1981); *Los conjurados* (1985); *Obra poética* [1923-1967] (Buenos Aires, Emecé, 1967), *Obras completas* (Buenos Aires, Emecé, 1974).

ESTUDIOS CRITICOS

Jaime Alazraki (Compilador): *Jorge Luis Borges*. Madrid, Taurus, 1976.

Ana María Barrenechea: *La expresión de la irrealidad en la obra de J.L. Borges*. México, Colegio de México, 1957. Segunda edición: Buenos Aires, Sudamericana, 1972.

Rafael Gutiérrez Girardot: *J.L. Borges. Ensayo de interpretación*. Madrid, 1959. Segunda edición en *Horas de estudio*. Bogotá, Instituto Colombiano de Cultura, 1976.

Fernando Charry Lara: «Borges en su poética», en *Lector de poesía*. Bogotá, Instituto Colombiano de Cultura, 1975.

Gerardo Mario Goloboff: *Leer Borges*. Buenos Aires, Editorial Huemul, 1978.

Emir Rodríguez Monegal: *Borges par lui-même*. París, Seuil, 1970.

Guillermo Sucre: *Borges el poeta*. México, Unam, 1967. Tercera edición (aumentada): Caracas, Monte Avila, 1974.

Marcial Tamayo y A. Ruiz Díaz: *Borges, enigma y expresión*. Buenos Aires, Editorial Nuestro Tiempo, 1955.

Gloria Videla: «Jorge Luis Borges», en *El ultraísmo*. Madrid, Gredos, 1963.

Cintio Vitier: «Los poemas de Borges», en *Crítica sucesiva*. La Habana. Ediciones Unión, 1971.

FERVOR DE BUENOS AIRES

UN PATIO

Con la tarde
se cansaron los dos o tres colores del patio.
Esta noche, la luna, el claro círculo,
no domina su espacio.
Patio, cielo encauzado.
El patio es el declive
por el cual se derrama el cielo en la casa.
Serena,
la eternidad espera en la encrucijada de estrellas.
Grato es vivir en la amistad oscura
de un zaguán, de una parra y de un aljibe.

ROSAS

En la sala tranquila
cuyo reloj austero derrama
un tiempo ya sin aventuras ni asombro
sobre la decente blancura
que amortaja la pasión roja de la caoba,
alguien, como reproche cariñoso,
pronunció el nombre familiar y temido.
La imagen del tirano
abarrotó el instante,
no clara como un mármol en la tarde,
sino grande y umbría
como la sombra de una montaña remota
y conjeturas y memorias
sucedieron a la mención eventual
como un eco insondable.
Famosamente infame
su nombre fue desolación en las casas,
idolátrico amor en el gauchaje

y horror del tajo en la garganta.
Hoy el olvido borra su censo de muertes,
porque son venales las muertes
si las pensamos como parte del Tiempo,
esa inmortalidad infatigable
que anonada con silenciosa culpa las razas
y en cuya herida siempre abierta
que el último dios habrá de restañar el último día,
cabe toda la sangre derramada.
No sé si Rosas
fue sólo un ávido puñal como los abuelos decían;
creo que fue como tú y yo
un hecho entre los hechos
que vivió en la zozobra cotidiana
y dirigió para exaltaciones y penas
la incertidumbre de otros.

Ahora el mar es una larga separación
entre la ceniza y la patria.
Ya toda vida, por humilde que sea,
puede pisar su nada y su noche.
Ya Dios lo habrá olvidado
y es menos una injuria que una piedad
demorar su infinita disolución
con limosnas de odio.

AMANECER

En la honda noche universal
que apenas contradicen los faroles
una racha perdida
ha ofendido las calles taciturnas
como presentimiento tembloroso
del amanecer horrible que ronda
los arrabales desmantelados del mundo.
Curioso de la sombra
y acobardado por la amenaza del alba

reviví la tremenda conjetura
de Schopenhauer y de Berkeley
que declara que el mundo
es una actividad de la mente,
un sueño de las almas,
sin base ni propósito ni volumen.
Y ya que las ideas
no son eternas como el mármol
sino inmortales como un bosque o un río,
la doctrina anterior
asumió otra forma en el alba
y la superstición de esa hora
cuando la luz como una enredadera
va a implicar las paredes de la sombra,
doblegó mi razón
y trazó el capricho siguiente:
Si están ajenas de sustancia las cosas
y si esta numerosa Buenos Aires
no es más que un sueño
que erigen en compartida magia las almas,
hay un instante
en que peligra desaforadamente su ser
y es el instante estremecido del alba,
cuando son pocos los que sueñan el mundo
y sólo algunos trasnochadores conservan,
cenicienta y apenas bosquejada,
la imagen de las calles
que definirán después con los otros.
¡Hora en que el sueño pertinaz de la vida
corre peligro de quebranto,
hora en que le sería fácil a Dios
matar del todo Su obra!

Pero de nuevo el mundo se ha salvado.
La luz discurre inventando sucios colores
y con algún remordimiento
de mi complicidad en el resurgimiento del día
solicito mi casa,

atónita y glacial en la luz blanca,
mientras un pájaro detiene el silencio
y la noche gastada
se ha quedado en los ojos de los ciegos.

LLANEZA

A Haydée Lange

Se abre la verja del jardín
con la docilidad de la página
que una frecuente devoción interroga
y adentro las miradas
no precisan fijarse en los objetos
que ya están cabalmente en la memoria.

Conozco las costumbres y las almas
y ese dialecto de alusiones
que toda agrupación humana va urdiendo.
No necesito hablar
ni mentir privilegios;
bien me conocen quienes aquí me rodean,
bien saben mis congojas y mi flaqueza.
Eso es alcanzar lo más alto,
lo que tal vez nos dará el Cielo:
no admiraciones ni victorias
sino sencillamente ser admitidos
como parte de una Realidad innegable,
como las piedras y los árboles.

LUNA DE ENFRENTE

JACTANCIA DE QUIETUD

Escrituras de luz embisten la sombra, más prodigiosas que
meteoros.

La alta ciudad inconocible arrecia sobre el campo.

Seguro de mi vida y de mi muerte, miro los ambiciosos y quisiera
      entenderlos.

Su día es ávido como el lazo en el aire.

Su noche es tregua de la ira en el hierro, pronto en acometer.

Hablan de humanidad.

Mi humanidad está en sentir que somos voces de una misma
      penuria.

Hablan de patria.

Mi patria es un latido de guitarra, unos retratos y una vieja
      espada,

la oración evidente del sauzal en los atardeceres.

El tiempo está viviéndome.

Más silencioso que mi sombra, cruzo el tropel de su levantada
      codicia.

Ellos son imprescindibles, únicos, merecedores del mañana.

Mi nombre es alguien y cualquiera.

Paso con lentitud, como quien viene de tan lejos que no espera
      llegar.

DAKAR

Dakar está en la encrucijada del sol, del desierto y del mar.

El sol nos tapa el firmamento, el arenal acecha en los caminos,
      el mar es un encono.

He visto un jefe en cuya manta era más ardiente lo azul que en
      el cielo incendiado.

La mezquita cerca del biógrafo luce una claridad de plegaria.

La resolana aleja las chozas, el sol como un ladrón escala los
      muros.

Africa tiene en la eternidad su destino, donde hay hazañas, ídolos,
      reinos, arduos bosques y espadas.

Yo he logrado un atardecer y una aldea.

CASI JUICIO FINAL

Mi callejero *no hacer nada* vive y se suelta por la variedad de
　　la noche.
La noche es una fiesta larga y sola.
En mi secreto corazón yo me justifico y ensalzo:
He atestiguado el mundo; he confesado la rareza del mundo.
He cantado lo eterno: la clara luna volvedora y las mejillas
　　que apetece el amor.
He conmemorado con versos la ciudad que me ciñe
　　y los arrabales que se desgarran.
He dicho asombro donde otros dicen solamente costumbre.
Frente a la canción de los tibios, encendí mi voz en ponientes.
A los antepasados de mi sangre y a los antepasados de mis sueños
　　he exaltado y cantado.
He sido y soy.
He trabado en firmes palabras mi sentimiento que pudo haberse
　　disipado en ternura.
El recuerdo de una antigua vileza vuelve a mi corazón.
Como el caballo muerto que la marea inflige a la playa, vuelve
　　a mi corazón.
Aún están a mi lado, sin embargo, las calles y la luna.
El agua sigue siendo dulce en mi boca y las estrofas no me niegan
　　su gracia.
Siento el pavor de la belleza; ¿quién se atreverá a condenarme
　　si esta gran luna de mi soledad me perdona?

CUADERNO SAN MARTIN

LA NOCHE QUE EN EL SUR LO VELARON

A Letizia Alvarez de Toledo

Por el deceso de alguien
—misterio cuyo vacante nombre poseo y cuya realidad no abarcamos—
hay hasta el alba una casa abierta en el Sur,

una ignorada casa que no estoy destinado a rever,
pero que me espera esta noche
con desvelada luz en las altas horas del sueño,
demacrada de malas noches, distinta,
minuciosa de realidad.

A su vigilia gravitada en muerte camino
por las calles elementales como recuerdos,
por el tiempo abundante de la noche,
sin más oíble vida
que los vagos hombres de barrio junto al apagado almacén
y algún silbido solo en el mundo.

Lento el andar, en la posesión de la espera,
llego a la cuadra y a la casa y a la sincera puerta que busco
y me reciben hombres obligados a gravedad
que participaron de los años de mis mayores,
y nivelamos destinos en una pieza habilitada que mira al patio
—patio que está bajo el poder y en la integridad de la noche—
y decimos, porque la realidad es mayor, cosas indiferentes
y somos desganados y argentinos en el espejo
y el mate compartido mide horas vanas.

Me conmueven las menudas sabidurías
que en todo fallecimiento se pierden
—hábito de unos libros, de una llave, de un cuerpo entre los otros—.
Yo sé que todo privilegio, aunque oscuro, es de linaje de milagro
y mucho lo es el de participar en esta vigilia,
reunida alrededor de lo que no se sabe: del Muerto,
reunida para acompañar y guardar su primera noche en la muerte.

(El velorio gasta las caras;
los ojos se nos están muriendo en lo alto como Jesús).

¿Y el muerto, el increíble?
Su realidad está bajo las flores diferentes de él
y su mortal hospitalidad nos dará
un recuerdo más para el tiempo
y sentenciosas calles del Sur para merecerlas despacio

y brisa oscura sobre la frente que vuelve
y la noche que de la mayor congoja nos libra:
la prolijidad de lo real.

EL PASEO DE JULIO

Juro que no por deliberación he vuelto a la calle
de alta recova repetida como un espejo,
de parrillas con la trenza de carne de los Corrales,
de prostitución encubierta por lo más distinto: la música.

Puerto mutilado sin mar, encajonada racha salobre,
resaca que te adheriste a la tierra: Paseo de Julio,
aunque recuerdos míos, antiguos hasta la ternura, te saben
nunca te sentí patria.

Sólo poseo de ti una deslumbrada ignorancia,
una insegura propiedad como la de los pájaros en mi aire,
pero mi verso es de interrogación y de prueba
y para obedecer lo entrevisto.

Barrio con lucidez de pesadilla al pie de los otros,
tus espejos curvos denuncian el lado de fealdad de las caras,
tu noche calentada en lupanares pende de la ciudad.

Eres la perdición fraguándose un mundo
con los reflejos y las deformaciones de éste;
sufres de caos, adoleces de irrealidad,
te empeñas en jugar con naipes raspados la vida;
tu alcohol mueve peleas,
tus griegas manosean envidiosos libros de magia.

¿Será porque el infierno es vacío
que es espuria tu misma fauna de monstruos
y la sirena prometida por ese cartel es muerta y de cera?

Tienes la inocencia terrible
de la resignación, del amanecer, del conocimiento,
la del espíritu no purificado, borrado
por insistencia del destino
y que ya blanco de muchas luces, ya nadie,
sólo codicia lo presente, lo actual, como los hombres viejos.

Detrás de los paredones de mi suburbio, los duros carros
rezarán con varas en alto a su imposible dios de hierro y de polvo,
pero, ¿qué dios, qué ídolo, qué veneración la tuya, Paseo de Julio?

Tu vida pacta con la muerte;
toda felicidad, con sólo existir, te es adversa.

EL HACEDOR

PARABOLA DEL PALACIO

Aquel día, el Emperador Amarillo mostró su palacio al poeta. Fueron dejando atrás, en largo desfile, las primeras terrazas occidentales que, como gradas de un casi inabarcable anfiteatro, declinan hacia un paraíso o jardín cuyos espejos de metal y cuyos intrincados cercos de enebro prefiguraban ya el laberinto. Alegremente se perdieron en él, al principio como si condescendieran a un juego y después no sin inquietud, porque sus rectas avenidas adolecían de una curvatura muy suave pero continua y secretamente eran círculos. Hacia la medianoche, la observación de los planetas y el oportuno sacrificio de una tortuga les permitieron desligarse de esa región que parecía hechizada, pero no del sentimiento de estar perdido, que los acompañó hasta el fin. Antecámaras y patios y bibliotecas recorrieron después y una sala exagonal con una clepsidra, y una mañana divisaron desde una torre un hombre de piedra, que luego se les perdió para siempre. Muchos resplandecientes ríos atravesaron en canoas de sándalo, o un solo río muchas veces. Pasaba el séquito imperial y la gente se prosternaba, pero un día arribaron a una isla en que alguno no lo hizo, por no haber visto nunca al Hijo del Cielo, y el verdugo tuvo que decapitarlo. Negras cabelleras y negras danzas y complicadas máscaras de oro vieron con indiferencia sus ojos; lo real se confundía con lo soñado o, mejor dicho, lo real era una de las configuraciones del sueño. Parecía imposible que la tierra fuera otra cosa que jardines, aguas, arquitecturas y formas de esplendor. Cada cien pasos una torre cortaba el aire; para los ojos el color era idéntico, pero la primera de todas era amarilla y la última escarlata, tan delicadas eran las gradaciones y tan larga la serie.

Al pie de la penúltima torre fue que el poeta (que estaba como ajeno a los espectáculos que eran maravilla de todos) recitó la breve composición que hoy vinculamos indisolublemente a su nombre y que, según repiten los historiadores más elegantes, le deparó la inmortalidad y la muerte. El texto se ha perdido; hay quien entiende que constaba de un verso; otros, de una sola palabra. Lo cierto, lo increíble, es que en el poema estaba entero y minucioso el palacio enorme, con cada ilustre porcelana y cada dibujo en cada porcelana y las penumbras y las luces de los crepúsculos y cada instante desdichado o feliz de las gloriosas dinastías de mortales, de dioses y de dragones que habitaron en él desde el interminable pasado. Todos callaron, pero el Emperador exclamó: *¡Me has arrebatado el palacio!* y la espada de hierro del verdugo segó la vida del poeta.

Otros refieren de otro modo la historia. En el mundo no puede haber dos cosas iguales; bastó (nos dicen) que el poeta pronunciara el poema para que desapareciera el palacio, como abolido y fulminado por la última sílaba. Tales leyendas, claro está, no pasan de ser ficciones literarias. El poeta era esclavo del emperador y murió como tal; su composición cayó en el olvido porque merecía el olvido y sus descendientes buscan aún, y no encontrarán, la palabra del universo.

BORGES Y YO

Al otro, a Borges, es a quien le ocurren las cosas. Yo camino por Buenos Aires y me demoro, acaso ya mecánicamente, para mirar el arco de un zaguán y la puerta cancel; de Borges tengo noticias por el correo y veo su nombre en una terna de profesores o en un diccionario biográfico. Me gustan los relojes de arena, los mapas, la tipografía del siglo XVIII, las etimologías, el sabor del café y la prosa de Stevenson; el otro comparte esas preferencias, pero de un modo vanidoso que las convierte en atributos de un actor. Sería exagerado afirmar que nuestra relación es hostil; yo vivo, yo me dejo vivir, para que Borges pueda tramar su literatura y esa literatura me justifica. Nada me cuesta confesar que ha logrado ciertas páginas válidas, pero esas páginas no me pueden salvar, quizá porque lo bueno ya no es de nadie, ni siquiera del otro, sino del lenguaje o la tradición. Por lo demás, yo estoy destinado a perderme, definitivamente, y sólo algún instante de mí podrá sobrevivir en el otro. Poco a poco voy cediéndole todo, aunque me consta su perversa costumbre de falsear y magnificar. Spinoza entendió que todas las cosas quieren perseverar en su ser; la piedra eternamente quiere ser piedra y el tigre un tigre. Yo he de quedar en Borges, no en mí (si es que alguien soy), pero me reconozco menos en sus libros que en muchos otros o que en el laborioso rasgueo de una guitarra. Hace años yo traté de librarme de él y pasé de las mitologías del arrabal a los juegos con el tiempo y con lo infinito, pero esos juegos son de Borges ahora y tendré que idear otras cosas. Así mi vida es una fuga y todo lo pierdo y todo es del olvido, o del otro. No sé cuál de los dos escribe esta página.

POEMA DE LOS DONES

A María Esther Vázquez

Nadie rebaje a lágrima o reproche
Esta declaración de la maestría
De Dios, que con magnífica ironía
Me dio a la vez los libros y la noche.

De esta ciudad de libros hizo dueños
A unos ojos sin luz, que sólo pueden
Leer en las bibliotecas de los sueños
Los insensatos párrafos que ceden.

Las albas a su afán. En vano el día
Les prodiga sus libros infinitos,
Arduos como los arduos manuscritos
Que perecieron en Alejandría.

De hambre y de sed (narra una historia griega)
Muere un rey entre fuentes y jardines;
Yo fatigo sin rumbo los confines
De esa alta y honda biblioteca ciega.

Enciclopedias, atlas, el Oriente
Y el Occidente, siglos, dinastías,
Símbolos, cosmos y cosmogonías
Brindan los muros, pero inútilmente.

Lento en mi sombra, la penumbra hueca
Exploro con el báculo indeciso,
Yo, que me figuraba el Paraíso
Bajo la especie de una biblioteca.

Algo, que ciertamente no se nombra
Con la palabra *azar*, rige estas cosas;
Otro ya recibió en otras borrosas
Tardes los muchos libros y la sombra.

Al errar por las lentas galerías
Suelo sentir con vago horror sagrado
Que soy el otro, el muerto, que habrá dado
Los mismos pasos en los mismos días.

¿Cuál de los dos escribe este poema
De un yo plural y de una sola sombra?
¿Qué importa la palabra que me nombra
si es indiviso y uno el anatema?

Groussac o Borges, miro este querido
Mundo que se deforma y que se apaga
En una pálida ceniza vaga
Que se parece al sueño y al olvido.

EL OTRO TIGRE

And the craft that createth a semblance
Morris: Sigurd the volsung (1876).

Pienso en un tigre. La penumbra exalta
La vasta Biblioteca laboriosa
Y parece alejar los anaqueles;
Fuerte, inocente, ensangrentado y nuevo,
El irá por su selva y su mañana
Y marcará su rastro en la limosa
Margen de un río cuyo nombre ignora
(En su mundo no hay nombres ni pasado
Ni porvenir, sólo un instante cierto).
Y salvará las bárbaras distancias
Y husmeará en el trenzado laberinto
De los olores el olor del alba
Y el olor deleitable del venado;
Entre las rayas del bambú descifro
Sus rayas y presiento la osatura
Bajo la piel espléndida que vibra.
En vano se interponen los convexos
Mares y los desiertos del planeta;
Desde esta casa de un remoto puerto
De América del Sur, te sigo y sueño,
Oh tigre de las márgenes del Ganges.

Cunde la tarde en mi alma y reflexiono
Que el tigre vocativo de mi verso
Es un tigre de símbolos y sombras,
Una serie de tropos literarios
Y de memorias de la enciclopedia

Y no el tigre fatal, la aciaga joya
Que, bajo el sol o la diversa luna,
Va cumpliendo en Sumatra o en Bengala
Su rutina de amor, de ocio y de muerte.
Al tigre de los símbolos he opuesto
El verdadero, el de caliente sangre,
El que diezma la tribu de los búfalos
Y hoy, 3 de agosto del 59,
Alarga en la pradera una pausada
Sombra, pero ya el hecho de nombrarlo
Y de conjeturar su circunstancia
Lo hace ficción del arte y no criatura
Viviente de las que andan por la tierra.

Un tercer tigre buscaremos. Este
Será como los otros una forma
De mi sueño, un sistema de palabras
Humanas y no el tigre vertebrado
Que, más allá de las mitologías,
Pisa la tierra. Bien lo sé, pero algo
Me impone esta aventura indefinida,
Insensata y antigua, y persevero
En buscar por el tiempo de la tarde
El otro tigre, el que no está en el verso.

ARTE POETICA

Mirar el río hecho de tiempo y agua
Y recordar que el tiempo es otro río,
Saber que nos perdemos como el río
Y que los rostros pasan como el agua.

Sentir que la vigilia es otro sueño
Que sueña no soñar y que la muerte
Que teme nuestra carne es esa muerte
De cada noche, que se llama sueño.

Ver en el día o en el año un símbolo
De los días del hombre y de sus años,
Convertir el ultraje de los años
En una música, un rumor y un símbolo.

Ver en la muerte el sueño, en el ocaso
Un triste oro, tal es la poesía
Que es inmortal y pobre. La poesía
Vuelve como la aurora y el ocaso.

A veces en las tardes una cara
Nos mira desde el fondo de un espejo;
El arte debe ser como ese espejo
Que nos revela nuestra propia cara.

Cuentan que Ulises, harto de prodigios,
Lloró de amor al divisar su Itaca
Verde y humilde. El arte es esa Itaca
De verde eternidad, no de prodigios.

También es como el río interminable
Que pasa y queda y es cristal de un mismo
Heráclito inconstante, que es el mismo
Y es otro, como el río interminable.

EL OTRO, EL MISMO

INSOMNIO

De fierro,
de encorvados tirantes de enorme fierro, tiene que ser la noche,
para que no la revienten y la desfonden
las muchas cosas que mis abarrotados ojos han visto,
las duras cosas que insoportablemente la pueblan.

Mi cuerpo ha fatigado los niveles, las temperaturas, las luces:
en vagones de largo ferrocarril,
en un banquete de hombres que se aborrecen,
en el filo mellado de los suburbios,
en una quinta calurosa de estatuas húmedas,
en la noche repleta donde abundan el caballo y el hombre.

El universo de esta noche tiene la vastedad
del olvido y la precisión de la fiebre.

En vano quiero distraerme del cuerpo
y del desvelo de un espejo incesante
que lo prodiga y que lo acecha
y de la casa que repite sus patios
y del mundo que sigue hasta un despedazado arrabal
de callejones donde el viento se cansa y de barro torpe.

En vano espero
las desintegraciones y los símbolos que preceden al sueño.

Sigue la historia universal:
los rumbos minuciosos de la muerte en las caries dentales,
la circulación de mi sangre y de los planetas.

(He odiado el agua crapulosa de un charco,
he aborrecido en el atardecer el canto del pájaro).

Las fatigadas leguas incesantes del suburbio del Sur,
leguas de pampa basurera y obscena, leguas de execración,
no se quieren ir del recuerdo.
Lotes anegadizos, ranchos en montón como perros, charcos de plata
[fétida:
soy el aborrecible centinela de esas colocaciones inmóviles.
Alambre, terraplenes, papeles muertos, sobras de Buenos Aires.

Creo esta noche en la terrible inmortalidad:
ningún hombre ha muerto en el tiempo, ninguna mujer, ningún muerto,
porque esta inevitable realidad de fierro y de barro
tiene que atravesar la indiferencia de cuantos estén dormidos o muertos

—aunque se oculten en la corrupción y en los siglos—
y condenarlos a vigilia espantosa.

Toscas nubes color borra de vino infamarán el cielo;
amanecerá en mis párpados apretados.

POEMA CONJETURAL

*El doctor Francisco Laprida, asesinado el día
22 de setiembre de 1829 por los montoneros de
Aldao, piensa antes de morir:*

Zumban las balas en la tarde última.
Hay viento y hay cenizas en el viento,
se dispersan el día y la batalla
deforme, y la victoria es de los otros.
Vencen los bárbaros, los gauchos vencen.
Yo, que estudié las leyes y los cánones,
yo, Francisco Narciso de Laprida,
cuya voz declaró la independencia
de estas crueles provincias, derrotado,
de sangre y de sudor manchado el rostro,
sin esperanza ni temor, perdido,
huyo hacia el Sur por arrabales últimos.
Como aquel capitán del Purgatorio
que, huyendo a pie y ensangrentando el llano,
fue cegado y tumbado por la muerte
donde un oscuro río pierde el nombre,
así habré de caer. Hoy es el término.
La noche lateral de los pantanos
me acecha y me demora. Oigo los cascos
de mi caliente muerte que me busca
con jinetes, con belfos y con lanzas.
Yo que anhelé ser otro, ser un hombre
de sentencias, de libros, de dictámenes,
a cielo abierto yaceré entre ciénagas;
pero me endiosa el pecho inexplicable
un júbilo secreto. Al fin me encuentro

con mi destino sudamericano.
A esta ruinosa tarde me llevaba
el laberinto múltiple de pasos
que mis días tejieron desde un día
de la niñez. Al fin he descubierto
la recóndita clave de mis años,
la suerte de Francisco de Laprida,
la letra que faltaba, la perfecta
forma que supo Dios desde el principio.
En el espejo de esta noche alcanzo
mi insospechado rostro eterno. El círculo
se va a cerrar. Yo aguardo que así sea.

Pisan mis pies la sombra de las lanzas
que me buscan. Las befas de mi muerte,
los jinetes, las crines, los caballos,
se ciernen sobre mí... Ya el primer golpe,
ya el duro hierro que me raja el pecho,
el íntimo cuchillo en la garganta.

MATEO, XXV, 30

El primer puente de Constitución y a mis pies
Fragor de trenes que tejían laberintos de hierro.
Humo y silbatos escalaban la noche,
Que de golpe fue el Juicio Universal. Desde el invisible horizonte
Y desde el centro de mi ser, una voz infinita
Dijo estas cosas (estas cosas, no estas palabras,
Que son mi pobre traducción temporal de una sola palabra):
—Estrellas, pan, bibliotecas orientales y occidentales,
Naipes, tableros de ajedrez, galerías, claraboyas y sótanos,
Un cuerpo humano para andar por la tierra,
Uñas que crecen en la noche, en la muerte,
Sombra que olvida, atareados espejos que multiplican,
Declives de la música, la más dócil de las formas del tiempo,
Fronteras del Brasil y del Uruguay, caballos y mañanas,
Una pesa de bronce y un ejemplar de la Saga de Grettir,

Algebra y fuego, la carga de Junín en tu sangre,
Días más populosos que Balzac, el olor de la madreselva,
Amor y víspera de amor y recuerdos intolerables,
El sueño como un tesoro enterrado, el dadivoso azar
Y la memoria, que el hombre no mira sin vértigo,
Todo eso te fue dado, y también
El antiguo alimento de los héroes:
La falsía, la derrota, la humillación.
En vano te hemos prodigado el océano,
En vano el sol, que vieron los maravillados ojos de Whitman;
Has gastado los años y te han gastado,
Y todavía no has escrito el poema.

LIMITES

De estas calles que ahondan el poniente,
Una habrá (no sé cuál) que he recorrido
Ya por última vez, indiferente
Y sin adivinarlo, sometido.

A Quién prefija omnipotentes normas
Y una secreta y rígida medida
A las sombras, los sueños y las formas
Que destejen y tejen esta vida.

Si para todo hay término y hay tasa
Y última vez y nunca más y olvido
¿Quién nos dirá de quién, en esta casa,
Sin saberlo, nos hemos despedido?

Tras el cristal ya gris la noche cesa
Y del alto de libros que una trunca
Sombra dilata por la vaga mesa,
Alguno habrá que no leeremos nunca.

Hay en el Sur más de un portón gastado
Con sus jarrones de mampostería

Y tunas, que a mi paso está vedado
Como si fuera una litografía.

Para siempre cerraste alguna puerta
Y hay un espejo que te aguarda en vano;
La encrucijada te parece abierta
Y la vigila, cuadrifronte, Jano.

Hay, entre todas tus memorias, una
Que se ha perdido irreparablemente;
No te verán bajar a aquella fuente
Ni el blanco sol ni la amarilla luna.

No volverá tu voz a lo que el persa
Dijo en su lengua de aves y de rosas,
Cuando al ocaso, ante la luz dispersa,
Quieras decir inolvidables cosas.

¿Y el incesante Ródano y el lago,
Todo ese ayer sobre el cual hoy me inclino?
Tan perdido estará como Cartago
Que con fuego y con sal borró el latino.

Creo en el alba oír un atareado
Rumor de multitudes que se alejan;
Son lo que me ha querido y olvidado;
Espacio y tiempo y Borges ya me dejan.

ELOGIO DE LA SOMBRA

JUAN, I, 14

No será menos un enigma esta hoja
que las de Mis libros sagrados
ni aquellas otras que repiten
las bocas ignorantes,
creyéndolas de un hombre, no espejos
oscuros del Espíritu.

Yo que soy el Es, el Fue y el Será,
vuelvo a condescender al lenguaje,
que es tiempo sucesivo y emblema.
Quien juega con un niño juega con algo
cercano y misterioso;
yo quise jugar con Mis hijos.
Estuve entre ellos con asombro y ternura.
Por obra de una magia
nací curiosamente de un vientre.
Viví hechizado, encarcelado en un cuerpo
y en la humildad de un alma.
Conocí la memoria,
esa moneda que no es nunca la misma.
Conocí la esperanza y el temor,
esos dos rostros del incierto futuro.
Conocí la vigilia, el sueño, los sueños,
la ignorancia, la carne,
los torpes laberintos de la razón,
la amistad de los hombres,
la misteriosa devoción de los perros.
Fui amado, comprendido, alabado y pendí de una cruz.
Bebí la copa hasta las heces.
Vi por Mis ojos lo que nunca había visto:
la noche y sus estrellas.
Conocí lo pulido, lo arenoso, lo desparejo, lo áspero,
el sabor de la miel y de la manzana,
el agua en la garganta de la sed,
el peso de un metal en la palma,
la voz humana, el rumor de unos pasos sobre la hierba,
el olor de la lluvia en Galilea,
el alto grito de los pájaros.
Conocí también la amargura.
He encomendado esta escritura a un hombre cualquiera:
no será nunca lo que quiero decir,
no dejará de ser su reflejo.
Desde Mi eternidad caen estos signos.
Que otro, no el que es ahora su amanuense, escriba el poema.
Mañana seré un tigre entre los tigres

y predicaré Mi ley a su selva,
o un gran árbol en Asia.
A veces pienso con nostalgia
en el olor de esa carpintería.

THE UNENDING GIFT

Un pintor nos prometió un cuadro.
Ahora, en New England, sé que ha muerto. Sentí, como otras
    veces, la tristeza de comprender que somos como un sueño.
    Pensé en el hombre y en el cuadro perdidos.
(Sólo los dioses pueden prometer, porque son inmortales.)
Pensé en un lugar prefijado que la tela no ocupará.
Pensé después: si estuviera ahí, sería con el tiempo una cosa
    más, una cosa, una de las vanidades o hábitos de la casa:
    ahora es ilimitada, incesante, capaz de cualquier forma y
    cualquier color y no atada a ninguno.
Existe de algún modo. Vivirá y crecerá como una música y estará
    conmigo hasta el fin. Gracias, Jorge Larco.
(También los hombres pueden prometer, porque en la promesa
    hay algo inmortal).

ELOGIO DE LA SOMBRA

La vejez (tal es el nombre que los otros le dan)
puede ser el tiempo de nuestra dicha.
El animal ha muerto o casi ha muerto.
Quedan el hombre y el alma.
Vivo entre formas luminosas y vagas
que no son aún la tiniebla.
Buenos Aires,
que antes se desgarraba en arrabales
hacia la llanura incesante,
ha vuelto a ser la Recoleta, el Retiro,
las borrosas calles del Once

y las precarias casas viejas
que aún llamamos el Sur.
Siempre en mi vida fueron demasiadas las cosas;
Demócrito de Abdera se arrancó los ojos para pensar;
el tiempo ha sido mi Demócrito.
Esta penumbra es lenta y no duele;
fluye por un manso declive
y se parece a la eternidad.
Mis amigos no tienen cara,
las mujeres son lo que fueron hace ya tantos años,
las esquinas pueden ser otras,
no hay letras en las páginas de los libros.
Todo esto debería atemorizarme,
pero es una dulzura, un regreso.
De las generaciones de los textos que hay en la tierra
sólo habré leído unos pocos,
los que sigo leyendo en la memoria,
leyendo y transformando.
Del Sur, del Este, del Oeste, del Norte,
convergen los caminos que me han traído
a mi secreto centro.
Esos caminos fueron ecos y pasos,
mujeres, hombres, agonías, resurrecciones,
días y noches,
entresueños y sueños,
cada ínfimo instante del ayer
y de los ayeres del mundo,
la firme espada del danés y la luna del persa,
los actos de los muertos,
el compartido amor, las palabras,
Emerson y la nieve y tantas cosas.
Ahora puedo olvidarlas. Llego a mi centro,
a mi álgebra y mi clave,
a mi espejo.
Pronto sabré quién soy.

EL ORO DE LOS TIGRES

TU

Un solo hombre ha nacido, un solo hombre ha muerto en la tierra.
Afirmar lo contrario es mera estadística, es una adición imposible.
No menos imposible que sumar el olor de la lluvia y el sueño que antenoche soñaste.
Ese hombre es Ulises, Abel, Caín, el primer hombre que ordenó las constelaciones, el hombre que erigió la primer pirámide, el hombre que escribió los hexagramas del Libro de los Cambios, el forjador que grabó runas en la espada de Hengist, el arquero Einar Tambarskelver, Luis de León, el librero que engendró a Samuel Johnson, el jardinero de Voltaire, Darwin en la proa del Beagle, un judío en la cámara letal, con el tiempo, tú y yo.
Un solo hombre ha muerto en Ilión, en el Metauro, en Hastings, en Austerlitz, en Trafalgar, en Gettysburg.
Un solo hombre ha muerto en los hospitales, en barcos, en la ardua soledad, en la alcoba del hábito y del amor.
Un solo hombre ha mirado la vasta aurora.
Un solo hombre ha sentido en el paladar la frescura del agua, el sabor de la frutas y de la carne.
Hablo del único, del uno, del que siempre está solo.

EL CENTINELA

Entra la luz y me recuerdo; ahí está.
Empieza por decirme su nombre, que es (ya se entiende) el mío.
Vuelvo a la esclavitud que ha durado más de siete veces diez años.
Me impone su memoria.
Me impone las miserias de cada día, la condición humana.
Soy su viejo enfermero, me obliga a que le lave los pies.
Me acecha en los espejos, en la caoba, en los cristales de las tiendas.
Una u otra mujer lo ha rechazado y debo compartir su congoja.
Me dicta ahora este poema, que no me gusta.
Me exige el nebuloso aprendizaje del terco anglosajón.

Me ha convertido al culto idolátrico de militares muertos, con los
    que acaso no podría cambiar una sola palabra.
En el último tramo de la escalera siento que está a mi lado.
Está en mis pasos, en mi voz.
Minuciosamente lo odio.
Advierto con fruición que casi no ve.
Estoy en una celda circular y el infinito muro se estrecha.
Ninguno de los dos engaña al otro, pero los dos mentimos.
Nos conocemos demasiado, inseparable hermano.
Bebes el agua de mi copa y devoras mi pan.
La puerta del suicida está abierta, pero los teólogos afirman que
    en la sombra ulterior del otro reino, estaré yo, esperándome.

EL ORO DE LOS TIGRES

Hasta la hora del ocaso amarillo
Cuántas veces habré mirado
Al poderoso tigre de Bengala
Ir y venir por el predestinado camino
Detrás de los barrotes de hierro,
Sin sospechar que eran su cárcel.
Después vendrían otros tigres,
El tigre de fuego de Blake;
Después vendrían otros oros,
El metal amoroso que era Zeus,
El anillo que cada nueve noches
Engendra nueve anillos y éstos, nueve,
Y no hay un fin.
Con los años fueron dejándome
Los otros hermosos colores
Y ahora sólo me quedan
La vaga luz, la inextricable sombra
Y el oro del principio.
Oh ponientes, oh tigres, oh fulgores
Del mito y de la épica,
Oh un oro más precioso, tu cabello
Que ansían estas manos.

LA ROSA PROFUNDA

BROWNING RESUELVE SER POETA

Por estos rojos laberintos de Londres
descubro que he elegido
la más curiosa de las profesiones humanas,
salvo que todas, a su modo, lo son.
Como los alquimistas
que buscaron la piedra filosofal
en el azogue fugitivo,
haré que las comunes palabras
—naipes marcados del tahúr, moneda de la plebe—
rindan la magia que fue suya
cuando Thor era el numen y el estrépito,
el trueno y la plegaria.
En el dialecto de hoy
diré a mi vez las cosas eternas;
trataré de no ser indigno
del gran eco de Byron.
Este polvo que soy será invulnerable.
Si una mujer comparte mi amor
mi verso rozará la décima esfera de los cielos concéntricos;
si una mujer desdeña mi amor
haré de mi tristeza una música,
un alto río que siga resonando en el tiempo.
Viviré de olvidarme.
Seré la cara que entreveo y que olvido,
seré Judas que acepta
la divina misión de ser traidor,
seré Calibán en la ciénaga,
seré un soldado mercenario que muere
sin temor y sin fe,
seré Polícrates que ve con espanto
el anillo devuelto por el destino,
seré el amigo que me odia.
El persa me dará el ruiseñor y Roma la espada.

Máscaras, agonías, resurrecciones,
destejerán y tejerán mi suerte
y alguna vez seré Robert Browning.

SIMON CARBAJAL

En los campos de Antelo, hacia el noventa
Mi padre lo trató. Quizá cambiaron
Unas parcas palabras olvidadas.
No recordaba de él sino una cosa:
El dorso de la oscura mano izquierda
Cruzado de zarpazos. En la estancia
Cada uno cumplía su destino:
Este era domador, tropero el otro,
Aquél tiraba como nadie el lazo
Y Simón Carbajal era el tigrero.
Si un tigre depredaba las majadas
O lo oían bramar en la tiniebla,
Carbajal lo rastreaba por el monte.
Iba con el cuchillo y con los perros.
Al fin daba con él en la espesura.
Azuzaba a los perros. La amarilla
Fiera se abalanzaba sobre el hombre
Que agitaba en el brazo izquierdo el poncho,
Que era escudo y señuelo. El blanco vientre
Quedaba expuesto. El animal sentía
Que el acero le entraba hasta la muerte.
El duelo era fatal y era infinito.
Siempre estaba matando al mismo tigre
Inmortal. No te asombre demasiado
Su destino. Es el tuyo y es el mío,
Salvo que nuestro tigre tiene formas
Que cambian sin parar. Se llama el odio,
El amor, el azar, cada momento.

THE UNENDING ROSE

A Susana Bombal

A los quinientos años de la Héjira
Persia miró desde sus alminares
La invasión de las lanzas del desierto
Y Attar de Nishapur miró una rosa
Y le dijo con tácita palabra
Como el que piensa, no como el que reza:
—Tu vaga esfera está en mi mano. El tiempo
Nos encorva a los dos y nos ignora
En esta tarde de un jardín perdido.
Tu leve peso es húmedo en el aire.
La incesante pleamar de tu fragancia
Sube a mi vieja cara que declina
Pero te sé más lejos que aquel niño
Que te entrevió en las láminas de un sueño
O aquí en este jardín, una mañana.
La blancura del sol puede ser tuya
O el oro de la luna o la bermeja
Firmeza de la espada en la victoria.
Soy ciego y nada sé, pero preveo
Que son más los caminos. Cada cosa
Es infinitas cosas. Eres música,
Firmamentos, palacios, ríos, ángeles,
Rosa profunda, ilimitada, íntima,
Que el Señor mostrará a mis ojos muertos.

LA MONEDA DE HIERRO

UNA LLAVE EN EAST LANSING

Soy una pieza de limado acero.
Mi borde irregular no es arbitrario.

Duermo mi vago sueño en un armario
Que no veo, sujeta a mi llavero.
Hay una cerradura que me espera,
Una sola. La puerta es de forjado
Hierro y firme cristal. Del otro lado
Está la casa, oculta y verdadera.
Altos en la penumbra los desiertos
Espejos ven las noches y los días
Y las fotografías de los muertos
Y el tenue ayer de las fotografías.
Alguna vez empujaré la dura
Puerta y haré girar la cerradura.

LA MONEDA DE HIERRO

Aquí está la moneda de hierro. Interroguemos
Las dos contrarias caras que serán la respuesta
De la terca demanda que nadie no se ha hecho:
¿Por qué precisa un hombre que una mujer lo quiera?
Miremos. En el orbe superior se entretejen
El firmamento cuádruple que sostiene el diluvio
Y las inalterables estrellas planetarias.
Adán, el joven padre, y el joven Paraíso.
La tarde y la mañana. Dios en cada criatura.
En ese laberinto puro está tu reflejo.
Arrojemos de nuevo la moneda de hierro
Que es también un espejo mágico. Su reverso
Es nadie y nada y sombra y ceguera. Eso eres.
De hierro las dos caras labran un solo eco.
Tus manos y tu lengua son testigos infieles.
Dios es el inasible centro de la sortija.
No exalta ni condena. Hace algo más: olvida.
Calumniado de infamia ¿por qué no han de quererte?
En la sombra del otro buscamos nuestra sombra;
En el cristal del otro, nuestro cristal recíproco.

HISTORIA DE LA NOCHE

HISTORIA DE LA NOCHE

A lo largo de sus generaciones
los hombres erigieron la noche.
En el principio era ceguera y sueño
y espinas que laceran el pie desnudo
y temor de los lobos.
Nunca sabremos quién forjó la palabra
para el intervalo de sombra
que divide los dos crepúsculos;
nunca sabremos en qué siglo fue cifra
del espacio de estrellas.
Otros engendraron el mito.
La hicieron madre de las Parcas tranquilas
que tejen el destino
y le sacrificaban ovejas negras
y el gallo que presagia su fin.
Doce casas le dieron los caldeos;
infinitos mundos, el Pórtico.
Hexámetros latinos la modelaron
y el terror de Pascal.
Luis de León vio en ella la patria
de su alma estremecida.
Ahora la sentimos inagotable
como un antiguo vino
y nadie puede contemplarla sin vértigo
y el tiempo la ha cargado de eternidad.

Y pensar que no existiría
sin esos tenues instrumentos, los ojos.

OLIVERIO GIRONDO
[ARGENTINA, 1891-1967]

«ES UN VIOLENTO. Mira largamente las cosas y de golpe les tira un ma-
notazo», escribía Jorge Luis Borges sobre Oliverio Girondo, al publicar éste su segundo libro: *Calcomanías* (1925); también subrayaba «la
inmediatez y visualización de sus imágenes». Este juicio podría apli-
carse a casi toda la obra de Girondo. Es cierto que en partes de algunos de sus libros (v.g., *Persuasión de los días*, 1942; *Campo nuestro*,
1946), Girondo opta por un lenguaje y una visión que se acercan a
una suerte de mística del mundo —lo sagrado y elemental de *este* mundo. Lo dominante en él, sin embargo, es la transgresión verbal, el gusto sistemático por la extravagancia —frecuentemente colindante con
el impudor, la desfachatez y la irreverencia. Prueba de ello es que en
su último libro (*En la masmédula*, 1956, 1963) no sólo se acentúan
estos rasgos sino que, además, el lenguaje alcanza una desmesura inu-
sitada —como el *Trilce* de Vallejo; como el *Altazor* de Huidobro. No
se trata de ninguna contradicción. La violencia en la poesía de Girondo es una fuerza desmixtificadora; si se desarrolla como una gran hi-
pérbole expresiva, con un furor que aún puede irritar, es justamente
porque busca deslastrar al mundo moderno: regresarlo a su originalidad, a su animismo mágico; hacerlo consciente de aquello que lo de-
grada: *la usura*, la voluntad inhumana de dominación, la ruptura del
ritmo cósmico de la vida. Apenas, pues, hay que advertirlo: no se trata de la simple denuncia panfletaria, sino de una poesía crítica que
incide en todas las imposturas del comportamiento social. La pasión
por la imagen fuerte («inmediata», como dice Borges) y a un tiempo
arbitraria; el humor negro y la exaltación de lo absurdo como una energía que irrumpe en la rutina o en la mediocridad de la vida alienada:
se comprende, así, que estamos ante una poesía que emplea lo lúdico
como una manera de recuperar la intensidad. Es por ello quizás que
Girondo va radicalizando su estética: del ultraísmo, en el cual, como
el propio Borges, se inicia, va derivando hacia una poesía muy próxima de la gran subversión surrealista: los poemas en prosa de *Espantapájaros* (1932) son un desencadenamiento del inconsciente, una

suerte de objetivación del deseo: la liberación de todo lo que constriñe a lo imaginario.

Entre 1924 y 1926, Oliverio Girondo publicó en la revista *Martín Fierro* (que aglutinaba a la vanguardia argentina) un conjunto de reflexiones bajo el título de *Membretes*. En esas reflexiones desenfadadas ya se encuentra presente su poética. Estas son algunas de las más significativas para comprender su propia obra:

¡El Arte es el peor enemigo del arte!... un fetiche ante el que ofician, arrodillados, quienes no son artistas.

*

¿Estupidez? ¿Ingenuidad? ¿Política?... «Seamos argentinos», gritan algunos... Sin advertir que la nacionalidad es algo tan fatal como la conformación de nuestro esqueleto.

*

La vida es un largo embrutecimiento. La costumbre nos teje, diariamente, una telaraña en las pupilas; poco a poco nos aprisiona la sintaxis, el diccionario.

*

Sólo después de arrojarlo todo por la borda somos capaces de ascender hacia nuestra propia nada.

*

Llega un momento en que aspiramos a escribir algo peor.

BIBLIOGRAFIA

OBRA POETICA

Veinte poemas para ser leídos en el tranvía (1922); *Calcomanías* (1925); *Espantapájaros (al alcance de todos)* (1932); *Persuasión de los días* (1942); *Campo nuestro* (1946); *En la masmédula* (1954; 1956; edición aumentada 1963), *Obras completas* (Prólogo de Enrique Molina. Buenos Aires, Losada, 1968).

ESTUDIOS CRITICOS

Jorge Luis Borges: «Oliverio Girondo: Calcomanías», en *El tamaño de mi esperanza*. Buenos Aires, Proa, 1926.

Graciela De Sola: «Oliverio Girondo», en *Proyecciones del surrealismo en la literatura argentina*. Buenos Aires, Ediciones Culturales Argentinas, Subsecretaría de Cultura, 1967.

Juan Carlos Ghiano: «Oliverio Girondo», en *Poesía argentina del siglo XX*. México-Buenos Aires, FCE, 1957.

Ramón Gómez De La Serna: «Oliverio Girondo», en *Retratos completos*. Madrid, Aguilar, 1961.

Néstor Ibarra: «Oliverio Girondo», en *La nueva poesía argentina (Ensayo crítico sobre el ultraísmo, 1921-1929)*. Buenos Aires, Imp. Vda. de Molinari, 1930.

Enrique Molina: «Hacia el fuego central o la poesía de Oliverio Girondo», en *Obras completas* (ob. cit.).

Guillermo Sucre: «Adiciones, adhesiones», en *La máscara, la transparencia* (cf. bibliografía general).

VEINTE POEMAS
PARA SER LEIDOS EN EL TRANVIA

APUNTE CALLEJERO

En la terraza de un café hay una familia gris. Pasan unos senos bizcos buscando una sonrisa sobre las mesas. El ruido de los automóviles destiñe las hojas de los árboles. En un quinto piso, alguien se crucifica al abrir de par en par una ventana.

Pienso en dónde guardaré los quioscos, los faroles, los transeúntes, que se me entran por las pupilas. Me siento tan lleno que tengo miedo de estallar... Necesitaría dejar algún lastre sobre la vereda...

«Al llegar a una esquina, mi sombra se separa de mí, y de pronto, se arroja entre las ruedas de un tranvía.

EXVOTO

A las chicas de Flores

Las chicas de Flores, tienen los ojos dulces, como las almendras azucaradas de la Confitería del Molino, y usan moños de seda que les liban las nalgas en un aleteo de mariposa.

Las chicas de Flores, se pasean tomadas de los brazos, para transmitirse sus estremecimientos, y si alguien las mira en las pupilas, aprietan las piernas, de miedo de que el sexo se les caiga en la vereda.

Al atardecer, todas ellas cuelgan sus pechos sin madurar del ramaje de hierro de los balcones, para que sus vestidos se empurpuren al sentirlas desnudas, y de noche, a remolque de sus mamás —empavesadas como fragatas— van a pasearse por la plaza, para que los hombres les eyaculen palabras al oído, y sus pezones fosforescentes se enciendan y se apaguen como luciérnagas.

Las chicas de Flores, viven en la angustia de que las nalgas se les pudran, como manzanas que se han dejado pasar, y el deseo de los hombres las sofoca tanto, que a veces quisieran desembarazarse de él como de un corsé, ya que no tienen el coraje de cortarse el cuerpo a pedacitos y arrojárselo, a todos los que les pasan la vereda.

FIESTA EN DAKAR

La calle pasa con olor a desierto, entre un friso de negros sentados sobre el cordón de la vereda.

Frente al Palacio de la Gobernación:
¡CALOR! ¡CALOR!

Europeos que usan una escupidera en la cabeza.
Negros estilizados con ademanes de sultán.

El candombe les bate las ubres a las mujeres para que al pasar, el ministro les ordeñe una taza de chocolate.

¡Plantas callicidas! Negras vestidas de papagayo, con sus crías en uno de los pliegues de la falda. Palmeras, que de noche se estiran para sacarle a las estrellas el polvo que se les ha entrado en la pupila.

¡Habrá cohetes! ¡Cañonazos! Un nuevo impuesto a los nativos. Discursos en cuatro mil lenguas oscuras.

Y de noche:

¡ILUMINACION!
a cargo de las constelaciones

OTRO NOCTURNO

La luna, como la esfera luminosa del reloj de un edificio público.
¡Faroles enfermos de ictericia! ¡Faroles con gorras de «apache», que fuman un cigarrillo en las esquinas!
¡Canto humilde y humillado de los mingitorios cansados de cantar! ¡Y silencio de las estrellas, sobre el asfalto humedecido!
¿Por qué, a veces, sentiremos una tristeza parecida a la de un par de medias tirado en un rincón?, y ¿por qué, a veces, nos interesará tanto el partido de pelota que el eco de nuestros pasos juega en la pared?

Noches en las que nos disimulamos bajo la sombra de los árboles,
de miedo de que las casas se despierten de pronto y nos vean pasar,
y en las que el único consuelo es la seguridad de que nuestra cama
nos espera, con las velas tendidas hacia un país mejor.

CALCOMANIAS

CALLE DE LAS SIERPES

A D. Ramón Gómez de la Serna

Una corriente de brazos y de espaldas
nos encauza
y nos hace desembocar
bajo los abanicos,
las pipas,
los anteojos enormes
colgados en medio de la calle;
únicos testimonios de una raza
desaparecida de gigantes.

Sentados al borde de las sillas,
cual si fueran a dar un brinco
y ponerse a bailar,
los parroquianos de los cafés
aplauden la actividad del camarero,
mientras los limpiabotas les lustran los zapatos
hasta que pueda leerse
el anuncio de la corrida del domingo.

Con sus caras de mascarón de proa,
el habano hace las veces de bauprés,
los hacendados penetran
en los despachos de bebidas,
a muletear los argumentos
como si entraran a matar;

y acodados en los mostradores,
que simulan barreras,
brindan a la concurrencia
el miura disecado
que asoma la cabeza en la pared.

Ceñidos en sus capas, como toreros,
los curas entran en las peluquerías
a afeitarse en cuatrocientos espejos a la vez,
y cuando salen a la calle
ya tienen una barba de tres días.

En los invernáculos
edificados por los círculos,
la pereza se da como en ninguna parte
y los socios la ingieren
con churros o con horchata,
para encallar en los sillones
sus abulias y sus laxitudes de fantoches.

Cada doscientos cuarenta y siete hombres,
trescientos doce curas
y doscientos noventa y tres soldados,
pasa una mujer.

ESCORIAL

A D. José Ortega y Gasset

A medida que nos aproximamos
las piedras se van dando mejor.

Desnudo, anacorético,
las ventanas idénticas entre sí,
como la vida de sus monjes,
el Escorial levanta sus muros de granito
por los que no treparán nunca los mandingas,
pues ni aún dentro de novecientos años

hallarán una arruga donde hincar
sus pezuñas de azufre y pedernal.

Paradas en lo alto de las chimeneas,
las cigüeñas meditan la responsabilidad
de ser la única ornamentación del monasterio,
mientras el viento que reza en las rendijas
ahuyenta las tentaciones que amenazan
entrar por el tejado.

Cencerro de las piedras que pastan
en los alrededores,
las campanas de la iglesia
espantan a los ángeles
que viven en su torre
y suelen tomarlos de improviso,
haciéndoles perder alguna pluma
sobre el adoquinado de los patios.

¡Corredores donde el silencio tonifica
la robustez de las columnas!
¡Salas donde la austeridad es tan grande,
que basta una sonrisa de mujer
para que nos asedien los pecados de Bosch
y sólo se desbanden en retirada
al advertir que nuestro guía
es nuestro propio arcángel,
que se ha disfrazado de guardián!

Los visitantes,
la cabeza hundida entre los hombros
(así la Muerte no los podrá agarrar
como se agarra a un gato),
descienden a las tumbas y al pudridero,
y al salir,
perciben el esqueleto de la gente
con la misma facilidad
con que antes les distinguían la nariz.

Cuando una luna fantasmal
nieva su luz en las techumbres,
los ruidos de las inmediaciones
adquieren psicologías criminales,
y el silencio
alcanza tal intensidad,
que se camina
como si se entrara en un concierto,
y se contienen las ganas de toser
por temor a que el eco repita nuestra tos
hasta convencernos de que estamos tuberculosos.

¡Horas en que los perros se enloquecen de soledad
y en las que el miedo
hace girar las cabezas de las lechuzas y de los hombres,
quienes, al enfrentarnos,
se persignan bajo el embozo
por si nosotros fuéramos Satán!

ESPANTAPAJAROS

ESPANTAPAJAROS

Yo   no   sé   nada
Tú   no   sabes   nada
Ud.   no   sabe   nada
El   no   sabe   nada
Ellos no saben nada
Ellas no saben nada
Uds. no saben nada
Nosotros no sabemos nada.
La desorientación de mi generación tiene su explicación en la dirección de nuestra educación, cuya
idealización de la acción, era —¡sin discusión!—
una mistificación, en contradicción
con nuestra propensión a la meditación, a la contemplación y
a la masturbación. (Gutural,
lo más guturalmente que
se pueda.) Creo que
creo en lo que creo
que no creo. Y creo
que no creo en lo
que creo que creo,

«C a n t a r   d e   l a s   r a n a s»

¡Y	¡Y	¿A	¿A	¡Y	¡Y
su	ba	llí	llá	su	ba
bo	jo	es	es	bo	jo
las	las	tá?	tá?	las	las
es	es	¡A	¡A	es	es
ca	ca	quí	cá	ca	ca
le	le	no	no	le	le
ras	ras	es	es	ras	ras
arri	aba	tá	tá	arri	aba
ba!...	jo!...	!...	!...	ba!...	jo!...

4

Abandoné las carambolas por el calambur, los madrigales por los mamboretás, los entreveros por los entretelones, los invertidos por los invertebrados. Dejé la sociabilidad a causa de los sociólogos, de los solistas, de los sodomitas, de los solitarios. No quise saber nada con los prostáticos. Preferí el sublimado a lo sublime. Lo edificante a lo edificado. Mi repulsión hacia los parentescos me hizo eludir los padrinazgos, los padrenuestros. Conjuré las conjuraciones más concomitantes con las conjugaciones conyugales. Fui célibe, con el mismo amor propio con que hubiese sido paraguas. A pesar de mis predilecciones, tuve que distanciarme de los contrabandistas y de los contrabajos; pero intimé, en cambio, con la flagelación, con los flamencos.

Lo irreductible me sedujo un instante. Creí, con una buena fe de voluntario, en la mineralogía y en los minotauros. ¿Por qué razón los mitos no repoblarían la aridez de nuestras circunvoluciones? Durante varios siglos, la felicidad, la fecundidad, la filosofía, la fortuna, ¿no se hospedaron en una piedra?

¡Mi ineptitud llegó a confundir a un coronel con un termómetro!

Renuncié a las sociedades de beneficencia, a los ejercicios respiratorios, a la franela. Aprendí de memoria el horario de los trenes que no tomaría nunca. Poco a poco me sedujeron el recato y el bacalao. No consentí ninguna concomitancia con la concupiscencia, con la constipación. Fui metodista, malabarista, monogamista. Amé las contradicciones, las contrariedades, los contrasentidos... y caí en el gatismo, con una violencia de gatillo.

8

Yo no tengo una personalidad; yo soy un cocktail, un conglomerado, una manifestación de personalidades.

En mí, la personalidad es una especie de forunculosis anímica en estado crónico de erupción; no pasa media hora sin que me nazca una nueva personalidad.

Desde que estoy conmigo mismo, es tal la aglomeración de las que me rodean, que mi casa parece el consultorio de una quiromántica de moda. Hay personalidades en todas partes: en el vestíbulo, en el corredor, en la cocina, hasta en el W.C.

¡Imposible lograr un momento de tregua, de descanso! ¡Imposible saber cuál es la verdadera!

Aunque me veo forzado a convivir en la promiscuidad más absoluta con todas ellas, no me convenzo de que me pertenezcan.

¿Qué clase de contacto pueden tener conmigo —me pregunto— todas estas personalidades inconfesables, que harían ruborizar a un carnicero? ¿Habré de permitir que se me identifique, por ejemplo, con este pederasta marchito que no tuvo ni el coraje de realizarse, o con este cretinoide cuya sonrisa es capaz de congelar una locomotora?

El hecho de que se hospeden en mi cuerpo es suficiente, sin embargo, para enfermarse de indignación. Ya que no puedo ignorar su existencia, quisiera obligarlas a que se oculten en los repliegues más profundos de mi cerebro. Pero son de una petulancia... de un egoísmo... de una falta de tacto...

Hasta las personalidades más insignificantes se dan unos aires de trasatlántico. Todas, sin ninguna clase de excepción, se consideran con derecho a manifestar un desprecio olímpico por las otras, y naturalmente, hay peleas, conflictos de toda especie, discusiones que no terminan nunca. En vez de contemporizar, ya que tienen que vivir juntas, ¡pues no señor!, cada una pretende imponer su voluntad, sin tomar en cuenta las opiniones y los gustos de las demás. Si alguna tiene una ocurrencia, que me hace reír a carcajadas, en el acto sale cualquier otra, proponiéndome un paseíto al cementerio. Ni bien aquélla desea que me acueste con todas las mujeres de la ciudad, ésta se empeña en demostrarme las ventajas de la abstinencia, y mientras una abusa de la noche y no me deja dormir hasta la madrugada, la otra me despierta con el amanecer y exige que me levante junto con las gallinas.

Mi vida resulta así una preñez de posibilidades que no se realizan nunca, una explosión de fuerzas encontradas que se entrechocan y se destruyen mutuamente. El hecho de tomar la menor determinación me cuesta un tal cúmulo de dificultades, antes de cometer el acto más insignificante necesito poner tantas personalidades de acuerdo, que prefiero renunciar a cualquier cosa y esperar que se extenúen discutiendo lo que han de hacer con mi persona, para tener, al menos, la satisfacción de mandarlas a todas juntas a la mierda.

11

Si hubiera sospechado lo que se oye después de muerto, no me suicido.

Apenas se desvanece la musiquita que nos echó a perder los últimos momentos y cerramos los ojos para dormir la eternidad, empiezan las discusiones y las escenas de familia.

¡Qué desconocimiento de las formas! ¡Qué carencia absoluta de compostura! ¡Qué ignorancia de lo que es bien morir!

Ni un conventillo de calabreses malcasados, en plena catástrofe conyugal, daría una noción aproximada de las bataholas que se producen a cada instante.

Mientras algún vecino patalea dentro de su cajón, los de al lado se insultan como carreros, y al mismo tiempo que resuena un estruendo a mudanza, se oyen las carcajadas de los que habitan en la tumba de enfrente.

Cualquier cadáver se considera con el derecho de manifestar a gritos los deseos que había logrado reprimir durante toda su existencia de ciudadano, y no contento con enterarnos de sus mezquindades, de sus infamias, a los cinco minutos de hallarnos instalados en nuestro nicho, nos interioriza de lo que opinan sobre nosotros todos los habitantes del cementerio.

De nada sirve que nos tapemos las orejas. Los comentarios, las risitas irónicas, los cascotes que caen de no se sabe dónde, nos atormentan en tal forma los minutos del día y del insomnio, que nos dan ganas de suicidarnos nuevamente.

Aunque parezca mentira —esas humillaciones— ese continuo estruendo resulta mil veces preferible a los momentos de calma y de silencio.

Por lo común, éstos sobrevienen con una brusquedad de síncope. De pronto, sin el menor indicio, caemos en el vacío. Imposible asirse a alguna cosa, encontrar una asperosidad a que aferrarse. La caída no tiene término. El silencio hace sonar su diapasón. La atmósfera se rarifica cada vez más, y el menor ruidito: una uña, un cartílago que se cae, la falange de un dedo que se desprende, retumba, se amplifica, choca y rebota en los obstáculos que encuentra, se amalgama con todos los ecos que persisten; y cuando parece que ya se va a extinguir, y cerramos los ojos despacito para que no se oiga ni el roce de nuestros párpados, resuena un nuevo ruido que nos espanta el sueño para siempre.

¡Ah, si yo hubiera sabido que la muerte es un país donde no se puede vivir!...

12

Se miran, se presienten, se desean,
se acarician, se besan, se desnudan,
se respiran, se acuestan, se olfatean,
se penetran, se chupan, se demudan,
se adormecen, despiertan, se iluminan,
se codician, se palpan, se fascinan,
se mastican, se gustan, se babean,
se confunden, se acoplan, se disgregan,
se aletargan, fallecen, se reintegran,
se distienden, se enarcan, se menean,
se retuercen, se estiran, se caldean,
se estrangulan, se aprietan, se estremecen,
se tantean, se juntan, desfallecen,
se repelen, se enervan, se apetecen,
se acometen, se enlazan, se entrechocan,
se agazapan, se apresan, se dislocan,
se perforan, se incrustan, se acribillan,
se remachan, se injertan, se atornillan,
se desmayan, reviven, resplandecen,
se contemplan, se inflaman, se enloquecen,
se derriten, se sueldan, se calcinan,
se desgarran, se muerden, se asesinan,
resucitan, se buscan, se refriegan,
se rehúyen, se evaden y se entregan.

PERSUASION DE LOS DIAS

APARICION URBANA

¿Surgió de bajo tierra?
¿Se desprendió del cielo?

Estaba entre los ruidos,
herido,
malherido,
inmóvil,
en silencio,
hincado ante la tarde,
ante lo inevitable,
las venas adheridas
al espanto,
al asfalto,
con sus crenchas caídas,
con sus ojos de santo,
todo, todo desnudo,
casi azul, de tan blanco.

Hablaban de un caballo.
Yo creo que era un ángel.

TESTIMONIAL

Allí están,
allí estaban
las trashumantes nubes,
la fácil desnudez del arroyo,
la voz de la madera,
los trigales ardientes,
la amistad apacible de las piedras.

Allí la sal,
los juncos que se bañan,
el melodioso sueño de los sauces,
el trino de los astros,
de los grillos,
la luna recostada sobre el césped,
el horizonte azul,
¡el horizonte!
con sus briosos tordillos por el aire...

¡Pero no!
Nos sedujo lo infecto,
la opinión clamorosa de las cloacas,
los vibrantes eructos de onda corta,
el pasional engrudo
las circuncisas lenguas de cemento,
los poetas de moco enternecido,
los vocablos,
las sombras sin remedio.

Y aquí estamos:
exangües,
más pálidos que nunca;
como tibios pescados corrompidos
por tanto mercader y ruido muerto;
como mustias acelgas digeridas
por la preocupación y la dispepsia;
como resumideros ululantes
que toman el tranvía
y bostezan
y sudan
sobre el carbón, la cal, las telarañas;
como erectos ombligos con pelusa
que se rascan las piernas y sonríen,
bajo los cielorrasos
y las mesas de luz
y los felpudos;
llenos de iniquidad y de lagañas,
llenos de hiel y tics a contrapelo,
de histrionismos madeja,
yarará,
mosca muerta;
con el cráneo repleto de aserrín escupido,
con las venas pobladas de alacranes filtrables,
con los ojos rodeados de pantanosas costas
y paisajes de arena,
nada más que de arena.

Escoria entumecida de enquistados complejos
y cascarrientos labios
que se olvida del sexo en todas partes,
que confunde el amor con el masaje,
la poesía con la congoja acidulada,
los misales con los libros de caja.

Desolados engendros del azar y el hastío,
con la carne exprimida
por los bancos de estuco y tripas de oro,
por los dedos cubiertos de insaciables ventosas,
por caducos gargajos de cuello almidonado,
por cuantos mingitorios con trato de excelencia
explotan las tinieblas,
ordeñan las cascadas,
la adulcorada caña,
la sangre oleaginosa de los falsos caballos,
sin orejas,
sin cascos,
ni florecido esfínter de amapola,
que los llevan al hambre,
a empeñar la esperanza,
a vender los ovarios,
a cortar a pedazos sus adoradas madres,
a ingerir los infundios que pregonan las lámparas,
los hilos tartamudos,
los babosos escuerzos que tienen la palabra,
y hablan,
hablan,
hablan,
ante las barbas próceres,
o verdes redomones de bronce que no mean,
ante las multitudes
que desde un sexto piso
podrán semejarse a caviar envasado,
aunque de cerca apestan:
a sudor sometido,
a cama trasnochada,

a sacrificio inútil,
a rencor estancado,
a pis en cuarentena,
a rata muerta.

ES LA BABA

Es la baba.
Su baba.
La efervescente baba.
La baba hedionda,
cáustica;
la negra baba rancia
que babea esta especie babosa de alimañas
por sus rumiantes labios carcomidos,
por sus pupilas de ostra putrefacta,
por sus turbias vejigas empedradas de cálculos,
por sus viejos ombligos de regatón gastado,
por sus jorobas llenas de intereses compuestos,
de acciones usurarias;
la pestilente baba,
la baba doctorada,
que avergüenza la felpa de las bancas con dieta
y otras muelles poltronas no menos escupidas.

La baba tartamuda,
adhesiva,
viscosa,
que impregna las paredes tapizadas de corcho
y contempla el desastre a través del bolsillo.
La baba disolvente.
La agria baba oxidada.
La baba.
¡Sí! Es su baba...
lo que herrumbra las horas,
lo que pervierte el aire,

el papel,
los metales;
lo que infecta el cansancio,
los ojos,
la inocencia,
con sus vermes de asco,
con sus virus de hastío,
de idiotez,
de ceguera,
de mezquindad,
de muerte.

REBELION DE VOCABLOS

De pronto, sin motivo:
graznido, palaciego,
cejijunto, microbio,
padrenuestro, dicterio;
seguidos de: incoloro,
bisiesto, tegumento,
ecuestre, Marco Polo,
patizambo, complejo;
en pos de: somormujo,
padrillo, reincidente,
herbívoro, profuso,
ambidiestro, relieve;
rodeados de: Afrodita,
núbil, huevo, ocarina,
incruento, rechupete,
diametral, pelo fuente;
en medio de: pañales,
Flavio Lacio, penates,
toronjil, nigromante,
semibreve, sevicia;
entre: cuervo, cornisa,
imberbe, garabato,
parásito, almenado,

tarambana, equilátero;
en torno de: nefando,
hierofante, guayabo,
esperpento, cofrade,
espiral, mendicante;
mientras llegan: incólume,
falaz, ritmo, pegote,
cliptodonte, resabio,
fuego fatuo, archivado;
y se acercan: macabra,
cornamusa, heresiarca,
sabandija, señuelo,
artilugio, epiceno;
en el mismo momento
que castálico, envase,
llama sexo, estertóreo,
zodiacal, disparate;
junto a sierpe... ¡no quiero!
Me resisto. Me niego.
Los que sigan viniendo
han de quedarse adentro.

LO QUE ESPERAMOS

Tardará, tardará.

Ya sé que todavía
los émbolos,
la usura,
el sudor,
las bobinas
seguirán produciendo,
al por mayor,
en serie,
iniquidad,
ayuno,
rencor,

desesperanza;
para que las lombrices con huecos portasenos,
las vacas de embajada,
los viejos paquidermos de esfínteres crinudos,
se sacien de adulterios,
de diamantes,
de caviar,
de remedios.

Ya sé que todavía pasarán muchos años
para que estos crustáceos
del asfalto
y la mugre
se limpien la cabeza,
se alejen de la envidia,
no idolatren la seña,
no adoren la impostura,
y abandonen su costra
de opresión,
de ceguera,
de mezquindad,
de bosta.

Pero, quizás, un día,
antes de que la tierra se canse de atraernos
y brindarnos su seno,
el cerebro les sirva para sentirse humanos,
ser hombre,
ser mujeres,
—no cajas de caudales,
ni perchas desoladas—,
someter a las ruedas,
impedir que nos maten,
comprobar que la vida se arranca y despedaza
los chalecos de fuerza de todos los sistemas;
y descubrir, de nuevo, que todas las riquezas
se encuentran en nosotros y no bajo la tierra.

Y entonces...
¡Ah! ese día
abriremos los brazos
sin temer que el instinto nos muerda los garrones,
ni recelar de todo,
hasta de nuestra sombra;
y seremos capaces de acercarnos al pasto,
a la noche,
a los ríos,
sin rubor,
mansamente,
con las pupilas claras,
con las manos tranquilas;
y usaremos palabras sustanciosas,
auténticas;
no como esos vocablos erizados de inquina
que babean las hienas al instarnos al odio,
ni aquellos que se asfixian
en estrofas de almíbar
y fustigada clara de huevo corrompido;
sino palabras simples,
de arroyo, de raíces,
que en vez de separarnos
nos acerquen un poco;
o mejor todavía,
guardaremos silencio
para tomar el pulso a todo lo que existe
y vivir el milagro de cuanto nos rodea,
mientras alguien nos diga,
con una voz de roble,
lo que desde hace siglos
esperamos en vano.

EN LA MASMEDULA

LA MEZCLA

No sólo
el fofo fondo
los ebrios lechos légamos telúricos entre fanales senos
y sus líquenes
no sólo el solicroo
las prefugas
lo impar ido
el ahonde
el tacto incauto solo
los acordes abismos de los órganos sacros del orgasmo
el gusto al riesgo en brote
al rito negro al alba con su esperezo lleno de gorriones
ni tampoco el regosto
los suspiritos sólo
ni el fortuito dial sino
o los autosondeos en pleno plexo trópico
ni las exellas menos ni el endédalo
sino la viva mezcla
la total mezcla plena
la pura impura mezcla que me merma los machimbres el
       almamasa tensa las tercas hembras tuercas
la mezcla
sí
la mezcla con que adherí mis puentes

EL PURO NO

El NO
el no inóvulo
el no nonato
el noo

el no poslodocosmos de impuros ceros noes que noan noan noan
y nooan
y plurimono noan al morbo amorfo noo
no démono
no deo
sin son sin sexo ni órbita
el yerto inóseo noo en unisolo amódulo
sin poros ya sin nódulo
ni yo ni fosa ni hoyo
el macro no ni polvo
el no más nada todo
el puro no
sin no

PLEXILIO

EGLOFLUIDO

         éter vago

                ecocida

                        ergonada

en el plespacio

           prófugo

flujo fatuo

                  no soplo

sin nexo anexo al éxodo

            en el coespacio

                      afluido

nubífago

         preseudo

                heliomito

                     subcero

parialapsus de exilio

          en el no espacio

                     ido

DESTINO

Y PARA ACA O ALLA
y desde aquí otra vez
y vuelta a ir de vuelta y sin aliento
y del principio o término del precipicio íntimo
hasta el extremo o medio o resurrecto resto de éste o aquello
    o de lo opuesto
y rueda que te roe hasta el encuentro
y aquí tampoco está
y desde arriba abajo y desde abajo arriba ávido asqueado
por vivir entre huesos
o del perpetuo estéril desencuentro
a lo demás
de más
o al recomienzo espeso de cerdos contratiempos y destiempos
cuando no al burdo sino de algún complejo herniado en pleno
    vuelo
cálido o helado
y vuelta y vuelta
a tanta terca tuerca
para entregarse entero o de tres cuartos
harto ya de mitades
y de cuartos
al entrevero exhausto de los lechos deshechos
o darse noche y día sin descanso contra todos los nervios del
    misterio
del más allá
de acá
mientras se rota quedo ante el fugaz aspecto sempiterno de
    lo aparente o lo supuesto
y vuelta y vuelta hundido hasta el pescuezo
con todos los sentidos sin sentido
en el sofocatedio
con uñas y con piensos y pellejo
y porque sí nomás

PABLO NERUDA
[CHILE, 1904-1973]

POCOS POETAS contemporáneos han sido tan prolíficos como Pablo Neruda. Además de narrativa, ensayo, drama, autobiografía, escribió alrededor de cuarenta libros, casi siempre muy densos, de poesía, y en ciertas épocas, como al final de su vida, a un ritmo vertiginoso. En tal sentido, su par más visible sería Víctor Hugo; aun Walt Whitman, con quien igualmente se le ha comparado, resultaría, junto a él, un poeta más bien parco, tal vez pudoroso. No siempre la cantidad, por supuesto, es indicio inevitable de grandeza; lo es cuando, además, dentro de ella, se producen obras fundamentales. Como en el caso de Neruda. Inmersión oscura en la materia («absorción física del mundo») y en las experiencias más radicales del tiempo, «sin excluir deliberadamente nada, sin aceptar deliberadamente nada», *Residencia en la tierra* revolucionó por los años treinta, la poesía de lengua española. Con todos sus altibajos, *Canto General* (1950) sigue siendo una de las grandes epopeyas modernas: en él se despliega la naturaleza, la mitología y la historia de todo un continente. No que el resto de la obra de Neruda sea prescindible o valga como mero «contexto»; pero quizá ningún otro de sus libros, como éstos mencionados, haya marcado tan fuertemente la sensibilidad estética de su época. Sin embargo, quizá no sea menos cierto que, para muchos de sus lectores, la grandeza de Neruda podría radicar más en sus otros libros. Por ejemplo: en el rapto sentimental de *Veinte poemas de amor* (1924) o de *Los versos del capitán* (1952); en el ritual de la sencillez o programa de una poesía «utilitaria y útil» de sus sucesivas *Odas elementales* (1954, 1956, 1957); en el desparpajo, el juego con el humor y aun lo grotesco de *Estravagario* (1958); en la mitificación del yo o busca proustiana del tiempo perdido (como señala cierta crítica) de *Memorial de Isla Negra* (1964). Incluso en la pasión de sus adhesiones sociales y políticas: no sólo la legítima iracundia de «España en el corazón» (1937), sino también la exaltación ferviente y luego la minuciosa diatriba con que signó, a partir de 1950, muchos de sus poemas a Stalin o a Mao Tse Tung, o a tantos otros protagonistas de nuestro tiempo. ¿No revelaría esto último, justamente, la dimensión humana del poeta testigo y comprometido, vidente y a la vez ciego ante la Historia? «Perdón para este ciego que veía y no veía», escribirá Neruda, significativamente, en uno de sus últimos libros (*Fin de mundo*, 1969).

Neruda encarna la imagen del poeta monumental y proteico: su registro formal es inmenso, así como su capacidad, casi omnívora, para catalogar el mundo y hacerlo visible. Poeta cíclico, como se le ha llamado, casi siempre tendió a agotar sus temas: no sólo los agotaba; también los reiteraba, cuidando de modificarlos, de corregirlos. De ahí los extremos en que se desenvuelve su poesía. Al comienzo de la época de *Residencia*, podía escribir: «el poeta no debe ejercitarse, hay un mandato para él y es penetrar la vida y hacerla profética: el poeta debe ser una superstición, un ser místico». Tal convicción no le impedirá afirmar, décadas después, que «el poeta puede escribir sobre lo que se le indique, sobre aquello que sea necesario para una colectividad humana». Cambio previsible: por entonces defendía la estética del llamado «realismo socialista» y aun llegaba a proponer que la poesía podía ser también «propaganda», señalando a Virgilio y a Whitman como algunos de sus mejores exponentes, al igual que él. Pero, ¿se trataba, acaso, de una inconsecuencia acomodaticia: la aceptación de un dogma político, una simple estrategia ideológica? Bastaría remontarse a otra frase suya, muy anterior, para saber a qué atenerse. En el prólogo de *El habitante y su esperanza* (1926), Neruda ya había advertido: «Yo tengo un concepto dramático de la vida, y romántico; no me corresponde lo que no llega profundamente a mi sensibilidad». ¿No reside en esto el eje de su verdadera estética? Así como la fe para el creyente, la sensibilidad, en Neruda, resuelve todas las contradicciones que pudiesen ser vistas como calculado viraje.

Neruda, en efecto, escribió siempre con «sangre», como metafóricamente él mismo lo dice en muchos de sus poemas y lo expresa teóricamente en un texto de 1935: «en la casa de la poesía no permanece nada sino lo que fue escrito con sangre para ser escuchado por la sangre». Es por lo que su poesía supo estar a tono con las sucesivas versiones (y reversiones) que iba dando de la Historia; por lo que también supo imponerse a un vasto público. Entre los múltiples dones de Neruda estuvo, ciertamente, la seducción —y quizá esto lo aparta de la estirpe de los poetas malditos, como a veces se le ha querido ver. Neruda fue, más bien, el poeta ritual, encantatorio, envolvente, colectivo.

Con razón, nunca lo abandonó el sentido del éxito. «Ya tuve algo de trabajo triunfante», se enorgullecía en subrayar al referirse, siendo todavía muy joven, a sus primeros libros. Esa certidumbre fue su mejor aliada. Aun tuvo clara conciencia del efecto que buscaba producir en el lector para atraerlo. «Sobre una poesía sin pureza» —otro de sus textos críticos de 1935— concluye con esta clarividencia:

> Y no olvidemos nunca la melancolía, el gastado sentimentalismo, perfectos frutos impuros de maravillosa calidad olvidada, dejados atrás por el frenético libresco: la luz de la luna, el cisne en el anochecer, «corazón mío» son sin duda lo poético elemental e imprescindible. Quien huye del mal gusto cae en el hielo.

BIBLIOGRAFIA

OBRA POETICA

Crepusculario (1923); *Veinte poemas de amor y una canción desesperada* (1924); *Tentativa del hombre infinito* (1926); *Anillos* (poemas en prosa, en colaboración con Tomás Lago; 1926); *El hondero entusiasta* [1923-1924] (1933); *Residencia en la tierra* [1925-1931] (1933); *Residencia en la tierra* [1925-1935] (1935); *Tercera Residencia* [1935-1945] (1947); *Canto General* (1950); *Los versos del capitán* (1952); *Las uvas y el viento* (1954); *Odas elementales* (1954); *Nuevas odas elementales* (1956); *Tercer libro de las odas* (1957); *Estravagario* (1958); *Navegaciones y regresos* (1959); *Cien sonetos de amor* (1959); *Canción de gesta* (1960); *Las piedras de Chile* (1961); *Cantos ceremoniales* (1961); *Plenos poderes* (1962); *Memorial de Isla Negra* (1964); *Arte de pájaros* (1966); *Una casa en la arena* (1966); *La Barcarola* (1967); *Las manos del día* (1968); *Fin de mundo* (1969); *Aun* (1969); *La espada encendida* (1970); *Las piedras del cielo* (1970); *Geografía infructuosa* (1972); *La rosa separada* (1972); *Incitación al nixonicidio y alabanza de la revolución chilena* (1973); *El mar y las campanas* (1973); *El corazón amarillo* (1974); *Libro de las preguntas* (1974); *Elegía* (1974); *Defectos escogidos* (1974), *Obras Completas* (Buenos Aires, Editorial Losada, 1957; 2da. edición ampliada, 1962; 3a. edición aumentada, 1967, dos volúmenes; 4a. edición, 1973).

ESTUDIOS CRITICOS

Margarita Aguirre: *Genio y figura de Pablo Neruda*. Buenos Aires, Editorial Universitaria (Eudeba), 1964.

Las vidas de Pablo Neruda. Santiago de Chile, Zig-Zag, 1967. Edición ampliada del libro anterior. Existe una tercera edición de la Editorial Grijalbo, Buenos Aires, 1973.

Jaime Alazraki: *Poética y poesía de Pablo Neruda*. New York, Las Américas Publishing Company, 1965.

Amado Alonso: *Poesía y estilo de Pablo Neruda. Interpretación de una poesía hermética*. Buenos Aires, Losada, 1940. Segunda edición ampliada, Buenos Aires, Editorial Sudamericana, 1951. Tercera edición, Buenos Aires, Sudamericana, 1966. Cuarta edición, Buenos Aires, Sudamericana, 1977.

Jaime Concha: *Neruda, 1904-1936*. Santiago, Editorial Universitaria, 1972. Estudio marxista en la biografía del poeta.

René De Costa: *The poetry of Pablo Neruda*. Cambridge, Harvard University Press, 1979.

Clarence Finlayson: «Pablo Neruda en 'Tres cantos materiales', en *Poetas y Poemas*. Santiago, Ediciones Revista Universitaria, 1938.

«Visión de la muerte en Pablo Neruda», *Revista de la Universidad de Antioquia*, Medellín, 1938.

Luis González-Cruz: *Memorial de Isla Negra. Integración de la visión poética de Pablo Neruda*. Miami, Ediciones Universal, 1972.

Juan Larrea: *Del surrealismo a Machu Pichu*. México, Joaquín Mortiz, 1967.

Hernán Loyola: *Ser y morir en Pablo Neruda*. Santiago de Chile, Editora Santiago, 1967.

Frank Riess: *The Word and the Stone. Language and Imagery in Neruda's Canto General*. Oxford University Press, 1972.

Emir Rodríguez Monegal: *Neruda: el viajero inmóvil*. Caracas, Monte Avila Editores, 3 edición, 1977.

VEINTE POEMAS DE AMOR
Y UNA CANCION DESESPERADA

6

Te recuerdo como eras en el último otoño.
Eras la boina gris y el corazón en calma.
En tus ojos peleaban las llamas del crepúsculo.
Y las hojas caían en el agua de tu alma.

Apegada a mis brazos como una enredadera,
las hojas recogían tu voz lenta y en calma.
Hoguera de estupor en que mi sed ardía.
Dulce jacinto azul torcido sobre mi alma.

Siento viajar tus ojos y es distante el otoño:
boina gris, voz de pájaro y corazón de casa
hacia donde emigraban mis profundos anhelos
y caían mis besos alegres como brasas.

Cielo desde un navío. Campo desde los cerros.
Tu recuerdo es de luz, de humo, de estanque en calma!
Más allá de tus ojos ardían los crepúsculos.
Hojas secas de otoño giraban en tu alma.

17

Pensando, enredando sombras en la profunda
        soledad.
Tú también estás lejos, ah más lejos que nadie.
Pensando, soltando pájaros, desvaneciendo imágenes,
enterrando lámparas.
Campanario de brumas, qué lejos, allá arriba!
Ahogando lamentos, moliendo esperanzas sombrías,
molinero taciturno,
se te viene de bruces la noche, lejos de la ciudad.

Tu presencia es ajena, extraña a mí como una cosa.
Pienso, camino largamente, mi vida antes de ti.
Mi vida antes de nadie, mi áspera vida.
El grito frente al mar, entre las piedras,
corriendo libre, loco, en el vaho del mar.
La furia triste, el grito, la soledad del mar.
Desbocado, violento, estirado hacia el cielo.

Tú, mujer, qué eras allí, qué raya, qué varilla
de ese abanico inmenso? Estabas lejos como ahora.
Incendio en el bosque! Arde en cruces azules.
Arde, arde, llamea, chispea en árboles de luz.
Se derrumba, crepita. Incendio. Incendio.

Y mi alma baila herida de virutas de fuego.
Quién llama? Qué silencio poblado de ecos?
Hora de la nostalgia, hora de la alegría, hora de la
    soledad,
hora mía entre todas!
Bocina en que el viento pasa cantando.
Tanta pasión de llanto anudada a mi cuerpo.

Sacudida de todas las raíces,
asalto de todas las olas!
Rodaba, alegre, triste, interminable, mi alma.

Pensando, enterrando lámparas en la profunda
    soledad.
Quién eres tú, quién eres?

TENTATIVA DEL HOMBRE INFINITO

(Fragmentos)

Hogueras pálidas revolviéndose al borde de las noches
corren humos difuntos polvaredas invisibles

fraguas negras durmiendo detrás de los cerros anochecidos
la tristeza del hombre tirada entre los brazos del sueño

ciudad desde los cerros en la noche los segadores duermen
debatida a las últimas hogueras
pero estás allí pegada a tu horizonte
como una lancha al muelle lista para zarpar lo creo
antes del alba

árbol de estertor candelabro de llamas viejas
distante incendio mi corazón está triste
sólo una estrella inmóvil su fósforo azul
los movimientos de la noche aturden hacia el cielo

ciudad desde los cerros entre la noche de hojas
mancha amarilla su rostro abre la sombra
mientras tendido sobre el pasto deletreo
ahí pasan ardiendo sólo yo vivo

tendido sobre el pasto mi corazón está triste
la luna azul araña trepa inunda

emisario ibas alegre en la tarde que caía
el crepúsculo rodaba apagando flores

tendido sobre el pasto de tréboles negros
y tambalea sólo su pasión delirante

recoge una mariposa húmeda como un collar
anúdame tu cinturón de estrellas esforzadas
oh matorrales crespos adonde el sueño avanza trenes
oh montón de tierra entusiasta donde de pie sollozo
vértebras de la noche agua tan lejos viento intranquilo rompes
también estrellas crucificadas detrás de la montaña
alza su empuje un ala pasa un vuelo oh noche sin llaves
oh noche mía en mi hora en mi hora furiosa y doliente
eso me levantaba como la ola al alga
acoge mi corazón desventurado

cuando rodeas los animales del sueño
crúzalo con tus vastas correas de silencio
está a tus pies esperando una partida
porque lo pones cara a cara a ti misma noche de hélices negras
y que toda fuerza en él sea fecunda
atada al cielo con estrellas de lluvia
procrea tú amárrate a esa proa minerales azules
embarcado en ese viaje nocturno
un hombre de veinte años sujeta una rienda frenética
es que él quería ir a la siga de la noche
entre sus manos ávidas el viento sobresalta

* * *

no sé hacer el canto de los días
sin querer suelto el canto la alabanza de las noches
pasó el viento latigándome la espalda alegre saliendo de su huevo
descienden las estrellas a beber al océano
tuercen sus velas verdes grandes buques de brasa
para qué decir eso tan pequeño que escondes canto pequeño
los planetas dan vuelta como husos entusiastas giran
el corazón del mundo se repliega y se estira
con voluntad de columna y fría furia de plumas
oh los silencios campesinos claveteados de estrellas
recuerdo los ojos caían en ese pozo inverso
hacia dónde ascendía la soledad de todo los ruidos espantados
el descuido de las bestias durmiendo sus duros lirios
preñé entonces la altura de mariposas negras mariposa medusa
aparecían estrépitos humedad nieblas
y vuelto a la pared escribí
oh noche huracán muerto resbala tu oscura lava
mis alegrías muerden tus tintas
mi alegre canto de hombre chupa tus duras mamas
mi corazón de hombre se trepa por tus alambres
exasperado contengo mi corazón que danza
danza en los vientos que limpian tu color
bailador asombrado en las grandes mareas que hacen surgir el alba
torciendo hacia ese lado o más allá continúas siendo mía

en la soledad del atardecer golpea tu sonrisa
en ese instante trepan enredaderas a mi ventana
el viento de lo alto cimbra la sed de tu presencia
un gesto de alegría una palabra de pena que estuviera más cerca
      de ti
en su reloj profundo la noche aísla horas
sin embargo teniéndote entre los brazos vacilé
algo que no te pertenece desciende de tu cabeza
y se te llena de oro la mano levantada

hay esto entre dos paredes a lo lejos
radiantes ruedas de piedra sostienen el día mientras tanto
después de colgado en la horca del crepúsculo
pisa en los campanarios y en las mujeres de los pueblos
moviéndose en la orilla de mis redes
mujer querida en mi pecho tu cabeza cerrada
a grandes llamaradas el molino se revuelve
y caen las horas nocturnas como murciélagos del cielo

en otra parte lejos lejos existen tú y yo parecidos a nosotros
tú escribes margaritas en la tierra solitaria
es que ese país de cierto nos pertenece
el amanecer vuela de nuestra casa

* * *

ésta es mi casa
aún la perfuman los bosques
desde donde la acarreaban
allí tricé mi corazón como el espejo para andar a través de mí mismo
ésa es la alta ventana y ahí quedan las puertas
de quién fue el hacha que rompió los troncos
tal vez el viento colgó de las vigas
su peso profundo olvidándolo entonces
era cuando la noche bailaba entre sus redes
cuando el niño despertó sollozando
yo no cuento yo digo en palabras desgraciadas
aún los andamios dividen el crepúsculo

y detrás de los vidrios la luz del petróleo
era para mirar hacia el cielo
caía la lluvia en pétalos de vidrio
ahí seguiste el camino que iba a la tempestad
como las altas insistencias del mar
aíslan las piedras duras de las orillas del aire
qué quisite qué ponías como muriendo muchas veces
todas las cosas suben a un gran silencio
y él se desesperaba inclinado en su borde
sostenías una flor dolorosa
entre sus pétalos giraban los días margaritas de pilotos decaídos
decaído desocupado revolviste de la sombra
el metal de las últimas distancias o esperabas el turno
amaneció sin embargo en los relojes de la tierra
de pronto los días trepan a los años
he aquí tu corazón andando estás cansado sosteniéndote
a tu lado se despiden los pájaros de la estación ausente

admitiendo el cielo profundamente mirando el cielo estoy pensando
con inseguridad sentado en ese borde
oh cielo tejido con aguas y papeles
comencé a hablarme en voz baja decidido a no salir
arrastrado por la respiración de mis raíces
inmóvil navío ávido de esas lenguas azules
temblabas y los peces comenzaron a seguirte
tirabas a cantar con grandeza ese instante de sed querías cantar
querías cantar sentado en tu habitación ese día
pero el aire estaba frío en tu corazón como en una campana
un cordel delirante iba a romper tu frío
se me durmió una pierna en esa posición y hablé con ella
cantándole mi alma me pertenece
el cielo era una gota que sonaba cayendo en la gran soledad
pongo el oído y el tiempo como un eucaliptus
frenéticamente canta de lado a lado
en el que estuviera silbando un ladrón
ay y en el límite me paré caballo de las barrancas
sobresaltado ansioso inmóvil sin orinar

en ese instante lo juro oh atardecer que llegas pescador satisfecho
tu canasto vivo en la debilidad del cielo

* * *

el mes de junio se extendió de repente en el tiempo con seriedad y
[exactitud
como un caballo y en el relámpago crucé la orilla
ay el crujir del aire pacífico era muy grande
los cinematógrafos desocupados el color de los cementerios
los buques destruidos las tristezas
encima de los follajes
encima de las astas de las vacas la noche tirante su trapo bailando
el movimiento rápido del día igual al de las manos que detienen un
[vehículo
yo asustado comía
oh lluvia que creces como las plantas oh victrolas ensimismadas
personas de corazón voluntarioso todo lo celebré
en un tren de satisfacciones desde donde mi retrato
tiene detrás el mundo que describo con pasión
los árboles interesantes como periódicos los caseríos los rieles
ay el lugar decaído en que el arco iris
deja su pollera enredada al huir
todo como los poetas los filósofos las parejas que se aman
ya lo comienzo a celebrar entusiasta sencillo
yo tengo la alegría de los panaderos contentos y entonces
amanecía débilmente con un color de violín
con un sonido de campana con el olor de la larga distancia
devuélveme la grande rosa la sed traída al mundo
a donde voy supongo iguales las cosas
la noche importante y triste y ahí mi querella
barcarolero de las largas aguas cuando
de pronto una gaviota crece en tus sienes mi corazón está cantado
márcame tu pata gris llena de lejos
tu viaje de la orilla del mar amargo o espérame
el vaho se despierta como una violeta es que
a tu árbol noche querida sube un niño
a robarse las frutas

y los lagartos brotan de tu pesada vestidura
entonces el día salta encima de su abeja
estoy de pie en la luz como el medio día en la tierra
quiero contarlo todo con ternura
centinela de las malas estaciones ahí estás tú
pescador intranquilo déjame adornarte por ejemplo
un cinturón de frutas dulce la melancolía
espérame donde voy ah el atardecer
la comida las barcarolas del océano oh espérate
adelantándote como un grito atrasándote como una huella oh espérate
sentado en esa última sombra o todavía después
todavía

RESIDENCIA EN LA TIERRA, I

GALOPE MUERTO

Como cenizas, como mares poblándose,
en la sumergida lentitud, en lo informe,
o como se oyen desde el alto de los caminos
cruzar las campanadas en cruz,
teniendo ese sonido ya aparte del metal,
confuso, pensando, haciéndose polvo
en el mismo molino de las formas demasiado lejos,
o recordadas o no vistas,
y el perfume de las ciruelas que rodando a tierra
se pudren en el tiempo, infinitamente verdes.

Aquello todo tan rápido, tan viviente,
inmóvil sin embargo, como la polea loca en sí misma,
esas ruedas de los motores, en fin.
Existiendo como las puntadas secas en las costuras del árbol,
callado, por alrededor, de tal modo,
mezclando todos los limbos sus colas.
Es que de dónde, por dónde, en qué orilla?
El rodeo constante, incierto, tan mudo,

como las lilas alrededor del convento,
o la llegada de la muerte a la lengua del buey
que cae a tumbos, guardabajo, y cuyos cuernos quieren sonar.

Por eso, en lo inmóvil, deteniéndose, percibir,
entonces, como aleteo inmenso, encima,
como abejas muertas o números,
ay, lo que mi corazón pálido no puede abarcar,
en multitudes, en lágrimas saliendo apenas,
y esfuerzos humanos, tormentas,
acciones negras descubiertas de repente
como hielos, desorden vasto,
oceánico, para mí que entro cantando,
como con una espada entre indefensos.

Ahora bien, de qué está hecho ese surgir de palomas
que hay entre la noche y el tiempo, como una barranca húmeda?
Ese sonido ya tan largo
que cae listando de piedras los caminos,
más bien, cuando sólo una hora
crece de improviso, extendiéndose sin tregua.

Adentro del anillo del verano
una vez los grandes zapallos escuchan,
estirando sus plantas conmovedoras,
de eso, de lo que solicitándose mucho,
de lo lleno, oscuros de pesadas gotas.

UNIDAD

Hay algo denso, unido, sentado en el fondo,
repitiendo su número, su señal idéntica.
Cómo se nota que las piedras han tocado el tiempo,
en su fina materia hay olor a edad,
y el agua que trae el mar, de sal y sueño.

Me rodea una misma cosa, un solo movimiento:
el peso del mineral, la luz de la miel,
se pegan al sonido de la palabra noche:
la tinta del trigo, del marfil, del llanto,
las cosas de cuero, de madera, de lana,
envejecidas, desteñidas, uniformes,
se unen en torno a mí como paredes.

Trabajo sordamente, girando sobre mí mismo,
como el cuervo sobre la muerte, el cuervo de luto.
Pienso, aislado en lo extremo de las estaciones,
central, rodeado de geografía silenciosa:
una temperatura parcial cae del cielo,
un extremo imperio de confusas unidades
se reúne rodeándome.

ARTE POETICA

Entre sombra y espacio, entre guarniciones y doncellas,
dotado de corazón singular y sueños funestos,
precipitadamente pálido, marchito en la frente
y con luto de viudo furioso por cada día de vida,
ay, para cada agua invisible que bebo soñolientamente
y de todo sonido que acojo temblando,
tengo la misma sed ausente y la misma fiebre fría
un oído que nace, una angustia indirecta,
como si llegaran ladrones o fantasmas,
y en una cáscara de extensión fija y profunda,
como un camarero humillado, como una campana un poco ronca,
como un espejo viejo, como un olor de casa sola
en la que los huéspedes entran de noche perdidamente ebrios,
y hay un olor de ropa tirada al suelo, y una ausencia de flores
—posiblemente de otro modo aún menos melancólico—,
pero, la verdad, de pronto, el viento que azota mi pecho,
las noches de substancia infinita caídas en mi dormitorio,
el ruido de un día que arde con sacrificio
me piden lo profético que hay en mí, con melancolía

494

y un golpe de objetos que llaman sin ser respondidos
hay, y un movimiento sin tregua, y un nombre confuso.

ANGELA ADONICA

Hoy me he tendido junto a una joven pura
como a la orilla de un océano blanco,
como en el centro de una ardiente estrella
    de lento espacio.

De su mirada largamente verde
la luz caía como un agua seca,
en transparentes y profundos círculos
    de fresca fuerza.

Su pecho como un fuego de dos llamas
ardía en dos regiones levantado,
y en doble río llegaba a sus pies,
    grandes y claros.

Un clima de oro maduraba apenas
las diurnas longitudes de su cuerpo
llenándolo de frutas extendidas
    y oculto fuego.

TANGO DEL VIUDO

Oh Maligna, ya habrás hallado la carta, ya habrás llorado de furia,
y habrás insultado el recuerdo de mi madre
llamándola perra podrida y madre de perros,
ya habrás bebido sola, solitaria, el té del atardecer
mirando mis viejos zapatos vacíos para siempre
y ya no podrás recordar mis enfermedades, mis sueños nocturnos,
                                       [mis comidas,
sin maldecirme en voz alta como si estuviera allí aún
quejándome del trópico de los coolíes corringhis,

de las venenosas fiebres que me hicieron tanto daño
y de los espantosos ingleses que odio todavía.

Maligna, la verdad, qué noche tan grande, qué tierra tan sola!
He llegado otra vez a los dormitorios solitarios,
a almorzar en los restaurantes comida fría, y otra vez
tiro al suelo los pantalones y las camisas,
no hay perchas en mi habitación, ni retratos de nadie en las paredes.
Cuánta sombra de la que hay en mi alma daría por recobrarte,
y qué amenazadores me parecen los nombres de los meses,
y la palabra invierno qué sonido de tambor lúgubre tiene.

Enterrado junto al cocotero hallarás más tarde
el cuchillo que escondí allí por temor de que me mataras
y ahora repentinamente quisiera oler su acero de cocina
acostumbrado al peso de tu mano y al brillo de tu pie:
bajo la humedad de la tierra, entre las sordas raíces,
de los lenguajes humanos el pobre sólo sabría tu nombre,
y la espesa tierra no comprende tu nombre
hecho de impenetrables substancias divinas.

Así como me aflige pensar en el claro día de tus piernas
recostadas como detenidas y duras aguas solares,
y la golondrina que durmiendo y volando vive en tus ojos,
y el perro de furia que asilas en el corazón,
así también veo las muertes que están entre nosotros desde ahora,
y respiro en el aire la ceniza y lo destruido,
el largo, solitario espacio que me rodea para siempre.

Daría este viento del mar gigante por tu brusca respiración
oída en largas noches sin mezcla de olvido,
uniéndose a la atmósfera como el látigo a la piel del caballo.
Y por oírte orinar, en la oscuridad, en el fondo de la casa,
como vertiendo una miel delgada, trémula, argentina, obstinada,
cuántas veces entregaría este coro de sombras que poseo,
y el ruido de espadas inútiles que se oye en mi alma,
y la paloma de sangre que está solitaria en mi frente
llamando cosas desaparecidas, seres desaparecidos,
substancias extrañamente inseparables y perdidas.

SIGNIFICA SOMBRAS

Qué esperanza considerar, qué presagio puro,
qué definitivo beso enterrar en el corazón,
someter en los orígenes del desamparo y la inteligencia,
suave y seguro sobre las aguas eternamente turbadas?

Qué vitales, rápidas alas de un nuevo ángel de sueños
instalar en mis hombros dormidos para seguridad perpetua,
de tal manera que el camino entre las estrellas de la muerte
sea un violento vuelo comenzado desde hace muchos días y meses
[y siglos?

Tal vez la debilidad natural de los seres recelosos y ansiosos
busca de súbito permanencia en el tiempo y límites en la tierra,
tal vez las fatigas y las edades acumuladas implacablemente
se extienden como la ola lunar de un océano recién creado
sobre litorales y tierras angustiosamente desiertas.

Ay, que lo que soy siga existiendo y cesando de existir,
y que mi obediencia se ordene con tales condiciones de hierro
que el temblor de las muertes y de los nacimientos no conmueva
el profundo sitio que quiero reservar para mí eternamente.

Sea, pues, lo que soy, en alguna parte y en todo tiempo,
establecido y asegurado y ardiente testigo,
cuidadosamente destruyéndose y preservándose incesantemente,
evidentemente empeñado en su deber original.

RESIDENCIA EN LA TIERRA, II

SOLO LA MUERTE

Hay cementerios solos,
tumbas llenas de huesos sin sonido,
el corazón pasando un túnel

oscuro, oscuro, oscuro,
como un naufragio hacia adentro nos morimos,
como ahogarnos en el corazón,
como irnos cayendo desde la piel al alma.

Hay cadáveres,
hay pies de pegajosa losa fría,
hay la muerte en los huesos,
como un sonido puro,
como un ladrido sin perro,
saliendo de ciertas campanas, de ciertas tumbas,
creciendo en la humedad como el llanto o la lluvia.

Yo veo, solo, a veces,
ataúdes a vela
zarpar con difuntos pálidos, con mujeres de trenzas muertas,
con panaderos blancos como ángeles,
con niñas pensativas casadas con notarios,
ataúdes subiendo el río vertical de los muertos,
el río morado,
hacia arriba, con las velas hinchadas por el sonido de la muerte,
hinchadas por el sonido silencioso de la muerte.

A lo sonoro llega la muerte
como un zapato sin pie, como un traje sin hombre,
llega a golpear con un anillo sin piedra y sin dedo,
llega a gritar sin boca, sin lengua, sin garganta.
Sin embargo sus pasos suenan
y su vestido suena, callado, como un árbol.

Yo no sé, yo conozco poco, yo apenas veo,
pero creo que su canto tiene color de violetas húmedas,
de violetas acostumbradas a la tierra,
porque la cara de la muerte es verde,
y la mirada de la muerte es verde,
con la aguda humedad de una hoja de violeta
y su grave color de invierno exasperado.

Pero la muerte va también por el mundo vestida de escoba,
lame el suelo buscando difuntos,
la muerte está en la escoba,
es la lengua de la muerte buscando muertos,
es la aguja de la muerte buscando hilo.
La muerte está en los catres:
en los colchones lentos, en las frazadas negras
vive tendida, y de repente sopla:
sopla un sonido oscuro que hincha sábanas,
y hay camas navegando a un puerto
en donde está esperando, vestida de almirante.

BARCAROLA

Si solamente me tocaras el corazón,
si solamente pusieras tu boca en mi corazón,
tu fina boca, tus dientes,
si pusieras tu lengua como una flecha roja
allí donde mi corazón polvoriento golpea,
si soplaras en mi corazón, cerca del mar, llorando,
sonaría con un ruido oscuro, con sonido de ruedas de tren con sueño,
como aguas vacilantes,
como el otoño en hojas,
como sangre,
con un ruido de llamas húmedas quemando el cielo,
sonando como sueños o ramas o lluvias,
o bocinas de puerto triste,
si tú soplaras en mi corazón cerca del mar,
como un fantasma blanco,
al borde de la espuma,
en mitad del viento,
como un fantasma desencadenado, a la orilla del mar, llorando.

Como ausencia extendida, como campana súbita,
el mar reparte el sonido del corazón,
lloviendo, atardeciendo, en una costa sola:
la noche cae sin duda,

y su lúgubre azul de estandarte en naufragio
se puebla de planetas de plata enronquecida.

Y suena el corazón como un caracol agrio,
llama, oh mar, oh lamento, oh derretido espanto
esparcido en desgracias y olas desvencijadas:
de lo sonoro el mar acusa
sus sombras recostadas, sus amapolas verdes.

Si existieras de pronto, en una costa lúgubre,
rodeada por el día muerto,
frente a una nueva noche,
llena de olas,
y soplaras en mi corazón de miedo frío,
soplaras en la sangre sola de mi corazón,
soplaras en su movimiento de paloma con llamas,
sonarían sus negras sílabas de sangre,
crecerían sus incesantes aguas rojas,
y sonaría, sonaría a sombras,
sonaría como la muerte,
llamaría como un tubo lleno de viento o llanto,
o una botella echando espanto a borbotones.

Así es, y los relámpagos cubrirían tus trenzas
y la lluvia entraría por tus ojos abiertos
a preparar el llanto que sordamente encierras,
y las alas negras del mar girarían en torno
de ti, con grandes garras, y graznidos, y vuelos.

Quieres ser el fantasma que sople, solitario,
cerca del mar su estéril, triste instrumento?
Si solamente llamaras,
su prolongado son, su maléfico pito,
su orden de olas heridas,
alguien vendría acaso,
alguien vendría,
desde las cimas de las islas, desde el fondo rojo del mar,
alguien vendría, alguien vendría.

Alguien vendría, sopla con furia,
que suene como sirena de barco roto,
como lamento,
como un relincho en medio de la espuma y la sangre,
como un agua feroz mordiéndose y sonando.

En la estación marina
su caracol de sombra circula como un grito,
los pájaros del mar lo desestiman y huyen,
sus listas de sonidos, sus lúgubres barrotes
se levantan a orillas del océano solo.

WALKING AROUND

Sucede que me canso de ser hombre.
Sucede que entro en las sastrerías y en los cines
marchito, impenetrable, como un cisne de fieltro
navegando en un agua de origen y ceniza.

El olor de las peluquerías me hace llorar a gritos.
Sólo quiero un descanso de piedras o de lana,
sólo quiero no ver establecimientos ni jardines,
ni mercaderías, ni anteojos, ni ascensores.

Sucede que me canso de mis pies y mis uñas
y mi pelo y mi sombra.
Sucede que me canso de ser hombre.

Sin embargo sería delicioso
asustar a un notario con un lirio cortado
o dar muerte a una monja con un golpe de oreja.
Sería bello
ir por las calles con un cuchillo verde
y dando gritos hasta morir de frío.

No quiero seguir siendo raíz en las tinieblas,
vacilante, extendido, tiritando de sueño,

hacia abajo, en las tapias mojadas de la tierra,
absorbiendo y pensando, comiendo cada día.

No quiero para mí tantas desgracias.
No quiero continuar de raíz y de tumba,
de subterráneo solo, de bodega con muertos,
aterido, muriéndome de pena.

Por eso el día lunes arde como el petróleo
cuando me ve llegar con mi cara de cárcel,
y aúlla en su transcurso como una rueda herida,
y da pasos de sangre caliente hacia la noche.

Y me empuja a ciertos rincones, a ciertas casas húmedas,
a hospitales donde los huesos salen por la ventana,
a ciertas zapaterías con olor a vinagre,
a calles espantosas como grietas.

Hay pájaros de color de azufre y horribles intestinos
colgando de las puertas de las casas que odio,
hay dentaduras olvidadas en una cafetera,
hay espejos
que debieran haber llorado de vergüenza y espanto,
hay paraguas en todas partes, y venenos, y ombligos.

Yo paseo con calma, con ojos, con zapatos,
con furia, con olvido,
paso, cruzo oficinas y tiendas de ortopedia,
y patios donde hay ropas colgadas de un alambre:
calzoncillos, toallas y camisas que lloran
lentas lágrimas sucias.

ENTRADA A LA MADERA

Con mi razón apenas, con mis dedos,
con lentas aguas lentas inundadas,
caigo al imperio de los nomeolvides,

a una tenaz atmósfera de luto,
a una olvidada sala decaída,
a un racimo de tréboles amargos.

Caigo en la sombra, en medio
de destruidas cosas,
y miro arañas, y apaciento bosques
de secretas maderas inconclusas,
y ando entre húmedas fibras arrancadas
al vivo ser de substancia y silencio.

Dulce materia, oh rosa de alas secas,
en mi hundimiento tus pétalos subo
con pies pesados de roja fatiga,
y en tu catedral dura me arrodillo
golpeándome los labios con un ángel.

Es que soy yo ante tu color de mundo,
ante tus pálidas espadas muertas,
ante tus corazones reunidos,
ante tu silenciosa multitud.

Soy yo ante tu ola de olores muriendo,
envueltos en otoño y resistencia:
soy yo emprendiendo un viaje funerario
entre tus cicatrices amarillas:
soy yo con mis lamentos sin origen,
sin alimentos, desvelado, solo,
entrando oscurecidos corredores,
llegando a tu materia misteriosa.

Veo moverse tus corrientes secas,
veo crecer manos interrumpidas,
oigo tus vegetales oceánicos
crujir de noche y furia sacudidos,
y siento morir hojas hacia adentro,
incorporando materiales verdes
a tu inmovilidad desamparada.

Poros, vetas, círculos de dulzura,
peso, temperatura silenciosa,
flechas pegadas a tu alma caída,
seres dormidos en tu boca espesa,
polvo de dulce pulpa consumida,
ceniza llena de apagadas almas,
venid a mí, a mi sueño sin medida,
caed en mi alcoba en que la noche cae
y cae sin cesar como agua rota,
y a vuestra vida, a vuestra muerte asidme,
a vuestros materiales sometidos,
a vuestras muertas palomas neutrales,
y hagamos fuego, y silencio, y sonido,
y ardamos, y callemos, y campanas.

NO HAY OLVIDO (SONATA)

Si me preguntáis en dónde he estado
debo decir «Sucede».
Debo de hablar del suelo que oscurecen las piedras,
del río que durando se destruye:
no sé sino las cosas que los pájaros pierden,
el mar dejado atrás, o mi hermana llorando.
Por qué tantas regiones, por qué un día
se junta con un día? Por qué una negra noche
se acumula en la boca? Por qué muertos?
Si me preguntáis de dónde vengo, tengo que conversar con cosas rotas,
con utensilios demasiado amargos,
con grandes bestias a menudo podridas
y con mi acongojado corazón.

No son recuerdos los que se han cruzado
ni es la paloma amarillenta que duerme en el olvido,
sino caras con lágrimas,
dedos en la garganta,
y lo que se desploma de las hojas:

la oscuridad de un día transcurrido,
de un día alimentado con nuestra triste sangre.

He aquí violetas, golondrinas,
todo cuanto nos gusta y aparece
en las dulces tarjetas de larga cola
por donde se pasean el tiempo y la dulzura.

Pero no penetremos más allá de esos dientes,
no mordamos las cáscaras que el silencio acumula,
porque no sé qué contestar:
hay tantos muertos,
y tantos malecones que el sol rojo partía,
y tantas cabezas que golpean los buques,
y tantas manos que han encerrado besos,
y tantas cosas que quiero olvidar.

TERCERA RESIDENCIA

ESPAÑA EN EL CORAZON

HIMNO A LAS GLORIAS DEL
PUEBLO EN GUERRA
(1936-1937)
(Fragmentos)

INVOCACION   Para empezar, para sobre la rosa
pura y partida, para sobre el origen
de cielo y aire y tierra, la voluntad de un canto
con explosiones, el deseo
de un canto inmenso, de un metal que recoja
guerra y desnuda sangre.
                    España, cristal de copa, no diadema,
sí machacada piedra, combatida ternura
de trigo, cuero y animal ardiendo.

Mañana, hoy, por tus pasos
un silencio, un asombro de esperanzas
como un aire mayor: una luz, una luna,
luna gastada, luna de mano en mano,
de campana en campana!
                        Madre natal, puño
de avena endurecida,
                        planeta
seco y sangriento de los héroes!
Quién?, por caminos, quién,
quién, quién? en sombra, en sangre, quién?
en destello quién,

BOMBARDEO   quién? Cae
ceniza, cae
hierro
y piedra y muerte y llanto y llamas,
quién, quién, madre mía, quién, adónde?
Patria surcada, juro que en tus cenizas
MALDICION   juro que de tu boca de sed saldrán al aire
los pétalos del pan, la derramada
espiga inaugurada. Malditos sean,
malditos, malditos los que con hacha y serpiente
llegaron a tu arena terrenal, malditos los
que esperaron este día para abrir la puerta
de la mansión al moro y al bandido:
qué habéis logrado? Traed, traed la lámpara,
ved el suelo empapado, ved el huesito negro
comido por las llamas, la vestidura
de España fusilada.

                        * * *

EXPLICO   **Preguntaréis**: Y dónde están las lilas?
ALGUNAS   Y la metafísica cubierta de amapolas?
COSAS   Y la lluvia que a menudo golpeaba
          sus palabras llenándolas
          de agujeros y pájaros?

Os voy a contar todo lo que me pasa.

Yo vivía en un barrio
de Madrid, con campanas,
con relojes, con árboles.

Desde allí se veía
el rostro seco de Castilla
como un océano de cuero.
                              Mi casa era llamada
la casa de las flores, porque por todas partes
estallaban geranios: era
una bella casa
con perros y chiquillos.
                              Raúl, te acuerdas?
Te acuerdas, Rafael?
                              Federico, te acuerdas
debajo de la tierra,
te acuerdas de mi casa con balcones en donde
la luz de junio ahogaba flores en tu boca?
                              Hermano, hermano!
Todo
eran grandes voces, sal de mercaderías,
aglomeraciones de pan palpitante,
mercados de mi barrio de Argüelles con su estatua
como un tintero pálido entre las merluzas:
el aceite llegaba a las cucharas,
un profundo latido
de pies y manos llenaba las calles,
metros, litros, esencia
aguda de la vida,
                              pescados hacinados,
contextura de techos con sol frío en el cual
la flecha se fatiga,
delirante marfil fino de las patatas,
tomates repetidos hasta el mar.

Y una mañana todo estaba ardiendo
y una mañana las hogueras
salían de la tierra
devorando seres,
y desde entonces fuego,
pólvora desde entonces,
y desde entonces sangre.
Bandidos con aviones y con moros,
bandidos con sortijas y duquesas,
bandidos con frailes negros bendiciendo
venían por el cielo a matar niños,
y por las calles la sangre de los niños
corría simplemente, como sangre de niños.

Chacales que el chacal rechazaría,
piedras que el cardo seco mordería escupiendo,
víboras que las víboras odiaran!

Frente a vosotros he visto la sangre
de España levantarse
para ahogaros en una sola ola
de orgullo y de cuchillos!

Generales
traidores:
mirad mi casa muerta,
mirad España rota:
pero de cada casa muerta sale metal ardiendo
en vez de flores,
pero de cada hueco de España
sale España,
pero de cada niño muerto sale un fusil con ojos,
pero de cada crimen nacen balas
que os hallarán un día el sitio
del corazón.

Preguntaréis por qué su poesía
no nos habla del sueño, de las hojas,

de los grandes volcanes de su país natal?
Venid a ver la sangre por las calles,
venid a ver
la sangre por las calles,
venid a ver la sangre
por las calles!

* * *

CANTO GENERAL

LA LAMPARA EN LA TIERRA
(Fragmentos)

AMOR *Antes de la peluca y la casaca*
AMERICA *fueron los ríos, ríos arteriales:*
(1400) *fueron las cordilleras, en cuya onda raída*
el cóndor o la nieve parecían inmóviles:
fue la humedad y la espesura, el trueno
sin nombre todavía, las pampas planetarias.

El hombre tierra fue, vasija, párpado
del barro trémulo, forma de la arcilla,
fue cántaro caribe, piedra chibcha,
copa imperial o sílice araucana.
Tierno y sangriento fue, pero en la empuñadura
de su arma de cristal humedecida,
las iniciales de la tierra estaban
escritas.
Nadie pudo
recordarlas después: el viento
las olvidó, el idioma del agua
fue enterrado, las claves se perdieron
o se inundaron de silencio o sangre.

No se perdió la vida, hermanos pastorales.
Pero como una rosa salvaje
cayó una gota roja en la espesura
y se apagó una lámpara de tierra.

Yo estoy aquí para contar la historia.
Desde la paz del búfalo
hasta las azotadas arenas
de la tierra final, en las espumas
acumuladas de la luz antártica,
y por las madrigueras despeñadas
de la sombría paz venezolana,
te busqué, padre mío,
joven guerrero de tiniebla y cobre,
oh tú, planta nupcial, cabellera indomable,
madre caimán, metálica paloma.

Yo, incásico del légamo,
toqué la piedra y dije:
Quién
me espera? Y apreté la mano
sobre un puñado de cristal vacío.
Pero anduve entre flores zapotecas
y dulce era la luz como un venado,
y era la sombra como un párpado verde.

Tierra mía sin nombre, sin América,
estambre equinoccial, lanza de púrpura,
tu aroma me trepó por las raíces
hasta la copa que bebía, hasta la más delgada
palabra aún no nacida de mi boca.

VEGETACIONES A las tierras sin nombres y sin números
bajaba el viento desde otros dominios,
traía la lluvia hilos celestes,
y el dios de los altares impregnados
devolvía las flores y las vidas.

En la fertilidad crecía el tiempo.

El jacarandá elevaba espuma
hecha de resplandores transmarinos,
la araucaria de lanzas erizadas
era la magnitud contra la nieve,
el primordial árbol caoba
desde su copa destilaba sangre,
y al Sur de los alerces,
el árbol trueno, el árbol rojo,
el árbol de la espina, el árbol madre,
el ceibo bermellón, el árbol caucho,
eran volumen terrenal, sonido,
eran territoriales existencias.

Un nuevo aroma propagado
llenaba, por los intersticios
de la tierra, las respiraciones
convertidas en humo y fragancia:
el tabaco silvestre alzaba
su rosal de aire imaginario.
Como una lanza terminada en fuego
apareció el maíz, y su estatura
se desgranó y nació de nuevo,
diseminó su harina, tuvo
muertos bajo sus raíces,
y luego, en su cuna, miró
crecer los dioses vegetales.
Arruga y extensión, diseminaba
la semilla del viento
sobre las plumas de la cordillera,
espesa luz de germen y pezones,
aurora ciega amamantada
por los ungüentos terrenales
de la implacable latitud lluviosa,
de las cerradas noches manantiales,
de las cisternas matutinas.
Y aún en las llanuras

como láminas del planeta,
bajo un fresco pueblo de estrellas,
rey de la hierba, el ombú detenía
el aire libre, el vuelo rumoroso
y montaba la pampa sujetándola
con su ramal de riendas y raíces.

América arboleda,
zarza salvaje entre los mares,
de polo a polo balanceabas,
tesoro verde, tu espesura.
Germinaba la noche
en ciudades de cáscaras sagradas,
en sonoras maderas,
extensas hojas que cubrían
la piedra germinal, los nacimientos.
Utero verde, americana
sabana seminal, bodega espesa,
una rama nació como una isla,
una hoja fue forma de la espada,
una flor fue relámpago y medusa,
un racimo redondeó su resumen,
una raíz descendió a las tinieblas.

II

ALGUNAS
BESTIAS

Era el crepúsculo de la iguana.

Desde la arcoirisada crestería
su lengua como un dardo
se hundía en la verdura,
el hormiguero monacal pisaba
con melodioso pie la selva,
el guanaco fino como el oxígeno
en las anchas alturas pardas
iba calzando botas de oro,

mientras la llama abría cándidos
ojos en la delicadeza
del mundo lleno de rocío.
Los monos trenzaban un hilo
interminablemente erótico
en las riberas de la aurora,
derribando muros de polen
y espantando el vuelo violeta
de las mariposas de Muzo.
Era la noche pura y pululante
de hocicos saliendo del légamo,
y de las ciénagas soñolientas
un ruido opaco de armaduras
volvía al origen terrestre.

El jaguar tocaba las hojas
con su ausencia fosforescente
el puma corre en el ramaje
como el fuego devorador
mientras arden en él los ojos
alcohólicos de la selva.
Los tejones rascan los pies
del río, husmean el nido
cuya delicia palpitante
atacarán con dientes rojos.

Y en el fondo del agua magna,
como el círculo de la tierra,
está la gigante anaconda
cubierta de barros rituales,
devoradora y religiosa.

* * *

ALTURAS DE MACHU PICCHU
(Fragmentos)

Del aire al aire, como una red vacía,
iba yo entre las calles y la atmósfera, llegando y despidiendo,
en el advenimiento del otoño la moneda extendida
de las hojas, y entre la primavera y las espigas,
lo que el más grande amor, como dentro de un guante
que cae, nos entrega como una larga luna.

(Días de fulgor vivo en la intemperie
de los cuerpos: aceros convertidos
al silencio del ácido:
noches deshilachadas hasta la última harina:
estambres agredidos de la patria nupcial).

Alguien que me esperó entre los violines
encontró un mundo como una torre enterrada
hundiendo su espiral más abajo de todas
las hojas de color de ronco azufre:
más abajo, en el oro de la geología,
como una espada envuelta en meteoros,
hundí la mano turbulenta y dulce
en lo más genital de lo terrestre.

Puse la frente entre las olas profundas,
descendí como gota entre la paz sulfúrica,
y, como un ciego, regresé al jazmín
de la gastada primavera humana.

III

El ser como el maíz se desgranaba en el inacabable
granero de los hechos perdidos, de los acontecimientos

miserables, del uno al siete, al ocho,
y no una muerte, sino muchas muertes llegaba a cada uno:
cada día una muerte pequeña, polvo, gusano, lámpara
que se apaga en el lodo del suburbio, una pequeña muerte
      de alas gruesas
entraba en cada hombre como una corta lanza
y era el hombre asediado del pan o del cuchillo,
el ganadero: el hijo de los puertos, o el capitán oscuro del
      arado,
o el roedor de las calles espesas:
todos desfallecieron esperando su muerte, su corta muerte
      diaria:
y su quebranto aciago de cada día era
como una copa negra que bebían temblando.

VI

Entonces en la escala de la tierra he subido
entre la atroz maraña de las selvas perdidas
hasta ti, Machu Picchu.
Alta ciudad de piedras escalares,
por fin morada del que lo terrestre
no escondió en las dormidas vestiduras.
En ti, como dos líneas paralelas,
la cuna del relámpago y del hombre
se mecían en un viento de espinas.

Madre de piedra, espuma de los cóndores.

Alto arrecife de la aurora humana.

Pala perdida en la primera arena.

Esta fue la morada, éste es el sitio:
aquí los anchos granos del maíz ascendieron
y bajaron de nuevo como granizo rojo.

Aquí la hebra dorada salió de la vicuña
a vestir los amores, los túmulos, las madres,
el rey, las oraciones, los guerreros.

Aquí los pies del hombre descansaron de noche
junto a los pies del águila, en las altas guaridas
carniceras, y en la aurora
pisaron con los pies del trueno la niebla enrarecida,
y tocaron las tierras y las piedras
hasta reconocerlas en la noche o la muerte.

Miro las vestiduras y las manos,
el vestigio del agua en la oquedad sonora,
la pared suavizada por el tacto de un rostro
que miró con mis ojos las lámparas terrestres,
que aceitó con mis manos las desaparecidas
maderas: porque todo, ropaje, piel, vasijas,
palabras, vino, panes,
se fue, cayó a la tierra.

Y el aire entró con dedos
de azahar sobre todos los dormidos:
mil años de aire, meses, semanas de aire,
de viento azul, de cordillera férrea,
que fueron como suaves huracanes de pasos
lustrando el solitario recinto de la piedra.

IX

Aguila sideral, viña de bruma.
Bastión perdido, cimitarra ciega.
Cinturón estrellado, pan solemne.
Escala torrencial, párpado inmenso.
Túnica triangular, polen de piedra.
Lámpara de granito, pan de piedra.
Serpiente mineral, rosa de piedra.
Nave enterrada, manantial de piedra.

Caballo de la luna, luz de piedra.
Escuadra equinoccial, vapor de piedra.
Geometría final, libro de piedra.
Témpano entre las ráfagas labrado.
Madrépora del tiempo sumergido.
Muralla por los dedos suavizada.
Techumbre por las plumas combatida.
Ramos de espejo, bases de tormenta.
Tronos volcados por la enredadera.
Régimen de la garra encarnizada.
Vendaval sostenido en la vertiente.
Inmóvil catarata de turquesa.
Campana patriarcal de los dormidos.
Argolla de las nieves dominadas.
Hierro acostado sobre sus estatuas.
Inaccesible temporal cerrado.
Manos de puma, roca sanguinaria.
Torre sombrera, discusión de nieve.
Noche elevada en dedos y raíces.
Ventana de las nieblas, paloma endurecida.
Planta nocturna, estatua de los truenos.
Cordillera esencial, techo marino.
Arquitectura de águilas perdidas.
Cuerda del cielo, abeja de la altura.
Nivel sangriento, estrella construida.
Burbuja mineral, luna de cuarzo.
Serpiente andina, frente de amaranto.
Cúpula del silencio, patria pura.
Novia del mar, árbol de catedrales.
Ramo de sal, cerezo de alas negras.
Dentadura nevada, trueno frío.
Luna arañada, piedra amenazante.
Cabellera del frío, acción del aire.
Volcán de manos, catarata oscura.
Ola de plata, dirección del tiempo.

XII

Sube a nacer conmigo, hermano.

Dame la mano desde la profunda
zona de tu dolor diseminado.
No volverás del fondo de las rocas.
No volverás del tiempo subterráneo.
No volverá tu voz endurecida.
No volverán tus ojos taladrados.
Mírame desde el fondo de la tierra,
labrador, tejedor, pastor callado:
domador de guanacos tutelares:
albañil del andamio desafiado:
aguador de las lágrimas andinas:
joyero de los dedos machacados:
agricultor temblando en la semilla:
alfarero en tu greda derramado:
traed a la copa de esta nueva vida
vuestros viejos dolores enterrados.
Mostradme vuestra sangre y vuestro surco,
decidme: aquí fui castigado,
porque la joya no brilló o la tierra
no entregó a tiempo la piedra o el grano:
señaladme la piedra en que caísteis
y la madera en que os crucificaron,
encendedme los viejos pedernales,
las viejas lámparas, los látigos pegados
a través de los siglos en las llagas
y las hachas de brillo ensangrentado.
Yo vengo a hablar por vuestra boca muerta.
A través de la tierra juntad todos
los silenciosos labios derramados
y desde el fondo habladme toda esta larga noche
como si yo estuviera con vosotros anclado,
contadme todo, cadena a cadena,
eslabón a eslabón, y paso a paso,
afilad los cuchillos que guardasteis,

ponedlos en mi pecho y en mi mano,
como un río de rayos amarillos,
como un río de tigres enterrados,
y dejadme llorar, horas, días, años,
edades ciegas, siglos estelares.

Dadme el silencio, el agua, la esperanza.

Dadme la lucha, el hierro, los volcanes.

Apegadme los cuerpos como imanes.

Acudid a mis venas y a mi boca.

Hablad por mis palabras y mi sangre.

* * *

LOS LIBERTADORES

XXIII

MIRANDA Si entráis a Europa tarde con sombrero
MUERE EN LA de copa en el jardín condecorado
NIEBLA por más de un Otoño junto al mármol
(1816) de la fuente mientras caen hojas
de oro harapiento en el Imperio
si la puerta recorta una figura
sobre la noche de San Petersburgo
tiemblan los cascabeles del trineo
y alguien en la soledad blanca alguien
el mismo paso la misma pregunta
si tú sales por la florida puerta
de Europa un caballero sombra traje
inteligencia signo cordón de oro
Libertad Igualdad mira su frente
entre la artillería que truena

si en las Islas la alfombra lo conoce
la que recibe océanos Pase Ud. Ya lo creo
Cuántas embarcaciones. Y la niebla
siguiendo paso a paso su jornada
si en las cavidades de logias librerías
hay alguien guante espada con un mapa
con la carpeta pululante llena
de poblaciones de navíos de aire
si en Trinidad hacia la costa el humo
de un combate y de otro el mar de nuevo
y otra vez la escalera de Bay Street la atmósfera
que lo recibe impenetrable
como un compacto interior de manzana
y otra vez esta mano patricia este azulado
guante guerrero en la antesala
largos caminos guerras y jardines
la derrota en sus labios otra sal
otra sal otro vinagre ardiente
si en Cádiz amarrado al muro
por la gruesa cadena su pensamiento el frío
horror de espada el tiempo el cautiverio
si bajáis subterráneos entre ratas
y la mampostería leprosa otro cerrojo
en un cajón de ahorcado el viejo rostro
en donde ha muerto ahogada una palabra
una palabra nuestro nombre la tierra
hacia donde querían ir sus pasos
la libertad para su fuego errante
lo bajan con cordeles a la mojada
tierra enemiga nadie saluda hace frío
hace frío de tumba en Europa.

* * *

EL GRAN OCEANO
(Fragmentos)

Si de tu dones y de tus destrucciones, Océano, a mis manos
pudiera destinar una medida, una fruta, un fermento,
escogería tu reposo distante, las líneas de tu acero,
tu extensión vigilada por el aire y la noche,
y la energía de tu idioma blanco
que destroza y derriba sus columnas
en su propia pureza demolida.

No es la última ola con su salado peso
la que tritura costas y produce
la paz de arena que rodea el mundo:
es el central volumen de la fuerza,
la potencia extendida de las aguas,
la inmóvil soledad llena de vidas.
Tiempo, tal vez, o copa acumulada
de todo movimiento, unidad pura
que no selló la muerte, verde víscera
de la totalidad abrasadora.

Del brazo sumergido que levanta una gota
no queda sino un beso de la sal. De los cuerpos
del hombre en tus orillas una húmeda fragancia
de flor mojada permanece. Tu energía
parece resbalar sin ser gastada,
parece regresar a su reposo.

La ola que desprendes,
arco de identidad, pluma estrellada,
cuando se despeñó fue sólo espuma,
y regresó a nacer sin consumirse.

Toda tu fuerza vuelve a ser origen.
Sólo entregas despojos triturados,
cáscaras que apartó tu cargamento,
lo que expulsó la acción de tu abundancia,
todo lo que dejó de ser racimo.

Tu estatua está extendida más allá de las olas.

Viviente y ordenada como el pecho y el manto
de un solo ser y sus respiraciones,
en la materia de la luz izadas,
llanuras levantadas por las olas,
forman la piel desnuda del planeta.
Llenas tu propio ser con tu substancia.

Colmas la curvatura del silencio.

Con tu sal y tu miel tiembla la copa,
la cavidad universal del agua,
y nada falta en ti como en el cráter
desollado, en el vaso cerril:
cumbres vacías, cicatrices, señales
que vigilan el aire mutilado.

Tus pétalos palpitan contra el mundo,
tiemblan tus cereales submarinos,
las suaves ovas cuelgan su amenaza,
navegan y pululan las escuelas,
y sólo sube al hilo de las redes
el relámpago muerto de la escama,
un milímetro herido en la distancia
de tus totalidades cristalinas.

* * *

ODAS ELEMENTALES

ODA AL CALDILLO DE CONGRIO

En el mar
tormentoso
de Chile
vive el rosado congrio,

gigante anguila
de nevada carne.
Y en las ollas
chilenas,
en la costa,
nació el caldillo
grávido y suculento, provechoso.
Lleven a la cocina
el congrio desollado,
su piel manchada cede
como un guante
y al descubierto queda
entonces
el racimo del mar,
el congrio tierno
reluce
ya desnudo,
preparado
para nuestro apetito.
Ahora
recoges
ajos,
acaricia primero
ese marfil
precioso,
huele
su fragancia iracunda,
entonces
deja el ajo picado
caer con la cebolla
y el tomate
hasta que la cebolla
tenga color de oro.
Mientras tanto
se cuecen
con el vapor
los regios
camarones marinos

y cuando ya llegaron
a su punto,
cuando cuajó el sabor
en una salsa
formada por el jugo
del océano
y por el agua clara
que desprendió la luz de la cebolla,
entonces
que entre el congrio
y se sumerja en gloria,
que en la olla
se aceite,
se contraiga y se impregne.
Ya sólo es necesario
dejar en el manjar
caer la crema
como una rosa espesa,
y al fuego
lentamente
entregar el tesoro
hasta que en el caldillo
se calienten
las esencias de Chile,
y a la mesa
lleguen recién casados
los sabores
del mar y de la tierra
para que en ese plato
tú conozcas el cielo.

ODA A LA CEBOLLA

Cebolla,
luminosa redoma,
pétalo a pétalo
se formó tu hermosura,

escamas de cristal te acrecentaron
y en el secreto de la tierra oscura
se redondeó tu vientre de rocío.
Bajo la tierra
fue el milagro
y cuando apareció
tu torpe tallo verde,
y nacieron
tus hojas como espadas en el huerto,
la tierra acumuló su poderío
mostrando tu desnuda transparencia,
y como en Afrodita el mar remoto
duplicó la magnolia
levantando sus senos,
la tierra
así te hizo,
cebolla,
clara como un planeta,
y destinada
a relucir,
constelación constante,
redonda rosa de agua,
sobre
la mesa
de las pobres gentes.

Generosa
deshaces
tu globo de frescura
en la consumación
ferviente de la olla,
y el jirón de cristal
al calor encendido del aceite
se transforma en rizada pluma de oro.

También recordaré cómo fecunda
tu influencia el amor de la ensalada
y parece que el cielo contribuye
dándote fina forma de granizo

a celebrar tu claridad picada
sobre los hemisferios de un tomate.
Pero al alcance
de las manos del pueblo,
regada con aceite,
espolvoreada
con un poco de sal,
matas el hambre
del jornalero en el duro camino.
Estrella de los pobres,
hada madrina
envuelta
en delicado
papel, sales del suelo,
eterna, intacta, pura
como semilla de astro,
y al cortarte
el cuchillo en la cocina
sube la única lágrima
sin pena.
Nos hiciste llorar sin afligirnos.
Yo cuanto existe celebré, cebolla,
pero para mí eres
más hermosa que un ave
de plumas cegadoras,
eres para mis ojos
globo celeste, copa de platino,
baile inmóvil
de anémona nevada

y vive la fragancia de la tierra
en tu naturaleza cristalina.

ODA AL FUEGO

Descabellado fuego,
enérgico,

ciego y lleno de ojos,
deslenguado,
tardío, repentino,
estrella de oro,
ladrón de leña,
callado bandolero,
cocedor de cebollas,
célebre pícaro de las chispitas,
perro rabioso de un millón de dientes,
óyeme,
centro de los hogares,
rosal incorruptible,
destructor de las vidas,
celeste padre del pan y del horno,
progenitor ilustre
de ruedas y herraduras,
polen de los metales,
fundador del acero,
óyeme
fuego.

Arde tu nombre,
da gusto
decir fuego,
es mejor
que decir piedra
o harina.
Las palabras son muertas
junto a tu rayo amarillo,
junto a tu cola roja,
junto a tus crines de luz amaranto,
son frías las palabras.
Se dice fuego,
fuego, fuego, fuego,
y se enciende
algo en la boca:
es tu fruta que quema,
es tu laurel que arde.

Pero sólo palabra
no eres,
aunque toda palabra
si no tiene
brasa
se desprende y se cae
del árbol del tiempo.
Tú eres
flor,
vuelo,
consumación, abrazo,
inasible substancia,
destrucción y violencia,
sigilo, tempestuosa
ala de muerte y vida,
creación y ceniza,
centella deslumbrante,
espada llena de ojos,
poderío,
otoño, estío súbito,
trueno seco de pólvora,
derrumbe de los montes,
río de humo,
oscuridad, silencio.

Dónde estás, qué te hiciste?
Sólo el polvo impalpable
recuerda tus hogueras,
y en las manos la huella
de flor o quemadura.
Al fin te encuentro
en mi papel vacío,
y me obligo a cantarte,
fuego,
ahora
frente a mí,
tranquilo
quédate mientras busco

la lira en los rincones,
o la cámara
con relámpagos negros
para fotografiarte.

Al fin estás
conmigo
no para destruirme,
ni para usarte
en encender la pipa,
sino para tocarte,
alisarte
la cabellera, todos
tus hilos peligrosos,
pulirte un poco, herirte,
para que conmigo
te atrevas,
toro escarlata.
Atrévete,
quémame
ahora,
entra
en mi canto,
sube
por mis venas,
sal
por mi boca.

Ahora
sabes
que no puedes
conmigo:
yo te convierto en canto,
yo te subo y te bajo,
te aprisiono en mis sílabas,
te encadeno, te pongo
a silbar,
a derramarte en trinos,

como si fueras
un canario enjaulado.

No me vengas
con tu famosa túnica
de ave de los infiernos.
Aquí
estás condenado
a vida y muerte.
Si me callo
te apagas.
Si canto
te derramas
y me darás la luz que necesito.

De todos
mis amigos,
de todos
mis enemigos,
eres
el difícil.
Todos
te llevan amarrado,
demonio de bolsillo,
huracán escondido
en cajas y decretos.
Yo no.
Yo te llevo a mi lado
y te digo:
es hora
de que me muestres
lo que sabes hacer.
Abrete, suéltate
el pelo
enmarañado,
sube y quema
las alturas del cielo.

Muéstrame
tu cuerpo
verde y anaranjado,
levanta
tus banderas,
arde
encima del mundo
o junto a mí, sereno
como un pobre topacio,
mírame y duerme.
Sube las escaleras
con tu pie numeroso.
Acéchame,
vive,
para dejarte escrito,
para que cantes
con mis palabras
a tu manera,
ardiendo.

ODA A LA MADERA

Ay, de cuanto conozco
y reconozco
entre todas las cosas
es la madera
mi mejor amiga.
Yo llevo por el mundo
en mi cuerpo, en mi ropa,
aroma
de aserradero,
olor de tabla roja.
Mi pecho, mis sentidos
se impregnaron
en mi infancia
de árboles que caían
de grandes bosques llenos
de construcción futura.

Yo escuché cuando azotan
el gigantesco
alerce,
el laurel alto de cuarenta metros.
El hacha y la cintura
del hachero minúsculo
de pronto picotean
su columna arrogante,
el hombre vence y cae
la columna de aroma,
tiembla la tierra, un trueno
sordo, un sollozo negro
de raíces, y entonces
una ola
de olores forestales
inundó mis sentidos.
Fue en mi infancia, fue sobre
la húmeda tierra, lejos
en las selvas del sur,
en los fragantes, verdes
archipiélagos,
conmigo
fueron naciendo vigas,
durmientes
espesos como el hierro,
tablas
delgadas y sonoras.
La sierra rechinaba
cantando
sus amores de acero,
aullaba el hilo agudo,
el lamento metálico
de la sierra cortando
el pan del bosque
como madre en el parto,
y daba a luz en medio
de la luz
y la selva

desgarrando la entraña
de la naturaleza,
pariendo
castillos de madera,
viviendas para el hombre,
escuelas, ataúdes,
mesas y mangos de hacha.
Todo
allí en el bosque
dormía
bajo las hojas mojadas
cuando
un hombre
comienza
torciendo la cintura
y levantando el hacha
a picotear la pura
solemnidad del árbol
y éste
cae,
trueno y fragancia caen
para que nazca de ellos
la construcción, la forma,
el edificio,
de las manos del hombre.
Te conozco, te amo,
te vi nacer, madera.
Por eso
si te toco
me respondes
como un cuerpo querido,
me muestras
tus ojos y tus fibras,
tus nudos, tus lunares,
tus vetas
como inmóviles ríos.
Yo sé
lo que ellos

cantaron
con la voz del viento,
escucho
la noche tempestuosa,
el galope
del caballo en la selva,
te toco y te abres
como una rosa seca
que sólo para mí resucitara
dándome
el aroma y el fuego
que parecían muertos.
Debajo
de la pintura sórdida
adivino tus poros,
ahogada me llamas
y te escucho,
siento
sacudirse
los árboles
que asombraron mi infancia,
veo
salir de ti,
como un vuelo de océano
y palomas,
las alas de los libros,
el papel
de mañana
para el hombre,
el papel puro para el hombre puro
que existirá mañana
y que hoy está naciendo
con un ruido de sierra,
con un desgarramiento
de luz, sonido y sangre.
Es el aserradero
del tiempo,
cae

la selva oscura, oscuro
nace
el hombre,
caen las hojas negras
y nos oprime el trueno,
hablan al mismo tiempo
la muerte y la vida,
como un violín se eleva
el canto o el lamento
de la sierra en el bosque,
y así nace y comienza
a recorrer el mundo
la madera,
hasta ser constructora silenciosa
cortada y perforada por el hierro,
hasta sufrir y proteger
construyendo
la vivienda
en donde cada día
se encontrarán el hombre, la mujer
y la vida.

ODA AL TIEMPO

Dentro de ti tu edad
creciendo,
dentro de mí mi edad
andando.
El tiempo es decidido,
no suena su campana,
se acrecienta, camina,
por dentro de nosotros,
aparece
como un agua profunda
en la mirada
y junto a las castañas
quemadas de tus ojos

una brizna, la huella
de un minúsculo río,
una estrellita seca
ascendiendo a tu boca.
Sube el tiempo
sus hilos
a tu pelo,
pero en mi corazón
como una madreselva
es tu fragancia,
viviente como el fuego.
Es bello
como lo que vivimos
envejecer viviendo.
Cada día
fue piedra transparente,
cada noche
para nosotros fue una rosa negra,
y este surco en tu rostro o en el mío
son piedra o flor,
recuerdo de un relámpago.
Mis ojos se han gastado en tu hermosura,
pero tú eres mis ojos.
Yo fatigué tal vez bajo mis besos
tu pecho duplicado,
pero todos han visto en mi alegría
tu resplandor secreto.
Amor, qué importa
que el tiempo,
el mismo que elevó como dos llamas
o espigas paralelas
mi cuerpo y tu dulzura,
mañana los mantenga
o los desgrane
y con sus mismos dedos invisibles
borra la identidad que nos separa
dándonos la victoria
de un solo ser final bajo la tierra.

ODA A LA TRISTEZA

Tristeza, escarabajo
de siete patas rotas,
huevo de telaraña,
rata descalabrada,
esqueleto de perra:
Aquí no entras.
No pasas.
Andate.
Vuelve
al sur con tu paraguas,
vuelve
al norte con tus dientes de culebra.
Aquí vive un poeta.
La tristeza no puede
entrar por estas puertas.
Por las ventanas
entra el aire del mundo,
las rojas rosas nuevas,
las banderas bordadas
del pueblo y sus victorias.
No puedes.
Aquí no entras.
Sacude
tus alas de murciélago,
yo pisaré las plumas
que caen de tu manto,
yo barreré los trozos
de tu cadáver hacia
las cuatro puntas del viento,
yo te torceré el cuello,
te coseré los ojos,
cortaré tu mortaja
y enterraré, tristeza, tus huesos roedores
bajo la primavera de un manzano.

NUEVAS ODAS ELEMENTALES

ODA AL DICCIONARIO

Lomo de buey, pesado
cargador, sistemático
libro espeso:
de joven
te ignoré, me vistió
la suficiencia
y me creí repleto,
y orondo como un
melancólico sapo
dictaminé: «Recibo
las palabras
directamente
del Sinaí bramante.
Reduciré
las formas a la alquimia.
Soy mago».

El gran mago callaba.

El Diccionario,
viejo y pesado, con su chaquetón
de pellejo gastado,
se quedó silencioso
sin mostrar sus probetas.
Pero un día,
después de haberlo usado
y desusado,
después
de declararlo
inútil y anacrónico camello,
cuando por largos meses, sin protesta,
me sirvió de sillón
y de almohada,

se rebeló y plantándose
en mi puerta
creció, movió sus hojas
y sus nidos,
movió la elevación de su follaje:
árbol
era,
natural
generoso
manzano, manzanar o manzanero,
y las palabras
brillaban en su copa inagotable,
opacas o sonoras,
fecundas en la fronda del lenguaje,
cargadas de verdad y de sonido.

Aparto una
sola de
sus
páginas
Caporal
Capuchón
qué maravilla
pronunciar estas sílabas
con aire
y más abajo
Cápsula
hueca, esperando aceite o ambrosía,
y junto a ellas
Captura Capucete Capuchina
Caprario Captatorio
palabras
que se deslizan como suaves uvas
o que a la luz estallan
como gérmenes ciegos que esperaron
en las bodegas del vocabulario
y viven otra vez y dan la vida:
una vez más el corazón las quema.

Diccionario, no eres
tumba, sepulcro, féretro,
túmulo, mausoleo,
sino preservación,
fuego escondido,
plantación de rubíes,
perpetuidad viviente
de la esencia,
granero del idioma.
Y es hermoso
recoger en tus filas
la palabra
de estirpe,
la severa
y olvidada
sentencia,
hija de España,
endurecida
como reja de arado
fija en su límite
de anticuada herramienta,
preservada
con su hermosura exacta
y su dureza de medalla.
O la otra
palabra
que allí vimos perdida
entre renglones
y que de pronto
se hizo sabrosa y lisa en nuestra boca
como una almendra
o tierna como un higo.

Diccionario, una mano
de tus mil manos, una
de tus mil esmeraldas,
una
sola

gota
de tus vertientes virginales,
un grano
de
tus
magnánimos graneros
en el momento
justo
a mis labios conduce,
al hilo de mi pluma,
a mi tintero.
De tu espesa y sonora
profundidad de selva,
dame,
cuando lo necesite,
un solo trino, el lujo
de una abeja,
un fragmento caído
de tu antigua madera perfumada
por una eternidad de jazmineros,
una
sílaba,
un temblor, un sonido,
una semilla:
de tierra soy y con palabras canto.

ESTRAVAGARIO

REGRESO A UNA CIUDAD

A qué he venido? les pregunto.

Quién soy en esta ciudad muerta?

No encuentro la calle ni el techo
de la loca que me quería.

Los cuervos, no hay duda, en las ramas,
el Monzón verde y furibundo,
el escupitajo escarlata
en las calles desmoronadas,
el aire espeso, pero dónde,
pero dónde estuve, quién fui?
No entiendo sino las cenizas.

El vendedor de betel mira
sin reconocer mis zapatos,
mi rostro recién resurrecto.
Tal vez su abuelo me diría:
«Salam» pero sucede
que se cayó mientras volaba,
se cayó al pozo de la muerte.

En tal edificio dormí
catorce meses y sus años
escribí desdichas,
mordí
la inocencia de la amargura,
y ahora paso y no está la puerta:
la lluvia ha trabajado mucho.

Ahora me doy cuenta que he sido
no sólo un hombre sino varios
y que cuantas veces he muerto,
sin saber cómo he revivido,
como si cambiara de traje
me puse a vivir otra vida
y aquí me tienen sin que sepa
por qué no reconozco a nadie,
por qué nadie me reconoce,
si todos fallecieron aquí
y yo soy entre tanto olvido
un pájaro sobreviviente
o al revés la ciudad me mira
y sabe que yo soy un muerto.

Ando por bazares de seda
y por mercados miserables,
me cuesta creer que las calles
son las mismas, los ojos negros
duros como puntas de clavo
golpean contra mis miradas,
y la pálida Pagoda de Oro
con su inmóvil idolatría
ya no tiene ojos, ya no tiene
manos, ya no tiene fuego.

Adiós, calles sucias del tiempo,
adiós, adiós, amor perdido,
regreso al vino de mi casa,
regreso al amor de mi amada,
a lo que fui y a lo que soy,
agua y sol, tierras con manzanas,
meses con labios y con nombres,
regreso para no volver,
nunca más quiero equivocarme,
es peligroso caminar
hacia atrás porque de repente
es una cárcel el pasado.

MUCHOS SOMOS

De tantos hombres que soy, que somos,
no puedo encontrar a ninguno:
se me pierden bajo la ropa,
se fueron a otra ciudad.

Cuando todo está preparado
para mostrarme inteligente
el tonto que llevo escondido
se toma la palabra en mi boca.

Otras veces me duermo en medio
de la sociedad distinguida
y cuando busco en mí al valiente,
un cobarde que no conozco
corre a tomar con mi esqueleto
mil deliciosas precauciones.

Cuando arde una casa estimada
en vez del bombero que llamo
se precipita el incendiario
y ése soy yo. No tengo arreglo.
Qué debo hacer para escogerme?
Cómo puedo rehabilitarme?

Todos los libros que leo
celebran héroes refulgentes
siempre seguros de sí mismos:
me muero de envidia por ellos,
y en los films de vientos y balas
me quedo envidiando al jinete,
me quedo admirando al caballo.

Pero cuando pido al intrépido
me sale el viejo perezoso,
y así yo no sé quién soy,
no sé cuántos soy o seremos.
Me gustaría tocar un timbre
y sacar el mí verdadero
porque si yo me necesito
no debo desaparecerme.

Mientras escribo estoy ausente
y cuando vuelvo ya he partido:
voy a ver si a las otras gentes
les pasa lo que a mí me pasa,
si son tantos como soy yo,
si se parecen a sí mismos
y cuando lo haya averiguado

voy a aprender tan bien las cosas
que para explicar mis problemas
les hablaré de geografía.

CIEN SONETOS DE AMOR

XXX

Tienes del archipiélago las hebras del alerce,
la carne trabajada por los siglos del tiempo,
venas que conocieron el mar de las maderas,
sangre verde caída del cielo a la memoria.

Nadie recogerá mi corazón perdido
entre tantas raíces, en la amarga frescura
del sol multiplicado por la furia del agua,
allí vive la sombra que no viaja conmigo.

Por eso tú saliste del Sur como una isla
poblada y coronada por plumas y maderas
y yo sentí el aroma de los bosques errantes,

hallé la miel oscura que conocí en la selva,
y toqué en tus caderas los pétalos sombríos
que nacieron conmigo y construyeron mi alma.

LXXXIX

Cuando yo muera quiero tus manos en mis ojos:
quiero la luz y el trigo de tus manos amadas
pasar una vez más sobre mí su frescura:
sentir la suavidad que cambió mi destino.

Quiero que vivas mientras yo, dormido, te espero,
quiero que tus oídos sigan oyendo el viento,

que huelas el aroma del mar que amamos juntos
y que sigas pisando la arena que pisamos.

Quiero que lo que amo siga vivo
y a ti te amé y canté sobre todas las cosas,
por eso sigue tú floreciendo, florida,

para que alcances todo lo que mi amor te ordena,
para que se pasee mi sombra por tu pelo,
para que así conozcan la razón de mi canto.

NICOLAS GUILLEN
[CUBA, 1902-1989]

Su poesía es la manifestación de un lirismo que le es propio y en el cual se integran su emoción inmediata, la percepción de su medio cultural, la magia primitiva, los motivos del negro y la reivindicación social. Ha trabajado como tipógrafo, periodista, director de periódicos, pero fundamentalmente ha sido poeta, mas no el poeta de la negritud —como se insiste en señalarle— sino más bien el del mestizaje afrocubano. En oportunidad en que se le preguntara si se consideraba el poeta de la negritud respondió negativamente agregando que de «la negritud... todo el mundo da una explicación distinta y tal vez todos tienen razón». En su poesía se percibe el conocimiento de los caracteres estéticos de la cultura negra pero nunca aislados sino integrados al fluir de la historia, en un intento de acabar con los lugares comunes y las mitificaciones evitando como él mismo dice «otro racismo». La fusión de lo folclórico afroamericano, más exactamente, con la tradición hispánica impulsa a Guillén a buscar esa expresión que, sin afectar la espontaneidad, se adapte a tradicionales estilos. Así, va de la simple imitación de la prosodia del negro a formas artísticamente elaboradas. «El problema importante no es recibir una influencia, lo importante es transformarla en sustancia propia, en elemento personal, en manera característica de creación», afirma en una entrevista que le hicieran en su país, y, ese parece ser siempre su propósito. Lo sensual, lo pintoresco, lo elegíaco, lo ancestral, lo inmediato, lo prosaico, lo sagrado, lo humorístico, lo irónico, lo onomatopéyico convergen en su obra y a veces se confunden originando una poesía que se concibe menos para la imprenta que para su exposición oral. Y ese carácter oral le viene de los ritmos de danza negra, del diseño musical del son, del pregón, de una recreación un tanto irónica del habla popular, o de la repetición obsesiva de un sonido, de una palabra que se va cargando de un sentido imposible de expresar de otra manera. Desde sus primeras publicaciones en 1930 vemos una nueva actitud frente al lenguaje, frente a lo poético y frente a la sociedad inmediata. En *Motivos de son*, hay una exploración verbal, una conjugación de la tradición oral y escrita y el deseo de aludir a una realidad de injusticia social, todo ello en un afán de recuperar «la lengua perdida». Y esa experimentación va mucho más allá en *Sóngoro cosongo* donde encontramos algunas expresiones en yoruba, un intento más firme por rescatar para la poesía términos de una lengua ya eliminada y sustituida. Pero quizá sea en *El son entero* donde encontramos una síntesis más reveladora de las búsquedas de Nicolás Guillén.

BIBLIOGRAFIA

OBRA POETICA

Motivos de son (1930); *Sóngoro cosongo* (1931); *West Indies, Ltd.* (1934); *Cantos para soldados y sones para turistas* (1937); *España. Poema en cuatro angustias y una esperanza* (1937); *El son entero. Suma poética* (1947); *Elegía a Jacques Romain en el cielo de Haití* (1948); *Versos negros* (1950); *Elegía a Jesús Menéndez* (1951); *Elegía cubana* (1956); *La paloma de vuelo popular* (1958); *Tengo* (1964); *El gran zoo* (1967); *La rueda dentada* (1972); *El diario que a diario* (1972); *Por el mar de las Antillas anda un barco de papel* (1979); *Obra poética,* 1930-1957 y 1958-1972 (La Habana, Edic. Instituto Cubano del Libro, 1972, dos tomos), *Las grandes elegías y otros poemas* (Selección, prólogo, notas y cronología de Angel Augier. Caracas, Biblioteca Ayacucho, 1989).

ESTUDIOS CRITICOS

José Juan Arrom: «La poesía afrocubana» en *Estudios de literatura hispanoamericana*. La Habana, Ucar, García, S.A. 1950.
Giuseppe Bellini: «Nicolás Guillén» en *Poeti antillani*. Milán, Cisalpino, 1952.
Dardo Cúneo: «Ida y vuelta de América. Nicolás Guillén». *La Vanguardia*, Buenos Aires, 25 de agosto de 1939.
Roberto Fernández Retamar: «Nicolás Guillén» en *La poesía contemporánea de Cuba* (1927-1953). La Habana. Orígenes, 1954.
Juan Marinello: «Poesía negra» en *Ensayos en entusiasmo*. Madrid, Espasa Calpe, 1933.
Ezequiel Martínez Estrada: *La poesía de Nicolás Guillén*. Argentina, Edit. Calicanto, 1977.
Varios: *Recopilación de textos sobre Nicolás Guillén*. La Habana. Serie Valoración Múltiple, Casa de las Américas, 1974.

MOTIVOS DE SON

SIGUE...

Camina, caminante,
sigue;
camina y no te pare,
sigue.

Cuando pase po su casa
no le diga que me bite:
camina, caminante,
sigue.

Sigue y no te pare,
sigue:

no la mire si te llama,
sigue;

Acuéddate que ella e mala,
sigue.

SONGORO COSONGO

LLEGADA

¡Aquí estamos!
La palabra nos viene húmeda de los bosques,
y un sol enérgico nos amanece entre las venas.
El puño es fuerte
y tiene el remo.

En el ojo profundo duermen palmeras exorbitantes.
El grito se nos sale como una gota de oro virgen.

Nuestro pie,
duro y ancho,
aplasta el polvo en los caminos abandonados
y estrechos para nuestras filas.
Sabemos dónde nacen las aguas,
y las amamos porque empujaron nuestras canoas bajo
      los cielos rojos.
Nuestro canto
es como un músculo bajo la piel del alma,
nuestro sencillo canto.

Traemos el humo en la mañana,
y el fuego sobre la noche,
y el cuchillo, como un duro pedazo de luna,
apto para las pieles bárbaras;
traemos los caimanes en el fango,
y el arco que dispara nuestras ansias,
y el cinturón del trópico,
y el espíritu limpio.
Traemos
nuestro rasgo al perfil definitivo de América.

¡Eh, compañeros, aquí estamos!
La ciudad nos espera con sus palacios, tenues
como panales de abejas silvestres;
sus calles están secas como los ríos cuando no llueve en la montaña,
y sus casas nos miran con los ojos pávidos
      de las ventanas.
Los hombres antiguos nos darán leche y miel
y nos coronarán de hojas verdes.

¡Eh, compañeros, aquí estamos!
Bajo el sol
nuestra piel sudorosa reflejará los rostros húmedos
      de los vencidos,
y en la noche, mientras los astros ardan en la punta
      de nuestras llamas,
nuestra risa madrugará sobre los ríos y los pájaros.

MUJER NUEVA

Con el círculo ecuatorial
ceñido a la cintura como a un pequeño mundo,
la negra, mujer nueva,
avanza en su ligera bata de serpiente.

Coronada de palmas
como una diosa recién llegada,
ella trae la palabra inédita
el anca fuerte,
la voz, el diente, la mañana y el salto.

Chorro de sangre joven
bajo un pedazo de piel fresca,
y el pie incansable
para la pista profunda del tambor.

MADRIGAL

De tus manos gotean
las uñas, en un manojo de diez uvas moradas.

Piel,
carne de tronco quemado,
que cuando naufraga en el espejo, ahúma
las algas tímidas del fondo.

CANTO NEGRO

¡Yambambó, yambambé!
Repica el congo solongo,
repica el negro bien negro;
congo solongo del Songo
baila yambó sobre un pie.

Mamatomba,
serembe cuserembá.

El negro canta y se ajuma,
el negro se ajuma y canta,
el negro canta y se va.
Acuememe serembó,
                    aé;
          yambó,
                    aé.

Tamba, tamba, tamba, tamba,
tamba del negro que tumba;
tumba del negro, caramba,
caramba, que el negro tumba:
¡yamba, yambó, yambambé!

WEST INDIES, LTD.

SENSEMAYA

Canto para matar una culebra

¡Mayombe—bombe—mayombé!
¡Mayombe—bombe—mayombé!
¡Mayombe—bombe—mayombé!

La culebra tiene los ojos de vidrio;
la culebra viene y se enreda en un palo;
con sus ojos de vidrio en un palo,
con sus ojos de vidrio.

La culebra camina sin patas;
la culebra se esconde en la yerba;
caminando se esconde en la yerba,
caminando sin patas.

¡Mayombe—bombe—mayombé!
¡Mayombe—bombe—mayombé!
¡Mayombe—bombe—mayombé!

Tú le das con el hacha y se muere:
¡dale ya!
¡No le des con el pie, que te muerde,
no le des con el pie, que se va!

Sensemayá, la culebra,
sensemayá.
Sensemayá, con sus ojos,
sensemayá.
Sensemayá, con su lengua,
sensemayá.
Sensemayá, con su boca,
sensemayá.

La culebra muerta no puede comer,
la culebra muerta no puede silbar,
no puede caminar,
no puede correr.

La culebra muerta no puede mirar,
la culebra muerta no puede beber,
no puede respirar,
no puede morder.

¡Mayombe—bombe—mayombé!
Sensemayá, la culebra...
¡Mayombe—bombe—mayombé!
Sensemayá, no se mueve...

¡Mayombe—bombe—mayombé!
Sensemayá, la culebra...
¡Mayombe—bombe—mayombé!
Sensemayá, se murió.

EL ABUELO

Esta mujer angélica de ojos septentrionales,
que vive atenta al ritmo de su sangre europea,
ignora que en lo hondo de ese ritmo golpea
un negro el parche duro de roncos atabales.

Bajo la línea escueta de su nariz aguda,
la boca, en fino trazo, traza una raya breve,
y no hay cuervo que manche la solitaria nieve
de su carne, que fulge temblorosa y desnuda.

¡Ah, mi señora! Mírate las venas misteriosas;
boga en el agua viva que allá dentro te fluye,
y ve pasando lirios, nelumbios, lotos, rosas;

que ya verás, inquieta, junto a la fresca orilla
la dulce sombra oscura del abuelo que huye,
el que rizó por siempre tu cabeza amarilla.

ESPAÑA

ANGUSTIA SEGUNDA

Tus venas, la raíz de nuestros árboles

La raíz de mi árbol, retorcida;
la raíz de mi árbol, de tu árbol,
de todos nuestros árboles,
bebiendo sangre, húmeda de sangre,
la raíz de mi árbol, de tu árbol.
Yo la siento,
la raíz de mi árbol, de tu árbol,
de todos nuestros árboles,
la siento
clavada en lo más hondo de mi tierra,

clavada allí, clavada,
arrastrándome y alzándome y hablándome,
gritándome.
La raíz de tu árbol, de mi árbol.
En mi tierra, clavada,
con clavos ya de hierro,
de pólvora, de piedra,
y floreciendo en lenguas ardorosas,
y alimentando ramas donde colgar los pájaros cansados,
y elevando sus venas, nuestras venas,
tus venas, la raíz de nuestros árboles.

ANGUSTIA CUARTA

Federico

Toco a la puerta de un romance.
—¿No anda por aquí Federico?
Un papagayo me contesta:
—Ha salido.

Toco a una puerta de cristal.
—¿No anda por aquí Federico?
Viene una mano y me señala:
—Está en el río.

Toco a la puerta de un gitano.
—¿No anda por aquí Federico?
Nadie responde, no habla nadie...
—¡Federico! ¡Federico!

La casa oscura, vacía;
negro musgo en las paredes;
brocal de pozo sin cubo,
jardín de lagartos verdes.

Sobre la tierra mullida
caracoles que se mueven,
y el rojo viento de julio
entre las ruinas, meciéndose.

¡Federico!
¿Dónde el gitano se muere?
¿Dónde sus ojos se enfrían?
¡Dónde estará, que no viene!

(UNA CANCION)

Salió el domingo, de noche,
salió el domingo, y no vuelve.
Llevaba en la mano un lirio,
llevaba en los ojos fiebre;
el lirio se tornó sangre,
la sangre tornóse muerte.

(MOMENTO EN GARCIA LORCA)

Soñaba Federico en nardo y cera,
y aceituna y clavel y luna fría.
Federico, Granada y Primavera.

En afilada soledad dormía,
al pie de sus ambiguos limoneros,
echado musical junto a la vía.

Alta la noche, ardiente de luceros,
arrastraba su cola transparente
por todos los caminos carreteros.

«¡Federico!», gritaron de repente,
con las manos inmóviles, atadas,
gitanos que pasaban lentamente.

¡Qué voz la de sus venas desangradas!
¡Qué ardor el de sus cuerpos ateridos!
¡Qué suaves sus pisadas, sus pisadas!

Iban verdes, recién anochecidos;
en el duro camino invertebrado
caminaban descalzos los sentidos.

Alzóse Federico, en luz bañado.
Federico, Granada y Primavera.
Y con luna y clavel y nardo y cera,
los siguió por el monte perfumado.

EL SON ENTERO

GUITARRA

A Francisco Guillén

Tendida en la madrugada,
la firme guitarra espera:
voz de profunda madera
desesperada.

Su clamorosa cintura,
en la que el pueblo suspira,
preñada de son, estira
la carne dura.

Arde la guitarra sola,
mientras la luna se acaba;
arde libre de su esclava
bata de cola.

Dejó al borracho en su coche,
dejó el cabaret sombrío,
donde se muere de frío,
noche tras noche,

y alzó la cabeza fina,
universal y cubana,
sin opio, ni mariguana,
ni cocaína.

¡Venga la guitarra vieja,
nueva otra vez al castigo
con que la espera el amigo,
que no la deja!

Alta siempre, no caída,
traiga su risa y su llanto,
clave las uñas de amianto
sobre la vida.

Cógela tú, guitarrero,
límpiale de alcol la boca,
y en esa guitarra, toca
tu son entero.

El son del querer maduro,
tu son entero;
el del abierto futuro,
tu son entero;
el del pie por sobre el muro,
tu son entero...

Cógela tú, guitarrero,
límpiale de alcol la boca,
y en esa guitarra, toca
tu son entero.

MI PATRIA ES DULCE POR FUERA...

Mi patria es dulce por fuera,
y muy amarga por dentro;
mi patria es dulce por fuera,

con su verde primavera,
con su verde primavera,
y un sol de hiel en el centro.

¡Qué cielo de azul callado
mira impasible tu duelo!
¡Qué cielo de azul callado,
ay, Cuba, el que Dios te ha dado,
ay, Cuba, el que Dios te ha dado,
con ser tan azul tu cielo!

Un pájaro de madera
me trajo en su pico el canto;
un pájaro de madera.

¡Ay, Cuba, si te dijera,
yo que te conozco tanto,
ay, Cuba, si te dijera,
que es de sangre tu palmera,
que es de sangre tu palmera,
y que tu mar es de llanto!
Bajo tu risa ligera,
yo, que te conozco tanto,
miro la sangre y el llanto,
bajo tu risa ligera.

Sangre y llanto
bajo tu risa ligera;
sangre y llanto
bajo tu risa ligera.
Sangre y llanto.

El hombre de tierra adentro
está en un hoyo metido,
muerto sin haber nacido,
el hombre de tierra adentro.
Y el hombre de la ciudad,
ay, Cuba, es un pordiosero:

anda hambriento y sin dinero,
pidiendo por caridad,
aunque se ponga sombrero
y baile en la sociedad.
(Lo digo en mi son entero,
porque es la pura verdad).

Hoy yanqui, ayer española,
sí, señor,
la tierra que nos tocó,
siempre el pobre la encontró
si hoy yanqui, ayer española,
¡cómo no!
¡Qué sola la tierra sola,
la tierra que nos tocó!

La mano que no se afloja
hay que estrecharla en seguida;
la mano que no se afloja,
china, negra, blanca o roja,
china, negra, blanca o roja,
con nuestra mano tendida.

Un marino americano,
bien,
en el restaurant del puerto,
bien,
un marino americano
me quiso dar con la mano,
me quiso dar con la mano,
pero allí se quedó muerto,
bien,
pero allí se quedó muerto,
bien,
pero allí se quedó muerto
el marino americano
que en el restaurant del puerto
me quiso dar con la mano,
¡bien!

SON NUMERO 6

Yoruba soy, lloro en yoruba
lucumí.
Como soy un yoruba de Cuba,
quiero que hasta Cuba suba mi llanto yoruba,
que suba el alegre llanto yoruba
que sale de mí.

Yoruba soy,
cantando voy,
llorando estoy,
y cuando no soy yoruba,
soy congo, mandinga, carabalí.
Atiendan, amigos, mi son, que empieza así:

      Adivinanza
      de la esperanza:
      lo mío es tuyo,
      lo tuyo es mío;
      toda la sangre
      formando un río.

La ceiba ceiba con su penacho;
el padre padre con su muchacho;
la jicotea en su carapacho.
¡Que rompa el son caliente,
y que lo baile la gente,
pecho con pecho,
vaso con vaso
y agua con agua con aguardiente!
Yoruba soy, soy lucumí,
mandinga, congo, carabalí.
Atiendan, amigos, mi son, que sigue así:
Estamos juntos desde muy lejos,
jóvenes, viejos,
negros y blancos, todo mezclado;
uno mandando y otro mandado,
todo mezclado;

San Berenito y otro mandado,
todo mezclado;
negros y blancos desde muy lejos,
todo mezclado;
Santa María y uno mandado,
todo mezclado;
todo mezclado, Santa María,
San Berenito, todo mezclado,
todo mezclado, San Berenito,
San Berenito, Santa María,
Santa María, San Berenito,
¡todo mezclado!

Yoruba soy, soy lucumí,
mandinga, congo, carabalí.
Atiendan, amigos, mi son, que acaba así:

    Salga el mulato,
    suelte el zapato,
    díganle al blanco que no se va...
    De aquí no hay nadie que se separe;
    mire y no pare,
    oiga y no pare,
    beba y no pare,
    coma y no pare,
    viva y no pare,
    ¡que el son de todos no va a parar!

LA PALOMA DE VUELO POPULAR

CANCION DE CUNA PARA DESPERTAR
A UN NEGRITO

Dórmiti, mi nengre,
mi nengre bonito...

E. Ballagas

Una paloma
cantando pasa:
—¡Upa, mi negro,
que el sol abrasa!
Ya nadie duerme,
ni está en su casa;
ni el cocodrilo,
ni la yaguaza,
ni la culebra,
ni la torcaza...
Coco, cacao,
cacho, cachaza,
¡upa, mi negro,
que el sol abrasa!

Negrazo, venga
con su negraza.
¡Aire con aire,
que el sol abrasa!
Mire la gente,
llamando pasa;
gente en la calle,
gente en la plaza;
ya nadie queda
que esté en su casa...
Coco, cacao,
cacho, cachaza,
¡upa, mi negro,
que el sol abrasa!

Negrón, negrito,
ciruela y pasa,
salga y despierte,
que el sol abrasa,
diga despierto
lo que le pasa...

¡Que muera el amo,
muera en la brasa!
Ya nadie duerme,
ni está en su casa:
¡Coco, cacao,
cacho, cachaza,
upa, mi negro,
que el sol abrasa!

TENGO

¿PUEDES?

¿Puedes venderme el aire que pasa entre tus dedos
y te golpea la cara y te despeina?
¿Tal vez podrías venderme cinco pesos de viento,
o más, quizás venderme una tormenta?
¿Acaso el aire fino
me venderías, el aire
(no todo) que recorre
en tu jardín corolas y corolas,
en tu jardín para los pájaros,
diez pesos de aire fino?

El aire gira y pasa
en una mariposa.
Nadie lo tiene, nadie.

¿Puedes venderme cielo,
el cielo azul a veces,
o gris también a veces,
una parcela de tu cielo,
el que compraste, piensas tú, con los árboles
de tu huerto, como quien compra el techo con la casa?
¿Puedes venderme un dólar
de cielo, dos kilómetros
de cielo, un trozo, el que tú puedas,
de tu cielo?

> El cielo está en las nubes.
> Altas las nubes pasan.
> Nadie las tiene, nadie.

¿Puedes venderme lluvia, el agua
que te ha dado tus lágrimas y te moja la lengua?
¿Puedes venderme un dólar de agua
de manantial, una nube preñada,
crespa y suave como una cordera,
o bien agua llovida en la montaña,
o el agua de los charcos
abandonados a los perros,
o una legua de mar, tal vez un lago,
cien dólares de lago?

> El agua cae, rueda.
> El agua rueda, pasa.
> Nadie la tiene, nadie.

¿Puedes venderme tierra, la profunda
noche de las raíces; dientes
de dinosaurios y la cal
dispersa de lejanos esqueletos?
¿Puedes venderme selvas ya sepultadas, aves muertas,
peces de piedra, azufre
de los volcanes, mil millones de años

en espiral subiendo? ¿Puedes
venderme tierra, puedes
venderme tierra, puedes?

La tierra tuya es mía.
Todos los pies la pisan.
Nadie la tiene, nadie.

RESPONDE TU...

Tú, que partiste de Cuba,
responde tú,
¿dónde hallarás verde y verde,
azul y azul,
palma y palma bajo el cielo?
Responde tú.

Tú, que tu lengua olvidaste,
responde tú,
y en lengua extraña masticas
el güel y el yu,
¿cómo vivir puedes mudo?
Responde tú.

Tú, que dejaste la tierra,
responde tú,
donde tu padre reposa
bajo una cruz,
¿dónde dejarás tus huesos?
Responde tú.

Ah desdichado, responde,
responde tú,
¿dónde hallarás verde y verde,
azul y azul,
palma y palma bajo el cielo?
Responde tú.

EL GRAN ZOO

GUITARRA

Fueron a cazar guitarras
bajo la luna llena.
Y trajeron ésta,
pálida, fina, esbelta,
ojos de inagotable mulata,
cintura de abierta madera.
Es joven, apenas vuela.
Pero ya canta
cuando oye en otras jaulas
aletear sones y coplas.
Los sonesombres y las coplasolas.
Hay en su jaula esta inscripción:

«Cuidado: sueña».

RELOJ

Quiróptero
de una paciencia extraordinaria
no exenta de crueldad,
sobre todo
con los ajedrecistas y los novios.

Sin embargo,
es cordial a las 3 menos 1/4
tanto como a las 9 y 15, los únicos momentos
en que estaría dispuesto a darnos un abrazo.

CARLOS PELLICER
[MEXICO, 1899-1977]

«TRÓPICO, para qué me diste / las manos llenas de color. / Todo lo que yo toque / se llenará de sol», escribía Carlos Pellicer en uno de sus primeros libros: prefiguración poética que se realizará en gran parte —y quizás la mejor— de su obra. Poesía abierta al esplendor del mundo y a la magia de lo cotidiano, capaz de registrar los más diversos espacios, la suya supo igualmente aligerar —darle aire— al lenguaje: hacer de éste un júbilo y una fiesta. Quizás por ello, y situándolo en el contexto mexicano, Octavio Paz lo llamó «nuestro primer poeta realmente *moderno*». Modernidad: término equívoco; acá tiene una significación muy precisa. Añade Paz: cuando otros poetas mexicanos se demoraban en la retórica de González Martínez o del moribundo simbolismo francés: «Pellicer echa a volar sus primeras y memorables imágenes, con la alegría de aquel que regresa a su tierra con pájaros nunca vistos». Aun dentro de los poetas de su propia generación (Villaurrutia, Gorostiza), Pellicer encarna un nuevo estilo: no la poesía del pensamiento que se piensa, de la mirada que se mira mirar; no la poesía de la soledad y el debate de la conciencia consigo misma o con el lenguaje, sino la que se propone como una aventura de los sentidos, como una vasta imaginería del entusiasmo. Es cierto que existe toda una corriente religiosa en su obra (Pellicer es también un espíritu profundamente católico); igualmente se evidencia en ella el gusto por lo épico y la entonación heroica. Pero ni la metafísica ni la ideología historicista son sus fuertes; la primera se resuelve, en él, en una exultante fe (sin excluir el desgarramiento interior); la segunda, en generosidad. Pellicer no es un poeta problemático. Poeta sensorial, aunque no simplemente sensual; visual, aunque no simplemente descriptivo. Logró formular una nueva visión del paisaje: lo hace cuerpo, irradiación de objetos, y no mera transposición de estados de ánimo. Para expresarlo de manera tal vez más adecuada: Pellicer compone plásticamente sus paisajes, tiene el tacto del pintor para organizar sus volúmenes verbales, para distribuir con sabiduría el color; posee, a un tiempo, el don del conjunto y del fragmento, del dinamismo y de lo instantáneo. La luminosidad de su poesía no es sólo pictórica; irradia también del humor, de los juegos del espíritu. En uno y otro caso se nos presenta como una sutil irreverencia (una crítica, por supuesto) ante la falsa gravedad, la estulticia y la aridez de la sociedad —la historia contemporánea. «Entre el puñado de grandes poetas que han ido haciendo habitable el continente —dice Gabriel Zaid—, Carlos Pellicer es el más animoso. Le ha puesto casa a la alegría, y nos invita a avanzar, a la confianza creadora sin la cual no se extiende el reino del hombre».

BIBLIOGRAFIA

OBRA POETICA

Colores en el mar y otros poemas (1921); *6, 7 poemas* (1924); *Piedra de sacrificios* (1924); *Hora y 20* (1927); *Camino* (1929); *Hora de junio* (1937); *Exágonos* (1941); *Recinto y otras imágenes* (1941); *Subordinaciones* (1949); *Práctica de vuelo* (1956); *Con palabras y fuego* (1963); *Teotihuacán, y 13 de agosto: ruina de Tenochtitlán* (1965); *Cosillas para el nacimiento* (póstumo, 1978); *Reincidencias* (póstumo, 1978); *Material poético* (1918-1961) (México, Universidad Nacional Autónoma, 1962). *Primera antología poética* (Selección de Guillermo Fernández. Prólogos de José Alvarado, Gabriel Zaid y Guillermo Fernández. México, Fondo de Cultura Económica [Colección Popular] 1969), *Obras* (poesía) (México, Fondo de Cultura Económica [Colección Letras Mexicanas], 1981).

ESTUDIOS CRITICOS

Frank N. Dauster: «Aspectos del paisaje en la poesía de Carlos Pellicer», en *Ensayos sobre poesía mexicana (Asedio a los Contemporáneos)*. México, 1963.
Eugenio Montejo: «En torno al primer Pellicer» en *El Taller Blanco*, Caracas, Fundarte, 1983.
Octavio Paz: «La poesía de Carlos Pellicer», en *Las peras del olmo*. México, UNAM, 1957 (nuevas ediciones: Barcelona, Seix Barral, 1971, 1974).

Luis Rius: «El Material Poético (1918-1961) de Carlos Pellicer», en *Cuadernos Americanos*. México, XXI, Nº 5, 1962.

Gabriel Zaid: «Homenaje a la alegría», en *Leer poesía*. México, Mortiz, 1972.

Varios: «Carlos Pellicer 'El vuelo de más largo horizonte'», en *La vida literaria*, México, Nos. 25-26 (Segunda época), marzo-junio 1977. (Edición Homenaje a Pellicer dirigida por Marco Antonio Montes de Oca).

COLORES EN EL MAR Y OTROS POEMAS

ESTUDIO

A Pedro Henríquez Ureña

Jugaré con las casas de Curazao,
pondré el mar a la izquierda
y haré más puentes movedizos.
¡Lo que diga el poeta!
Estamos en Holanda y en América
y es una isla de juguetería,
con decretos de reina
y ventanas y puertas de alegría.
Con las cuerdas de la lira
y los pañuelos del viaje,
haremos velas para los botes
que no van a ninguna parte.
La casa del gobierno es demasiado pequeña
para una familia holandesa.
Por la tarde vendrá Claude Monet
a comer cosas azules y eléctricas.
Y por esa callejuela sospechosa
haremos pasar la Ronda de Rembrandt.
...¡pásame el puerto de Curazao!
　isla de juguetería,
　con decretos de reina
　y ventanas y puertas de alegría.

RECUERDOS DE IZA
(Un pueblecito de los Andes)

1　Creeríase que la población,
　después de recorrer el valle,
　perdió la razón
　y se trazó una sola calle.

2   Y así bajo la cordillera
    se apostó febrilmente como la primavera.

3   En sus ventas el alcohol
    está mezclado con sol.

4   Sus mujeres y sus flores
    hablan el dialecto de los colores.

5   Y el riachuelo que corre como un caballo,
    arrastra las gallinas en febrero y en mayo.

6   Pasan por la acera
    lo mismo el cura, que la vaca y que la luz postrera.

7   Aquí no suceden cosas
    de mayor trascendencia que las rosas.

8   Como amenaza lluvia,
    se ha vuelto morena la tarde que era rubia.

9   Parece que la brisa
    estrena un perfume y un nuevo giro.

10 Un cantar me despliega una sonrisa
    y me hunde un suspiro.

6, 7 POEMAS

DESEOS

A Salvador Novo

Trópico, para qué me diste
las manos llenas de color.

Todo lo que yo toque
se llenará de sol.
En las tardes sutiles de otras tierras
pasaré con mis ruidos de vidrio tornasol.
Déjame un solo instante
dejar de ser grito y color.

Déjame un solo instante
cambiar de clima el corazón,
beber la penumbra de una cosa desierta,
inclinarme en silencio sobre un remoto balcón,
ahondarme en el manto de pliegues finos,
dispersarme en la orilla de una suave devoción,
acariciar dulcemente las cabelleras lacias
y escribir con un lápiz muy fino mi meditación.
¡Oh, dejar de ser un solo instante
el Ayudante de Campo del sol!
¡Trópico, para qué me diste
las manos llenas de color!

SEGADOR

A José Vasconcelos

El segador, con pausas de música,
segaba la tarde.
Su hoz es tan fina,
que siega las dulces espigas y siega la tarde.

Segador que en dorados niveles camina
con su ruido afilado,
derrotando las finas alturas de oro
echa abajo también el ocaso.

Segaba las claras espigas.
Su pausa era música.
Su sombra alargaba la tarde.

En los ojos traía un lucero
que a veces
brincaba por todo el paisaje.
La hoz afilada tan fino
segaba lo mismo
la espiga que el último sol de la tarde.

NOCTURNO

No tengo tiempo de mirar las cosas
como yo lo deseo.
Se me escurren sobre la mirada
y todo lo que veo
son esquinas profundas rotuladas con radio
donde leo la ciudad para no perder tiempo.
Esta obligada prisa que inexorablemente
quiere entregarme el mundo con un dato pequeño.
¡Este mirar urgente y esta voz en sonrisa
para un joven que sabe morir por cada sueño!
No tengo tiempo de mirar las cosas,
casi las adivino.
Una sabiduría ingénita y celosa
me da miradas previas y repentinos trinos.
Vivo en doradas márgenes; ignoro el central gozo
de las cosas. Desdoblo siglos de oro en mi ser.
Y acelerando rachas —quilla o ala de oro—,
repongo el dulce tiempo que nunca he de tener.

HORA Y 20

GRUPOS DE PALOMAS

A la Sra. Lupe Medina de Ortega

1
Los grupos de palomas,
notas, claves, silencios, alteraciones,

modifican el ritmo de la loma.
La que se sabe tornasol afina
las ruedas luminosas de su cuello
con mirar hacia atrás a su vecina.
Le da al sol la mirada
y escurre en una sola pincelada
plan de vuelos a nubes campesinas.

2

La gris es una joven extranjera
cuyas ropas de viaje
dan aire de sorpresas al paisaje
sin compradoras y sin primaveras.

3

Hay una casi negra
que bebe astillas de agua en una piedra.
Después se pule el pico,
mira sus uñas, ve las de las otras,
abre un ala y la cierra, tira un brinco
y se para debajo de las rosas.
El fotógrafo dice:
para el jueves, señora.
Un palomo amontona sus *erres* cabeceadas,
y ella busca alfileres
en el suelo que brilla por nada.
Los grupos de palomas
—notas, claves, silencios, alteraciones—
modifican lugares de la loma.

4

La inevitablemente blanca
sabe su perfección. Bebe en la fuente
y se bebe a sí misma y se adelgaza
cual un poco de brisa en una lente
que recoge el paisaje.
Es una simpleza
cerca del agua. Inclina la cabeza

con tal dulzura,
que la escritura desfallece
en una serie de sílabas maduras.

5

Corre un automóvil y las palomas vuelan.
En la aritmética del vuelo,
los *ochos* árabes desdóblanse
y la suma es impar. Se mueve el cielo
y la casa se vuelve redonda.
Un viraje profundo.
Regresan las palomas.
Notas. Claves. Silencios. Alteraciones.
El lápiz se descubre, se inclinan las lomas
y por 20 centavos se cantan las canciones.

ESTUDIOS

I

Relojes descompuestos,
         voluntarios caminos
sobre la música del tiempo.
         Hora y veinte.
Gracias a vuestro
paso
lento,
llego a las citas mucho después
y así me doy todo a las máquinas
gigantescas y translúcidas del silencio.

II

Diez kilómetros sobre la vía
de un tren retrasado.
El paisaje crece
dividido de telegramas.
Las noticias van a tener tiempo
de cambiar de camisa.

La juventud se prolonga diez minutos,
el ojo caza tres sonrisas.
Kilo de panoramas
pagado con el tiempo
que se gana perdiendo.

III
Las horas se adelgazan;
de una salen diez.
Es el trópico,
prodigioso y funesto.
Nadie sabe qué hora es.

No hay tiempo para el tiempo.
La sed es labia cantadora
sobre ese oasis enorme,
deslumbrante y desierto.
Sueño. Desnudez. Aguas sensuales.
Las ceibas alzan músculos. Nacen tres mil cedros.
Algo ocurre: que hay un árbol demasiado joven
para figurar en un paisaje
tan importante.
Tristeza.
Siempre grande, noble y nueva.
Los relojes se atrasan,
se perfecciona la pereza.
Las palmeras son primas de los sauces.
El caimán es un perro aplastado.
Las garzas inmovilizan el tiempo.
El sol madura entre los cuernos
del venado.
La serpiente
se suma veinte veces.
La tarde es un amanecer nuevo y más largo.
En una barca de caoba,
desnudo y negro,
baja por el río Quetzalcóatl.
Lleva su cuaderno de épocas.

Viene de Palenque.
Sus ojos verdes brillan; sus brazos son hermosos;
le sigue un astro, y se pierde.
Es el trópico.

La frente cae como un fruto
sobre la mano fina y estéril.
Y el alma vuela.
Y en una línea nueva de la garza,
renace el tiempo,
lento, fecundo, ocioso,
creado para soñar y ser perfecto.

CAMINO

POEMA ELEMENTAL

A Rafael Cabrera

EL AIRE
El aire es transparente
cual el silencio en una lectura prodigiosa.
Y funde la cera voluptuosa
del mediodía,
y es una rosa
de caminos estelares,
un fruto diáfano, una sombra divina
que acerca espíritus y mares,
pájaros y naranjas,
nube más piedras tórridas y palabras marinas.
El aire es translúcido
como el saludo de los amantes
en los grupos cordiales.
Alía en arcos invisibles
la palabra olvidada, las augustas señales
y las manos de la danza fúnebre

que antes saludaron a la primavera.
El aire me persuade de tu ausencia, ¡oh amor!
Aire, fino-aire, largo-aire-lira, aire-cera.

EL AGUA
Aguas horizontales
con hombres y peces y nubes.
Aguas azules y verdes,
espacio palpitante,
atmósfera del paraíso submarino
cuyas medusas arcangélicas
mudan ojos y manos en huertos coralinos.
Aguas reales del viaje fabuloso
manchadas como tigres por las guerras.
Aguas víctimas o insaciables en la sed de la tierra;
sorbo de sed, aguas vírgenes.
Una gota de agua
salvó la última espiga del sembrado
o hizo temblar el dorso de Susana
entre las barbas bíblicas del baño.
Agua del nadador que la divide
y la vuelve laurel o vida nueva.
En las tinajas familiares
el agua se hace negra
de silencio y frescor. Y el ritmo de los mares
vira el buque ladrón que halló en las islas fiestas.
Aguas verticales, horizontal, cerámica y primera.

EL FUEGO
Sobre la yema de los dedos
se sostiene la noche
aérea y enorme.
El espíritu reposa en el seno
del vasto paisaje astronómico.
Amarra el mar su puerto traficante de estrellas
y el aire es el pulmón lleno
sobre las máquinas minerales de la tierra.
Es la noche clarísima diálogo universal.

Pulsos de fiebre imponen la voz negra INFINITO
que se quema en los labios del eterno deseo sideral.
El cielo gira ágilmente
sobre el convoy de ceros de las cifras humanas
y hace estallar el horizonte de las hormigas
con un tiro de bólido
que aventura en el alma una sombra de augustas palabras.
Fuego a velocidades por los íntimos tactos,
fuego de sacras catástrofes,
fuego en el magno silencio empuñado de voces flamígeras,
aire quemado en los hornos de vidrio del mar.

Sobre la yema de los dedos
se sostiene la noche
aérea y enorme.

LA TIERRA
El mediodía se derrite.
Huele a cabras y a espuma de mar.
El pie dejó su sombra en el camino
y va a danzar.
La tierra da su sangre para la humana sangre;
la festival y sepulcral, la tierra viva,
base del pie, ímpetu de ala, ansia de naves,
la tierra feliz, tan bella como la tierra maldita.

El mar que la enamora
y el aire que la ve desnuda,
juntan las cejas triples cuando la antigua aurora
une en acto fecundo tierra y fuego.
¡Tierra! Voz marítima,
límite y ambición, próspero grano,
heroína y cerámica.
La azuleen los kilómetros o la palpen las manos
está llena de odio, de amor y de esperanza.
Por disfrutarte
Alejandro discóbolo siente el aire de Brahma.
Por ayudar a poseerte

Leonardo enflaquece en el castillo de Milán.
Te coronaron de águilas y plantas militares,
a ti, buena tierra campesina
que hueles a cabra y a espuma de mar.

LA MUERTE
Semejante a la sombra de Dios
circula entre nosotros imponderable y fecunda.
Es el sagrado elemento, el fluido del tránsito,
la inmensa fe muda.
Semejante a la sombra de Dios
que vigila la tierra y el fuego y el aire y el mar,
trae el orden que disminuye y aumenta,
la resta y la suma total.
Semejante a la sombra de Dios
es bella por indudable e invisible.
La fe de su esperanza embellece un instante
el juramento del amor.
Semejante a la sombra de Dios
se esparce en el pensamiento
y nos domina sin nombrarla nunca,
y seca las llagas, y en el sueño
amontona la nada, cosa aérea y ruda.
Semejante a la sombra de Dios
hiere a la guerra con la paz sañuda
de las altas venganzas.
Salúdala, cazador de los trópicos,
y tú, capitán del submarino,
y tú, que no buscas lo que alcanzas,
hombre divino.
Salúdala, pueblo de súplicas
que te despierta el sol y te salpica el mar.
(Sacude un vasto aliento el corazón del aire
que funde estrellas, fecunda voces y va en un largo dar).

ENVIO
Elemental, la mano enriquecida
rayó el agua al diamante y echó al fuego
del poema, las fuerzas de la vida.

Salvó la muerte el fruto de la aurora,
y el pie fino del bosque
redondea su falda bailadora.

El canto sube y en el alma ondea
la sensación del baño en una ola
que adelgaza los visos de la arena.

Liberándola de alas y cadenas
quedó a la orilla de una mar hermosa,
la boca grave y la visión serena.

Porque dijo los nombres de las cosas
que azogan el espejo de la vida,
elemental la mano enriquecida
que pesa aire por perlas y por danzas el fuego,
te saluda y envía.

HORA DE JUNIO

HORAS DE JUNIO

Vuelvo a ti, soledad, agua vacía,
agua de mis imágenes, tan muerta,
nube de mis palabras, tan desierta,
noche de la indecible poesía.

Por ti la misma sangre —tuya y mía—
corre el alma de nadie siempre abierta.
Por ti la angustia es sombra de la puerta
que no se abre de noche ni de día.

Sigo la infancia en tu prisión, y el juego
que alterna muertes y resurrecciones
de una imagen a otra vive ciego.

Claman el viento, el sol y el mar del viaje.
Yo devoro mis propios corazones
y juego con los ojos del paisaje.

Junio me dio la voz, la silenciosa
música de callar un sentimiento.
Junio se lleva ahora como el viento
la esperanza más dulce y espaciosa.

Yo saqué de mi voz la limpia rosa,
única rosa eterna del momento.
No la tomó el amor, la llevó el viento
y el alma inútilmente fue gozosa.

Al año de morir todos los días
los frutos de mi voz dijeron tanto
y tan calladamente, que unos días

vivieron a la sombra de aquel canto.
(Aquí la voz se quiebra y el espanto
de tanta soledad llena los días).

Hoy hace un año, Junio, que nos viste,
desconocidos, juntos, un instante.
Llévame a ese momento de diamante
que tú en un año has vuelto perla triste.

Alzame hasta la nube que ya existe,
líbrame de las nubes, adelante.
Haz que la nube sea el buen instante
que hoy cumple un año, Junio, que me diste.

Yo pasaré la noche junto al cielo
para escoger la nube, la primera
nube que salga del sueño, del cielo,

del mar, del pensamiento, de la hora,
de la única hora que me espera.
¡Nube de mis palabras, protectora!

PRACTICA DE VUELO

SONETOS POSTREROS

Mi voluntad de ser no tiene cielo;
sólo mira hacia abajo y sin mirada.
¿Luz de la tarde o de la madrugada?
Mi voluntad de ser no tiene cielo.

Ni la penumbra de un hermoso duelo
ennoblece mi carne afortunada.
Vida de estatua, muerte inhabitada
sin la jardinería de un anhelo.

Un dormir sin soñar calla y sombrea
el prodigioso imperio de mis ojos
reducido a los grises de una aldea.

Sin la ausencia presente de un pañuelo
se van los días en pobres manojos.
Mi voluntad de ser no tiene cielo.

Esta barca sin remos es la mía.
Al viento, al viento, al viento solamente
le ha entregado su rumbo, su indolente
desolación de estéril lejanía.

Todo ha perdido ya su jerarquía.
Estoy lleno de nada y bajo el puente
tan sólo el lodazal, la malviviente
ruina del agua y de su platería.

Todos se van o vienen. Yo me quedo
a lo que dé el perder valor y miedo.
¡Al viento, al viento, a lo que el viento quiera!

Un mar sin honra y sin piratería,
excelsitudes de un azul cualquiera
y esta barca sin remos que es la mía.

MATERIAL POETICO

HE OLVIDADO MI NOMBRE

He olvidado mi nombre.
Todo será posible menos llamarse Carlos.
¿Y dónde habrá quedado?
¿En manos de qué algo habrá quedado?
Estoy entre la noche desnudo como un baño
listo y que nadie usa por no ser el primero
en revolver el mármol de un agua tan estricta
que fuera uno a parar en estatua de aseo.

Al olvidar mi nombre siento comodidades
de lluvia en un paraje donde nunca ha llovido.
Una presencia lluvia con paisaje
y un profundo entonar el olvido.

¿Qué hará mi nombre,
en dónde habrá quedado?

Siento que un territorio parecido a Tabasco
me lleva entre sus ríos inaugurando bosques,
unos bosques tan jóvenes que da pena escucharlos
deletreando los nombres de los pájaros.

Son ríos que se bañan cuando lo anochecido
de todas las palabras siembra la confusión
y la desnudez del sueño está dormida
sobre los nombres íntimos de lo que fue una flor.

Y yo sin nombre y solo con mi cuerpo sin nombre
llamándole amarillo al azul y amarillo
a lo que nunca puede jamás ser amarillo;
feliz, desconocido de todos los colores.

¿A qué fruto sin árbol le habré dado mi nombre
con este olvido lívido de tan feliz memoria?
En el Tabasco nuevo de un jaguar despertado

por los antiguos pájaros que enseñaron al día
a ponerse la voz igual que una sortija
de frente y de canto.

Jaguar que está en Tabasco y estrena desnudez
y se queda mirando los trajes de la selva,
con una gran penumbra de pereza y desdén.

Por nacer en Tabasco cubro de cercanías
húmedas y vitales el olvido a mi nombre
y otra vez terrenal y nuevo paraíso
mi cuerpo bien herido toda mi sangre corre.

Correr y ya sin nombre y estrenando hojarascas
de siglos.
Correr feliz, feliz de no reconocerse
al invadir las islas de un viaje arena y tibio.
He perdido mi nombre.
¿En qué jirón de bosque habrá quedado?

¿Qué corazón del río lo tendrá como un pez,
sano y salvo?

Me matarán de hambre la aurora y el crepúsculo.
Un pan caliente —el Sol— me dará al mediodía.
Yo era siete y setenta y ahora sólo uno,
uno que vale uno de cerca y lejanía.

El bien bañado río todo desnudo y fuerte,
sin nombre de colores ni de cantos.
Defendido del Sol con la hoja de tóh.
Todo será posible menos llamarse Carlos.

JOSE GOROSTIZA
[MEXICO, 1901-1973]

COMO OTROS POETAS mexicanos de este período (C. Pellicer, X. Villaurrutia, Torres Bodet, Ortiz de Montellano), José Gorostiza perteneció al grupo de la revista *Contemporáneos* (1928-1931): después de López Velarde y José Juan Tablada —los verdaderos renovadores de la poesía de su país—, lejos del «estridentismo» vanguardista de un Manuel Maples Arce. Dentro de ese grupo, ocupa un sitio central, quizás también el más singular. En la historia de la poesía —se sabe—, hay autores de un solo libro. Gorostiza es sobre todo el autor de un solo gran poema: *Muerte sin fin* (1939). No se trata, por supuesto, de rebajar el valor del resto de su obra; por el contrario, las «canciones» de su primer libro, así como los textos (entre ellos unos espléndidos sonetos) de su última producción, tienen valor en sí mismos: la pureza y la inteligencia del idioma. Pero todos —primeros o últimos textos— giran en torno de *Muerte sin fin*: allí adquieren su última significación. En efecto, *Muerte sin fin* es un poema con exigencias tan absolutas, que, luego de leído, el lector se pregunta si Gorostiza podía haber escrito después, o si pudo haber escrito algo antes. Lo primero fue cierto en gran medida: Gorostiza no *se repitió* y, si no optó por el total silencio, lo que publicó posteriormente lo recogió bajo el título *Del poema frustrado*: ¿no es revelador? Lo segundo es también verdad: aun el encantamiento de sus «canciones» parecía tender a un rigor más intelectual. Es esto lo que se produce en *Muerte sin fin*: el poema no sobre lo conocido o visto, sino sobre el conocer o la mirada. Su tema profundo: ¿cómo fijar el mundo en palabras, si las palabras no son el mundo?, ¿cómo dar cohesión a la diversidad sensible de lo real —sin que ésta pierda su viva inmediatez—, sino a través del lenguaje que no hace más que congelar las cosas en signos?, ¿cómo, entonces, el hombre puede vivir sin unidad, sin centro? Poema problemático, por tanto; casi sin solución. Lo irresoluble de estas preguntas no conduce, sin embargo, a una forma más de pesimismo: había que formularlas para esclarecer la posición del hombre en el mundo. Por ello, *Muerte sin fin* es la negación que afirma: de ahí la severa perfección de sus formas. Cuando se comprenda que un poema es un cuerpo orgánico —decía Lezama Lima—, se apreciará que el poema de Gorostiza, como *Primer Sueño* de Sor Juana Inés de la Cruz, es una ganancia a la muerte: la conquista de la lucidez.

La lucidez: eso es lo que caracteriza toda la obra de este poeta. ¿Qué significa la lucidez? El propio Gorostiza lo ha explicado: buscar un mundo que finalmente sea regido por el esplendor de las formas. En algunos pasajes de su *Prosa* (México, Universidad de Guanajuato, 1969), con clarividencia a medio camino entre el escepticismo y el optimismo, lo ha propuesto así:

> Me gusta pensar en la poesía no como en un suceso que ocurre dentro del hombre y es inherente a él, a su naturaleza humana, sino más bien como en algo que tuviese una existencia propia en el mundo exterior.
>
> *
>
> La poesía es una especulación, un juego de espejos, en el que las palabras, puestas unas frente a otras, se reflejan unas a otras hasta lo infinito y se recomponen en un mundo de puras imágenes donde el poeta se adueña de los poderes escondidos y establece contacto con aquél o aquello que está más allá.

BIBLIOGRAFIA

OBRA POETICA

Canciones para cantar en las barcas (1925); *Muerte sin fin* (1939; 2ª edición con prólogo de Octavio Paz); *Del poema frustrado* (incluido en *Poesía*), *Poesía* (obra poética completa) (México. Fondo de Cultura Económica, 1964).

ESTUDIOS CRITICOS

Andrew Debicki: *La poesía de José Gorostiza*. México, Ediciones Andrea, 1962.
Octavio Paz: «Muerte sin fin», en *Las peras del olmo*. México, UNAM, 1957.

Mordecai S. Rubin: *Una poética moderna («Muerte sin fin de J.G. Análisis y comentario»)*. Alabama, University of Alabama, 1966.

Ramón Xirau: «Tres calas en la reflexión poética: Sor Juana, Gorostiza, Paz», en *Poetas de México y España*. Madrid, Ediciones Porrúa, 1962.

«Muerte sin fin: o del poema-objeto», en *Poesía iberoamericana contemporánea*. México, Sep/Setentas, 1972.

CANCIONES
PARA CANTAR EN LAS BARCAS

PAUSAS Nº I

¡El mar, el mar!
Dentro de mí lo siento.
Ya sólo de pensar
en él, tan mío,
tiene un sabor de sal mi pensamiento.

PAUSAS Nº II

No canta el grillo. Ritma
la música
de una estrella.

Mide
las pausas luminosas
con su reloj de arena.

Traza
sus órbitas de oro
en la desolación etérea.

La buena gente piensa
—sin embargo—
que canta una cajita
de música en la hierba.

DEL POEMA FRUSTRADO

ESPEJO NO

Espejo no: marea luminosa,
marea blanca.

Conforme en todo al movimiento
con que respira el agua

¡cómo se inflama en su delgada prisa,
marea alta

y alumbra —qué pureza de contornos,
qué piel de flor— la distancia,

desnuda ya de peso,
ya de eminente claridad helada!

Conforme en todo a la molicie
con que reposa el agua,

¡cómo se vuelve hondura, hondura,
marea baja,

y más cristal que luz, más ojo,
intenta una mirada

en la que —espectros de color— las formas,
las claras, bellas, mal heridas, sangran!

PRESENCIA Y FUGA

II

Te contienes, oh Forma, en el suntuoso
muro que opones de encarnada espuma
al oscuro apetito de la bruma
y al tacto que te erige luminoso.

Dueña así de un dinámico reposo,
marchas igual a tu perfecta suma
ay, como un sol, sin que el andar consuma
ni el eco mismo de tu pie moroso.

¡Isla del cielo, viva, en las mortales
congojas de tus bellos litorales!
Igual a ti, si fiel a tu diseño,

colmas el cauce de tu ausencia fría;
igual, si emanas de otra tú, la mía,
que nace a sus insomnios en mi sueño.

III

Tu destrucción se gesta en la codicia
de esta sed, toda tacto, asoladora,
que deshecha, no viva, te atesora
en el nimio caudal de la noticia.

Te miro ya morir en la caricia
de tus ecos, en esa ardiente flora
que, nacida en tu ausencia, la devora
para mentir la luz de tu delicia.

Pues no eres tú, fluente, a ti anudada.
Es belleza, no más, desgobernada
que en ti porque la asumes se consuma.

Es tu muerte, no más, que se adelanta,
que al habitar tu huella te suplanta
con audaces resúmenes de espuma.

MUERTE SIN FIN
(Fragmentos)

LLENO de mí, sitiado en mi epidermis
por un dios inasible que me ahoga,
mentido acaso
por su radiante atmósfera de luces
que oculta mi conciencia derramada,
mis alas rotas en esquirlas de aire,

mi torpe andar a tientas por el lodo;
lleno de mí —ahíto— me descubro
en la imagen atónita del agua,
que tan sólo es un tumbo inmarcesible,
un desplome de ángeles caídos
a la delicia intacta de su peso,
que nada tiene
sino la cara en blanco
hundida a medias, ya, como una risa agónica,
en las tenues holandas de la nube
y en los funestos cánticos del mar
—más resabio de sal o albor de cúmulo
que sola prisa de acosada espuma.
No obstante —oh paradoja— constreñida
por el rigor del vaso que la aclara,
el agua toma forma.
En él se asienta, ahonda y edifica,
cumple una edad amarga de silencios
y un reposo gentil de muerte niña,
sonriente, que desflora
un más allá de pájaros
en desbandada.
En la red de cristal que la estrangula,
allí, como en el agua de un espejo,
se reconoce;
atada allí, gota con gota,
marchito el tropo de espuma en la garganta
¡qué desnudez de agua tan intensa,
qué agua tan agua,
está en su orbe tornasol soñando,
cantando ya una sed de hielo justo!
¡Mas qué vaso —también— más providente
éste que así se hinche
como una estrella en grano,
que así, en heroica promisión, se enciende
como un seno habitado por la dicha,
y rinde así, puntual,
una rotunda flor

de transparencia al agua,
un ojo proyectil que cobra alturas
y una ventana a gritos luminosos
sobre esa libertad enardecida
que se agobia de cándidas prisiones!

¡MAS QUE VASO —también— más providente!
Tal vez esta oquedad que nos estrecha
en islas de monólogos sin eco,
aunque se llama Dios,
no sea sino un vaso
que nos amolda el alma perdidiza,
pero que acaso el alma sólo advierte
en una transparencia acumulada
que tiñe la noción de El, de azul.
El mismo Dios,
en sus presencias tímidas,
ha de gastar la tez azul
y una clara inocencia imponderable,
oculta al ojo, pero fresca al tacto,
como este mar fantasma en que respiran
—peces del aire altísimo—
los hombres.
¡Sí, es azul! ¡Tiene que ser azul!
Un coagulado azul de lontananza,
un circundante amor de la criatura,
en donde el ojo de agua de su cuerpo
que mana en lentas ondas de estatura
entre fiebres y llagas;
en donde el río hostil de su conciencia
¡agua fofa, mordiente, que se tira,
ay, incapaz de cohesión al suelo!
en donde el brusco andar de la criatura
amortigua su enojo,
se redondea
como una cifra generosa,
se pone en pie, veraz, como una estatua.
¿Qué puede ser —si no— si un vaso no?

Un minuto quizá que se enardece
hasta la incandescencia,
que alarga el arrebato de su brasa,
ay, tanto más hacia lo eterno mínimo
cuanto es más hondo el tiempo que lo colma.
Un cóncavo minuto del espíritu
que una noche impensada,
al azar
y en cualquier escenario irrelevante
—en el terco repaso de la acera,
en el bar, entre dos amargas copas
o en las cumbres peladas del insomnio—
ocurre, nada más, madura, cae
sencillamente,
como la edad, el fruto y la catástrofe.
¿También —mejor que un lecho— para el agua
no es un vaso el minuto incandescente
de su maduración?
Es el tiempo de Dios que aflora un día,
que cae, nada más, madura, ocurre,
para tornar mañana por sorpresa
en un estéril repetirse inédito,
como el de esas eléctricas palabras
—nunca aprehendidas,
siempre nuestras—
que eluden el amor de la memoria,
pero que a cada instante nos sonríen
desde sus claros huecos
en nuestras propias frases despobladas.
Es un vaso de tiempo que nos iza
en sus azules botareles de aire
y nos pone su máscara grandiosa,
ay, tan perfecta,
que no difiere un rasgo de nosotros.
Pero en las zonas ínfimas del ojo,
en su nimio saber,
no ocurre nada, no, sólo esta luz,
esta febril diafanidad tirante,

hecha toda de pura exaltación,
que a través de su nítida substancia
nos permite mirar,
sin verlo a El, a Dios,
lo que detrás de El anda escondido:
el tintero, la silla, el calendario
—¡todo a voces azules el secreto
de su infantil mecánica!—
en el instante mismo que se empeñan
en el tortuoso afán del universo.

¡OH INTELIGENCIA, soledad en llamas,
que todo lo concibe sin crearlo!
Finge el calor del lodo,
su emoción de substancia adolorida,
el iracundo amor que lo embellece
y lo encumbra más allá de las alas
a donde sólo el ritmo
de los luceros llora,
mas no le infunde el soplo que lo pone en pie
y permanece recreándose en sí misma,
única en El, inmaculada, sola en El,
reticencia indecible,
amoroso temor de la materia,
angélico egoísmo que se escapa
como un grito de júbilo sobre la muerte
—¡oh inteligencia, páramo de espejos!
helada emanación de rosas pétreas
en la cumbre de un tiempo paralítico;
pulso sellado;
como una red de arterias temblorosas,
hermético sistema de eslabones
que apenas se apresura o se retarda
según la intensidad de su deleite;
abstinencia angustiosa
que presume el dolor y no lo crea,
que escucha ya en la estepa de sus tímpanos
retumbar el gemido del lenguaje

y no lo emite;
que nada más absorbe las esencias
y se mantiene así, rencor sañudo,
una, exquisita, con su dios estéril,
sin alzar entre ambos
la sorda pesadumbre de la carne,
sin admitir en su unidad perfecta
el escarnio brutal de esa discordia
que nutren vida y muerte inconciliables,
siguiéndose una a otra
como el día y la noche
una y otra acampadas en la célula
como en un tardo tiempo de crepúsculo,
ay, una nada más, estéril, agria,
con El, conmigo, con nosotros tres;
como el vaso y el agua, sólo una
que reconcentra su silencio blanco
en la orilla letal de la palabra
y en la inminencia misma de la sangre.
                    ¡ALELUYA, ALELUYA!

EN EL rigor del vaso que la aclara,
el agua toma forma
—ciertamente.
Trae una sed de siglos en los belfos,.
una sed fría, en punta, que ara cauces
en el sueño moroso de la tierra,
que perfora sus miembros florecidos,
como una sangre cáustica,
incendiándolos, ay, abriendo en ellos
desapacibles úlceras de insomnio.
Más amor que sed; más que amor, idolatría,
dispersión de criatura estupefacta
ante el fulgor que blande
—germen del trueno olímpico— la forma
en sus netos contornos fascinados.
¡Idolatría, sí, idolatría!
Mas no le basta el ser un puro salmo,

un ardoroso incienso de sonido;
quiere, además, oírse.
Ni le basta tener sólo reflejos
—briznas de espuma
para el ala de luz que en ella anida;
quiere, además, un tálamo de sombra,
un ojo,
para mirar el ojo que la mira.
En el lago, en la charca, en el estanque,
en la entumida cuenca de la mano,
se consuma este rito de eslabones,
este enlace diabólico
que encadena el amor a su pecado.
En el nítido rostro sin facciones
el agua, poseída,
siente cuajar la máscara de espejos
que el dibujo del vaso le procura.
Ha encontrado, por fin,
en su correr sonámbulo,
una bella, puntual fisonomía.
Ya puede estar de pie frente a las cosas.
Ya es, ella también, aunque por arte
de estas limpias metáforas cruzadas,
un encendido vaso de figuras.
El camino, la barda, los castaños,
para durar el tiempo de una muerte
gratuita y prematura, pero bella,
ingresan por su impulso
en el suplicio de la imagen propia
y en medio del jardín, bajo las nubes,
descarnada lección de poesía,
instalan un infierno alucinante.

EN LA RED de cristal que la estrangula,
el agua toma forma,
la bebe, sí, en el módulo del vaso,
para que éste también se transfigure
con el temblor del agua estrangulada

que sigue allí, sin voz, marcando el pulso
glacial de la corriente.
Pero el vaso
—a su vez—
cede a la informe condición del agua
a fin de que —a su vez— la forma misma,
la forma en sí, que está en el duro vaso
sosteniendo el rencor de su dureza
y está en el agua de aguijada espuma
como presagio cierto de reposo,
se pueda sustraer al vaso de agua;
un instante, no más,
no más que el mínimo
perpetuo instante del quebranto,
cuando la forma en sí, la pura forma,
se abandona al designio de su muerte
y se deja arrastrar, nubes arriba,
por ese atormentado remolino
en que los seres todos se repliegan
hacia el sopor primero,
a construir el escenario de la nada.
Las estrellas entonces ennegrecen.
Han vuelto el dardo insomne
a la noche perfecta de su aljaba

* * *

Porque el hombre descubre en sus silencios
que su hermoso lenguaje se le agosta
en el minuto mismo del quebranto,
cuando los peces todos
que en cautelosas órbitas discurren
como estrellas de escamas, diminutas,
por la entumida noche submarina,
cuando los peces todos
y el ulises salmón de los regresos
y el delfín apolíneo, pez de dioses,
deshacen su camino hacia las algas;

cuando el tigre que huella
la castidad del musgo
con secretas pisadas de resorte
y el bóreas de los ciervos presurosos
y el cordero Luis XV, gemebundo,
y el león babilónico
que añora el alabastro de los frisos
—¡flores de sangre, eternas,
en el racimo inmemorial de las especies!—;
cuando todos inician el regreso
a sus mudos letargos vegetales;
cuando la aguda alondra se deslíe
en el agua del alba,
mientras las aves todas
y el solitario búho que medita
con su antifaz de fósforo en la sombra,
la golondrina de escritura hebrea
y el pequeño gorrión, hambre en la nieve,
mientras todas las aves se disipan
en la noche enroscada del reptil;
cuando todo —por fin— lo que anda o repta
y todo lo que vuela o nada, todo,
se encoge en un crujir de mariposas,
regresa a sus orígenes
y al origen fatal de sus orígenes,
hasta que su eco mismo se reinstala
en el primer silencio tenebroso.

* * *

Porque raro metal o piedra rara,
así como la roca escueta, lisa,
que figura castillos
con sólo naipes de aridez y escarcha,
y así la arena de arrugados pechos
y el humus maternal de entraña tibia,
ay, todo se consume
con un mohíno crepitar de gozo,

cuando la forma en sí, la forma pura,
se entrega a la delicia de su muerte
y en su sed de agotarla a grandes luces
apura en una llama
el aceite ritual de los sentidos,
que sin labios, sin dedos, sin retinas,
sí, paso a paso, muerte a muerte, locos,
se acogen a sus túmidas matrices,
mientras unos a otros se devoran
al animal, la planta
a la planta, la piedra
a la piedra, el fuego
al fuego, el mar
al mar, la nube
a la nube, el sol
hasta que todo este fecundo río
de enamorado semen que conjuga,
inaccesible al tedio,
el suntuoso caudal de su apetito,
no desemboca en sus entrañas mismas,
en el acre silencio de sus fuentes,
entre un fulgor de soles emboscados,
en donde nada es ni nada está,
donde el sueño no duele,
donde nada ni nadie, nunca, está muriendo
y solo ya, sobre las grandes aguas,
flota el Espíritu de Dios que gime
con un llanto más llanto aún que el llanto,
como si herido —¡ay, El también!— por un cabello
por el ojo en almendra de esa muerte
que emana de su boca,
hubiese al fin ahogado su palabra sangrienta.
                    ¡ALELUYA, ALELUYA!

¡TAN-TAN! ¿Quién es? Es el Diablo,
es una espesa fatiga
un ansia de trasponer
estas lindes enemigas,

este morir incesante,
tenaz, esta muerte viva,
¡oh Dios!, que te está matando
en tus hechuras estrictas,
en las rosas y en las piedras,
en las estrellas ariscas
y en la carne que se gasta
como una hoguera encendida,
por el canto, por el sueño,
por el color de la vista.

¡Tan-tan! ¿Quién es? Es el Diablo,
ay, una ciega alegría,
un hambre de consumir
el aire que se respira,
la boca, el ojo, la mano;
estas pungentes cosquillas
de disfrutarnos enteros
en solo un golpe de risa,
ay, esta muerte insultante,
procaz, que nos asesina
a distancia, desde el gusto
que tomamos en morirla,
por una taza de té,
por una apenas caricia.

¡Tan-tan! ¿Quién es? Es el Diablo,
es una muerte de hormigas
incansables, que pululan
¡oh Dios! sobre tus astillas,
que acaso te han muerto allá,
siglos de edades arriba,
sin advertirlo nosotros,
migajas, borra, cenizas
de ti, que sigues presente
como una estrella mentida
por su sola luz, por una
luz sin estrella, vacía,

que llega al mundo escondiendo
su catástrofe infinita.

(BAILE)

Desde mis ojos insomnes
mi muerte me está acechando,
me acecha, sí, me enamora
con su ojo lánguido.
¡Anda, putilla del rubor helado,
anda, vámonos al diablo!

XAVIER VILLAURRUTIA
[MEXICO, 1903-1950]

En 1927, en la revista *Ulises* —la primera de las tres que contribuyó a fundar y dirigir—, Xavier Villaurrutia definía la poesía como un «juego difícil, de ironía e inteligencia». Ese mismo año, igualmente en *Ulises*, publicaba «Poesía»: «Te forman las palabras / que salen del silencio / y del tanque de sueño en que me ahogo / hasta despertar», decía en ese poema. En ambos casos, lo que ya estaba formulando Villaurrutia, por primera vez, era la poética en que iba a desarrollarse lo mejor o lo más personal de su propia obra: la tensión entre opuestos, la dualidad que nunca se resuelve en síntesis, el movimiento del deseo y, simultáneamente, la inmovilidad de la mirada crítica («me estoy mirando mirarme por mil Argos»). De ahí que, para él, la poesía no podía ser sino un *juego difícil*: de *reflejos* (como el título de su primer libro), de espejos («en el juego angustioso de un espejo frente a otro / cae mi voz»), del desdoblamiento («soy el sueño de otro»), de la duermevela («sonámbulo, dormido y despierto a la vez»), del atroz vacío («no ser sino la estatua que despierta / en la alcoba de un mundo en el que todo ha muerto»). El tema del poeta es el sueño, pero es muy difícil abordarlo, reconocía Villaurrutia, y proponía esta alternativa: «O se le trata como los surrealistas lo hacen, o bien como un tema poético inventado o reinventado por el poeta lúcido, despierto». Si bien en su obra él parece optar por la segunda vía, habría que hacer esta aclaratoria: producto de la conciencia, su lucidez conduce igualmente al delirio. «El dormido despierto», llama Octavio Paz a Villaurrutia; en el verso que cierra su obra, éste escribía: «Despertar es morir. No me despiertes». Se trata, sin duda, de la paradoja en que se funda esta poesía. Como bien lo explica el propio Paz: el signo dominante en ella es la preposición *entre*. No la (in)versión del esto en lo otro, no el más allá del esto y lo otro, sino la oscilación entre ambos: entre el sueño y la vigilia, entre la vida y la muerte. La oscilación en lo inasible: el destierro. Así, bajo ese nexo que no logra unir o fusionar, Villaurrutia busca hacer de la muerte un amparo, un refugio, para darle sentido a la vida. *Nostalgia de la muerte*, ¿no es, justamente, el título de su libro central, que escribió entre 1929 y 1948? En uno de los últimos poemas de este libro, se esclarece la intención del título: «¿Y qué vida sería la de un hombre / que no hubiera sentido, por una vez siquiera, / la nostalgia precisa de la muerte, / y luego su recuerdo, / y luego su nostalgia?». Sólo que en el siguiente poema, Villaurrutia precisará cuál es su verdadero refugio: «la nada es mi patria lejana», «la nada en que no pasa nada». En ese mismo poema hay otra clave, quizá más decisiva: «La noche es mi madre, y mi hermana», dice Villaurrutia. ¿No es la noche, en última instancia, el gran tema de su poesía? Los sucesivos *Nocturnos* que constituyen las dos primeras partes de su libro central, evidentemente lo sugieren así. La noche, por supuesto, se relaciona con el sueño y la muerte, o, mejor, es la posibilidad de explorar en uno y en otra; con ella nace también el deseo, «la rosa increada, la sumergida rosa». Pero el deseo, en Villaurrutia, está connotado por lo que lo contradice («el hielo de mi cuerpo», «el corazón inmóvil como la llama») y, al contradecirlo, lo resuelve en una vía desesperada de conocimiento. Así, la noche no será expansión ni comunión, sino la recurrencia de una imagen traslúcida y obsesiva (lo uno por lo otro): lo *vaciado* del mundo: la consistencia de la nada.

Casi todos los poemas de Villaurrutia —dice Octavio Paz— son cuadros; añade: «pero cuadros deshabitados: el personaje central, la muerte o el amor, no está». Observación que, finalmente, nos remite a uno de los rasgos de esta poesía: sus valores plásticos, que están más cerca de la pintura de un Chirico que del impresionismo o del *fauvisme* (tan visibles en la primera época de Pellicer). Entre los poetas de la revista *Contemporáneos*, es obvio que Villaurrutia integra con Gorostiza el *par* por excelencia. Ambos son poetas de lo desértico. Pero quizá, aun por su escritura misma —que recurre a los juegos verbales, a imágenes de lo contemporáneo—, Villaurrutia no sea tanto el poeta de los páramos de la conciencia como de los del deseo.

BIBLIOGRAFIA

OBRA POETICA

Primeros poemas (en el volumen *Ocho poetas*, 1923); *Reflejos* (1926); *Dos nocturnos* (1931); *Nocturnos* (1931); *Nocturno de los ángeles*

(1936); *Nocturno mar* (1937); *Nostalgia de la muerte* (1938; 2ª edición definitiva, 1946); *Décima muerte y otros poemas no coleccionados* (1941); *Canto a la Primavera y otros poemas* (1948); *Poesía y teatro completos* (Prólogo de Alí Chumacero. México, FCE, 1953), *Obras* (Prólogo de Alí Chumacero, México, FCE, 1974).

ESTUDIOS CRITICOS

Fernando Charry Lara: «Xavier Villaurrutia», en *Lector de poesía*. Bogotá, Instituto Colombiano de Cultura, 1975.

Frank Dauster: *Ensayos sobre poesía mexicana (asedio a los Contemporáneos)* México, Ediciones Andrea, 1963.

Eugene Moretta: *La poesía de Xavier Villaurrutia*. México, Fondo de Cultura Económica, 1976.

Octavio Paz: *Xavier Villaurrutia en persona y en obra*. México, Fondo de Cultura Económica, 1978.

Tomás Segovia: «Xavier Villaurrutia», en *Revista Mexicana de Literatura*, México, oct.-dic., 1960.

Ramón Xirau: «Presencia de una ausencia», en *Poesía Iberoamericana contemporánea*. México, Sep/Setentas, 1972.

REFLEJOS

POESIA

Eres la compañía con quien hablo
de pronto, a solas.
Te forman las palabras
que salen del silencio
y del tanque de sueño en que me ahogo
libre hasta despertar.

Tu mano metálica
endurece la prisa de mi mano
y conduce la pluma
que traza en el papel su litoral.

Tu voz, hoz de eco,
es el rebote de mi voz en el muro,
y en tu piel de espejo
me estoy mirando mirarme por mil Argos,
por mí largos segundos.

Pero el menor ruido te ahuyenta
y te veo salir
por la puerta del libro
o por el atlas del techo,
por el tablero del piso,
o la página del espejo,
y me dejas
sin más pulso ni voz y sin más cara,
sin máscara como un hombre desnudo
en medio de una calle de miradas.

NOSTALGIA DE LA MUERTE

NOCTURNO

Todo lo que la noche
dibuja con su mano
de sombra:
el placer que revela,
el vicio que desnuda.

Todo lo que la sombra
hace oír con el duro
golpe de su silencio:
las voces imprevistas
que a intervalos enciende,
el grito de la sangre,
el rumor de unos pasos
perdidos.

Todo lo que el silencio
hace huir de las cosas:
el vaho del deseo,
el sudor de la tierra,
la fragancia sin nombre
de la piel.

Todo lo que el deseo
unta en mis labios:
la dulzura soñada
de un contacto,
el sabido sabor
de la saliva.

Y todo lo que el sueño
hace palpable:
la boca de una herida,
la forma de una entraña,

la fiebre de una mano
que se atreve.

¡Todo!
circula en cada rama
del árbol de mis venas,
acaricia mis muslos,
inunda mis oídos,
vive en mis ojos muertos,
muere en mis labios duros.

NOCTURNO DE LA ESTATUA

A Agustín Lazo

Soñar, soñar la noche, la calle, la escalera
y el grito de la estatua desdoblando la esquina.

Correr hacia la estatua y encontrar sólo el grito,
querer tocar el grito y sólo hallar el eco,
querer asir el eco y encontrar sólo el muro
y correr hacia el muro y tocar un espejo.
Hallar en el espejo la estatua asesinada,
sacarla de la sangre de su sombra,
vestirla en un cerrar de ojos,
acariciarla como a una hermana imprevista
y jugar con las fichas de sus dedos
y contar a su oreja cien veces cien cien veces
hasta oírla decir: «estoy muerta de sueño».

NOCTURNO EN QUE NADA SE OYE

En medio de un silencio desierto como la calle antes del crimen
sin respirar siquiera para que nada turbe mi muerte
en esta soledad sin paredes
al tiempo que huyeron los ángulos

en la tumba del lecho dejo mi estatua sin sangre
para salir en un momento tan lento
en un interminable descenso
sin brazos que tender
sin dedos para alcanzar la escala que cae de un piano invisible
sin más que una mirada y una voz
que no recuerdan haber salido de ojos y labios
¿qué son labios? ¿qué son miradas que son labios?
y mi voz ya no es mía
dentro del agua que no moja
dentro del aire de vidrio
dentro del fuego lívido que corta como el grito
Y en el juego angustioso de un espejo frente a otro
cae mi voz
y mi voz que madura
y mi voz quemadura
y mi bosque madura
y mi voz quema dura
como el hielo de vidrio
como el grito de hielo
aquí en el caracol de la oreja
el latido de un mar en el que no sé nada
en el que no se nada
porque he dejado pies y brazos en la orilla
siento caer fuera de mí la red de mis nervios
mas huye todo como el pez que se da cuenta
hasta siento en el pulso de mis sienes
muda telegrafía a la que nadie responde
porque el sueño y la muerte nada tienen ya que decirse.

NOCTURNO DE AMOR

A Manuel Rodríguez Lozano

El que nada se oye en esta alberca de sombra
no sé cómo mis brazos no se hieren
en tu respiración sigo la angustia del crimen
y caes en la red que tiende el sueño

Guardas el nombre de tu cómplice en los ojos
pero encuentro tus párpados más duros que el silencio
y antes que compartirlo matarías el goce
de entregarte en el sueño con los ojos cerrados
sufro al sentir la dicha con que tu cuerpo busca
el cuerpo que te vence más que el sueño
y comparo la fiebre de tus manos
con mis manos de hielo
y el temblor de tus sienes con mi pulso perdido
y el yeso de mis muslos con la piel de los tuyos
que la sombra corroe con su lepra incurable
Ya sé cuál es el sexo de tu boca
y lo que guarda la avaricia de tu axila
y maldigo el rumor que inunda el laberinto de tu oreja
sobre la almohada de espuma
sobre la dura página de nieve
No la sangre que huyó de mí como del arco huye la flecha
sino la cólera circula por mis arterias
amarilla de incendio en mitad de la noche
y todas las palabras en la prisión de la boca
y una sed que en el agua del espejo
sacia su sed con una sed idéntica
De qué noche despierto a esta desnuda
noche larga y cruel noche que ya no es noche
junto a tu cuerpo más muerto que muerto
que no es tu cuerpo ya sino su hueco
porque la ausencia de tu sueño ha matado a la muerte
y es tan grande mi frío que con un calor nuevo
abre mis ojos donde la sombra es más dura
y más clara y más luz que la luz misma
y resucita en mí lo que no ha sido
y es un dolor inesperado y aún más frío y más fuego
no ser sino la estatua que despierta
en la alcoba de un mundo en el que todo ha muerto.

NOCTURNO ROSA

A José Gorostiza

Yo también hablo de la rosa.
Pero mi rosa no es la rosa fría
ni la de piel de niño,
ni la rosa que gira
tan lentamente que su movimiento
es una misteriosa forma de la quietud.

No es la rosa sedienta,
ni la sangrante llaga,
ni la rosa coronada de espinas,
ni la rosa de la resurrección.

No es la rosa de pétalos desnudos,
ni la rosa encerada,
ni la llama de seda,
ni tampoco la rosa llamarada.

No es la rosa veleta,
ni la úlcera secreta,
ni la rosa puntual que da la hora,
ni la brújula rosa marinera.

No, no es la rosa rosa
sino la rosa increada,
la sumergida rosa,
la nocturna,
la rosa inmaterial,
la rosa hueca.

Es la rosa del tacto en las tinieblas,
es la rosa que avanza enardecida,
la rosa de rosadas uñas,
la rosa yema de los dedos ávidos,
la rosa digital,
la rosa ciega.

Es la rosa moldura del oído,
la rosa oreja,
la espiral del ruido,
la rosa concha siempre abandonada
en la más alta espuma de la almohada.

Es la rosa encarnada de la boca,
la rosa que habla despierta
como si estuviera dormida.
Es la rosa entreabierta
de la que mana sombra,
la rosa entraña
que se pliega y expande
evocada, invocada, abocada,
es la rosa labial,
la rosa herida.

Es la rosa que abre los párpados,
la rosa vigilante, desvelada,
la rosa del insomnio desojada.

Es la rosa del humo,
la rosa de ceniza,
la negra rosa de carbón diamante
que silenciosa horada las tinieblas
y no ocupa lugar en el espacio.

NOCTURNO MAR

A Salvador Novo

Ni tu silencio duro cristal de dura roca,
ni el frío de la mano que me tiendes,
ni tus palabras secas, sin tiempo ni color,
ni mi nombre, ni siquiera mi nombre
que dictas como cifra desnuda de sentido;

ni la herida profunda, ni la sangre
que mana de sus labios, palpitante,
ni la distancia cada vez más fría
sábana nieve de hospital invierno
tendida entre los dos como la duda;

nada, nada podrá ser más amargo
que el mar que llevo dentro, solo y ciego,
el mar antiguo edipo que me recorre a tientas
desde todos los siglos,
cuando mi sangre aún no era mi sangre,
cuando mi piel crecía en la piel de otro cuerpo,
cuando alguien respiraba por mí que aún no nacía.

El mar que sube mudo hasta mis labios,
el mar que se satura
con el mortal veneno que no mata
pues prolonga la vida y duele más que el dolor.
El mar que hace un trabajo lento y lento
forjando en la caverna de mi pecho
el puño airado de mi corazón.

Mar sin viento ni cielo,
sin olas, desolado,
nocturno mar sin espuma en los labios,
nocturno mar sin cólera, conforme
con lamer las paredes que lo mantienen preso
y esclavo que no rompe sus riberas
y ciego que no busca la luz que le robaron
y amante que no quiere sino su desamor.

Mar que arrastra despojos silenciosos,
olvidos olvidados y deseos,
sílabas de recuerdos y rencores,
ahogados sueños de recién nacidos,
perfiles y perfumes mutilados,
fibras de luz y náufragos cabellos.

Nocturno mar amargo
que circula en estrechos corredores
de corales arterias y raíces
y venas y medusas capilares.

Mar que teje en la sombra su tejido flotante,
con azules agujas ensartadas
con hilos nervios y tensos cordones.

Nocturno mar amargo
que humedece mi lengua con su lenta saliva,
que hace crecer mis uñas con la fuerza
de su marea oscura.

Mi oreja sigue su rumor secreto,
oigo crecer sus rocas y sus plantas
que alargan más y más sus labios dedos.

Lo llevo en mí como un remordimiento,
pecado ajeno y sueño misterioso,
y lo arrullo y lo duermo
y lo escondo y lo cuido y le guardo el secreto.

CUANDO LA TARDE...

Cuando la tarde cierra sus ventanas remotas,
sus puertas invisibles,
para que el polvo, el humo, la ceniza,
impalpables, oscuros,
lentos como el trabajo de la muerte
en el cuerpo del niño,
vayan creciendo;
cuando la tarde, al fin, ha recogido
el último destello de luz, la última nube,
el reflejo olvidado y el ruido interrumpido,
la noche surge silenciosamente
de ranuras secretas,

de rincones ocultos,
de bocas entreabiertas,
de ojos insomnes.

La noche surge con el humo denso
del cigarrillo y de la chimenea.
La noche surge envuelta en su manto de polvo.
El polvo asciende, lento.
Y de un cielo impasible,
cada vez más cercano y más compacto,
llueve ceniza.

Cuando la noche de humo, de polvo y de ceniza
envuelve la ciudad, los hombres quedan
suspensos un instante,
porque ha nacido en ellos, con la noche, el deseo.

VOLVER...

Volver a una patria lejana,
volver a una patria olvidada,
oscuramente deformada
por el destierro en esta tierra.
¡Salir del aire que me encierra!
Y anclar otra vez en la nada.
La noche es mi madre y mi hermana,
la nada es mi patria lejana,
la nada llena de silencio,
la nada llena de vacío,
la nada sin tiempo ni frío,
la nada en que no pasa nada.

CANTO A LA PRIMAVERA Y OTROS POEMAS

AMOR CONDUSSE NOI AD UNA MORTE

Amar es una angustia, una pregunta,
una suspensa y luminosa duda;
es un querer saber todo lo tuyo
y a la vez un temor de al fin saberlo.

Amar es reconstruir, cuando te alejas,
tus pasos, tus silencios, tus palabras,
y pretender seguir tu pensamiento
cuando a mi lado, al fin inmóvil, callas.

Amar es una cólera secreta,
una helada y diabólica soberbia.

Amar es no dormir cuando en mi lecho
sueñas entre mis brazos que te ciñen,
y odiar el sueño en que, bajo tu frente,
acaso en otros brazos te abandonas.

Amar es escuchar sobre tu pecho,
hasta colmar la oreja codiciosa,
el rumor de tu sangre y la marea
de tu respiración acompasada.

Amar es absorber tu joven savia
y juntar nuestras bocas en un cauce
hasta que de la brisa de tu aliento
se impregnen para siempre mis entrañas.

Amar es una envidia verde y muda,
una sutil y lúcida avaricia.

Amar es provocar el dulce instante
en que tu piel busca mi piel despierta;
saciar a un tiempo la avidez nocturna

y morir otra vez la misma muerte
provisional, desgarradora, oscura.

Amar es una sed, la de la llaga
que arde sin consumirse ni cerrarse,
y el hambre de una boca atormentada
que pide más y más y no se sacia.

Amar es una insólita lujuria
y una gula voraz, siempre desierta.

Pero amar es también cerrar los ojos,
dejar que el sueño invada nuestro cuerpo
como un río de olvido y de tinieblas,
y navegar sin rumbo, a la deriva:
porque amar es, al fin, una indolencia.

FERNANDO PAZ CASTILLO
[VENEZUELA, 1893-1981]

No sólo por la edad que alcanzó —ochenta y siete años— sino también, y sobre todo, por la fecunda sabiduría con que hasta el final siguió escribiendo, a Fernando Paz Castillo pudo considerársele como uno de los patriarcas de la poesía en nuestra lengua. Al lado, por ejemplo, de Borges; al lado, por ejemplo de Jorge Guillén, de Vicente Aleixandre. Ni necesario ni justificable sería afirmar que ello era previsible desde el tono inicial de su obra. Es lícito, sin embargo, prestar atención a la actitud con que, desde el comienzo, Paz Castillo se enfrenta a la creación poética, para percibir que su *persistencia* es una forma de destino. Se trata de esa parsimoniosa lucidez, de esa tranquila fe que parece dominar en su escritura. Participa, muy joven, en las búsquedas del «Círculo de Bellas Artes» (Caracas, 1913) e indaga en las relaciones entre poesía y pintura; si bien conoce de los alegatos del futurismo y otras manifestaciones de la vanguardia y aún cobra conciencia de la necesidad renovadora frente al modernismo, va escribiendo —sin prisa, pero sin pausa— una obra copiosa que excluye tanto el frenesí como la timidez; ejerce un riguroso sentido autocrítico y es sólo en 1931, al borde ya de sus cuarenta años, cuando publica el primer libro: *La voz de los cuatro vientos* (suerte de volumen antológico de su primera producción). Luego, en sus prolongados viajes como diplomático, conoció algunas de las experiencias más dramáticas de nuestro tiempo: la guerra de España, los bombardeos de Londres; tampoco entonces se dejó ganar por la desesperación apocalíptica y su poesía supo guardar el sentido de una cierta armonía cósmica. Hubo un maestro de la crítica literaria venezolana que muy temprano captó la *virtus* poética de Paz Castillo, y fue Julio Planchart. Al referirse a su obra, recalcó sobre todo «su mesura, el no emplear tonos apasionados ni ademanes ampulosos, su ponderación, su equilibrio y serenidad». Valoración profética. Entre cambios y continuas búsquedas, el Paz Castillo de los últimos años no diverge para nada de esas palabras. Por ello, en un ensayo muy reciente, un joven poeta y crítico como Eugenio Montejo puede hablar, con intuición no menos precisa, del «*tempo* detenido de (su) voz».

Ya la crítica, de manera convergente, ha destacado otros de los rasgos de la poesía de Paz Castillo: su gusto pictórico y su sensibilidad para darle vida al paisaje, su idealismo y vitalismo de estirpe bergsoniana, su coloquialismo, su inquietud metafísica. Quizá valga la pena detenerse en estos dos últimos, que, de algún modo, parecen constituir su clave mayor. Sólo en un sentido muy íntimo y peculiar, como tal vez ocurre en lo mejor de estos casos, la poesía de Paz Castillo es coloquial: más que reflejar directamente el habla e introducir los contrastes, los giros bruscos y aun violentos de ésta, su poesía es un pausado discurrir, la entonación de un espíritu meditativo. Si su poesía «habla» o «conversa», con el lector, lo hace como desde una memoria del lenguaje, o como al propio Paz Castillo le gustaría decirlo con palabras de Wordsworth, que muchas veces ha citado, «from emotion recollected in tranquility». Del mismo modo, su preocupación metafísica se aleja de la angustia problemática, de la complejidad intelectual o de la visión abismal; más bien parece inmersa en un trato cotidiano con el misterio, y esto es esencial en su poesía: ¿no se desarrolla ella como una manera de clarividencia, de claridad en lo oscuro? De ahí que él mismo haya dicho: «la poesía no explica, se limita a sentir: a ponerse en armonía con el misterio de donde procede».

En ambos casos, como se ve, esta poesía cumple con un ideal de mesura, de equilibrio, que su autor ha formulado de esta manera: la poesía debe «establecer una relación o una comprensión entre los hombres, siempre en persecución de la belleza, sin apartarse demasiado del sentimiento colectivo». La poesía como victoria de una fraternidad terrena. Es lo que Paz Castillo propuso igualmente al final del prólogo de uno de sus últimos libros: «El hombre hereda la vida, pero también la muerte. Y entre una y otra triunfa la poesía. El lenguaje misterioso —expresado o no— que permite que aún haya esperanza entre los hombres».

BIBLIOGRAFIA

OBRA POETICA

La voz de los cuatro vientos (1931); *Signo* (1937); *Entre sombras y luces* (1945); *Enigma del cuerpo y del espíritu* (1956); *El muro* (1964);

Poesías (Prólogo de Oscar Sambrano Urdaneta. Caracas, Editorial Arte, 1966); *El otro lado del tiempo* (1971); *Persistencias* (1975); *Antología poética* (Prólogo de Eugenio Montejo. Caracas, Monte Avila Editores, 1979), *Encuentros* (1980), *Poesía* (Selección, prólogo y cronología de Oscar Sambrano Urdaneta. Caracas, Biblioteca Ayacucho, 1988).

ESTUDIOS CRITICOS

Juan Calzadilla: «A cincuenta años del Círculo de Bellas Artes», en *Crónica de Caracas*, N° 58, Caracas, nov.-dic. de 1963.

Vicente Gerbasi: «Entre sombras y luces», en *Revista Nacional de Cultura*, N° 49, Caracas, marzo-abril de 1948.

Julio Planchart: En *Temas críticos*. Caracas, Ediciones del Ministerio de Educación, 1948.

Oscar Sambrano Urdaneta: «Fernando Paz Castillo y su obra poética», en *El Nacional*, Caracas, 8 de enero de 1967.

Ludovico Silva: «Visión de Paz Castillo», en *El Nacional*, Caracas, 17 de marzo de 1967.

Efraín Subero: *El sentido espiritual y metafísico en la poesía de Fernando Paz Castillo*. Caracas, Universidad Católica Andrés Bello, 1975.

LA VOZ DE LOS CUATRO VIENTOS

LA MUJER QUE NO VIMOS

Se alejó lentamente
por entre los taciturnos pinos,
de frente hacia el ocaso, como las hojas y como la brisa,
la mujer que no vimos.

Bajo una luz de naranja y de ceniza
era, como la hora, soledad y caminos;
armonía y abstracción como las siluetas;
esplendor de atardecer como los maduros racimos.

De lejos nos volvía en detalles
la belleza ignorada de la mujer que no vimos.

La tarde fue cayendo silenciosa
sobre el paisaje ausente de sí mismo
y floreció en un oro apagado y nuevo
entre el follaje marchito.

Hacia un cielo de plata
pálido y frío;
hacia el camino de los vuelos que huyen,
de las hojas muertas y del sol amarillo,
se alejó lentamente
la mujer que no vimos.

Sus huellas imprecisas las seguía el silencio,
un silencio ya nocturno, suspendido
sobre el recogimiento de la tarde,
huérfana de la prolongación de sus caminos...

Pero su voz, entre la sombra,
hizo vibrar la sombra, y era su voz un trino:
fúlgida voz que hacía pensar
en unos cabellos del color del trigo.

Recuerdos de las formas evocan las siluetas
de los apagados árboles sensitivos;
pero la voz que se aleja entre masas borrosas,
denuncia unos ojos claros como zafiros,
y unas manos que, trémulas, apartan los ramajes
como dos impacientes corderitos mellizos.

Ni pasos furtivos, ni voces familiares:
oquedad y silencio entre los altos pinos,
y en las almas confusas un ansia de belleza...

¿Pasó junto a nosotros la mujer que no vimos?

UN PENSAMIENTO

Un pensamiento fijo
tu rostro modela
y tu vida concentra en torno a él,
como la piedra
el agua, toda intacta, de la fuente.

Tu vida no es más que pensamiento
que lentamente se va haciendo fuerte.

Tus ojos, deslumbrados ante la belleza,
presienten una forma no encontrada,
y tus manos revelan
algo del pensamiento.

Toda tú te vas haciendo de ti misma,
como la lluvia hace sobre el naranjo con el sol una tela
y como la noche con la sombra
una rosa en torno de la estrella.

Te adelgazas junto a tu pensamiento,
como en la fría plata del candelabro la llama inquieta,
con un afán perpetuo de esconderte a ti misma...

Pero en todo te revelas.

ENTRE SOMBRAS Y LUCES

CUANDO MI HORA SEA LLEGADA

Yo que he visto
tanto dolor
y odio
del hombre contra el hombre,
por ideas profundas
o por simples palabras.

Yo que he visto los cuerpos
en las sombras
acechando las sombras de otros cuerpos
para matar el sueño.

Yo que he visto los rostros retorcidos,
sin que la muerte dulce
borre el odio en los ojos,
en los puños cerrados
y en los dientes fríos.

Yo te pido, Señor!
Dios armonioso
del perdón fecundo,
que cuando mi hora sea llegada
no haya rencor en mi alma.

Y que la muerte suave
ponga en mis ojos la apacible luz
de un manso atardecer
entre violetas:

Y que una espiga de oro,
bajo el azul del cielo,
marque el silencio de la hora excelsa,
lenta y santamente,
y no haya nada brusco

en torno mío
—odio ni temor—
cuando mi hora sea llegada.

EL OTRO LADO DEL TIEMPO

ENIGMA DEL CUERPO Y EL ESPIRITU

DIOS Y HOMBRE

> *Pues es indudable que todo espíritu creado*
> *necesita el consuelo del cuerpo.*
>
> San Bernardo

I

Ante el misterio,
lejana realidad,
Dios en silencio,
teme el espíritu encontrarse
libre del cuerpo
tierra que familiarmente lo acompaña,
cárcel oscura y fuga luminosa:
su paz o su inquietud,
su ingénita frescura y su descanso.

II

Entre formas confusas se desliza el espíritu
dormido o vigilante,
altivo o fatigado de recuerdos,
detenido por ausencias sin contornos
junto a la eternidad
de lo perfecto.

Y sólo el cuerpo atrapa
con los cinco sentidos perspicaces
y sus vagos senderos ignorados
el gozo de la luz y del sonido,
y del mirar confiado a las espigas
y del callar sereno hacia los astros.

III

¡El espíritu libre!...
honda zozobra,
quemadura de llama en agonía,
nostalgia del vivir inteligente
asomado a la orilla de la muerte.

Angustia cuotidiana de alentar entre rosas
o pavor de una noche sin luceros
frente al todo infinito y desolado.

Hallazgo de no morir un día,
sino seguir viviendo
de lo que ya vivido está en la sangre,
entre secretos surcos dilatados,
entre hierbas de noche oscura
y rosas húmedas
desde la tierra o nube del origen.

Naufragio de lo propio
y de lo ajeno
con el nacer;
morir anticipado
morir sin morir del todo,
porque, semilla de divina esencia
vivirá siempre en formas increadas
para consuelo de los otros seres.

IV

Las cosas y sus nombres
son símbolos confusos

que acompañan al hombre en su destierro,
en su andar de adivino
entre alboradas.

Ingenuas compañeras de un recuerdo
que nace en la raíz
de la conciencia,
donde Dios y el hombre se confunden
y se entienden;
y Dios se hace para el hombre humano
y el hombre, ante su amor, crece divino,
trasciende la leve línea
de luz o sombra
que limita su ser:
su estar indefinido
ya que el ser no es perenne forma,
sino que está en la forma limitado,
con ansias de romperla a cada instante,
con nostalgias de muerte y nacimientos
y temores de un nuevo despertar.

V

El cuerpo, criatura delicada,
tierno como las rosas en el alba,
conserva su frescura primera junto al miedo
que vive de él, y en soledad profunda
lo devora con un afán intenso
de perfección.

El cuerpo es morada pasajera
del espíritu nómada,
su consuelo,
su fiel compañía generosa,
su sombra en la llanura
sin rumores,
su imagen sorprendida,
su grito sin color
y su esperanza.

VI

El espíritu es trágico
pero el cuerpo es bello
y solemne
bajo el hilo de plata del silencio
que oculta entre cenizas las palabras,
las palabras
que duelen y se alejan
como el pensamiento, y como el ala
graciosa,
fúlgida tierra que al volar se queda
entre el aire y la luz,
signo del pie divino y de su fuga
que delata a su paso la belleza,
la eterna aspiración de la belleza,
entre el rencor del hombre
y la conciencia audaz,
desveladora
que, sin asirla del todo,
vive de ella esclava.

Esclavitud sublime que lo salva
de aquella lenta ducha dolorosa
del ser primero,
de aquella triste angustia desolada
del hombre sin pasado;
de aquella amarga realidad viviente,
del hombre, sólo hombre:
triste vivir del alma sin amor,
perfección del creador y de lo creado.

VII

Dios limita al hombre con su asombro
y el hombre reduce a Dios a su esperanza...

.Y así definido en forma vaga
el celeste Creador del desconsuelo

no escapa de la ley que al mundo impuso...

Por este pensamiento
—ya pensado y sufrido—
vive, crece y muere Dios
en cada hora
y en cada hora nace fecundo
con el vivir en muerte de los místicos
cercanos a la nada
y cercanos al todo,
perennemente derramados
como el mar sin el muro de la espuma
o el viento sin el muro de la hoja;
porque de candor todos ungidos
conservan, fieles a su abatimiento
o renuncia,
como un vago rumor del infinito,
la intuida y no encontrada unidad
que sólo por instantes se revela.

En una sola tres naturalezas,
tres ríos de luz,
tres pulsos diferentes en una arteria única:
dos sombras y una triste realidad suprema
y consuelo de los tres una palabra
que Dios y el hombre se confían.

Tres esencias de belleza
inconmovible de raíz oscura
y trágica:
la del Padre: poder;
la del Espíritu: sapiencia;
la del Hijo: pasión.

Y sólo forma la del Hijo tiene:
la forma de la cruz predestinada,
suplicio y redención
del Dios pasivo,
tan frágil como un lirio bajo el viento,

tan dulce como espiga en campo nuevo,
tan hondo como el llanto en su simiente.

VIII

«El cuerpo es consuelo del espíritu»
dijo el santo de amor iluminado.
Por ello el Hijo que sufre eternamente
es consuelo de Dios.

Dios necesita el sufrimiento:
y el Hijo en la Cruz es el que sufre
sin el dolor presente,
vencida la conciencia lacerante
del mal fecundo
por la sedancia del amor logrado
después de crear al hombre
y de perderlo,
al reencontrarlo entre sus iras,
nuevo como un niño
o un cordero dormido
entre un brizar de espigas luminosas...
y harinas también para el molino oscuro de la muerte
y la resurrección de cada día
perfectas.

Cuerpo de Dios exhausto y luminoso
entre violetas de un olor sereno,
haz de nervios rotos
y de entreabiertas venas renovadas;
perla anegada en luz,
ceniza fría
y frío de muerte que pasa por la piel
y se anida en los ojos,
en el frío remoto de los ojos,
perdido en lejanas soledades.

Mínimo cuerpo, moldura de lo eterno,
luz de un color distante,
consuelo del espíritu en tinieblas
y unión de lo bello y de lo eterno,
con el miedo terrible del pecado
que Dios y el hombre temen,
el Uno frente al otro:
ambos conciencia.

IX

Todo procede del infinito abismo de Dios,
como de un pozo, cuyo fondo fuera
la soledad del agua,
y de ella —agua oscura— naciera otra
sin fin, con el signo del futuro
y un afán de volverse hacia el origen
para seguir naciendo de sí misma.

X

Pero los ojos,
los misteriosos ojos extasiados
son risueño consuelo del espíritu:
suave ternura de contemplar la vida
y contemplar la nada,
de sentir la caricia de la luz
y la llamada audaz de la distancia.

El oído sutil,
gruta del canto azul
del viento y de la espuma,
divino caracol,
rosa imperfecta,
laberinto de músicas ingénitas,
sorprendido por el ritmo de las alas
y las hojas:

delgadas cuerdas de arpas misteriosas
que tañe el viento de las manos largas.

El olfato ¡enigma!,
dócil al arte por el hombre creado,
penetra por caminos infinitos,
silenciosos,
atento al mensaje de la tierra recóndito
y al perfume de las estrellas ácidas
de las noches de insomnio.

El paladar descubre entre sabores varios
el temor de la muerte... Porque la muerte
es el sabor primero de las cosas
que dan placer al hombre y sus instintos.
Sabor de tierra y sombra amarga
que el hombre ignoto logra superar
con la expresión feliz de la belleza
confundida con Dios
en tres caminos,
Poder, Sabiduría y Dolor.

El tacto
aísla el misterioso ser naturaleza
de las cosas sensibles o inertes
y luego en soledad, lo une a todas
por el gozo y el dolor
inevitables.

Y todos son leticia del espíritu
ante el olvido de la muerte del cuerpo
que no sabe
qué cosa es el morir,
porque la muerte no es sino el reflejo
del sagrado reposo de un Dios ante recuerdos.

XI

El cuerpo vence el tiempo
y los signos fatales
que rodean su eterna soledad,
con sus cinco sentidos vigilantes
y sus miles caminos ignorados;
con sus músculos bellos, armoniosos
como haces de cuerdas que vibraran
al golpe sólo de una voz excelsa,
con sus venas azules,
como serenos ríos de vida y muerte:
furtiva corriente
sobre espinas y rosas;
linfa amarga,
humanamente amarga,
contenida
por la presencia oscura
del ser y del no ser de noche y alma
y del eterno Ser que al fin llegamos...

XII

Es bello
el cuerpo
y su misterio;
íntegramente bello
como el sol entre los astros...

Tierra enaltecida
por el sagrado soplo silencioso;
profundo consuelo del espíritu,
como lo dijo el santo,
ascético y tremendo,
naturaleza triste
anegada en Dios
y en el abismo de su propio arcano.

XIII

Así, vencido en la tormenta
o triunfando de ella,
santo de luz o pecador sombrío,
es del hombre confuso el mayor miedo,
el infinito miedo,
su angustia y su sudor de sangre, y frío
delgado como el viento de las cimas solas,
encontrarse lejano de su cuerpo,
como espíritu puro
frente a Dios en silencio,
sin el dolor, humana compañía,
sin el dolor que Dios y el hombre aman,
sin el dolor: sabiduría;
sin el dolor: conciencia;
sin el dolor: amor
y amistad fiel
de la sombra y del alma.

XIV

El cuerpo es reposo del espíritu
y del cuerpo es consuelo la palabra
creadora,
sutil esencia
constantemente renovada
y perdida:
forma de persistir
y trascendencia
confiada al hombre eterno,
al hombre oscuro
dejado de la Divina Mano silenciosa
entre recuerdos,
desde la tierra o nube del origen.

XV

Origen del futuro
y del regreso,
del lado azul del tiempo
el espíritu aguarda el reposo del cuerpo.

Sobre el dolor y sobre el éxtasis,
sobre el silencio, la sombra,
y sobre el letargo de perfumes lejanos
de vagas reminiscencias
de rosas, humanas
como furtiva sangre contenida,
y seráficos lirios anhelantes;
sobre sí mismo
y su reposo,
el cuerpo sorprendido
volverá a ser el consuelo del espíritu
en silencio,
bajo la intacta claridad de Dios.

EL MURO

Beauty is truth, truth beauty, that is all
Ye know on earth, and all ye need to know

John Keats

Un muro en la tarde,
y en la hora
una línea blanca, indefinida
sobre el campo verde
y bajo el cielo.

II

Un pájaro —en hoja y viento—
ha puesto su canción más bella
sobre el muro.

639

III

Enlutado de su propia existencia
—detenida entre su breve sombra
y su destino—
un zamuro, bello por la distancia y por el vuelo,
infunde angustia en el alma profeta:
una fría angustia, cuando
certero, como vencida flecha
—oscura flecha que aún conserva su impulso inicial—
cae tras el muro.

IV

La vida es una constante
y hermosa destrucción:
vivir es hacer daño.

V

Pero el muro,
el silencioso y blanco muro
parece que nos dice:
«hasta aquí llegan tus ojos,
menos agudos que tu instinto.

Yo separo tu vida de otras vidas
pequeñas; pero grandes cuando el ocaso,
el oro insinuante del ocaso llega».

VI

Acaso tras el muro,
tan alto al deseo como pequeño a la esperanza,
no exista más que lo ya visto en el camino
junto a la vida y la muerte,
la tregua y el dolor
y la sombra de Dios indiferente.

VII

Dios —muro frente a recuerdos y visiones—
está solo, íntimamente solo
en nuestros ojos
y en el menudo nombre
que lo ata a las cosas;
a la seda del canto del canario
fraterno
y a la noche que vuela en el zamuro:
fúnebre, pulido estuche de cosas ayer bellas
o tristes
que habrán de serlo nuevamente
del lado acá del muro,
con el temor reciente de volver al origen.

VIII

¿Morir?...
Pero si nada hay más bello en su hora
—frente al muro—
que los serenos ojos de los moribundos,
anegados por su propio silencio;
perdido ya, por entre frescas espigas encontradas,
el temor de morir,
y de haber vivido, como hombre, entre hombres,
que apenas —oscurecidos en su existir—
los comprendieron.

IX

Entonces el muro
parece allanarse entre el olvidado rencor
y la esperanza:
Es súbito camino, no límite de sombra y canto,
ante un nuevo Dios que nos aguarda
—que nos aguarda siempre—
y no conoceremos

a pesar de que marcha en nuestras huellas;
que nos llega de lejos,
del lado de la luz,
y que vamos dejando en el camino,
como algo, que no es tierra,
atado, sin embargo, a nuestros pies.

X

El muro en la tarde,
entre la hierba, el canto y el fúnebre vuelo:
presencia del dolor de vivir
y no morir;
consuelo de volver, en tierra y oro,
con la inquietud de haber sido;
polvo y oro que regresa eternamente,
como la muerte cotidiana,
bajo el granado trigal de la noche insomne,
rumorosa de viento alto
y de luceros.

El sediento corazón siente leticia:
el corazón y las queridas, tímidas palabras
huelen, como el muro en la tarde,
a cielo y tierra confundidos,
cuando el morir es cosa nuestra
y, como nuestro, lo queremos.
Lo queremos pudorosos,
en silencio, sin violencias,
mientras los otros temen —aún distantes—
la sensitiva soledad naciente
para el hombre, no humano, y su destino
confuso.

XI

Porque no hay muerte sino vida
del lado allá del canto, del lado allá del vuelo,
del lado allá del tiempo.

XII

Vaga intuición de perdurar
frente a la muerte ambicionada
y oscura...
Porque la muerte, imagen de nosotros
y criatura nuestra,
es distinta a la no vida
que jamás ha existido.
Ya que el verbo de Dios, que todo lo ha dispuesto
en la conciencia del hombre, no pudo crear la muerte
sin morir El y su callada nostalgia
de pensar y sufrir humanas formas.

XIII

El muro de la tarde —atardecido en nuestra tarde—,
apenas una línea blanca junto al campo
y junto al cielo.
Misteriosa cruz que sólo muestra
su brazo horizontal.
Unida, por la oscura raíz,
a la tierra misma de su origen confuso;
y al cielo de la fuga
por el canto y el ala:
la noche impasible del zamuro
y el camino de oro del canario
hacia el ocaso.

XIV

¡El muro!
Cuánto siento y me pesa su silencio
—en mi tarde—
en la tarde del musgo
y la oración
y el regreso.

XV

Sólo sé que hay un muro,
bello en su calada soledad de cielo y tiempo:
Y todo, junto a él, es un milagro.

XVI

Sólo temo en la tarde —en mi tarde— de oro
por el sol que agoniza; y por algo, que no es sol,
que también agoniza en mi conciencia,
desamparada a veces
¡y a veces confundida de sorpresas!
Sólo temo haber visto algo:
¡lo mismo!
el campo, el césped;
la misma rosa sensual que recuerda unos labios
y el mismo lirio exangüe
que vigila la muerte.

XVII

Y sólo siento frente a Dios y su Destino,
haber pasado alguna vez el muro
y su callada espesa sombra,
del lado allá del tiempo.

MISTERIO

I

Escribo este poema
como si fuera
el último.
Como si todo cuanto miro
ahora,
en torno mío

recreara el signo,
sin embargo amable,
de cosas desechadas,
que un tiempo fueron bellas:
¡Son tantas
las mentiras que he vivido!

II

Se nace,
con polvo de llanto
en la conciencia
y, por rincones
de estrellas,
se aprende la sonrisa.
Y la primera,
en nuestro rostro,
por ella apenas cincelado,
es la primera línea
sensitiva,
el primer rasgo noble,
el primer confín,
íntimo
que nos separa de los otros seres.
Y nos abre el camino,
el laborioso camino,
alma adentro,
hacia un mundo propio,
de uno mismo ignorado,
pero tan nuestro,
como las manos
y como los ojos
que todo lo tocan,
ofenden
o acarician
en cercanía o en distancia.

III

¿Será éste mi último poema?
Es la pregunta
que siempre me hago,
ahora,
cuando escribo.
Y siento
en la penumbra de lo que ha de ser,
iluminada en veces de reminiscencias,
el temor,
desde luego confiado,
de una última sonrisa:
Raíz luminosa
y apacible,
oculta, casi toda,
y aun firme,
de lo que no pudo ser.

IV

Pero sigo, ignorando
si el que escribo,
atento a lo que hago,
será mi último poema
y acaso,
en el breve silencio que lo siga
el más querido.

V

Ignoro si será,
éste el canto
de mis cantos,
como ignoro también,
aun cuando sé que no me faltará,
su presencia,
en la hora oportuna,

qué rasgo asumirá
mi última sonrisa,
la más mía de todas,
cuando ya no oiga a los hombres,
mis hermanos,
sino como un rumor distante,
de hojas y de brisa,
en una inmensa noche desolada.

PERSISTENCIAS

EN EL DIA

I

En el día
amo la noche
y en la noche el día.
Pero en la tarde,
entre colores vagos
me amo a mí mismo.
Porque entonces soy
como el recuerdo de algo que hice,
o como el temor de algo
que pude haber hecho.

II

Tarde, hermana!
No eres día ni noche.
No eres más que un paso,
un punto detenido,
entre dos extremos,
como la vida,
como la dulce fuga
indecisa

que en la mañana
va hacia la noche.
Y en la noche
—por entre nostálgicas claridades
vencidas—,
hacia la luz;
o más bien hacia el rumor de luz
que adelanta,
la espiga, casi de oro,
junto al alba.

POESIA

La calma,
lejana, íntima
que tiene el ímpetu audaz
del monte altivo.
El resplandor dormido,
más rojo que el rojo
y menos rojo
que el rojo,
sobre la inquieta llama
o en la llama agonizante.
El punto
indefinido
de donde regresa la mirada
insegura,
de conquistar la nada
de su origen.
La palabra buena,
la palabra mansa
que al fin de muchas luchas,
y triunfos y derrotas,
encuentra,
que sólo sabe comprender, callada.

JACINTO FOMBONA PACHANO
[VENEZUELA, 1901-1951]

HAY DIVERSOS registros en la obra de Fombona Pachano. Su primer libro *Virajes* (1932) abarca tanto una poesía sobre temas infantiles como el desenfado metafórico que practicaba la vanguardia venezolana de la época; es, sobre todo, un libro de transición entre diversas tendencias (sin excluir completamente al modernismo). *Las torres desprevenidas* (1940), en cambio, representa ya una más lograda madurez poética; escrito todo en los Estados Unidos donde el autor cumplía una misión diplomática, este libro combina el tono de los Evangelios y el de Whitman, lo arcádico y lo moderno, la admonición y la premonición: la angustia ante la guerra recorre la mayor parte de sus textos; aun es posible percibir en ellos la violencia y el hermetismo de una escritura próxima al expresionismo. *Sonetos* (1945) es como el sabio ejercicio de una poesía prestigiosa, muy hispánica, a veces con deliberada recreación gongorina, barroca. Estos fueron los tres libros que Fombona Pachano publicó en vida. El resto de su obra (descontando lo anterior a *Virajes*, por supuesto) el autor lo reunió en dos conjuntos que, como libros, permanecieron inéditos hasta su muerte: *Balcón* (1933-1938) y *Estelas* (1939-1950). Tal vez en ellos se concentre no sólo lo mejor y más personal de su búsqueda creadora, sino también lo que da unidad a esa búsqueda. Un lenguaje muy sencillo, fundado sobre todo en la inteligencia de la combinatoria sintáctica y no en el destello metafórico; un lenguaje que alude y se repliega sobre sí mismo como creando una expectativa, va haciendo del poema una imagen total, a un tiempo diluida y concentrada, transparente y enigmática: un texto que fluye y sólo parece dejarnos, no palabras, ni temas, sino la memoria de ellos: el poema como «vivo recuerdo del agua». Esta técnica es la que mejor corresponde a la visión del mundo que tuvo Fombona Pachano: una dialéctica entre la ausencia y la presencia, entre lo efímero y lo permanente. Una dialéctica también entre lo decible y lo indecible: la mayoría de los textos pertenecientes a esos dos conjuntos poemáticos, son una reflexión sobre el mundo a la vez que, explícitamente o no, una reflexión sobre el lenguaje, sobre la manera como se va constituyendo el poema mismo. *Estelas* es, pues, posiblemente, la palabra más justa para definir a esta poesía: la *estela* que deja el hombre en la vida y, al mismo tiempo, la *estela* que a través del lenguaje, conmemora ese paso, restituyéndola así a otra dimensión: la vida continua de la memoria. Por ello, lo elegíaco que hay en la poesía de Fombona Pachano se vuelve, finalmente, presencia: la imagen del ser como una realidad inagotable. Así pudo escribir en uno de sus últimos poemas: «Diga vida y no muerte / quien habló de morir, / quien sólo piensa: / todo es sucumbir, / y vida no conoce / que allí empezó a vivir».

BIBLIOGRAFIA

OBRA POETICA

Virajes (1932); *Balcón* [1933-1938] (póstumo); *Estelas* [1939-1950] (póstumo); *Las torres desprevenidas* (1940); *Sonetos* (1945), *Obras completas: I Poesía* (Prólogo de Eduardo Arroyo Lameda. Caracas-Madrid, Edime, 1953), *Poesías* (Prólogo de Guillermo Sucre. Caracas, Imprenta Universitaria, 1964).

ESTUDIOS CRITICOS

Julio Garmendia: «Los nuevos poetas: Jacinto Fombona Pachano» (1923), en *Actualidades*, Caracas, números 3-4, 1977-78.
Juan Liscano: «Jacinto Fombona Pachano», en *Panorama de la literatura venezolana actual*. Caracas, Publicaciones Españolas, 1973.
José Ramón Medina: «En torno a la poesía de Jacinto Fombona Pachano», en *Revista Nacional de Cultura*, Caracas, números 106-107, 1951.
Fernando Paz Castillo: «Jacinto Fombona Pachano, poeta de la humildad, de la muerte y del agua», en *Cultura Universitaria*, Caracas, 1952.
Mario Torrealba Lossi: «Jacinto Fombona Pachano», en *Los poetas venezolanos de 1918*. Caracas, Editorial Simón Rodríguez, 1955.
Arturo Uslar Pietri: «Venezuela y su literatura», en *Letras y hombres de Venezuela*. Caracas-Madrid, Edime, 1958.
Pascual Venegas Filardo: «Jacinto Fombona Pachano», en *Tiempo en poesía*. Caracas, Asociación de Escritores de Venezuela, 1980.

BALCON

INVIERNO

No tengo idioma para el clima extranjero.
Lo que está sucediendo afuera en los árboles
y en el paisaje,
ocurre también en mi mente
y en mi corazón:
la desnudez perfecta:
la desnudez de hojas y flores
allá;
la desnudez de las palabras
aquí.

Las osamentas vegetales
claman por su bella expresión,
por su antiguo y ardiente color.

No tengo idioma para el clima extranjero.
También estoy desnudo yo,
más que de traje, de carne,
de palabras en flor.

Soy el osario
donde mis sentimientos mueven sus esqueletos,
su absoluta y descolorida desnudez.

Ya empezará a caer la nieve;
blanco mausoleo
de los bosques y del color.
Para los que estamos desnudos hasta los huesos,
para los que sin embargo clamamos
por ropajes más calientes y vivos,
ya empezará a caer la nieve;
a soplar el viento entre los huesos:
los del vegetal,

los del sentimiento;
a poblar la casa del bosque,
a poblar la casa
donde mi corazón y mi mente
buscan en vano ropas
con que vestir sus esqueletos:
los esqueletos que tanto saben,
los que vestidos como hombres,
los que vestidos como árboles,
serían hermosos.

La luna mueve su linterna
y en el bosque busca los trajes
de sus árboles.
Anda levantando la nieve,
pero sólo halla huesos.

También levantan nieve
mi mente y mi corazón:
la nieve que no viste
mis esqueletos ni los árboles.

No tengo idioma para el clima extranjero.
Y ayer eran los pájaros.

LA ISLA

Es una isla, tu mesa,
que me sirven tus espumas,
que nada saben del mar
sino los blancos efímeros:
los manteles sin clamor
donde se apagan tus dedos,
donde tus dedos se van
como en un viaje de nubes,
para llover en tus ojos,
un tacto de cielos próximos.

No quiero saber del mar,
no quiero montar sus potros
ni que me aúllen sus perros.
Llévame a tu isla. Llévame
a donde es mar desmontado,
a donde es agua sin filos,
cuando más, muerte de ola
sobre la mesa vertida.

Vamos a partir el pan
de corazón tan profundo
que se nos vuelve silencio,
en esa hora que está,
por encima del cuadrante,
anterior a las hormigas
y después de las abejas.

No levantaré los vuelos
que yacen en tus palabras,
iré pisando con pulso
de cazador infalible
para cazarle la esencia,
no las plumas, a tu voz.

Me duele el ruido del mar.
No voy a dañarte a ti
con un dolor que ensordece.
Llévame a tu isla, llévame
adonde secar tormentas
que andan buscando la altura
para descargarse lejos.

NOCTURNO

Cuando la luna se desnuda
de la noche,
yo me desnudo
de mi cuerpo.

Allá los árboles,
allá todas las cosas,
emprenden caminos irreales
hacia ese mar desconocido
que canta, nunca visto,
por detrás de los cielos.

Aquí
mis espectros marchan también
hacia el lado del día,
del mes, del año,
del ayer sin edad,
ya declinado por detrás del mundo.

Entonces los paisajes
que vistieron mi corazón,
los pájaros
que cantaban en mis ventanas,
los árboles
que respiraba mi aliento,
se me vuelven pintados.
Y yo desnudo,
sin mis ojos verdaderos,
moro entre imágenes,
entre lienzos de ausencia,
entre días, meses y años,
entre rostros
que mañana serán más viejos
o que no serán más.

Cuando la luna se desnuda
de la noche,
yo me desnudo
de mi cuerpo:

Soy de otro mundo,
de otro cielo, de otro paisaje,
ya que no puede
vestir mi corazón.

Donde mis ojos verdaderos
no ven,
donde mi tacto verdadero
no palpa,
donde soy apenas la estatua
que recoge las sombras
y los ecos.

LAS TORRES DESPREVENIDAS

MIENTRAS YO DECIA MI CANTO

Yo soy el que no sabe dónde asentar los pies.
Soy el de 1940.
Soy el atado. Soy
esa pared de aire que divide
la conjunción de dos expresos.
Y ya he perdido el tacto de mis manos,
pero guardo mis ojos.

Y canto.
Me gustaba salir con las hormigas,
volver con las abejas, dormir con los castores,
marchar con las espigas hacia todas las bocas.

Hijos míos, la brisa de los pájaros,
la brisa de los retoños y las aguas,
jugaba en mis cabellos
al color de Fray Luis y de Virgilio.

Y yo era dulce, y era verde, y era de oro
como los bosques y las albas.

Sí.
Mis pies no encuentran tierra firme.
Y no sé lo que digo.

Lo que digo es mi lámina temblando,
son mis nubes entre versículos.

Y ahora
llega San Juan y llega Atila.
Y quien está sentado entre los ángeles,
el león, el cordero, la paloma y el buey,
tiene en sus labios, ya caídas,
las ciudades que se están doblando.

Abrid esas ventanas.
Mirad esos espejos
donde la imagen del extraño es nuestra imagen.
Y oíd mi voz que os ama a todos:
no piséis las hormigas,
no matéis las abejas,
no derribéis la casa a los castores,
id con la espiga a cada estómago.

Jerusalén: América:
ve que tus torres, entre nubes, tiemblan.

¿Qué viene por el aire...?
La angustia, la langosta,
la profecía.

He oído
quebrarse el árbol en ausencia del viento
con la aldea en cenizas que voló de una antena.
He visto y lo que he visto sale
de la trompeta y de los sellos.

Hay que volverse dulces, hijos míos.
Quiero asentar los pies.

UN ALERTA PARA ABRAHAM LINCOLN

Mi capitán, yo he visto
cómo salen del hueco de tu herida
las abejas contentas,
a posarse en los ojos de Walt Whitman
y a mecerle la barba rumorosa.

Mi capitán, te busco
porque oí que te quieren asesinar de nuevo.
Y esta vez lo sabemos.

Oye las pisadas
de quien tras de la puerta conspira entre langostas,
suelta la nube y goza ya con el hartazgo de los verdes.

Alerta capitán, alerta.
Que tiemblan las espigas y está sombrío el cielo.
Elitros y tenazas y mandíbulas
te están diciendo: alerta.

Allí, en tu palco.

Lo sé yo y te lo digo,
porque el eclipse anda rondando los campos más hermosos.
Y no quedará piedra sobre piedra,
porque ya tu ciudad está llorando por sus grietas.

Si te matan de nuevo,
quién sacará la miel de tus colmenas,
ni encauzará los trenes
de tu leche de paz a tus hormigas.

Si te matan de nuevo,
quién verá por tus hormigas negras.
Si te matan de nuevo,
ya nunca más será posible,
ni tan siquiera en el laurel del sueño,

la ronda de tus hormigueros
entre el sol y la noche.

Mi capitán, te busco,
para decirte que te buscan
con la boca de la pistola
que ya quisiera abrirte la nueva herida sin abejas,
ay, porque en ese hueco de tu muerte sin sangre,
perecerían todas tus colmenas.

Y en dónde
pudiéramos entonces enterrarte
los que nos vamos por tu voz de abeja
y bebemos de tus ojos tristes.

En dónde,
que no fueras un vivo sino un muerto.

ESTELAS

EXPLICACION

No lo puedes ver de pronto:
sombras que tiene el poema,
corteza de sombras dulces,
su corazón, la semilla:
almendra diáfana.

No lo puedes ver de pronto
hay que gustarle,
—paladar de niño, ávido,
terco, goloso, de niño—
todo el almíbar:
saboréale las sombras.

Más todavía, más, más,
—no lo puedes ver de pronto—
hasta que no quede rastro
de corteza
ni gusto de sombras.
Más.

Ya lo tienes.
Diáfano,
vivo recuerdo del agua:
te sacia tu sed de sombras.
Míralo. Siémbralo.

INFANCIA

Amarilla, sin caerse,
por encima de altos muros,
su redondez, a la vista
de los ojos,
a espaldas del mundo, abiertos.

Alba dorada y redonda,
por encima de altos muros,
lejanas brisas,
memorias de brisas muertas,
la balancean
y la recobran, naranja.

Alta la veo
por encima de altos muros,
alta en el tiempo, evadida,
aérea, en la verde copa,
dulce en su gajo.

Suspende,
por encima de altos muros,
y aguarda,
corazón vivo, en su esfera,

la semilla:
intacta, secreta infancia,
para más globos de sueños.

LA FLOR

Nada. Sino que la flor
muerta afuera en los campos,
hecha trizas por el viento,
pisada por los hombres,
los carros y las bestias,
está adentro, incólume, en su ausencia.

Nada. Sino que el perfume
huyó del campo
como de la memoria.

(No pueden
guardarse en parte alguna
los perfumes ya muertos,
los perfumes, cuando vivos, tan sabios
para resucitar las cosas
que una vez tocaron).

Nada. Sino que la flor
sin perfume estaba allí:
no tenía ayer
ni mañana ni presente.
Era la flor de no sé cuándo
ni de dónde ni cómo.

La flor de espejo, incólume y extática.
Imposible a mis manos y a mi aliento.

La flor de ausencia,
sin perfume, contacto,
ni presencia.

HOY

Del lado del cielo,
del lado del mar y de la tarde,
más allá de los árboles,
de los pájaros
y de la última ola,
me venían los muertos.

Donde la noche acaba,
donde las estrellas
moran cada día,
donde se curvan los vientos,
más allá de mis ojos,
me hablaban los muertos.

Inmóviles,
cada uno en su ayer
y en su mañana último,
me veían, me hablaban.

A mí, que aún estoy vivo
y en parte muerto,
allí, también inmóvil,
entre mi ayer de rostros y paisajes:
lienzo de mi ademán,
para ellos, con ellos,
en el mañana último
que para mí no se detuvo
y es hoy aún,
más acá de los muertos.

ENRIQUETA ARVELO LARRIVA
[VENEZUELA, 1886-1962]

AUNQUE SU actividad creadora se inicia antes de 1920, es sólo décadas después cuando Enriqueta Arvelo Larriva se incorpora visiblemente a la poesía venezolana, conquistando de inmediato, quizá no en el grado en que lo merecía, presencia y reconocimiento. En 1939, publica *Voz aislada*, que sin embargo, no era su primer libro; en 1941, recibe el premio de la Asociación Cultural Interamericana por *El cristal nervioso*, escrito entre 1922 y 1930, verdadero punto de partida de su obra. La mayor parte de su vida, hasta 1948, transcurre en su ciudad natal: Barinitas, situada en el Llano y al pie de los Andes; luego se residencia definitivamente en Caracas. «Esto no es el Llano, sino un Llano peor que los otros o que está en peores condiciones. Los otros tienen respiradero. Este está ciego», había escrito refiriéndose al ámbito en que vivió hasta su madurez. Todo un testimonio sociológico, pero también poético. De algún modo, esta confesión podría explicar cierta entonación drástica, arisca y a la vez ingenua que se percibe en su obra; su gusto, también por la sequedad —no la aspereza— del estilo, por los arcaísmos, por la disciplina de la privación. ¿No revela, igualmente, su lucidez? Es evidente, en todo caso, que lo esencial de su trabajo poético está impregnado por la experiencia del *aislamiento*, existencial y estético a un tiempo. Esa experiencia no la abrumó; quizá, más bien, la hizo ser más exigente con la singularidad de su visión: lo que revela su propia escritura. Por una parte, supo recrear el espacio del Llano sin dejarse inducir ni seducir por el afamado «telurismo»: su poesía no nombra ni cataloga, sino que opta por el escorzo, la concisión abrupta, el trazo muchas veces abstracto pero fuerte; antes que describir o deleitarse en metáforas muy sensoriales, transfigura, crea otra dimensión (¿mental, espiritual?) de lo real. Por la otra, logró despojarse de los falsos prestigios de un lenguaje «poético»: lo mejor de su poesía es más *voz* que *canto* («Buena o mala, voz es lo único que he tenido», afirmaba con razón). En ambos casos nos regresa a una cierta inocencia de la mirada y del lenguaje: la inocencia de una sabiduría interior. Transposición, sin duda, muy peculiar, de un habla: así, esta «provinciana» fue también muy moderna. ¿Sería arbitrario compararla con el lirismo meditativo de Emily Dickinson; sobre todo, con la adustez de Gabriela Mistral?

En un texto de 1939 —que sirve de prólogo a *Voz aislada*—, la propia Enriqueta Arvelo expuso las claves de su creación. «Nunca he plegado un poema a un determinado modo», decía entonces. Agregaba: «Yo creo que la poesía debe evolucionar dentro de nosotros para que su transformación sea pura»; «Yo no sé buscar nada. Lo que no encuentro por sorpresa, no lo obtengo». No el asentimiento ante la efusión o la mera espontaneidad, como podría creerse, sino una estética del hallazgo que es sobre todo rigor: el poema como un hecho orgánico que nace y cristaliza a partir de su intensidad misma, de su fatalidad. Lenguaje de la experiencia y experiencia del lenguaje. Por ello pudo afirmar, igualmente, que el hallazgo «debe captarlo el lector (o por lo menos el crítico) en la obra, y si en ésta no está el poeta y su vida, es porque no existe tal poeta».

BIBLIOGRAFIA

OBRA POETICA

Voz aislada [1930-1939] (1939); *El cristal nervioso* [1922-1930] (1941); *Poemas de una pena* (1942); *Canto de recuento* (1949); *Mandato del canto* (1957); *Poemas perseverantes* (póstumo, 1963); *Antología poética* (Selección y prólogo de Alfredo Silva Estrada. Caracas, Monte Avila, 1976), *Obra poética* (Compilación y prólogo de Carmen Mannarino. Barinas, Fundación Cultural Barinas, 1987).

ESTUDIOS CRITICOS

Vicente Gerbasi: «Voz aislada», en *Revista Nacional de Cultura*, N° 17, Caracas.
Carmen Mannarino-Mazzei: *Vida y creación de Enriqueta Arvelo Larriva*. Caracas, Editorial Arte, 1978.
Fernando Paz Castillo: «La poesía de Enriqueta Arvelo Larriva», prólogo a *Poemas Perseverantes*. Caracas, Ediciones de la Presidencia de la República, 1963.

EL CRISTAL NERVIOSO

AUSENCIA

En la gran bruma de la partida
empiezo a ver tu sombra, ausencia.
Y quisiera verla toda y precisa:
corta o prolongada o eterna.

¿Dónde estará el otro polo de esta sombra?
¿Cerca y será como una gracia la tregua?

Ausencia: ¿te salpicará de vida
el viaje efectivo del recuerdo?

¿La visión de futura alegría
veré bosquejarse en tu negrura?

Sólo sé que, interminable o breve,
reteñida de sombra o partida de esperanza,
cruzada de mensajes o muda,
llevarás el aroma
del adiós suave y grave
que supo clarear en la bruma.

VOZ AISLADA

DESTINO

Un oscuro impulso incendió mis bosques.
¿Quién me dejó sobre las cenizas?

Andaba el viento sin encuentros.
Emergían ecos mudos no sembrados.

Partieron el cielo pájaros sin nidos.
El último polvo nubló la frontera.

Inquieta y sumisa, me quedé en mi voz.

RESPUESTA

Yo también me interrogaba y nada en mí respondía.
Callaba toda
en un silencio claro y sellado.
Nada en mí afirmaba,
nada negaba en mí.
Me perfumaba una casta incertidumbre
que ascendía a mi canto.

TU, EL MINUSCULO

Pájaro pequeñísimo, que recién nacido me dieron,
cómo me causó asombro
ver en tu implume y breve cuerpo
la vida, tan perfecta,
que ya alzaba tus alas
en ensayo del ensayo del vuelo.

Mas fue mayor mi asombro
cuando estuviste plenamente quieto.
Confunde ver la inmensa muerte
entrar toda en un mínimo cuerpo.

Y aún me diste otro asombro:
tú, el minúsculo en la vida,
crecías hasta parecerme un gran muerto.
Caído en mi mano,
con sudario de luz de tarde,
crecías ante mis ojos abiertos y mudos.
Crecías en la nada
como si fueses por lo eterno.

BALADA DE LO QUE OI

No supe quién me lo dijo.
El acento, divino.

No supe quién me lo dijo.
No corrí tras los detalles
cuando oí lo infinito.

No supe quién me lo dijo.
Lo oí.
¡Dichoso el oído mío!

En ese instante se hizo en mí lo armonioso.
Lo que oí va eterno y limpio.

Y qué tremenda la gracia
de no saber quién me lo dijo.

EMOCION Y VENTAJA
DE LA PROBADA PROFUNDIDAD

Gracias a los que se fueron por la vereda oscura
moliendo las hojas tostadas.
A los que me dijeron: espéranos bajo ese árbol.

Gracias a los que se fueron a buscar fuego para sus cigarrillos
y me dejaron sola,
enredada en los soles pequeños de una sombra olorosa.
Gracias a los que se fueron a buscar agua para mi sed
y me dejaron ahí
bebiéndome el agua esencial de un mundo estremecido.
Gracias a los que me dejaron oyendo un canto enselvado
y viendo soñolienta los troncos bordados de lianas marchitas.
Ahora voy indemne entre las gentes.

TODA LA MAÑANA HA HABLADO EL VIENTO

Toda la mañana ha hablado el viento
una lengua extraordinaria.

He ido hoy en el viento.
Estremecí los árboles.
Hice pliegues en el río.
Alboroté la arena.
Entré por las más finas rendijas.
Y soné largamente en los alambres.

Antes —¿recuerdas?—
pasaba pálida por la orilla del viento. Y aplaudías.

MANDATO DEL CANTO

PIEDRAS

Limpias, manchadas, lucen en la arena
piedras que alternan con hundidos astros.
Los cristales relévanse viajeros
y ellas aman ser suelo de ese viaje.

Piedras de arroyo, al fondo y exhibidas,
pureza dura que se aduerme, echada,
al murmullo seguido y encimero.
Piedras ufanas de sus manchas límpidas.

Que se apeguen leales a su arena
y gocen el renuevo que las baña.

POEMAS PERSEVERANTES

EL TEJEDOR

Labor desparramada, manos jóvenes,
exacto sucesor, saber nacido.

¿Qué piensa el tejedor de red de luna
clavado en el pretil, frente a lo ancho?
Teje hoy sin charla, risa, copla, silbo,
sin letra en los suspiros de las treguas,
sin lazar a su linde lo profundo.

Remiro su perfil ido a su entraña.

Teje pausas de grillos y un unánime,
amargo olor que llega en soplos ralos.
Teje el matiz que burla su sigilo.
Teje la vaga sombra de sus dedos.

No debo interrogar su rostro ausente.

Ansiosa orillo su silencio libre
y bebo su tejer de llano y noche.

ANTONIO PORCHIA
[ARGENTINA, 1886-1968]

AUTOR DE UN libro único, *Voces,* con múltiples ediciones y algunas traducciones desde 1943, ha preferido la austeridad y la vivacidad del
aforismo y del fragmento para verter su visión del mundo sin que texto
alguno suyo esté escrito ni en verso ni en versículo. De ahí la conjetura sobre si es un poeta con un sistema imaginario y un lenguaje plas-
mado en el que se verifique «la fundación del ser por la palabra» o
si sus ejercicios enigmáticos y germinantes son más bien búsquedas,
atisbos, puntos de partida, en el arco casi siempre tenso de la paradoja y hasta de la ironía («Me enseñaron a ganarlo todo y a no perderlo
todo. Y menos mal que yo me enseñé, solo, a perderlo todo»), por
donde respira un pensamiento de naturaleza trágica. Cada palabra es
única e indispensable en un discurso parco y mágico, siempre lozano
en su profundidad, lo que hace decir a André Breton (*Entretiens,
1918-1952*): «Debo señalar que el pensamiento más dúctil de expresión española es, para mí, el de Antonio Porchia, argentino». Pero no
es, por cierto, la configuración aforística lo que le asigna a *Voces* un
lugar exclusivo en la poesía hispanoamericana contemporánea —pues
ya Huidobro, por ejemplo, en *Vientos contrarios,* 1926, y otros como él habían practicado un tratamiento poético extralírico—, sino la
genuinidad y la gracia expresiva de una creación verbal diferente, despojada de artificio, ajena a cualquier propósito originalista. «Nadie está
hecho de sí mismo; el nombre no interesa, la cantidad no interesa».
«Lo que llevo dentro de mi corazón no es lo que es mío, ni es lo que
no es mío; es lo que llevo dentro de mi corazón». Para aludir a sus
«voces» que hablaban por él y desde él dijo alguna vez: «Yo no hago
nada. Los textos se hacen en mí». Junto con agregar todavía: «Quien
se queda solo consigo mismo, se envilece». Así, pensamiento e imagen concurren en su obra con la misma intensidad que en los grandes
maestros orientales a quienes conoció muy tangencialmente aunque
se insiste en un registro de resonancias búdicas y taoístas en ella. Ad-
viértense asimismo afinidades de experiencia y de visión con Novalis
o Hebbel, aproximaciones a Kierkegaard. ¿Poeta metafísico, «metafísica

disfrazada»? No es raro que prevalezcan ahí figuras de pensamiento traspasadas de poeticidad en un proyecto incesante de abolir las contradicciones («Soy un habitante, ¿pero de dónde?»), *imago mundi* que esclarece acaso la adhesión bretoniana. Leer sus fragmentos, sus centenares de fragmentos, es dialogar con el enigma. «La poesía se hace no sabiéndola hacer».

BIBLIOGRAFIA

OBRA POETICA

Voces (1943). Desde entonces numerosas ediciones hasta el presente en Hachette, Buenos Aires.

ESTUDIOS CRITICOS

Daniel Barros: «Estar con Antonio Porchia». *Revista Vigilia*, Buenos Aires, Nº 6, abril-mayo, 1964.
Roberto Juarroz: «Antonio Porchia o la profundidad recuperada». Presentación y selección. *Plural*, Nº 47, agosto 1975. México.
Mario Morales: «Testimonio». *Revista Crisis*, Buenos Aires, Nº 37.
David Vogelman: «La vida detrás de las palabras», id.

VOCES

(Selección)

Mi pobreza no es total: falto yo.

*

Si no levantas los ojos, creerás que eres el punto más alto.

*

No hallé como quién ser, en ninguno. Y me quedé, así: como ninguno.

*

El mal de no creer es creer un poco.

*

Sé que no tienes nada. Por ello te pido todo. Para que tengas todo.

*

Vengo de morirme, no de haber nacido. De haber nacido me voy.

*

Dios mío, casi no he creído nunca en ti, pero siempre te he amado.

*

Si yo fuese como una roca y no como una nube, mi pensar, que es como el viento, me abandonaría.

*

Quien perdona todo ha debido perdonarse todo.

*

Me hicieron de cien años algunos minutos que se quedaron conmigo, no cien años.

*

Se vive con la esperanza de llegar a ser un recuerdo.

*

Casi no he tocado el barro y soy de barro.

Se pueden tender puentes para salvar vacíos, pero no en un total vacío como tu total vacío.

*

Cuando no me hago daño, temo hacer daño.

*

En la calle, nada más que la calle, y en tu casa, nada. Ni la calle.

*

Estoy tan poco en mí, que lo que hacen de mí, casi no me interesa.

*

Donde hemos puesto algo, siempre creemos que hay algo, aunque no haya nada.

*

Hombres y cosas, suben, bajan, se alejan, se acercan. Todo es una comedia de distancias.

*

¿Es tanto lo que no sé? ¿Y cómo? ¿Es que alguna vez habré sabido tanto, que es tanto lo que no sé?

*

Si pudiera dejar todo como está, sin mover ni una estrella, ni una nube. ¡Ah, si pudiera!

*

Las certidumbres sólo se alcanzan con los pies.

*

El hombre, cuando sabe que es una cosa cómica, no ríe.

*

En mi silencio sólo falta mi voz.

*

En todas partes mi lado es el izquierdo. Nací de ese lado.

No me hables. Quiero estar contigo.

*

Cuando me llaman «mío», no soy nadie.

*

Hasta el más pequeño de los seres lleva un sol en los ojos.

*

Para librarme de lo que vivo, vivo.

*

Si eres bueno con éste, con aquél, éste, aquél dirán que eres bueno.
Si eres bueno con todos, nadie dirá que eres bueno.

*

Para los que mueren, esta tierra es lo mismo que la más lejana estrella.
No debiera preocuparnos tanto lo que sucede... en la más lejana estrella.

*

Cuanto vuelve, no vuelve todo, ni aun volviendo todo.

*

He perdido doble, porque también he ganado.

*

Quien hace un paraíso de su pan, de su hambre hace un infierno.

*

Mi alma tiene todas las edades, menos una: la de mi cuerpo.

*

Y si es tan veloz el cambiar de las cosas, cuando vemos las cosas no
vemos las cosas. Vemos el cambiar de las cosas.

*

Los sí y los no son eternidades que duran momentos.

La piedra que tomo en mis manos absorbe un poco de mi sangre y palpita.

*

Solamente donde puedo estar todo siento que está todo. Y a veces hasta en nada puedo estar todo. Y a veces ni en todo puedo estar todo.

*

Comprendo que la mentira es engaño y la verdad no. Pero a mí me han engañado las dos.

*

Todas las cosas pronuncian nombres.

*

Cuando las estrellas bajan, ¡qué triste es bajar los ojos para verlas!

*

Me iré de ti, pero tú no te vayas de mí. Porque me iré de ti como me voy de todo, sin que nada se vaya de mí.

*

Esos muy diminutos seres que viven un corto momento, sabemos que viven un corto momento, pero no sabemos si viven cien largos años en el corto momento que viven.

JORGE CARRERA ANDRADE
[ECUADOR, 1903-1978]

CONSIDERADO CON Gonzalo Escudero, Alfredo Gargotena, César Dávila Andrade y Jorge E. Adoum, uno de los más destacados poetas ecuatorianos del siglo.

Observador minucioso, su poesía es una mirada al mundo en un intento por descifrarlo a través de los objetos que son «revelaciones cósmicas», «la vida». Se detiene en ellos «con pasión de miniaturista, de acuarelista» (Vladimiro Rivas), identificándolos con la vida, como nos dice en «El objeto y su sombra», representativo de su arte poética. Los objetos señalan el paso del tiempo, la presencia de la muerte. Sin embargo esa presencia no llega a romper la atmósfera suave, carente de dramatismo, que caracteriza su poesía. Su lenguaje, elemental pero cargado de significación, está impregnado del misterio que emana de las cosas aparentemente más simples: pequeños animales y frutos, flores, elementos del paisaje... Como dice Juan Liscano: «la poesía de Carrera Andrade vive la existencia multiforme de la tierra toda y es, en la lírica de América, un canto luminoso, dionisíaco, sensual, fluyente, a las formas del mundo (...). Sus versos terrestres, en el mejor sentido de esta palabra, son una afirmación generosa, sanísima, exuberante de euforia tropical».

Sus primeros poemas (1917-1920), de influencia clásica, no le satisfacen. Evoluciona «desde sus orígenes bucólicos y, postmodernistas» hacia una atmósfera más elíptica y sugerente, menos nombradora, a través de la cual se manifiesta la evolución existencial del propio poeta: «Dónde estuviste soledad, / que no te conocí hasta los veinte años». En 1928, bajo la irrefrenable necesidad de trascender lo local, viaja a Europa; quiere deambular por «la biblioteca de tejados de los pueblos». «Entonces —dice— se me reveló la poesía de viaje y me inicié en la magia verde de la geografía (...). La criatura transparente e infantil de mi poesía tuvo que tragar mucha agua salada y trepar en la jarcias y bajar en cada puerto». Puede aprehender cuanto le rodea, se autodefine como «una mina de amor al universo / el más rico de todos los caudales». Se encuentra invadido por las cosas: «cuando desciendo al fondo de mí mismo / los objetos me asedian».

Su poesía de viaje está llena de soledad y de asombro ante el contacto de lugares y cosas. Una cierta religiosidad parece brotar del ámbito familiar, de creencias y tradiciones ancestrales, y se irá acentuando con el tiempo. Tampoco escapa, al universo de su poesía, el tema de la mujer y el amor, otro tema en su poesía.

La mirada, de gran importancia, porque a través de ella penetra el mundo, se prolonga en la presencia de la ventana, relacionada con el universo y la libertad: «No poseo otro bien que la ventana / que quiere ser a medias campo y cielo» / «ventanas, puertas, claraboyas... / cómplices de mi evasión de cada día».

Su poesía también se hace eco de la problemática social —especialmente entre 1930 y 1935. La realidad política, los dolores de la guerra, también tienen cabida en ella, así como todos los fenómenos importantes: ...«celebra la naturaleza (así como) esos nuevos protagonistas de la historia contemporánea: las máquinas, las grandes muertes, las manifestaciones callejeras y aun las armas».

A partir del 45 —señalan sus críticos— recoge sus invenciones y visiones más memorables. Su retórica evoluciona hacia formas más complicadas. El lenguaje, «exacta medida del mundo», sin embargo no puede contenerlo todo; en él no hay esencia: hay solo cáscaras. Tras un lenguaje aparentemente fácil, bajo el dominio del poeta, sentimos un cuidadoso trabajo con aquél, que llega a alcanzar —casi en sus inicios— una concentración cercana al haikai, como lo vemos en los «Microgramas».

En sus últimos libros se siente una visión más intelectual. La vitalidad creadora de la palabra parece ir dejando paso a la conceptualización. Se repite, va perdiendo misterio poético, intuición para dejar lugar a las evidencias y hasta a cierta palabra moralizante.

BIBLIOGRAFIA

OBRA POETICA

El estanque inefable (1922); *La guirnalda del silencio* (1926); *Boletines de mar y tierra* (1930); *Rol de la manzana* (1935); *El tiempo manual* (1935); *Biografía para uso de los pájaros* (1937); *La hora de las ventanas iluminadas* (1937); *País secreto* (1940); *Registro del mundo* (1940); *Microgramas* (1940); *Aquí yace la espuma* (1950); *Lugar de origen* (1951); *Dictado por el agua* (1951); *Familia de la noche* (1954); *Edades poéticas* [1922-1956] (edición definitiva, 1958); *Hombre planetario* (1959); *Floresta de los guacamayos* (1964); *Crónica de las Indias* (1965); *Misterios naturales* (1972); *Vocación terrena* (1972), *Obra poética completa* (Quito, Casa de la Cultura Ecuatoriana, 1976).

ESTUDIOS CRITICOS

René L. F. Durand: *Jorge Carrera Andrade*. París, Editions Seghers, 1969 (Collection «Poètes d'Aujourd'hui», N° 156).

Vicente Gerbasi: «Carrera Andrade: poesía o magia», *Revista de América*. Bogotá, VI, 1964.

Juan Liscano: Nota introductoria a *Lugar de origen*, de J. Carrera Andrade. Caracas, Suma. 1945, p. 7-11.

Vladimiro Rivas Iturralde: «Obra poética completa de Jorge Carrera Andrade» en *Vuelta*, México, N° 20, 1978.

Pedro Salinas: «Registro de Jorge Carrera Andrade» en *Ensayos de literatura hispánica*. Madrid, Aguilar, 1961.

Antonio de Undurraga: «La órbita poética de Jorge Carrera Andrade». En *Revista Iberoamericana*, Pittsburgh, IV, 1942.

MICROGRAMAS

COLIBRI

El colibrí,
aguja tornasol,

pespuntes de luz rosada
en el tallo temblón

con la hebra de azúcar
que saca de la flor.

TORTUGA

La tortuga en su estuche amarillo
es el reloj de la tierra
parado desde hace siglos.

Abollado ya se guarda
con piedrecillas del tiempo
en la funda azul del agua.

NUEZ

Nuez: sabiduría comprimida
diminuta tortuga vegetal,
cerebro de duende
paralizado por la eternidad.

MOSCARDON

Moscardón: uva con alas.
Con tu mosto de silencio
el corazón se emborracha.

GOLONDRINA

Ancla de plumas
por los mares del cielo
la tierra busca.

LAGARTIJA

Lagartija:
amuleto de plata
o diablillo con bocio,
criatura del alba.

Memoria de las ruinas,
fugaz mina animada,
calofrío del campo,
lagartija misántropa.

REGISTRO DEL MUNDO

EL OBJETO Y SU SOMBRA

Arquitectura fiel del mundo,
realidad, más cabal que el sueño.
La abstracción muere en un segundo:
sólo basta un fruncir del ceño.

Las cosas. O sea la vida.
Todo el universo es presencia.
La sombra al objeto adherida
¿acaso transforma su esencia?

Limpiad el mundo —ésta es la clave—
de fantasmas del pensamiento.
Que el ojo apareje su nave
para un nuevo descubrimiento.

BOLETINES DE MAR Y TIERRA

BIOGRAFIA

La ventana nació de un deseo de cielo
y en la muralla negra se posó como un ángel.
Es amiga del hombre
y portera del aire.

Conversa con los charcos de la tierra,
con los espejos niños de las habitaciones
y con los tejados en huelga.

Desde su altura, las ventanas
orientan a las multitudes
con sus arengas diáfanas.

La ventana maestra
difunde sus luces en la noche.
Extrae la raíz cuadrada de un meteoro,
suma columnas de constelaciones.

La ventana es la borda del barco de la tierra:
la ciñe mansamente un oleaje de nubes.
El capitán Espíritu busca la isla de Dios
y los ojos se lavan en tormentas azules.

La ventana reparte entre todos los hombres
una cuarta de luz y un cubo de aire.
Ella es, arada de nubes,
la pequeña propiedad del cielo.

PUERTO EN LA NOCHE

En los barriles duerme un sueño de ginebra.
Los barriles de noche tienen el vino triste
y añoran el descanso tibio de la bodega.

Huele el aire del muelle como un cesto de ostiones
y es una red oscura puesta a secar la noche.

Los mástiles son cañas para pescar estrellas
y las barcazas sólo son canastas de pesca.

La lámpara de abordo
salta como un gran pez
chorreando sobre el puente su fulgor escamoso.

Pequeñas lucecitas navegan en la noche,
como si un contrabando de muertos
llevaran sobre el agua los siniestros lanchones.

PAIS SECRETO

SOLEDAD HABITADA

La soledad marina que convoca a los peces,
la soledad del cielo herida de alas,
se prolongan en ti sobre la tierra,
soledad despoblada, soledad habitada.

Las hojas de árbol solas cada una en su sitio,
saben que les reservas una muerte privada.
No te pueden tragar, a mordiscos de música,
con su boca redonda el pez y la guitarra.

Cargada de desierto y de poniente
andas sobre el planeta, de viento disfrazada,
llenando cuevas, parques, dormitorios
y haciendo suspirar a las estatuas.

A tu trampa nos guías
con tu lengua de pájaro o lengua de campana.
En tu red prisioneros para siempre,
roemos el azul de la infinita malla.

Te hallas en todas partes, Soledad,
única patria humana.
Todos tus habitantes llevamos en el pecho
extendido tu gris, inmensurable mapa.

AQUI YACE LA ESPUMA

VIAJE DE REGRESO

Mi vida fue una geografía
que repasé una y otra vez,
libro de mapas o de sueños.
En América desperté.

¿Soñé acaso pueblos y ríos?
¿No era verdad tanto país?
¿Hay tres escalas en mi viaje:
soñar, despertar y morir?

Me había dormido entre estatuas
y me hallé solo al despertar.
¿Dónde están las sombras amables?
¿Amé y fui amado de verdad?

Una geografía de sueño,
una historia de magia fue.
Sé de memoria islas y rostros
vistos o soñados tal vez.

Sobre el botín del universo
—fruta, mujer, inmensidad—
se echaron todos mis sentidos
como ebrios corsarios del mar.

En un puerto, joven desnuda,
forma cabal, por fin te hallé:

en tu agua grande, estremecida,
yo saciaba mi humana sed.

Luego fue la niña de trigo,
fue la doncella vegetal;
mas, siempre, desde cada puerta
me llamaba la Otra eternal.

Desde la nieve a la palmera
la tierra de ciudades vi.
Dios limpiaba allí las ventanas
y nadie quería morir.

Vi la seca tierra del toro
—postrer refugio del azul—
y el país donde erige el pino
su verde obelisco a la luz.

¿Soñé ese rostro sobre el muro,
esa mano sobre mi piel,
ese camino de manzanas
y palomas, soñé, soñé?

¿Las bahías cual rebanadas
de una sandía de cristal
y sus islas como semillas
fueron un sueño y nada más?

¿Ceniza mortal este polvo
que se adhiere aún a mis pies?
¿No fueron puertos sino años
los lugares en donde anclé?

En los más distintos idiomas
sólo aprendí la soledad
y me gradué doctor en sueños.
Vine a América a despertar.

Mas, de nuevo arde en mi garganta
sed de vivir, sed de morir
y humilde doblo la rodilla
sobre esta tierra del maíz.

Tierra de frutas y de tumbas,
propiedad única del sol:
Vengo del mundo —¡oh largo sueño!—
y un mapa se enrolla en mi voz.

FAMILIA DE LA NOCHE

FAMILIA DE LA NOCHE

I

Si entro por esta puerta veré un rostro
ya desaparecido, en un clima de pájaros.
Avanzará a mi encuentro
hablándome con sílabas de niebla,
en un país de tierra transparente
donde medita sin moverse el tiempo
y ocupan su lugar los seres y las cosas
en un orden eterno.

Si contemplo este árbol, desde el fondo
de los años saldrá una voz dormida,
voz de ataúd y oruga
explicando los días
que a su tronco y sus hojas hincharon de crepúsculos
ya maduros de hormigas en la tumba
donde la Dueña de las Golondrinas
oye la eterna música.

¿Es con tu voz nutrida de luceros
gallo, astrólogo ardiente,
que entreabre la cancela de la infancia?

¿O acaso es tu sonámbula herradura
caballo anacoreta del establo,
que repasa en el sueño los caminos
y anuncia con sus golpes en la sombra
la cita puntual del alba y del rocío?

Estación del maíz salvado de las aguas.
La mazorca, Moisés vegetal en el río
iba a lavar su estirpe fundadora de pueblos
y maduraba su oro protegido por lanzas.
Parecían los asnos
volver de Tierra Santa,
asnos uniformados de silencio
y de polvo, vendiendo mansedumbre en canastas.

Grecia, en el palomar daba lecciones
de alada ciencia. Formas inventaban,
celeste geometría,
las palomas alumnas de la luz.
Egipto andaba en los escarabajos
y en los perros perdidos que convoca la noche
a su asamblea de almas y de piedras.
Yo, primer hombre, erraba entre las flores.

En esa noche de oro
que en pleno día teje la palmera
me impedían dormir, Heráclito, tus pasos
que sin fin recomienzan.
Las ruinas aprendían de memoria
la odisea cruel de los insectos,
y los cuervos venidos de las rocas
me traían el pan del evangelio.

Un dios lacustre andaba entre los juncos
soñando eternidades
y atesorando cielos bajo el agua.
La soledad azul contaba pájaros.

Dándome la distancia en un mugido
el toro me llamaba de la orilla.
Sus pisadas dejaban en la tierra
en cuencos de agua idénticos, muertas mitologías.
En su herrería aérea las campanas
martillaban espadas rotas de la Edad Media.
Las nubes extendían nuevos mapas
de tierras descubiertas.
Y a mediodía, en su prisión de oro,
el monarca de plumas
le pedía a la muerte que leyera
el nombre de ese Dios escrito sobre la uña.

Colón y Magallanes vivían en una isla
al fondo de la huerta
y todos los salvajes del crepúsculo
sus plumajes quemaban en la celeste hoguera.
¿Qué queda de los fúlgidos arneses
y los nobles caballos de los conquistadores?
¡Sólo lluvia en los huesos carcomidos
y un relincho de historia a medianoche!

En el cielo fluía el Amazonas
con ribereñas selvas de horizonte.
Orellana zarpaba cada día
en su viaje de espumas y tambores
y la última flecha de la luz
hería mi ojo atento,
fray Gaspar de las nubes, cronista del ocaso
en esa expedición fluvial del sueño.

Por el cerro salía en procesión la lluvia
en sus andas de plata.
El agua universal pasaba la frontera
y el sol aparecía prisionero entre lanzas.

Mas, el sordo verano por sorpresa
ocupaba el país a oro y fuego
y asolaban poblados y caminos
Generales de polvo con sus tropas de viento.

II

Tu geografía, infancia, es la meseta
de los Andes, entera en mi ventana
y ese río que va de fruta en roca
midiendo a cada cosa la cintura
y hablando en un lenguaje de guijarros
que repiten las hojas de los árboles.
En los montes despierta el fuego planetario
y el dios del rayo come los cereales.

¡Alero del que parten tantas alas!
¡Albarda del tejado con su celeste carga!
El campo se escondía en los armarios
y en todos los espejos se miraba.
Yo recibía al visitante de oro
que entraba, matinal, por la ventana
y se iba, oscurecido, pintándote de ausencia
¡alero al que regresan tantas alas!

En esa puerta, madre, tu estatura
medías, hombro a hombro, con la tarde
y tus manos enviaban golondrinas
a tus hijos ausentes
preguntando noticias a las nubes,
oyendo las pisadas del ocaso
y haciendo enmudecer con tus suspiros
los gritos agoreros de los pájaros.

¡Madre de la alegría de la tierra,
nodriza de palomas,
inventora del sueño que consuela!
Madrugadores días, aves, cosas
su desnudez vestían de inocencia
y en tus ojos primero amanecían
antes de concurrir a saludarnos
con su aire soleado de familia.

689

Imitaban las plantas y los pájaros
tus humildes afanes. Y la caña de azúcar
nutría su raíz más secreta en tu sien,
manantial primigenio de dulzura.
A un gesto de tus manos milagrosas
el dios de la alacena te entregaba sus dones,
Madre de las manzanas
y del pan, Madre augusta de las trojes.

¡Devuélveme el mensaje de los tordos!
No puedo vivir más sin el topacio
del día ecuatorial.

¡Dame la flor que gira desde el alba al ocaso,
yacente Dueña de las Golondrinas!
¿Dónde está la corona de abundancia
que lucían los campos? Ya sólo oro
difunto en hojarasca pisoteada.

III

Aquí desciendes, padre, cada tarde
del caballo luciente como el agua
con espuma de marcha y de fatiga.
Nos traes la ciudad bien ordenada
en números y rostros: el mejor de los cuentos.

Tu frente resplandece como el oro,
patriarca, hombre de ley, de cuyas manos
nacen las cosas en su sitio propio.
Cada hortaliza o árbol,
cada teja o ventana, te deben su existencia.
Levantaste tu casa en el desierto,
correr hiciste el agua, ordenaste la huerta,
padre del palomar y de la cuadra,
del pozo doctoral y del umbroso patio.
En tu mesa florida de familia
reía tu maíz solar de magistrado.

Mas, la muerte, de pronto
llegó al patio espantando las palomas
con su caballo gris y su manto de polvo.
Azucenas y sábanas, entre luces atónitas,
de nieve funeral
el dormitorio helaron de la casa.
Y un rostro se imprimió para siempre en la noche
como una hermosa máscara.

Es el pozo, privado de sus astros
noche en profundidad, cielo vacío.
Y el palomar y huerta ya arrasados
se llaman noche, olvido.
Bolsa de aire no más, noche con plumas
es el muerto pichón. Se llama noche
el paisaje abolido. Sólo orugas habitan
la noche de ese rostro yacente entre las flores.

DICTADO POR EL AGUA

I

Aire de soledad, dios transparente
que en secreto edificas tu morada
¿en pilares de vidrio de qué flores?
¿sobre la galería iluminada
de qué río, qué fuente?
Tu santuario es la gruta de colores.
Lengua de resplandores
hablas, dios escondido,
al ojo y al oído.
Sólo en la planta, el agua, el polvo asomas
con tu vestido de alas de palomas
despertando el frescor y el movimiento.
En tu caballo azul van los aromas,
Soledad convertida en elemento.

II

Fortuna de cristal, cielo en monedas,
agua, con tu memoria de la altura,
por los bosques y prados
viajas con tus alforjas de frescura
que guardan por igual las arboledas
y las hierbas, las nubes y ganados.
Con tus pasos mojados
y tu piel de inocencia
señalas tu presencia
hecha toda de lágrimas iguales,
agua de soledades celestiales.
Tus peces son tus ángeles menores
que custodian tesoros eternales.

III

Doncel de soledad, oh lirio armado
por azules espadas defendido,
gran señor con tu vara de fragancia,
a los cuentos del aire das oído.
A tu fiesta de nieve convidado
el insecto aturdido de distancia
licor de cielo escancia,
maestro de embriagueces
solitarias a veces.
Mayúscula inicial de la blancura:
De retazos de nube y agua pura
está urdido su cándido atavío
donde esplenden, nacidos de la altura
huevecillos celestes de rocío.

IV

Sueñas, magnolia casta, en ser paloma
o nubecilla enana, suspendida
sobre las hojas, luna fragmentada.

Solitaria inocencia recogida
en un nimbo de aroma.
Santa de la blancura inmaculada.
Soledad congelada
hasta ser alabastro
tumbal, lámpara o astro.
Tu oronda frente que la luz ampara
es del candor del mundo la alquitara
donde esencia secreta extrae el cielo.
En nido de hojas que el verdor prepara,
esperas resignada el don del vuelo.

V

Flor de amor, flor de ángel, flor de abeja,
cuerpecillos medrosos, virginales
con pies de sombra, amortajados vivos,
ángeles en pañales.
El rostro de la dalia tras su reja,
los nardos que arden en su albura, altivos,
los jacintos cautivos
en su torre delgada
de aromas fabricada,
girasoles, del oro buscadores:
lenguas de soledad, todas las flores
niegan o asienten según habla el viento
y en la alquimia fugaz de los olores
preparan su fragante acabamiento.

VI

¡De murallas que viste el agua pura
y de cúpula de aves coronado
mundo de alas, prisión de transparencia
donde vivo encerrado!
Quiere entrar la verdura
por la ventana a pasos de paciencia,
y anuncias tu presencia

con tu cesta de frutas, lejanía.
Mas cumplo cada día,
Capitán del color, antiguo amigo
de la tierra, mi límpido castigo.
Soy a la vez cautivo y carcelero
de esta celda de cal que anda conmigo,
de la que, oh muerte, guardas el llavero.

VOCACION TERRENA

MUNDO 1980

Millares de personas
        iguales
sentadas en sillas
        iguales
en cafés y bares
        iguales.

Millares de vitrinas
        iguales
sobre calles y plazas
        iguales
en ciudades y pueblos
        iguales.

Sólo la nube finge
        una isla
poblada de figuras
        distintas.

GOLONDRINAS

Que me busquen mañana.
Hoy tengo cita con las golondrinas.
En las plumas mojadas por la primera lluvia
llega el mensaje fresco de los nidos celestes.
La luz anda buscando un escondite.
Las ventanas voltean páginas fulgurantes
que se apagan de pronto en vagas profecías.
Mi conciencia fue ayer un país fértil.
Hoy es campo de rocas.
Me resigno al silencio
pero comprendo el grito de los pájaros
el grito gris de angustia
ante la luz ahogada por la primera lluvia.

MARTIN ADAN
[PERU, 1908-1985]

AUNQUE NO PUBLICA su primer libro de poemas sino en 1939, la labor poética de Martín Adán se inicia mucho antes. Entre 1927 y 1929, aparecen textos suyos en la célebre revista *Amauta*, que dirigía José Carlos Mariátegui, el gran ensayista peruano, animador de la estética de vanguardia, quien, además, había reconocido los valores de Eguren y de Vallejo. Por esa misma época, en 1928, aparece también su novela *La casa de cartón*, cuya estructura inusual —inspirada en experimentos joycianos— sólo muy recientemente la crítica ha llegado a apreciar como uno de los antecedentes de la nueva narrativa hispanoamericana. Todavía antes de su primer volumen de poemas, presenta, en 1938, ante la Universidad Mayor de San Marcos, su tesis *De lo barroco en el Perú* (que no se editará sino treinta años después, en 1968). Ya este estudio revelaba sus vastos conocimientos, la complejidad y sutileza de su erudición, la perspicacia para comprender (anticipándose a Lezama Lima) la verdadera naturaleza del barroco en América; revelaba también la estirpe de lo que ya era o iba a ser su propia poesía. «Somos románticos —afirmaba— a lo barroco, por esencia y por hado; no podemos sino serlo, y es de creer que lo seremos siempre; y todo esto es energía y muerte que hemos de ordenar en principio y fin de agonía poética y vida humana, en clasicismo compulsivo y antiperistáltico». En otro pasaje, no menos significativo, añadía: «Literatura es orden en la letra, cierto orden artificioso; y como natural, aun cuando deliberadamente artificioso; la máquina del reloj de la gramática; corazón hechizo, delicado y durísimo, complejo y unívoco». ¿No decía André Gide que un clásico es un romántico que ha logrado disciplinarse a través de la forma? En su primera época, y aún después, Martín Adán cultiva el rigor formal a través de la décima (la espinela) y el soneto; pero su forma es siempre barroca: la palabra ajustada y desajustada, que dice y no dice, y cuya abstracta estructura se vuelve vertiginosa, irreductible. Por ello, al presentarlo en *Amauta*, de manera profética, Mariátegui destacaba en la poesía de Martín Adán dos cosas. Por una parte, «el disparate puro» como signo de la quiebra de una filosofía y un espíritu coherentes: la manera de «inventar un nuevo orden»; por la otra, el cultivo del soneto como una suerte de rebelión: «Barroco, culterano, gongorino, Martín Adán salió en busca del soneto para descubrir el antisoneto», para convertirlo en «cáscara pura». A partir de 1964, los cambios en la poesía de Martín Adán son todavía más radicales —¿o se trata simplemente del desarrollo de lo que estaba implícito en ella? Es el tránsito (como lo ha indicado la crítica: cf. Julio Ortega) del motivo de *la rosa* al de *la piedra*: la rosa como símbolo del deseo (y de la perfección); la piedra como lo inescrutable (y por ello mismo nos angustia). Su poesía, en todo caso, se hace más «agonía poética y vida humana»; su tono mismo cambia: verso libre, tono conversacional; pasión y desengaño. A pocos años de la aparición de «Alturas de Machu Picchu», de Neruda, se enfrenta al mismo tema y escribe *La mano desasida* (1964); canto a Machu Picchu que no discurre como un himno exaltante sino como una meditación trágica e irónica: la del hombre moderno que ha perdido el sentido de lo sagrado, y, sin embargo, quisiera rescatarlo, más allá de dogmas históricos. *La piedra absoluta* (1966), en un tono más subjetivo aún, prosigue esa meditación.

Martín Adán, como puede apreciarse, no es el poeta de la plenitud, mucho menos el de la plenitud arrogante. El sentido de *lo desasido* y de *lo absoluto* (irrecuperable) corroen su poesía, al mismo tiempo que la hacen más humana. Martín Adán no busca representar a un continente en tanto que Historia; apenas trata de encarnar el extrañamiento de toda Historia y de todo hombre —esa forma radical del exilio metafísico del ser en el mundo. Así, no es raro que como colofón de sus sonetos *Travesía de extramares* (que luego repite casi al inicio de *La piedra absoluta*) ponga esta suerte de inscripción: «Poesía no dice nada: / Poesía está callada, / Escuchando su propia voz». Con lo que quería subrayar, sin duda, la paradoja de la poesía misma.

Dentro de esa paradoja se desarrolla, igualmente, la vida de Martín Adán: seudónimo de Rafael de la Fuente Benavides. El personaje real que pertenece a una de las familias aristocráticas del Perú y renuncia a todo privilegio, para optar por la marginalidad: el desvarío, el sinsentido, el disparate (puro) de la poesía. («Absurdo, sólo tú eres puro», diría Vallejo).

BIBLIOGRAFIA

OBRA POETICA

La rosa de la espinela (1939); *Travesía de extramares (sonetos a Chopin)* (1950); *Escrito a ciegas* (1961); *La mano desasida; canto a Machu Picchu* (1964; versión completa, 1980); *La piedra absoluta* (1966); *Diario de poeta* (1975); *Poemas escogidos* (1983); *Obra poética [1928-1971]* (Lima, Instituto Nacional de Cultura, 1971; con una selección de juicios críticos); *Obra poética [1927-1971]* (Prólogo de Edmundo Bendezú. Lima, Instituto Nacional de Cultura, 1976), *Obra poética* (Prólogo de Ricardo Silva-Santisteban. Lima, Edubanco, 1980).

ESTUDIOS CRITICOS

Edmundo Bendezú Aibar: *La poética de Martín Adán*. Lima, Talleres Gráficos de P. L. Villanueva, 1969.

Alberto Escobar: En *La partida inconclusa o la lectura literaria*. (2da. edición) Lima, Instituto Nacional de Cultura, 1976.

Américo Ferrari: *Martín Adán: Poesía y realidad*. París, Editions Hispaniques, 1975.

Juan Larrea: En *Del surrealismo a Machupicchu*. México, Joaquín Mortiz, 1967.

Mirko Lauer y Abelardo Oquendo: En *Surrealistas y otros poetas insulares*. Prólogo de Julio Ortega. Barcelona, Ocnos, 1973.

Julio Ortega: «Lectura de la tradición», en *Figuración de la persona*. Barcelona, Edhasa, 1971.

Emilio Adolfo Westphalen: «Homenaje a Martín Adán», en *Amaru*, Lima, N° 9, marzo de 1969.

LA ROSA DE LA ESPINELA

NAVE

Aus Büschen, wo die Götter gerne
Sich in die Schatten senken,
Wenn sie in heilig stiller Ferne
Der Menschen Glück bedenken.

Lenau

La rosa arriba... altura,
No ola, no ala... el puerto al bote...
De lastre sólo de flote,
Descargada de figura...
Más velera nao y segura...
Varada hondo en la brisa,
A ancla de esencia remisa,
Surta a prora de su avance,
Vuelta un vaivén y un balance,
Dársena de la sonrisa!...

ANTRO

¿Cómo, Cosa, así... vacía,
A cima de espina y pena,
Como ninguna... serena:
Deshumana todavía?...
¿Dónde el dios y su agonía!...
¿Dónde la tumba y la esposa!...
¿Dónde la lengua gloriosa!...
¿Dónde el azar que a ti se eche!...
¿Dónde la sangre y la leche!...
¿Dónde, Capullo de Rosa?...

AGUIJON

Ella no sigue por él,
Sino a sí misma, virtual...
A la agonía infernal,
En la rosa de papel.
Y mana, amarga, la miel
El duro dardo de ardor;
Cursa entrañable labor,
Por restañar el herir,
Y jamás para a morir
La abeja del sinsabor.

BALA

¡Ven a gritar, el Poeta,
A claridad horrorosa,
Gritando como la rosa
Mirada de anacoreta!
Esa faz, lívida, quieta,
Es, a raíz del respiro,
La que mira, la que miro,
Mirándote, muda, mala,
Dios vivo, que cayó un ala,
Y no adivina del tiro.

CAUCE

Dans le grand ciel, plein de silence.

Coppée

Heme triste de belleza,
Dios ciego que haces la rosa,
Con mano que no reposa
Y de humano que no besa.
Adonde la rosa empieza,

Curso en la substancia misma,
Corro: ella en mí se abisma:
Yo en ella: entramos en pasmo
De dios que cayó en orgasmo
Haciéndolo para cisma.

CINCEL

El pétalo, que palpita,
Entallando intensidad,
Tiró a brío y brevedad
La materia hermafrodita.
Sexo de forma infinita,
En un ejemplo que crece,
Va a parecer do perece:
Con millonésimo escorzo,
Curvo y crispado en un torso,
Mútilo de belvedere.

FLECHA

¿Noche la clara desdicha,
Rosa, el cuello, el hacha,
El ay que cae en la racha,
El ya de boca redicha?...
¡Pasmo de lance de dicha
De instinto de mar a acecho
De instante de amor sin lecho,
Ganada de espasmo en lucha,
A gañida ausencia escucha,
Y flecha con do de pecho!

ALA

¿Ala alguna y tormentosa,
Recogida, proyectada,

Nunca batida en nada,
Y siempre írrita rosa!...
Salió del cero la diosa,
Intemperada natura,
Interminable creatura...
Y va, ávida mitad,
Rodando en ubicuidad,
Ovillo de envergadura.

VIATICO

¡Dime tú, Lucero, Lodo,
La mentira inverecunda:
Que unicidad es fecunda,
Que tu nombre lo hizo todo!
¡Dame sinfín de acomodo
En tu raigambre, viajera
Por nombre de primavera,
Que anda en rosa cada una,
Novando la nueva alguna
A soledad verdadera!

PUNTO

At length the man perceives it dies away,
And fades into the ligth of common day.

Wordsworth

Pues la rosa venidera,
Próspero seno errabundo,
Fruto y flor y amante y mundo,
Lírica, acoge si espera.
Punto en que pulula esfera
De épico tacto, futura,
La facción de la Hermosura
Va, derechera y estable,
Derrota inconmensurable
De celestial singladura.

TRAVESIA DE EXTRAMARES

PRIMA RIPRESA

En mi mano pris' una flor,
sabet non toda la peyor,
e quis' cantar de fin amor.

De «Razón d'Amor»

Afin que vif et mort ton corps ne soit
que roses.

Ronsard

(—Heme así... mi sangre sobre el ara
De la rosa, de muerte concebida,
Que, de arduo nombre sombra esclarecida,
Palio de luz, de mi sombra me ampara).

(—Heme así... de ciego que llameara,
Al acecho de aurora prevenida,
Desbocando la cuenca traslucida,
Porque sea la noche mi flor clara).

(—Abrumado de ál, sordo por quedo,
He de poder así, en la noche obscura,
Ya con cada yo mismo de mi miedo).

(—Despertaré a divina incontinencia,
Rendido de medida sin mensura,
Abandonado hasta de mi presencia...).

SECONDA RIPRESA

...la rosa que no quema el aire.

Zafra

du coeur en ciel du ciel en roses.

Apollinaire

—Tornó a su forma y aire... desparece,
Ojos cegando que miraban rosa;
Por ya ser verdadera, deseosa...
Pasión que no principia y no fenece.

—Empero la sabida apunta y crece,
De la melancolía del que goza,
Negando su figura a cada cosa,
Oliendo como no se desvanece.

—Y vuelve a su alma, a su peligro
eterno,
Rosa inocente que se fue y se exhibe
A estío, a otoño, a primavera, a invierno...

—¡Rosa tremenda, en la que no se
quiere!...
¡Rosa inmortal, en la que no se vive!...
¡Rosa ninguna, en la que no se muere!...

TERZA RIPRESA

T'is she!...

Pope

Aimai-je un rêve?...

Mallarmé

—No una de blasón o de argumento,
Sino la de su gira voluptuosa,
Es la que quiero apasionada rosa...
Integra en mí la que compone el viento.

—Miro la innumerable en el momento;
En la ruina del redor, la hermosa;
En nada, la prevista... mas la cosa
Siempre me ciñe donde yo me ausento.

—¡Sus, Los Sueños, sutiles y veloces,
Con que logro, a los últimos desvíos,
El cuerpo inanimado de los goces!...

—¡Sus, huid si la noche ya campea!...
¡Pero antes me cobrad, Galgos Hastíos,
Alguna rosa que la mía sea!

QUARTA RIPRESA

Bien sabe la rosa en qué mano se posa.

Refrán de Castilla

*Viera estar rosal florido,
cogí rosas con sospiro:
vengo del rosale*

Gil Vicente

—La que nace, es la rosa inesperada;
La que muere, es la rosa consentida;
Sólo al no parecer pasa la vida,
Porque viento letal es la mirada.

—¡Cuánta segura rosa no es en nada!...
¡Si no es sino la rosa presentida!...
¡Si Dios sopla a la rosa y a la vida
Por el ojo del ciego... rosa amada!...

—Triste y tierna, la rosa verdadera
Es el triste y el tierno sin figura,
Ninguna imagen a la luz primera.

—Deseándola deshójase el deseo...
Y quien la viere olvida, y ella dura...
¡Ay, que es así la Rosa, y no la veo!...

706

QUINTA RIPRESA

I knew to be by demon Poesy.

Keats

...gieb uns blöde Augen
Für Dinge, die nichts taugen,
Und Augen voller Klarheit
In alle deine Wahrheit!

Kierkegaard

—Recién aparecida, ansiosa,
Ciega, no mira sino su alma extensa...
La forma ardiendo... lista a la defensa
De su apurada candidez, la Rosa.

—Experiencia sin hecho de la cosa;
Figura en su anécdota suspensa;
O mente o flor, de amante se dispensa...
Ojo del dios y vientre de la diosa.

—A su sombra sin huelgo, la primera
Palabra intuye, y el respiro mueve,
Y el ánimo reforma y desespera.

—Y el mundo... ya gestado, incestuoso,
En cima y sima de su sino breve,
Blasón de su miseria y de su gozo...

SESTA RIPRESA

Quid aeternis minorem cosiliis animum fatigas?

Horacio

«Why indeed?» the angel said.

Aiken

—La rosa que amo es la del esciente,
La de sí misma, al aire de este mundo;

Que lo que es, en ella lo confundo
con lo que fui de rosa, y no de mente.

—Si en la de alma espanta el vehemente
Designio, sin deseo y sin segundo,
En otra vence el incitar facundo
De un ser cabal, deseable, viviente...

—Así el engaño y el pavor temidos,
Cuando la rosa que movió la mano
Golpea adentro, al interior humano...

—Que obra alguno, divino por pequeño,
Que no soy, y que sabe, sabe, por los sidos
Dioses que fui ordenàrme asá el ensueño.

SETTIMA RIPRESA

Polvo seré, mas polvo enamorado.

Quevedo

Strong is your hold, O mortal flesh!
Strong is your hold, O Love!

Whitman

—Pues ninguno venía, la hermosa
Se dispuso a esperar a lo divino;
Que no cura de tiempo ni camino,
Sino que está esperando y es la Rosa.

—Así envejece el mármol de la diosa;
Así la mente escucha al adivino
Suceder; así el triste traga el vino;
Así consiste en saciedad la cosa...

—¡La hembra sensible, la raíz hundida
En tierra de nacencia y sepultura,
Con todos los rigores de la vida!...

—¡Y con rigor de angustia y compostura,
Se alza la Rosa, que a esperar convida,
Sin otro aviso que su hermosura!

OTTAVA RIPRESA

—No eres la teoría, que tu espina
Hincó muy hondo; ni eres de probanza
De la rosa a la Rosa, que tu lanza
Abrió camino así que descamina.

—Eres la Rosa misma, sibilina
Maestra que dificulta la esperanza
De la rosa perfecta, que no alcanza
A aprender de la rosa que alucina.

—¡Rosa de rosa, idéntica y sensible,
A tu ejemplo, profano y mudadero,
El Poeta hace la rosa que es terrible!

—¡Que eres la rosa eterna que en tu rama
Rapta al que, prevenido prisionero,
Roza la rosa del amor que no ama!

LA MANO DESASIDA

Canto a Machu Picchu
(1ª versión)

A Gonzalo Ortiz de Zevallos
y Juan Mejía Baca

Si no eres nada sino en mí mi sima,
Si no eres nada sino mi peligro,
Si no eres nada allá sino mi paso,
¡Que venga el extranjero que me extraña!
¡Que venga el extranjero que me extraña!
¡Que venga el mal hallado!
¡Que baje el buey subido desde arriba
El del belfo verde, desde humano vacío!
Y que ronca y remira porque nace
De vientre ajeno, que jamás es mío.
¡Aquí estoy muriéndome!
¡Así es toda mi vida!
¡De buey que rumia y que remira
Y de yo que agoniza, que agonizo!
Tú no eres bello porque no soy bello,
Yo Mismo. Eres apenas profundo estar arriba
De todo un vuelo interminable
Y que bate todavía.
Eres el ala que voló.

Cuanto tú mueras, morirá el Hongo.
Y morirá el Aire. Y morirá el Día.
¡Pero será la Noche, el otro tiempo
De vivir la vida!
¿Y cuándo volveré a donde nunca estuve?
¿En transporte de orgasmo y alegría?...
¿Cuándo será mi ser? ¿Cuándo mi mano
Ha de asir su ventura fortuita?

Pero tú, Machu Picchu,
Te yergues sobre mí, porque vacilas.
Ante esta roca, que te está mirando;

Y que te ve;
Y que te ve, tremenda por un solo ojo
De mil pies;
Ante esta roca, huir es imposible
Y hay que desnacer y renacer.
Porque ser es necesario.
No hay otro modo de no ser y renacer.
¿Y si no eres, qué eres, qué serás, qué dios,

Qué intenso ser
Te arrastrará en su furia?
¿Qué es la inteligencia del no saber?
¿Qué sabes tú de lo que no sabes?

Machu Picchu sabe lo de después.

LA SORPRESA

Todo era exacto bajo el estupor,
Muerte sobre la vida,
Piedra sobre la piedra,
Pero yo estoy al otro lado,
Yo no sé nada de conciencia.
La tristeza es realidad,
Es como el perro o el mendigo en la calle
Es como tú eres una montaña
Y alguna mano de los tantos pares.

Cuando tú mueras, Machu Picchu,
Piedra desigual entre las iguales;
Cuando huya el Hombre;
Cuando huya el Angel;
Cuando todo sea como que yo pienso,
Por quien me afano entre los afanes,
Algo ha de ser entre golpe y golpe,
Algo de entre la camisa y la carne.

Cuando toda sea verdaderamente
Machu Picchu, tú ven a buscarme.
¡Ser, sólo ser, y siempre ser,
Uno solo ante el Universo!...
¡Lejos del Otro!...
¡Lejos del Tiempo!
Ser como yo nací
Ser como yo lo siento
Serme sin rosa alguna
Serme eterno...

¡Ah, piedra podrida,
Cómo me estoy muriendo!
Machu Picchu,
Olvido y presencia,
Muerte que murió, y otra vida,
Y mi oración y mi piedra
Simple callar mío ante la cosa,
Y la cosa humana, sobrehumana y cierta.
¡Cierta actitud de Dios,
Ante su naturaleza!
Y el agua por debajo
Y la nube sobre la cabeza.

¡Exactitud sublime!
¡Expresión tremenda!
¡Existir es huir!
¡No eres nada si te quedas!
¡Machu Picchu, si lo discurro, no existes!
¡No es más que mi alma y una piedra,
De río que corre por entre mis pies
Y el cielo sobre mi cabeza
Y mi casa que me hice en mi mundo,
Deshabitada hasta de la ausencia!
La Alegría, terrible ser de fuera
Que en mí se entra y en mí agoniza,
Desde la vez hasta la vez, desde la voz a la voz
Cubriéndose del llanto con mi cuerpo,

Huyendo de su muerte con mi vida,
Yo la descubrí, tú lo recuerdas,
Desde mi instante a mi día
Desde mi tiempo a mi encierro,
Estante apenas a tu cara lítica,
Como el judío que llora en la parábola,
Me topa viva,
Desterrada de todo, ahí incrustada,
Victoria desalada y vencida.
¡Ay, Machu Picchu, el de la lección,
De la Desesperación y su delicia!
Poesía es esto,
Lo que eres en mi verdad y desatino:
Dar el cuerpo a una alma
Dar forma a lo infinito,
Dar una hora al tiempo y al grito,
Y por debajo
Irse con el gordo río,
A no sé dónde,
Acaso al precipicio.
Sí, primero fue el Tacto
La Sabiduría era después.
¿Pero qué es eso,
El palpar y el saber?
¿Dónde me sé, Machu Picchu?
¿Cuándo?... ¿Por qué?...
¿Cómo me muero, Tú, para vivirte?
¿Dónde agarro para mi querer?
¿Cuándo yo dé con mi deseo
Me hui el cuerpo y espina en la sien?
¿Por qué lloro, a tu piedra pegado,
Como si acabara de nacer?

¡Ay, piedra exacta y maldita,
Echa, por fin, tu agua de miel!
Yo te era necesario, Dios Mío,
Por eso me creaste,
Y me creaste después de la piedra,

Y antes de las necesidades.
Todo lo que es vano y superfluo
Va en tu soplo a tus moldes infernales
Y por esto estoy entre tus rocas
Labradas por mis manos y tus ángeles.

Mi deidad es como yo,
Perecedera, miserable...
Va preguntando y va errando
Por entre el hueso y la sangre,
Por entre el deslumbramiento y el desengaño
Por entre el volumen y la imagen
Por entre el llanto y el espejo,
Por entre lo que agarra y lo que sabe;
Por entre el tiempo y la memoria,
Por entre la luz y el ave.
Toda era entonces como es ahora:
Todo era cielo,
Todo era un no ver, todo de imagen
Echada por exceso.
Pero tú estabas, material,
Sensible, imperfecto.

¿Qué eres tú, Machu Picchu,
Almohada de entresueño?...
¿Yo Mismo,
Si me acuerdo y no me acuerdo?
Era caudal de piedra,
Detenido.

Todo madre verdaderamente natural
Quiere contener el otro río.
La flor se puso verde de terror y de tierra
Y dejó pasar a cualquier gringo.
Y yo no soy y no seré nunca
Sino apenas un curso y mi sitio.

¡Sálvame, sálvame, Machu Picchu!
¡Sálvame, y no te huyas de mi peligro!
¡Ah, sí, Dios vive todavía!

LA PRESENCIA

¿Qué es la presencia, Machu Picchu?
¿Eres la roca o el aluvión?
¿Eres el tejado o el gato?
¿Eres mi cuerpo o mi amor?
Cuando yo baje por tu madre sabida,
¿Quién seré yo?

Sí, todo era como entonces,
Todavía antes del principio
Eran roca y ser, de donde aún nace
Y sangra el deliberado sacrificio.

Todo eres
Como el labio del recién nacido,
Desdentado o como el del viejo
De la parábola del cigarrillo.

¿Cuándo y cómo eres humano,
Yo el solo humano, y tú humano y mío?
¿Y qué diré si la palabra
que pesa y pasa tan poco como tu equilibrio?
¿Qué diré sobre tu edad?
¿Qué diré sobre tu río?
¿Qué diré de la indiecita adolescente
Que se baña en chorro, planta de alarde sin sentido,
Desnudez sin amor y sin odio,
Exacto y superfluo y hediondo y oscuro río?

Pero tú estás, piedra de cerco
De todo, límite inmenso y exiguo,
Palabra precisa,
La que yo rehúyo y persigo,

Celestía concreta, duro abatimiento,
Signo...
Carne fétida que dice que es la vida,
Y la vida eres tú, piedra sucia e inodora
Y en tu modo de mirarme, bruta y lírica;
Piedra humana, tremendamente humana,
Toda de terror y de delicia...
¡Tú que bajas del piso quincuagésimo,
Tú, par de ojos de estupor y malicia,
Tú que traes en el maletín,
Tu muerte y tu vida,
Y tu imagen y tu kodak,
Y tu verdad y tu mentira!...
¡Tú, manera de ser ante lo eterno,
Fotograbado y melancolía,
Y enteramente de aquello de que dudo,
Y seguir adelante con el guía!...
¿Cuándo, Machu Picchu, cuándo
Montaña, llegaré a la orilla?
Pero cuando tú mueras, Machu Picchu,
Dónde me iré, con qué ire, con mi sonrisa
Y con mi carne y con mi hueso y con mi casa
Y con mi herejía,
Y con mi traducir lo del latín gorrión,
Y con mi misa,
Y con no sé qué porque me llegó tarde el ser
Al no ser la hora
Al caerse de abajo la vida.
¡Y este no ser nada sino hablar ante el verso!...
¡Y este temblar ante Dios que es la vida!
¡Y este mirarte y muerte, Piedra
De allá arriba!...
¡Este sentirse uno Dios ante la propia conciencia
Y ante la propia herejía!...
¡Este haberte hecho un humano como yo,
Que no era el Profeta de la Biblia,
Ni el Hombre de las Nieves,
Ni el Gorila!...

¡Este tu ser a mi medida humana,
Sin suelo, sin habitantes y con sola tu agonía!

¡Ay, Machu Picchu, cómo me matas y me vives!
¡Cómo me cae tu inmóvil piedra, como me cae mi
    eterna vida!
Todo es la verdad si no es la historia.
Todo es la vida si es la vida,
Y así es mi verdad, mi vida.
Tú eres sólo la forma sobre el abismo,
Y así será siempre mi sabiduría,
La de la Academia,
La de la Antología,
La del que vive porque está muriendo y escribiendo
Para su propia policía,
Y se entretiene,
En su agonía,
Estimando y describiendo,
Riéndose porque ya no acierta a llorar,
La maravilla.

¡Desolación, madre mía,
Dame tu firmeza!
¡Que mi pie pisa en el nervio que vibra quebrado!
¡Que mi mano palpe en piel que pela!
¡Que yo baje desde el éxtasis de espanto y dios,
A mi carne, a mi hueso, a mi enervada idea!
¡Déjame bañarme con la india desnuda,
Donde sólo alguna agua me vea!

¡Déjame asirme a agua írrita,
Adonde mi meandro inmaterial me lleva!
¡Déjame con la imagen,
Déjame, deja!
¡Déjame ser la montaña de sueño,
Infinitud incompleta!
¡Déjame ser sin despertar!
¡Que lo que soy, si soy, sea vida entera, eterna!

¡Tú, Realidad, que me pariste ahora para ahora,
Déjame rodar y morir por la ladera!
Yo me abalanzo, pero no lo alcanzo,
Lo que tú eres y no eres, losa Mía.
Esa forma, ese ingenio, esa ternura;
¡Ay, ese irse y desprenderse de mi vida!...

¡Tú, la manera de descalabrarme por allá en el cielo...
Tú, la manera de mirar desde la roca del río!...
¡Tú, lo humano
Que huye de sí mismo!
Y vaga porque lo creó
Y le ahorca la dura y áspera cuerda de lo divino!...
¡Otra de las creaturas del Hombre
Para su divinización y su martirio!...

Eres la duda cierta y la misma vida,
Eres lo humano y macizo de cielo y nube,
Eres lo infinito que se está,
Y eres la palabra que huye.

Ante ti fuga la razón, Perfecto,
Porque la Esencia su ceño frunce.
¡Ay, no sé qué eres, Machu Picchu,
Si yo mismo, o tu piedra o la nube!
Todo es cierto
Menos la vida.
Toda apariencia está resucitando, dudando y recreando.
Sólo es realidad la Poesía.
Si tu mano toca,
Huye la Muerte y te mata la Vida.

Cáete, si eres, Machu Picchu,
Cáete conmigo. Te lo digo: no sigas
Presidiendo las cosas
Y los cielos, con tus piedras caedizas.

Muramos porque es el tiempo,
El tiempo de la agonía y la ironía.
¡Muramos, que nos caemos!
¡Muramos, que nos cerca la vida!

¡Cáete conmigo
Y con la Arqueología y la Filosofía!
¡Ay, lo que grita el que está debajo,
Machu Picchu, la presunta realidad y la estupefaciente
    circunstancia!
«Yo sólo tuve mi terreno
Y me lo robaron». Lo dicen, bajo de ti, ansia
Palpable de infinitud. Lo dice el indio elemental
Y la redicha palabra.
¡Ay, Machu Picchu, horror de horrores,
Piedra que se cae, piedra que se abalanza,
Muerte que discurre relativamente,
Cielo de nube oscura, fría, alta!...
¡Porque soy mi cuerpo humano
Y mi divina alma!...

¡Porque nada de espíritu ya tengo
Porque materia alguna ante ti se me alcanza!...
Eres perfecto porque eres mortal,
Si no lo fueras, fueras dios e ironía,
El remirar a la rosa,
El acariciar a la niña.
Si fueras muerte, serías lo cierto en cierto modo,
Si fueras muerto, sería la Arqueología!

¡Machu Picchu,
Sigue agonizando todavía!
¡No hay otro verdadero!
¡No hay otra eterna vida!
¡Sólo tú, piedra, y mi angustia,
Lo de mi vida!...
¡Lo de siempre jamás,
Lo de nunca jamás todavía!...

¡Morir es tan difícil contigo
Como vivir! Eres el ser.
Estar junto a ti es buscar el grito
No es el eterno quién.
Tú no eres el muro
Del no pasar y del padecer.
¿Quieres que yo vomite o que me calle?
¡El ser es tu ser,
Que es una piedra sobre otra piedra
Y toda quién!

¡No, nada somos sino la conciencia,
Este mirar lo futuro
Entrañable, que nos mata
Y nos da gusto!...
¡La Vida es muerte relamida,
La Vida es Juana o Augusto,
La Vida es todo lo que con nosotros
Va a la muerte y a lo justo!
Pero tú, lejos de la música,
Aún lejos de la imagen aparente,
Tú, piedra sucia, fuente de mi vida,
Eres lo que eres.

Eres lo real, lo verdadero,
Aquello por lo cual se vive y se muere.
¡Sí, pero la tristeza estaba en ti,
Eras tú, simplemente!
¡Esta tristeza de nacer humano,
De haber nacido humano, lo de siempre!
Y cada vez que nazco soy el mismo,
Yo soy el mismo de las estrecheces
Las de ser yo uno solo
Y la del sexo y del amor de las mujeres
Y la de ir por camino
Real e inverosímil de la Muerte;
Ya te lo dije yo, Machu Picchu,
Piedra sin horizonte de entreverse.

Pero Machu Picchu, amigo,
No es otra cosa que un verso,
Algo, yo, de mi figura,
Algo que yo estoy haciendo.

Si yo me aparto de mi obra,
Ya soy porque no creo.
¡Sí, mi cuerpo es esta mano
Esta con que a ti me atengo
Con la que te hice hace siglos
En un instante del Tiempo,
Piedra fea, piedra mala,
Piedra de mi pensamiento!
¡Cállate, que estoy dudando!
¡Cállate, que mi silencio
Me está cubriendo de sombra
Como la noche del muerto!
¡Calla, que yo quiero el valle
Con su verde y su jilguero!
¡Cállate, que soy humano,
Tú, la piedra del agüero!
¡Sí, aquí estoy, en este espacio,
Adonde no cabe el tiempo,
En donde la mano mía
Sigue haciendo y sigue haciendo,
Y sigue haciendo la ruina
Y el muro y el sentimiento!
¡Ay, Machu Picchu maldito!
¿Por qué me sigo naciendo?
¿En dónde mato el que ni vivo,
Para ser el que no muero?

¿En dónde estás, Machu Picchu?
¿Dónde estás, que no te veo?
¿Estaré vivo?
¿Habré muerto?
¿Cómo es la muerte? ¿Cómo es la vida?
¿Dónde estoy en tu misterio?

¡Todo era provincia, todo,
Todo, todo, Dios Exceso!
¡Toda extralimitación!...
Y no mi brazo o su cuerpo.
¡Nada era a su medida!
¡Nada sino el pensamiento!...
Todo era mi estarme afuera,
Ya sin cosa, ya sin beso.
¡Ay, todo, todo, todo yo!
¡Sí, yo era todo eso!

¡No, Machu Picchu no es nada!
¡Toda cosa es un secreto!
¡Es una cosa y figura,
Porque yo no estaba lejos!
¡Todo es verdad, y la Muerte
Está naciendo y está haciendo!
Si se muere Machu Picchu,
Ay, ya nunca viviremos.
Todo será aquella nube
¡Y acaso no será eso!
¡Aquí, en ti, Machu Picchu,
Donde la Nada es una mole tangible, gris y verde;
¡Adonde golpea mi mano desasida,
Como dice mi lengua
Cuando no se mueve!

¡Y la pintura de mis ojos
Ya no puede!
Porque soy tu Espíritu,
Que te agarra porque te quiere
Porque mi alma, Tú, estás en tormenta
Ya, siempre
¡Teme! Sin términos
Sin rayo
Sin nieve,
Sin peso alguno,
De prójimos o mujeres,

Sin ninguna palabra,
Sin medida de medidas, sin metro, ¡breve!...

Eres como la palabra:
Cierta dureza ante el Destino y lo infinito
No parece filosofía ante tu piedra,
Sino, por debajo, lo que miro río
Donde la que siento india
Hace beber al que creó su hijo
¿Pero cree? ¿Pero soy?
¡No te me vuelvas, Machu Picchu, mío!
¡Vete, Machu Picchu, vete!
¡Tú no eres el jardinero!
¡Porque si me estoy contigo
O no me olvido o recuerdo!
¡Todo fue antes del principio
Todo de más o de menos!
Ay, alma que me soy
Esa que me hace el cuerpo.

Y al pie de nosotros
La quena suena
Gemido sin suicida
Ninguna que yo sea.
El arduo ruiseñor
Sigue en mi noche perpetua
Sigue ya ronco, ya silbante,
Ya sin aliento, ya sin rama que lo sostenga,
Ya sin ala que lo salve...

Difluente bulto del asma eterna,
Y eres eterno por inhabitable,
Porque estás dentro de mí mismo,
Royéndote la uña imaginaria
Con el hambre y con el colmillo
Mío porque llegué tarde o nunca a toda presa
Posible de mi designio.
Y eres lo mortal, porque desesperas

Y porque te aúlla como perro el río,
Todo es mitología del Otro, no
Sino el Yo, el Tú y el Infinito,
La Tristeza no trae el verso.
La Tristeza es interminable.
Puede parar en una lágrima,
O en una piedra, pero seguirá adelante.
Tú eres un camino
Dificilísimo que sube a valle
En donde el aluvión de lo divino,
De eso de divino que tú sabes,
Soltó los sueños crueles
Y rompió las cosas reales.

Yo no subí a llorar tu llanto,
sino por tus paredes y verdades,
¡Ser exacto, humanísimo
Y trascendental, ampárame!
¡Machu Picchu, mi cuerpo,
Estáteme!
Cuando tú hables, dilo sin secreto,
Yo Mismo o, simplemente, calla.
Si hablaste, se hizo la teoría.
Si callaste, se hizo la muralla.
No te asustes, Mi Genio,
No te asustes, Mi Gramática,
No te asustes, Mi Mano,
Si hubo consonancia.
Todo es real, hasta la Muerte,
Que por de fuera y dentro nos anda.

¡Prosigue sereno, Yo Mismo!
¡La vida es esta ansia!
Poesía es la idea sin objeto,
El rabo de la rata.
Poesía es lo que me sobra,
Poesía es lo que me falta.
Poesía es la cosa dura,

O, solamente, una palabra.
Poesía es el dios que hiede
O la mujer que arrastra.
¡Ay, Poesía, Machu Picchu,
Es mi sentido de que no soy nada!
Para llegar a Ti, ¡cuánto camino
Hube de andar a saltos!
Por fin estás ahí, en tu figura
De desnudez y desengaño,
Hondo en mí mismo, diciéndome
Como el sordomudo, con mi cuerpo y mi abrazo,
Con mi placer,
Con mi espanto...

¡Dios mío!
¿Por qué tardaste tanto?
Yo sabía morir, y me olvidé.
Tú sabes morir, Piedra, todavía.
Morir es un eterno estarse
En la una y en la otra vida.
¿Cuántas vidas hay?
El Gato mira y remira,
Y dice... (el gato del albergue,
Ininteligible, con la pupila)
¿Cuándo seré yo sin mundo ni prójimo?
¿Cuándo será mi verdadera vida?
Todo era creer o consentir.
Sí, sin duda, todo era.
Todo, todo,
Pero no tu piedra.
Era la exactitud en este mundo,
La verdad fea...
Y están los extraños, recién bañados
De las universidades europeas.

Estaban tristísimos,
Ante tu horrorosa belleza,
¡La emoción de volver a ser paridos,

Pero por la Conciencia!...
Una mano sobre otra mano
Y una palabra sobre otra palabra
Y una piedra sobre otra piedra
Y una distancia tras otra distancia...

¡Di lo último! ¡Di lo último!
¡Que sea tu gana!
¡Dilo, que no hablarás ya nunca!
¡Apúrate, que la Vez y la Voz escapan!
¡Muérete ahora, que la Muerte,
Que la muerte eres tú mismo, y no es nada
Sino tu vida y tu cuerpo
De gusano y desgana!...

Como todo lo tangible,
Toco en ti el instante y la piedra.
Nada me está distante a tu sombra.
Eres lo que es y lo que era,
Y lo que será si el tiempo dura
Y nunca fue lo que se sueña.

¡Yo no quiero parar! ¡Yo soy el río
Que por debajo te roe y distrae!
¡Soy lo mío de humano
ante lo tuyo de inmutable!
¡Soy el que no seré, pegado a tu muro
De granito y siglo, dentro de un instante!
¡Humíllateme, Machu Picchu!
¡No seré nada, y tú vacío y grande!...
¡Soy más que tú, porque te hice un día
Y ya tus cuándos y cálculos se te caen!
¡Y yo puedo llorar ante la Piedra
Todavía como ante la Madre!
Aquí, donde edifica el olvido...
Donde el olvido está presente, patente...
Donde el olvido es de granito, no de tacto...
Donde el olvido es de cuanto tú eres...
Donde el olvido es de millón

De piedras
En equilibrio trágico... Donde asciendes
A no sé qué dónde, que así es el olvido,
Cualquier olvido, no el que tú apeteces...
Sí, aquí, Machu Picchu,
Olvido macizo, peso de las sienes...

¡La Eternidad es una cosa
Tan lenta y dulce y ciegamente miserable!
La Eternidad nunca fue, ella misma, nunca,
La Eternidad nunca fue antes.
Nunca será después. Viene contigo,
Poeta, Vaga, desde tu hueso y tu carne
Viene sin que la sientas
Por ningún sentido. Pisa sin estarse.
Y de pronto es una momia de morada
Como el vientre vacío de una madre.
La Poesía hizo tanto
Que ya no cabe
Ningún mundo, el de cada ciencia... tanto
Que la mano adolorida se me cae.
Has de ser un humano y su sombrero
Si no eres un dios, no eres nadie.
¡Ninguno, nada... no esa muerte
Que yo me hice a la medida de mis ansiedades!...
¡Todo será otra vez, que en nacimiento
Consiste toda eternidad durable, deplorada!
¡Que pensamiento soy, y no otra cosa
Ni de la cosa ni del ansia!
Créeme tú, Machu Picchu,
Haz que yo crea... horrorosa flora.
Nada es real sino lo que pones
Por debajo de lo que tocas.
Nada es real sino tu ceño
Y una roca
Y alguna mano humana que va haciendo
La vista, la cosa, la forma...

Y la divinidad de lo inmediato,
Y el instante del sentido, y el abismo en sombra.

Piedra, escúchame:
Yo te quiero enseñar y engañar.
La Soledad es una cosa
Como las que encierras, y no es más.
La Soledad es como tu cielo,
Que no es tu ser... acaso, sí, tu estar
Un estar sin adónde, ya sin paso
A su siempre allá.

La Soledad es absoluta:
Es el fin del afán.
El azul raro del mismo cielo,
El agua helada de la morrena...
La montaña es un delirio,
Y tu palabra es una sorpresa.

CESAR MORO
[PERU, 1903-1956]

«HACIA 1925 Y EN EL Perú las ideas sobre la vida, el arte, el amor, la Poesía, eran cuantiosamente fáciles, improvisadas, bucólico-líricas y apresuradas; continúan siendo el triste patrimonio de la mayoría gris y espesa de los intelectuales del Perú y de los que sin profesar de intelectuales tienen una opinión», escribía César Moro en un artículo de 1934, cuyo título daría nombre a un libro de ensayos suyo, póstumo: *Los anteojos de azufre* (1957).

Este espíritu de rechazo rigió la vida y la obra de César Moro. Cambió de nombre —el suyo, civil, era Alfredo Quispez Asín. Sus exilios voluntarios fueron prolongados: entre 1925 y 1933, radica en París; entre 1938 y 1946, en México. También escribió la mayor parte de su poesía en lengua francesa. Aun se preocupó muy poco por publicar o hacer valer su propia obra; cuando muere, en 1956, su único libro de poemas escrito en español, *La tortuga ecuestre*, permanecía inédito, aunque databa de 1938 y 1939. Finalmente, su vida fue la de un verdadero marginal: desempeñó siempre oficios anodinos y apenas llegó a ser profesor de francés en un colegio militar (experiencia hostil que Vargas Llosa, uno de sus alumnos, ha evocado después en un artículo). Pero como en todo poeta auténtico, el rechazo en Moro es otra forma de pasión: la lucidez del que no acepta claudicar, el airado fervor del que sabe exaltar «la vraie vie». Dató muchos de sus poemas en «Lima, la horrible», y son múltiples los testimonios de su irreductible desdén por la sociedad peruana; no por ello dejó de sentirse profundamente peruano: lo fascinaba la otra realidad —la mítica y la natural— de su país. «No en vano he nacido (...) en el país consagrado al sol y tan cerca del valle de Pachacámac, en la costa fértil en culturas mágicas, bajo el vuelo majestuoso del divino pelícano tutelar», afirmaba en un texto que André Breton publicó en su volumen sobre *L'art magique* (1956). Asimismo, el haber optado por la lengua francesa no le impidió escribir en español algunos de los poemas más deslumbrantes legados por nuestra llamada poesía de vanguardia. Si fue parco en publicar, no lo fue en el momento de decir la palabra precisa aunque fuese polémica, en *exponer* sus ideas, en promover los movimientos en que creía. Tuvo el valor de denunciar los falsos fundamentos de *la pintura indigenista* en el Perú; con Emilio Adolfo Westphalen, fundó la revista surrealista *El uso de la palabra*; con André Breton y Wolfgang Paalen, organizó «La Exposición Internacional del Surrealismo» (México, 1940) y escribió el prólogo del catálogo. Sus ensayos, además, con frecuencia critican tanto el progreso occidental como el comunismo stalinista. Es cierto, también, que, en cuanto a vida pública o «edificante», participación social o política, fue un solitario irrecuperable; no lo es menos su obra que encarna otra participación: consagra la plenitud (y la rebelión) del cuerpo, del amor.

Quizá el primer poema memorable de Moro sea «Renommée de l'amour» (aparece en *Le Surréalisme au service de la Révolution*, en 1933, la revista que Breton edita después del primer cisma de su movimiento). Poema memorable no sólo por la libertad y sobriedad de su escritura, en él ya están concentrados los rasgos de su obra: la pureza y el desencadenamiento, la fijeza y la vertiginosidad de un lenguaje que no puede celebrar el amor sino como cuerpo, como tatuaje del deseo. Porque, ¿qué es toda la poesía de Moro sino esa ceremonia verbal, acumulativa y despojada a un tiempo, a través de la cual la palabra se va posesionando de su objeto, aun de su ausencia? Nada más alejado, sin embargo, de cualquier sentimentalismo y/o sensualismo de una poesía erótica convencional (aun de la vanguardia). Moro es un poeta erótico, no simplemente del amor; sólo que su erotismo conduce a una física y a una metafísica del universo: al magnetismo de las palabras que son cuerpo: que son nada: que son deseo. «Impotencia del deseo. Mientras el hombre no realice su deseo el mundo desaparece como realidad para transformarse en una pesadilla de la cuna al sepulcro». Así escribía, en un texto de 1953, como un nuevo William Blake. Una visión del mundo, por tanto; es decir, la celebración que supone un alegato (el verdadero y más radical de Moro) contra la historia que lo pervierte todo en nombre del poder o del progreso.

A Moro se le suele ubicar, si no «clasificar», dentro del surrealismo. Su visión y su escritura adquieren todo su sentido, en verdad, dentro de este movimiento. Pero no fue surrealista a la manera de tantos epígonos (sobre todo hispanoamericanos) que sólo rozaron los «tics» o las «tecniquerías». Moro fue un surrealista desde y del principio mismo:

ni un advenedizo, ni, mucho menos, un fetichista. Su poesía tiene órbita propia y un inusitado esplendor —esté escrita en francés o en español.

BIBLIOGRAFIA

OBRA POETICA

Le château de grisou (1943); *Lettre d'amour* (1944); *Trafalgar Square* (1954); *Amour mort* (1957); *La tortuga ecuestre* (1957), *La tortuga ecuestre y otros textos* (Recopilación, Introducción y Notas de Julio Ortega. Caracas, Monte Avila Editores, 1967).

ESTUDIOS CRITICOS

André Coyné: *César Moro*. Lima, Imprenta Torres Aguirre, 1956.

Mirko Lauer y Abelardo Oquedo: En *Surrealistas y otros poetas insulares*. Prólogo de Julio Ortega. Barcelona, Ocnos, 1973.

Julio Ortega: «César Moro», en *Figuración de la persona*. España, Edhasa, 1971.

Guillermo Sucre: «La poesía del cuerpo», en *La máscara, la transparencia*. Caracas, Monte Avila Editores, 1975.

Mario Vargas Llosa: «Nota sobre César Moro», en *Literatura*, Lima, N° 1, febrero de 1958.

Xavier Villaurrutia: «César Moro: Le château de grisou», *El hijo pródigo*, N° 7, México, noviembre de 1943.

Emilio Adolfo Westphalen: «Nota sobre César Moro», en *Revista Peruana de Cultura*, Lima, N° 4, enero de 1965.

LA TORTUGA ECUESTRE

EL OLOR Y LA MIRADA

El olor fino solitario de tus axilas

Un hacinamiento de coronas de paja y heno fresco cortado con dedos y asfódelos y piel fresca y galopes lejanos como perlas

Tu olor de cabellera bajo el agua azul con peces negros y estrellas de mar y estrellas de cielo bajo la nieve incalculable de tu mirada

Tu mirada de holoturia de ballena de pedernal de lluvia de diarios de suicidas húmedos los ojos de tu mirada de pie de madrépora

Esponja diurna a medida que el mar escupe ballenas enfermas y cada escalera rechaza a su viandante como la bestia apestada que puebla los sueños del viajero

Y golpes centelleantes sobre las sienes y la ola que borra las centellas para dejar sobre el tapiz la eterna cuestión de tu mirada de objeto muerto tu mirada podrida de flor

A VISTA PERDIDA

No renunciaré jamás al lujo insolente al desenfreno suntuoso de pelos como fasces finísimas colgadas de cuerdas y de sables

Los paisajes de la saliva inmensos y con pequeños cañones de plumasfuentes

El tornasol violento de la saliva

La palabra designando el objeto propuesto por su contrario

El árbol como una lamparilla mínima

La pérdida de las facultades y la adquisición de la demencia

El lenguaje afásico y sus perspectivas embriagadoras

La logoclonia el tic la rabia el bostezo interminable

La estereotipia el pensamiento prolijo

El estupor

El estupor de cuentas de cristal

El estupor de vaho de cristal de ramas de coral de bronquios y de plumas

El estupor submarino y terso resbalando perlas de fuego impermeable a la risa como un plumaje de ánade delante de los ojos

El estupor inclinado a la izquierda flameante a la derecha de columnas de trapo y de humo en el centro detrás de una escalera vertical sobre un columpio

Bocas de dientes de azúcar y lenguas de petróleo renacientes y moribundas descuelgan coronas sobre senos opulentos bañados de miel y de racimos ácidos y variables de saliva

El estupor robo de estrellas gallinas limpias labradas en roca y tierna tierra firme mide la tierra del largo de los ojos

El estupor joven paria de altura afortunada

El estupor mujeres dormidas sobre colchones de cáscaras de fruta coronadas de cadenas finas desnudas

El estupor los trenes de la víspera recogiendo los ojos dispersos en las praderas cuando el tren vuela y el silencio no puede seguir al tren que tiembla

El estupor como ganzúa derribando puertas mentales desvencijando la mirada de agua y la mirada que se pierde en lo umbrío de la madera seca Tritones velludos resguardan una camisa de mujer que duerme desnuda en el bosque y transita la pradera limitada por procesos mentales no bien definidos sobrellevando interrogatorios y respuestas de las piedras desatadas y feroces teniendo en cuenta el último caballo muerto al nacer el alba de las ropas íntimas de mi abuela y gruñir mi abuelo de cara a la pared

El estupor las sillas vuelan al encuentro de un tonel vacío cubierto de yedra pobre vecina del altillo volador pidiendo el encaje y el desagüe para los lirios de manteleta primaria mientras una mujer violenta se remanga las faldas y enseña la imagen de la Virgen acompañada de cerdos coronados con triple corona y moños bicolores.

La medianoche se afeita el hombro izquierdo sobre el hombro derecho crece el pasto pestilente y rico en aglomeraciones de minúsculos carneros vaticinadores y de vitaminas pintadas de árboles de fresca sombrilla con caireles y rulos

Los miosotis y otros pesados geranios escupen su miseria

El grandioso crepúsculo boreal del pensamiento esquizofrénico

La sublime interpretación delirante de la realidad

No renunciaré jamás al lujo primordial de tus caídas vertiginosas oh locura de diamante

VIENES EN LA NOCHE CON EL HUMO FABULOSO DE TU CABELLERA

Apareces
La vida es cierta
El olor de la lluvia es cierto

La lluvia te hace nacer
Y golpear a mi puerta
Oh árbol
Y la ciudad el mar que navegaste
Y la noche se abren a tu paso
Y el corazón vuelve de lejos a asomarse
Hasta llegar a tu frente
Y verte como la magia resplandeciente
Montaña de oro o de nieve
Con el humo fabuloso de tu cabellera
Con las bestias nocturnas en los ojos
Y tu cuerpo de rescoldo
Con la noche que riegas a pedazos
Con los bloques de noche que caen de tus manos
Con el silencio que prende a tu llegada
Con el trastorno y el oleaje
Con el vaivén de las casas
Y el oscilar de luces y la sombra más dura
Y tus palabras de avenida fluvial
Tan pronto llegas y te fuiste
Y quieres poner a flote mi vida
Y sólo preparas mi muerte
Y la muerte de esperar
Y el morir de verte lejos
Y los silencios y el esperar el tiempo
Para vivir cuando llegas
Y me rodeas de sombra
Y me haces luminoso
Y me sumerges en el mar fosforescente donde acaece tu estar
Y donde sólo dialogamos tú y mi noción oscura y pavorosa de tu ser
Estrella desprendiéndose en el apocalipsis
Entre bramidos de tigres y lágrimas
De gozo y gemir eterno y eterno
Solazarse en el aire rarificado
En que quiero aprisionarte
Y rodar por la pendiente de tu cuerpo
Hasta tus pies centelleantes
Hasta tus pies de constelaciones gemelas

En la noche terrestre
Que te sigue encadenada y muda
Enredadera de tu sangre
Sosteniendo la flor de tu cabeza de cristal moreno
Acuario encerrando planetas y caudas
Y la potencia que hace que el mundo siga en pie y guarde el
[equilibrio de los mares
Y tu cerebro de materia luminosa
Y mi adhesión sin fin y el amor que nace sin cesar
Y te envuelve
Y que tus pies transitan
Abriendo huellas indelebles
Donde puede leerse la historia del mundo
Y el porvenir del universo
Y ese ligarse luminoso de mi vida
A tu existencia

BATALLA AL BORDE DE UNA CATARATA

Tener entre las manos largamente una sombra
De cara al sol
Tu recuerdo me persiga o me arrastre sin remedio
Sin salida sin freno sin refugio sin habla sin aire
El tiempo se transforma en casa de abandono
En cortes longitudinales de árboles donde tu imagen se disuelve en
[humo
El sabor más amargo que la historia del hombre conozca
El mortecino fulgor y la sombra
El abrir y cerrarse de puertas que conducen al dominio encantado de
[tu nombre
Donde todo perece
Un inmenso campo baldío de hierbas y de pedruscos interpretables
Una mano sobre una cabeza decapitada
Los pies
Tu frente
Tu espalda de diluvio
Tu vientre de aluvión un muslo de centellas

736

Una piedra que gira otra que se levanta y duerme en pie
Un caballo encantado un arbusto de piedra un lecho de piedra
Una boca de piedra y ese brillo que a veces me rodea
Para explicarme en letra muerta las prolongaciones misteriosas
      de tus manos que vuelven con el aspecto amenazante de un
      cuarto modesto con una cortina roja que se abre ante el infierno
Las sábanas el cielo de la noche
El sol el aire la lluvia el viento
Sólo el viento que trae tu nombre

LA LEVE PISADA DEL DEMONIO NOCTURNO

En el gran contacto del olvido
A ciencia cierta muerto
Tratando de robarte a la realidad
Al ensordecedor rumor de lo real
Levanto una estatua de fango purísimo
De barro de mi sangre
De sombra lúcida de hambre intacto
De jadear interminable
Y te levantas como un astro desconocido
Con tu cabellera de centellas negras
Con tu cuerpo rabioso e indomable
Con tu aliento de piedra húmeda
Con tu cabeza de cristal
Con tus orejas de adormidera
Con tus labios de fanal
Con tu lengua de helecho
Con tu saliva de fluido magnético
Con tus narices de ritmo
Con tus pies de lengua de fuego
Con tus piernas de millares de lágrimas petrificadas
Con tus ojos de salto nocturno
Con tus dientes de tigre
Con tus venas de arco de violín
Con tus dedos de orquesta
Con tus uñas para abrir las entrañas del mundo

Y vaticinar la pérdida del mundo
En las entrañas del alba
Con tus axilas de bosque tibio
Bajo la lluvia de tu sangre
Con tus labios elásticos de planta carnívora
Con tu sombra que intercepta el ruido
Demonio nocturno
Así te levantas para siempre
Pisoteando el mundo que te ignora
Y que ama sin saber tu nombre
Y que gime tras el olor de tu paso
De fuego de azufre de aire de tempestad
De catástrofe intangible y que merma cada día
Esa porción en que se esconden los designios nefastos y la sospecha
      que tuerce la boca del tigre que en las mañanas escupe para
      hacer el día

> *En el agua dorada el sol quemante*
> *refleja la mano del zenit.*

1

Amo el amor
El martes y no el miércoles
Amo el amor de los estados desunidos
El amor de unos doscientos cincuenta años
Bajo la influencia nociva del judaísmo sobre la vida monástica
De las aves de azúcar de heno de hielo de alumbre o de bolsillo
Amo el amor de faz sangrienta con dos inmensas puertas al vacío
El amor como apareció en doscientos cincuenta entregas durante
                                   [cinco años
El amor de economía quebrantada
Como el país más expansionista
Sobre millares de seres desnudos tratados como bestias
Para adoptar esas sencillas armas del amor
Donde el crimen pernocta y bebe el agua clara
De la sangre más caliente del día

2

Amo el amor de ramaje denso
Salvaje al igual de una medusa
El amor-hecatombe
Esfera diurna en que la primavera total
Se columpia derramando sangre
El amor de anillos de lluvia
De rocas transparentes
De montañas que vuelan y se esfuman
Y se convierten en minúsculos guijarros
El amor como una puñalada
Como un naufragio
La pérdida total del habla del aliento
El reino de la sombra espesa
Con los ojos salientes y asesinos
La saliva larguísima
La rabia de perderse
El frenético despertar en medio de la noche
Bajo la tempestad que nos desnuda
Y el rayo lejano transformando los árboles
En leños de cabellos que pronuncian tu nombre
Los días y las horas de desnudez eterna

3

Amo la rabia de perderte
Tu ausencia en el caballo de los días
Tu sombra y la idea de tu sombra
Que se recorta sobre un campo de agua
Tus ojos de cernícalo en las manos del tiempo
Que me deshace y te recrea
El tiempo que amanece dejándome más solo
Al salir de mi sueño que un animal antediluviano perdido en la
                                              [sombra de los días
Como una bestia desdentada que persigue su presa
Como el milano sobre el cielo evolucionando con una precisión de
                                              [relojería

Te veo en una selva fragorosa y yo cerniéndome sobre ti
Con una fatalidad de bomba de dinamita
Repartiéndome tus venas y bebiendo tu sangre
Luchando con el día lacerando el alba
Zafando el cuerpo de la muerte
Y al fin es mío el tiempo
Y la noche me alcanza
Y el sueño que me anula te devora
Y puedo asimilarte como un fruto maduro
Como una piedra sobre una isla que se hunde

4

El agua lenta el camino lento los accidentes lentos
Una caída suspendida en el aire el viento lento
El paso lento del tiempo lento
La noche no termina y el amor se hace lento
Las piernas se cruzan y se anudan lentas para echar raíces
La cabeza cae los brazos se levantan
El cielo de la cama la sombra cae lenta
Tu cuerpo moreno como una catarata cae lento
En el abismo
Giramos lentamente por el aire caliente del cuarto caldeado
Las mariposas nocturnas parecen grandes carneros
Ahora sería fácil destrozarnos lentamente
Arrancarnos los miembros beber la sangre lentamente
Tu cabeza gira tus piernas me envuelven
Tus axilas brillan en la noche con todos sus pelos
Tus piernas desnudas
En el ángulo preciso
El olor de tus piernas
La lentitud de percepción
El alcohol lentamente me levanta
El alcohol que brota de tus ojos y que más tarde
Hará crecer tu sombra
Mesándome el cabello lentamente subo
Hasta tus labios de bestia

5

Verte los días el agua lenta
Una cabellera la arena de oro
Un volcán regresa a su origen
Verte si cuento las horas
La espalda del tiempo divinamente llagada
Una ánfora desnuda hiende el agua
El rocío guarda tu cuerpo
En lo recóndito de una montaña mágica
Cubierta de zapatos de muñeca y de tarjetas de visita de los dioses
Armodio Nerón Calígula Agripina Luis II de Baviera
Antonio Cretina César
Tu nombre aparece intermitente
Sobre un ombligo de panadería
A veces ocupa el horizonte
A veces puebla el cielo en forma de minúsculas abejas
Siempre puedo leerlo en todas direcciones
Cuando se agranda y se complica de todas las palabras que lo siguen
O cuando no es sino un enorme pedazo de lumbre
O el paso furtivo de las bestias del bosque
O una araña que se descuelga lentamente sobre mi cabeza
O el alfabeto enfurecido

6

El agua lenta las variaciones mínimas lentas
El rostro leve lento
El suspiro cortado leve
Los guijarros minúsculos
Los montes imperceptibles
El agua cayendo lenta
Sobre el mundo
Junto a tu reino calcinante
Tras los muros el espacio
Y nada más el gran espacio navegable
El cuarto sube y baja
Las olas no hacen nada

El perro ve la casa
Los lobos se retiran
El alba acecha para asestarnos su gran golpe
Ciegos dormidos
Un árbol ha crecido
En vano cierro las ventanas
Miro la luna
El viento no ha cesado de llamar a mi puerta
La vida oscura empieza

OTROS POEMAS EN ESPAÑOL

«JUEGO SURREALISTA DEL SI»[1]

1) O. Si llegaran dos personas y ocuparan el diván sin decir palabra.

   M. No volvería a comer pan los domingos.

2) M. Si dos soldados escupieran su bandera.

   O. La calle se convertiría en un corredor de Hotel de estación de ferrocarril.

3) O. Si el agua se decidiera a salir del vaso que la contiene.

   M. Qué delicia matar sin descanso todos los niños nacidos en el mes de noviembre.

4) M. Si la luz terminara para siempre.

   O. El despertar enmudecería humillado.

5) O. Si me dijeran que estaba muerto hace ocho días.

   M. Ya el amor sería cuestión reservada a los puercos.

6) M. Si la llama y el agua bebieran la una a la otra.

   O. El gendarme llamaría a sus colegas y se echaría a llorar.

7) O. Si la luz hablara.

   M. El sol fatigado iría a ver si llueve.

---

[1]Juego surrealista del SI. Cada uno de los jugadores escribe a escondidas del vecino una oración hipotética que comience por «si», y otra oración en condicional que no tiene nada que ver con la primera. Luego, los jugadores intercambian sus frases, uniendo el «si...» del primero con el condicional del segundo. M. designa a Moro, O. al otro jugador no identificado. (Nota de André Coyné).

8) M. Si una moneda y otra moneda fueran exactamente iguales.

O. Las letras cambiarían de sitio y se formaría una nueva injuria.

9) O. Si resucitáramos.

M. Devoraría los pelos y las uñas de mi amor.

10) M. Si este mes fuera largo como un año y esta noche larga como un siglo.

O. No valdría la pena hablar más.

«CIEN TOROS»[2]

```
        c
        i
        e
   b a n    n o m
   C E N T A U R O
   i s o o    b o r
   e t r r    e    o
   n i a o    s
     a s s
     s
```

Cien toros se enteran áureos
Se entierran
Reos
Se aterran
De ramas zamarras

Deberes de toros ortodoxos
O rojos los cien toros
Los cien tarros

Si en T (arde) arde la T
Ardiente te miente
—Niega la A la T

---

[2] Título del editor

De diente nace: arte
Demente arde de día

La poesía
Que prefiero
EN AMOR
«Je fis d'abord le pré
ou R, la mort»

Los jazminaretes de los las
Barcos de cielo
En hielo alado delesedeseledualmente

En la noche de mayomar
En la
Noche de mardearena
Mira morenamente
Centurias

El amor al despedirse dice: sueña conmigo
el sueño es una bestia huraña
que hace revolverse los ojos con la respiración
entrecortada pronunciar tu nombre
con letras indelebles escribir tu nombre
y no encontrarte y estar lejos y salir dormido
marchar hasta la madrugada a caer en
el sueño para olvidar tu nombre
y no ver el día que no lleva tu nombre
y la noche desierta que se lleva tu cuerpo

VIAJE HACIA LA NOCHE

> *Es mi morada suprema, de la que ya
> no se vuelve.*
>
> Krishna, en el *Bhagavad Gita.*

Como una madre sostenida por ramas fluviales
de espanto y de luz de origen

como un caballo esquelético
radiante de luz crepuscular
tras el ramaje denso de árboles y árboles de angustia
lleno de sol el sendero de estrellas marinas
el acopio fulgurante
de datos perdidos en la noche cabal del pasado
como un jadear eterno si sales a la noche
al viento calmar pasan los jabalíes
las hienas hartas de rapiña
hendido a lo largo el espectáculo muestra
faces sangrientas de eclipse lunar
el cuerpo en llamaradas oscila
por el tiempo
sin espacio cambiante
pues el eterno es el inmóvil
y todas las piedras arrojadas
al vendaval a los cuatro puntos cardinales
vuelven como pájaros señeros
devorando lagunas de años derruidos
insondables telarañas de tiempo caído y leñoso
oquedades herrumbrosas
en el silencio piramidal
mortecino parpadeante esplendor
para decirme que aún vivo
respondiendo por cada poro de mi cuerpo
al poderío de tu nombre oh Poesía.

Lima, la horrible, 24 de julio o agosto de 1949.

HUMBERTO DIAZ CASANUEVA
[CHILE, 1908]

DESDE UNA perspectiva cronológica, Humberto Díaz-Casanueva es considerado el más joven representante de una brillante generación de poetas chilenos de vanguardia, nacidos entre 1889 y 1907, entre los que se encuentran Gabriela Mistral, Vicente Huidobro, Pablo de Rokha, Pablo Neruda y Rosamel del Valle. Dentro de ese ámbito creador tan variado como prolífico, la voz poética de Díaz-Casanueva emerge y se despliega con insólitos fulgores, llegando a ser una de las más notables y profundas de la poesía hispanoamericana actual. *El aventurero de Saba* (1926), primer libro del autor, ya profetizaba, en gran medida, la amplia e intensa aventura vital y creadora de Díaz-Casanueva. Educador de valiosísima labor, experto en Derechos Humanos, diplomático de larga trayectoria, esencialmente poeta, han sido muy fecundos sus tránsitos, sus viajes por el mundo y, sobre todo, dentro de sí mismo. Ciertamente, esa aventura interior, esos viajes hacia la noche y el sueño, pero «siempre en pos de una claridad», se harán cada vez más hondos e incesantes a partir de *Vigilia por dentro* (1931). Considerada por la crítica como una de sus obras iniciales más importantes, allí aparecen las claves de una poesía muy propia, de asombroso vuelo visionario y metafísico, constante en toda su obra, junto a la persistencia de ciertos temas: la búsqueda ontológica, la angustia existencial, el tiempo, la muerte-vida, el amor como experiencia trascendente.

Durante su estadía en Alemania (1932-1937), en una época de trágicos presagios mundiales, Díaz-Casanueva fue discípulo de Heidegger, se doctoró en filosofía y a la vez se enriqueció con la obra de Nietzsche, Rilke y otros escritores del romanticismo y del expresionismo alemanes, quienes tuvieron una marcada influencia en su formación intelectual. Todas esas experiencias darán origen a *El blasfemo coronado* (1942), considerado por el autor como un exorcismo, también como un pequeño mito del hombre (y del poeta) que rechaza la conquista del paraíso perdido y prefiere rescatar su raigambre terrestre, tratando de «realizar su Yo en la comunicación, más que en la evasión». Este libro fue escrito en Venezuela donde el autor estuvo residenciado entre 1938 y 1940, colaborando activamente con los poetas del «Grupo Viernes» y realizando importantes labores pedagógicas y culturales.

«No escribo para agradar sino para explorar»: tal declaración resulta igualmente reveladora, porque, esencialmente, Díaz-Casanueva concibe la experiencia poética como una manera de indagar en los orígenes del ser, de transparentar el misterio de la existencia, a través de una palabra que interroga su propia condición, se reconoce y se niega, se abisma y resplandece. Exploración órfica, en la cual está implícita una preocupación moral y estética, así como una actitud metafísica particular. Pero como bien lo aclara el poeta, su obra nunca ha sido concebida según «planes abstractos» ni «ideas metafísicas deliberadas», sino más bien «en un estado de ánimo que se va expandiendo en asociaciones», siendo esencial el valor del símbolo como «condensación no sólo de la idea, sino de la emoción y del fondo de la personalidad». Símbolos cristalinos o muy cifrados, alegorías violentas, rituales que se cumplen en medio de antorchas y de sombras inexorables, resonancia del mito creador junto a metáforas siempre deslumbrantes, recorren toda su obra. Libros de largo aliento como *El blasfemo...*, el trágico *Réquiem* (1945) y *La estatua de sal* (1947), hasta los posteriores, cada vez más breves y despojados, como *Los penitenciales* (1960), *Los veredictos* (1981), *La aparición* (1984), *El pájaro Dunga* (1985) y *Vox tatuada* (1986), revelan la admirable «violencia creadora» de Díaz-Casanueva, como la definió su entrañable amigo Rosamel del Valle. Realmente, un oscilar vertiginoso, un «amargo juego dialéctico», signan esta obra; si por una parte el poeta se propone «trabajar en los propios orígenes emocionales del pensamiento poético, ahí mismo donde poderes dionisíacos nublan la conciencia clarificadora hasta asfixiarla en la expresión», por la otra hay en él una conciencia crítica y el rigor de un lenguaje que pretende «dar cuenta de cada imagen o idea poética y de la razón de su existencia». Poeta visionario y lúcido, en quien confluyen «la angustia por la claridad y la unidad y la fatiga de un subjetivismo extenuador», como lo declaró en 1934 (*Poesía*).

Considerada en su conjunto, la poesía de Díaz-Casanueva es no sólo expresión del misterio, de lo inasible del ser, de la magnitud del drama humano, sino búsqueda inagotable de una unidad primigenia y superior, canto ferviente y luminoso, exaltación plena de la imaginación, lo maravilloso, así como de todas las potencialidades vitales y expresivas. «Un continuo debate entre el poeta de la duda y la desolación, y el poeta de la fe: la unidad es sólo posible en esa tensión», ha señalado Guillermo Sucre en su acucioso estudio. Ciertamente, la fe en la palabra poética como vía para el conocimiento y para la posesión de fuerzas creadoras aún desconocidas, pero esenciales para el hombre, ha persistido a través del tiempo, y así lo ha reiterado el poeta: «Creo que el lenguaje poético de mi tiempo es un poder todavía virgen capaz de producir mayor revelación del ser humano». Asimismo, siempre ha considerado que la poesía es un «riguroso ejercicio espiritual, monacal», a la vez que «un riesgo, una fuerza, un sueño decisivo».

BIBLIOGRAFIA

OBRA POETICA

El aventurero de Saba (1926); *Vigilia por dentro* (1931); *El blasfemo coronado* (1942); *Réquiem* (1945); *La estatua de sal* (1947); *La hija vertiginosa* (1954); *Los penitenciales* (1960); *El sol ciego* (1966); *Sol de lenguas* (1970); *El hierro y el hilo* (1980); *Los veredictos* (1981); *La aparición* (1984); *El traspaso de la antorcha* (1984); *El Pájaro Dunga* (1985); *El niño de Robben Island* (1985); *Vox tatuada* (1985); *Antología poética* (Santiago de Chile, Editorial Universitaria, 1970); *Conjuro [La estatua de sal; El sol ciego; Los penitenciales]* (Caracas, Monte Avila Editores, Colección Altazor, 1980); *Antología poética* (Prólogo, notas, cronología y bibliografía de José Olivio Jiménez. Madrid, Ediciones Cultura Hispánica-Instituto de Cooperación Iberoamericana, 1986), *Obra poética* (Selección, prólogo, cronología y bibliografía de Ana María Del Re. Caracas, Ediciones Biblioteca Ayacucho, Nº 131, 1988).

ESTUDIOS CRITICOS

Rosamel Del Valle: *La violencia creadora*. Poesía de Humberto Díaz-Casanueva. Santiago de Chile, Ediciones Panorama, 1959. 169 p.

Vicente Gerbasi: «El blasfemo coronado». *Creación y símbolo*. Caracas, Ediciones «Viernes», 1942. 99 pp. 41-49.

«El blasfemo coronado». *La rama del relámpago*. Prólogo de Oscar Sambrano Urdaneta. 1ª edición. Caracas, Ediciones La Casa de Bello, Colección Zona Tórrida, 1984, 235 p.; pp. 73-82.

Miguel Angel Godoy: *Elegía de la ausencia y el rescate*. («Réquiem» de Humberto Díaz-Casanueva). Santiago de Chile, Editorial Nascimento, 1983. 117 p.

Ricardo H. Herrera: *Las marcas del éxtasis*. Ensayo sobre la poesía de Humberto Díaz-Casanueva. Buenos Aires, Editorial El Imaginero, 1983.

Evelyne Minard: *La poesía de Humberto Díaz-Casanueva*. Prólogo de Saúl Yurkievich. Santiago de Chile, Editorial Universitaria, 1988.

Guillermo Sucre: «La escritura desértica». *La máscara, la transparencia*. Caracas, Monte Avila Editores, 1975; 2ª edición, corregida y aumentada. México, Fondo de Cultura Económica, 1985.

Varios: *Poesía*. Valencia, Venezuela, Nº 17, marzo-abril 1974. Homenaje a Díaz-Casanueva. Textos. Aproximaciones de J. Sánchez Peláez, Marcel Hennart, Fernand Verhesen, Vicente Gerbasi, Guillermo Sucre, Alan Schweitzer.

VIGILIA POR DENTRO

ELEVACION DE LA SIMA

Tal vez porque estos repetidos sueños tiran de la nada esa parte
    mía que todavía no tengo,
La unidad de mi ser no consigo aun a costa de su propio
    destino.
Mi cabeza tuvo una salida que daba al gozoso barro, pero
    crueles sueños me decapitan.
Y está temblando la blanda cera que inútilmente junto al
    fuego busca forma.
Este es el testimonio doliente del que no puede labrar sus
    formas puras.
Porque se lo impide su ser hecho de peligros y cruel sobresalto.

Después de cantar siento que el temor es la más segura medida
    de la frente,
Tengo arpas crecidas, pero cada noche se lleva la parte más
    misteriosa de mi alma.

Ser mío, me consumes por tu exceso, cuando hacia ti voy con
    esta mi despierta indigencia.
¡Ah! si reposaras como esa luz ya rendida que en las manos
    de un fundidor se revela.
¡El poeta olvida su lengua maternal cuando debajo del
    alma cavan!

Desesperado apago en mí la aureola de los santos, quiero
    descubrir mis propias leyes.
Tal vez este espejo y sus pequeñas aguas muertas devolvieron
    mi más perdido rostro,
Pero fatigado estoy y en piedra ya desangrada caen los ojos
    saciados.
Veo que el día brota en mí sólo por el limo que el sueño
    deja por mi cuerpo.

¿Quién ha de serenar entonces mis cien estatuas que de la
luz se desprenden y enloquecen?

Qué obscuridad caliente, jadeo en mi eclipse íntimo, pierdo
el presagio.

¡Ay!, ahora mi corazón sería capaz de negar su pequeña
crisálida.

Y esas pavorosas alas que le asoman emergiendo de la nada.

TRANSITO CIEGO

De ojo consumido, con sus cisternas debajo
se guarda el alma prudente ebria en sí misma,
rehúsa el fuego la onda y sus vastas creaciones
el alma con solsticio está dorada y vuela,
pero sus secretas raíces convienen a toda sombra,
inmolado en mis propias leyes, adentro estoy.
Ay mi deshabitada abeja, agotado el seno puro
su miel ya no revive estas antorchas vacías.
El espantoso mundo dejé con pies mortales,
aquí entre mis alas un canto es mi suerte más pura
mas la luz para espiga aun no basta y el poema
qué cintura deslumbrante y potencia necesita
para trocar ángeles por canto, viento por centella.
De mi cuerpo, sus partes marinas irritan horizontes,
negros huesos me sostienen y lo cautivo devorador,
en mi llanto buscan cuajarse mármoles y palomas.
Mi frente porosa, inmóvil, bajo vanos silencios,
humos veloces giran mi canto en distinto sentido
aceleradamente como una cabeza en la muerte.
Soy la mitad más trémula de cosas que por debajo
asume mi completo ser sobre súbitas llamas.
Bajo estrellas en furia, quien las atrae sin piedad,
tantas para este lugar, aquí sólo pacen sueños,
rebaños cerrados como mi pueblo defensor.
El pensamiento en vigilia para su pastor no basta
por eso persigo entre mis dioses, cautivos infinitos,
bajo su peso puro mi flecha ya respira en la muerte.

LA VISION

Yacía obscuro, los párpados caídos hacia lo terrible acaso en
      el fin del mundo, con estas dos manos insomnes
entre el viento que me cruzaba con sus restos de cielo.
Entonces ninguna idea tuve, en una blancura enorme se
      perdieron mis sienes como desangradas coronas y mis
      huesos resplandecieron como bronces sagrados.
Tocaba aquella cima de donde el alba mana suavemente con
      mis manos que translucían un mar en orden mágico.
Era el camino más puro y era la luz ya sólida por aguas
      dormidas, resbalaba hacia mis orígenes quebrando mi piel
      blanca, sólo su aceite brillaba.
Nacía mi ser matinal, acaso de la tierra o del cielo que esperaba
      desde antaño y cuyo paso de sombra apagó mi oído que
      zumbaba como el nido del viento.
Por primera vez fui lúcido mas sin mi lengua ni sus ecos
sin lágrimas, revelándome nociones y doradas melodías; solté
      una paloma y ella cerraba mi sangre en el silencio,
comprendí que la frente se formaba sobre un vasto sueño
como una lenta costra sobre una herida que mana sin cesar.
Eso es todo, la noche hacía de mis brazos ramos secretos
y acaso mi espalda ya se cuajaba en su misma sombra.
Torné a lo obscuro, a larva reprimida otra vez en mi frente y
      un terror hizo que gozara de mi corazón en claros cantos.
Estoy seguro que he tentado las cenizas de mi propia muerte,
aquellas que dentro del sueño hacen mi más profundo desvelo.

EL BLASFEMO CORONADO

VIII

Como el que pregunta en sueños y no es entendido, como el que oye
un lebrel ronco que araña debajo de la tierra y dice mentira y obtiene
por renombre lo inexistente y permanece lleno de estupor contem-
plando el cielo que desciende hasta el cimiento del hogar,

y ceñido de fulgurante cordón esparce las cenizas del fuego sagrado cuando los viejos ídolos respiran;
así voy en pos de los terribles signos, así estoy y humillo mis propias acciones y quiebro mi coraza para que me juzguen.

Algo obra en nosotros todavía increado, algo apaga el centelleo de los cuerpos mortales en que osamos perdurar, yo presiento que me buscan, que me pierden y que me recobran luego,
horas del rocío, velos deshechos, galera amarga en que para mí hay un lugar, el hombre es un ángel cerrado y levanta trincheras de viento nocturno y muda el semblante ante la presencia de lo que no tiene figura pero que se adivina por las cuencas, pero yo pienso que es más grande que un ángel.

Vivo en una cabaña donde entra mucha sangre, he de atender a un impetuoso devenir: carretas, mercaderes, novios desceñidos, guerreros de armadura salpicada, mujeres encinta abiertas, puertas despavoridas, lumbreras que me llevan, árboles que dan gemidos, trastornadas herencias, nacimientos, grandes pies en un lugar seguro, pastos que de un tirón arranca el rey, vasijas del sol gastadas, bienes de los pobres, atropellados discípulos...
Todo un mundo entra por mi corazón buscando tienda contrita, todos me dicen «la ronda de la existencia incuba vivos y muertos».
Pero veo al perro furioso arder en los cielos, sus llamas ornamentan mis palabras,
ah palabras trocadas en presentimiento y enrojecidas por la fe que conduce al abismo, parecéis granos frustrados por corriente impetuosa.
Agüeros profundos a mí se refieren, a mi alma soltada como un remo que va solo empujado hacia remotas orillas.

Pero llevo los sabios al portal donde se espesa el follaje de la muerte, también a los locos y a los mancebos y a las águilas llevo que ante mí gritan, el tigre trae el tizón a la tierra de los vivos y el buey muge a manera del mar golpeado. Me parezco al enterrador de los vivos y llueve sobre mí como sobre un árbol de yemas obscuras.
Nada he aprendido ante lo invisible, como heredad de yermo está mi espíritu, parece que remendara un paño santo.

El pie de la vida y el pie de la muerte caminan, pero nadie sale al encuentro, solamente yo me arrodillo parecido a un lagar que pisa el trueno.

Yo reclino el mástil agotado por la tempestad. Pero odio las esferas silenciosas, riño con el hechicero inmundo que me hace rodar entre las tentaciones, los sueños me cubren como las chispas de la muerte.

X

Ay no vivimos, sobrevivimos.

Ahí tienen al sueño como un manzano muerto sobre una casa profunda, roída por el pensamiento del hombre, somos heridas para adentro que entreabrimos a veces con intención, somos casta alzada.

Mi alma me niega ante los dioses que prohíben los cardos en el lecho como ofrenda, ella engendra un caballo que punzan abejas recién apagadas.

¿Dónde el fuego? ¿dónde el objeto puro y la salvación eterna? Vestido como siempre de belladona y huesos blancos, miro al barro engreído inclinarme a su testimonio.

Emparentado con tanto coche desventurado acarreo una ruina que la noche repudia.

¿Cómo construye el pobre con un solo hombro y los dedos tiesos como el plomo? acecho mi vecino por debajo de la tierra sintiéndome muy solo.

Oh vivientes que en altas regiones sentados desecháis este cautiverio en que me labro como el primogénito por lentejas encendido, algún día os guardaré la entrada de la casa y la tela de las arañas subirá al monte y yo valdré por mil. Pero ahora grito ante cada trébol que mutilan las hormigas para los amantes que se pasan por el cuerpo flores misteriosas,

río ante cada lámpara desollada por los insomnes y en forma de violín yerto me conducen las olas enemigas y eternas.

Sólo el ángel arrojado me cuida, daña mi hermosa infancia que el hierro desata y el ojo en todo esto se porta como luz mordida.

Custódiame con tu abeja oh desnuda que te ciernes sobre los prodigios y que encarnas a un bosque ciego más desolado que yo.

Soy la herradura perdida voluntariamente, ahí en el galope de una cuadriga nocturna, álzame de la via, úntame con tu cuerpo en que maderos blancos se deslizan para ser atados en un haz y que el sol seca y fortalece entre las ánimas que de todo hacen juicio de visión. En doncel aterrado me posees y rehúsas mi pareja, mis codos inmensos que mordisquea la roca.

Cuando me muera, ¿quién ha de contemplarte a través de tanto velo jadeante? ¿quién hará rodar tus ojos hasta la tacita llena de zumbidos? A latigazos encenderás cada árbol cuyos pasos conducen al día tronchado por la sed, a latigazos también tu hilo de oro soplarán los muertos recostados sobre nosotros; estamos en la tierra todavía aunque sus ruinas nos cubran de espesos párpados como telas. Ayúdame a poseer la tierra, ¡oh visión que manas mi propia sangre! proclámame entre las criaturas como el que guarda la ley, como el que a fuerza de esperar se desencanta y ejecuta las órdenes. Pero las disputas en el interior de mi ser, los llantos que lavan y remojan la astuta greda, los niños criados con una bocina que saltan en turbios círculos y entierran al dios del fuego después de sacarle los ojos coléricos, todo eso y muchas cosas más que a mis espaldas suceden, me impiden cumplir mi entendimiento.

Disponedme entonces a las secretas nupcias, dadme cantos, dadme cuernos que no se cansen de perseguir, dadme el corazón degollado por los enemigos. ¿No veis que soy el brujo que tantea con su tirso a los vivos y a los muertos y que tarda en separarlos completamente? Adiós niña que te yergues entre largas ceras, ahí en el fondo de mi cuarto y que tragan viva las plagas de la tierra. Tengo un amigo, ahora, es un joven monje que se pasea leyendo, es grande, lo sigue un perro rojo acometido de insectos, nos reímos juntos muchísimo. Pero la noche me mira y su espíritu me escruta, me parezco a un péndulo mojado en llanto que dos ojos fijos misteriosamente siguen sobre la tierra enorme. Nada puede hacer el hombre en estos lugares por su poder; en vano quiere rescatarse de los signos que noche a noche paran su alma en medio de la muerte.

¿De qué dulce linaje soy proscrito? ¿qué álamo blanco sube de mí como un dedo inmenso hacia lo inaccesible? La casa vertiginosa se eleva por encima de mí. ¡Oh dominio inhumano, ruta del destierro! ¡De mi corazón sale una lira ardiendo!

REQUIEM

In memoriam
Manuela Casanueva de Díaz
(1887-1944)

I

Como un centinela helado pregunto: ¿quién se esconde en el tiempo y me mira?

Algo pasa temblando, algo estremece el follaje de la noche, el sueño errante afina mis sentidos, el oído mortal escucha el quejido del perro de los campos.

Mirad al que empuja el árbol sahumado y se fatiga y derrama blancos cabellos, parece un vivo.

Pero no responde nadie sino mi corazón que tiran reciamente con una larga soga.

Nadie, sino el musgo que sigue creciendo y cubre las puertas.

Tal vez las almas desprendidas anden en busca de moradas nuevas.

Pero no hay nadie visible, sino la noche que a menudo entra en el hombre y echa los sellos.

¡Oh, presentimiento como de animal que apuntan! Terrible punzada que me hace ver.

Como en el ciego, lo que está adentro alumbra lo distante, lo cercano y lo distante júntanse coléricos.

Allá muy lejos, en el país de la montaña devoradora, veo unas lloronas de cabelleras trenzadas

que escriben en las altas torres, me son familiares y amorosas, y parece que dijeran

«unamos la sangre aciaga».

¿Hacia dónde caen los ramilletes? ¿por qué componen los atavíos de los difuntos?

¿Quién enturbia las campanas como si alguien durmiera demasiado?
Aquí me hallo tan solo, las manos terriblemente juntas, como culebras
asidas y todo se agranda en torno mío.
¿Acaso he de huir? ¿tomar la lancha que avanza como el sueño sobre
las negras aguas? No es tiempo de huir, sino de leer los signos.
¡Cómo ronda el corpulento que unta la espada! Las órdenes horribles
sale a cumplir.
De pronto escucho un grito en la noche sagrada, de mi casa lejana,
como removidos sus cimientos,
viene una luz cegada, una cierva herida se arrastra cojeando, sus pechos
brillan como lunas, su leche llena el mundo lentamente.

II

¡Ay, ya sé por qué me brotan lágrimas!, por qué el perro no calla
y araña los troncos de la tierra, por qué el enjambre de abejas
me encierra
y todo zumba como un despeñadero
y mi ser desolado tiembla como un gajo.
Ahora claramente veo a la que duerme. Ay, tan pálida, su cara como
una nube desgarrada. Ay, madre, allí tendida, es tu mano que
están tatuando, son tus besos que están devorando.
¡Ay, madre!, ¿es cierto, entonces? ¿te has dormido tan profundamente
que has despertado más allá de la noche, en la fuente invisible
y hambrienta?
¡Hiéreme, oh viento del cielo! con ayunos, con azotes, con puntas de
árbol negro.
Hiéreme memoria de los años perdidos, trechos de légamo, yugo de
los dioses.
A las columnas del día que nace se enrosca el rosario repasado por
muchas manos,
y el monarca en la otra orilla restaña la sangre,
y todas las cosas quedan como desabrigadas en el frío mortal.
¿Acaso no ven al niño que sale de mí llorando, un niño a la carrera
con su capa en llamas?
Yo soy, pues, yo mismo, jamás del todo crecido y tantos años confinado
en esta tierra y contrito todo el tiempo, sujeto por los cabellos
sobre el abismo como cualquier hijo de otros hijos,

pero únicamente hijo de ti, ¡oh, dormida, cuya túnica, como alzada
por la desgracia llega al cielo y flota y se pliega sobre mi pobre
cabeza!

VI

Yo el arrodillado, un hombre grande, parece que solamente ahora te
descubriera, a ti, la más visible
y la menos perecedera, la más dolorosa y la que reía coronada de
espinas,
la que me hizo pasar de los cubiles a las tiendas del día, escurrido
a la orilla del pozo y todavía trabado por los dioses,
la que me dio el principio y ahora es la postrera.
¡Oh, tú, en el centro del tiempo!
¿Acaso eres solamente la errante que no ha de arribar jamás, la que
blanquea el linaje y siempre hilándonos la vida desde su cuerpo
alzado como un huso en los círculos secretos?
De rodillas escucho pasar la noche, la enorme noche de barro que
pasa por el mundo,
aquí en este país tan lejano, donde la nieve parece el llanto congelado
de los sueños.
Y por doquiera pañales obscuros palpitantes y alas maternas arrugadas.
Y alguien sola y desnuda me está mirando y rompe sus ataduras,
y sus ojos pasan a través de mi rostro
y una rosa matinal se abre en mis sentidos.
Tu hermoso retrato de doncella ¿cómo puede jamás borrarse?
más apacible surge y palpita en el silencio, transparente surge entre
tus dulces cartas.
Pero ¿acaso no fuiste siempre la misma doncella tan viva y presente,
la sandalia insomne, la espiga que hacíamos alumbrar todo el día?
¿la amante que obstinadamente desgarraba el panal
y llenaba de danzas la torre estremecida?
En tus manos, los vasos sagrados,
en tus senos, las mansiones,
en tu frente, la pluma blanca del templo.
Tan pura, tan temporal. ¡Oh voz celeste, vena clara, busto como un
haz de flechas y llevado como un abrazo!

Caminabas como debajo de un palio, sin advertirlo jamás, viniste a
    servir, no a holgar,
a alzarte como una sementera en que los ángeles daban voces,
toda la casa sentía que velabas, suavemente tus alas dirigían,
y muchísimas eran las tinieblas que tu corazón cazaba y grande la
    hoguera que te consumía.

LA ESTATUA DE SAL

CANTO PRIMERO

II

¿Qué soy para vosotros? ¿Un moribundo? Yo no sé lo que soy,
Yo os ofrezco un poco de luna desfallecida en el desierto,
Una sal bañada por mis ojos que cae sin cesar
Y un canto callado.
Yo soy otro sueño dentro de vuestro sueño y entonces
Otra mano sale de vosotros y hace a un lado dulcemente vuestras
    manos
Y toma al ángel por las alas.
Yo desnudo la sombra dentro de vosotros que os tumba
Yo os dejo en el cuerpo un incendio lejano.
¡Aceptad mis ritos!
Apartad los huesos por un instante, dejad que el pájaro agorero huya
    del tajo de la espada,
Dejad que a vuestros cuerpos efímeros se enrosque la serpiente del mar
Y soportad la plenitud tal como sois ahora:
En vuestras casas y endomingados, vuestros pies cargados de miel y
    vuestra familia de posteridad.
¡Oh, mortales que cohíbe el abrazo invisible!
Cerrad, cerrad el libro hecho ¡ay! de innumerables párpados juntos,
Corred, corred desnudos agitando la esquila hacia las honduras de la
    tierra y pasad por mi alma.
Allá a lo lejos tambores nos convocan, madres ciegas nos devuelven
    la luna llena,
Aguilas que traen signos entierran su vuelo y picotean

La terrible ración en la boca de los muertos
¿Es que no escucháis llorar bajo las ramas?

VI

Pintad pintad las casas arrugadas, los débiles cimientos que sujeta el
trueno.
Ayer fueron casas, hoy son cuevas, en los muros hay fulgores y gemidos,
Los hermosos patios son heridas.
(Aquella mujer estrechó la mano huesosa y dijo: —¿Te has saciado?).
¿Cuántos niños quedan? ¿Cuántos chorros de sangre suben de la tierra?
¿Para qué espolear el caballo sobre el pequeño maizal?
Lavad lavad los trajes lacios y grises de los parientes y de los vecinos,
De los amigos y de los enemigos, honrados y odiados y yo mismo
entre ellos.
Algo se mueve en el polvo, un nudo cae del alma, una mano gigante
nos lleva hasta el límite del mar vertiginoso.
Estamos de nuevo sin estrella
Arreados por las olas.

VII

¡Ay alma mía, no mires hacia atrás! ¡No, no! Tú eres el sostén de pája-
ros   secretos que atraviesan el mar,
        bebe el brebaje espeso de años,
        retiene el aliento al caminar sobre la yerba,
        camina, camina, devora con avidez.
Y entonces el ángel de la revelación, como el tornero, ha de modelar
mi casa desde mis huesos.
Una nube expande el mundo y vosotros, ¡Oh hijos de las aguas, henchid
el vigoroso cuerpo
        a semejanza del cielo!
Pero no basta pintar pintar lavar lavar.
        El hombre está más adentro
¡Abrid abrid las puertas! Subyugad las vacas rojas que ahora alumbran
la tierra!

761

Acoged el alma de los Humildes que viene descarnada y trémula,
Arrojada a latigazos fuera del cuerpo
Espantosamente pálida y tan transparente
Que alguien podría mirar a través de ella
Y poner al descubierto
El rostro ulcerado de los dioses.
(Los Humildes traen los estigmas; yo no los poseo ni vosotros).

XXI

Si Narciso nada puede asir que no sea el despojo del sueño inmortal,
    ¿Por qué detiene el agua de la vida y llora y consume su imagen?
¡Ay dadme el espejo! ¡El remanso mortal! Quiero sorber mi rostro en
    que envejezco.
¡Es bello morir entre copas escanciadas de golpe!
¡Ay, rostro mío! ¿Por qué esta duda? ¿Acaso eres revés de alguien?
¿Acaso el tiempo imprime en ti la imagen de otro Yo gemelo que crece
    y transmigra?
¡Joven madre pura! ¡Pasa tu mano sobre mi rostro atravesado por un
    vuelo, preserva lo visible!
Narciso tiene el rostro hueco como nido de súbito abandonado,
Allí dentro del eco repercute,
El tiempo lo usa como máscara
En mi pequeño espejo hay una,
En la calle, en la gente que saludo,
Que abrazo, que muerdo,
En los desconocidos que me miran
Desde otro tiempo
En que tal vez fuimos conocidos,
En la muerte que se endereza, hermano mío,
Semejante al ala de una larga noche,
Semejante a un grito despiadado
Que se reviste de carne por los años.

LOS PENITENCIALES

Pero, qué es mi nada frente al estupor que os espera?

J.A. Rimbaud. Las iluminaciones

I

Respiro un aire oculto
en la noche de Nadie
Estoy quemando mis ojos
fríos
Ay!
Me aparta mi memoria ciega
Estiro llamas mojadas
Quién soy yo castigado
por la muerte
perseguido por mi secreta
semejanza?
Tronos de la sombra dentro
de mi cuerpo!

Estos son los restos que me
devuelve
el sueño
Me falta una vena
Me falta una mano
para estrujar un pájaro

Un asa de piedra pegada
a mi alma
para empuñar mi muerte
Saludo al sol que me arroja
como humo

Sol
Hemos de condescender
Hemos de arder a
obscuras

Te daré un Gran Párpado
Me darás mis ojos blancos
Mi rayo que toma mi
peso

Voy hincado en las aguas
Voy vestido de mi piel
Voy
y a punto de llegar qué
pasa?
Quién me corta la desmemoriada
mano?

Con animales muertos en
los hombros
he recorrido la soledad
terrena
He visto cenizas
paradas
La tierra sólo tierra es
luna
La luna es un pecho cortado
de la tierra

Con incisiones en aguas
presurosas
he practicado el
entendimiento
Con lenguas cabalgadas
por el credo
Con vociferaciones
Con tigres que rebosan
de mi sangre
Voy
vendado por mis negros
cabellos
acabado por mis Apariciones

Cómo emparentarme a los
espejos?
Cómo afinar los ecos
prisioneros
para que mi Palabra sea
afinidad?

(...)

Necesito una cama de
olas
un pie dorado que cimente
la casa
Necesito echar ramas
por la boca

Necesito rodar de noche
en noche
de vientre en vientre
azotado por mis ecos

Semejanza!
Dentro de mí estás pero
me excedes

Me gustaría despertar
inmensamente
borracho del aceite en que
se quema la noche
con mis dedos hasta el
Mar
Con mis besos en el fondo
de los seres
Con mi sirena Nadando
En Mi Sangre

Me gustaría desollar
la estatua

y verme espléndido
aclamado por mis sueños

(...)

III

Es tan triste
morir
sin que me expliquen
el rumbo de las aves ciegas
la cansada semejanza que me
invade
la infinita madurez del fruto
vano

La luz que tiento es un vaso
de sangre
en que cuaja el día
La muerte
una pedrada adentro
una serpiente de Dos Pechos
erguida por mis flautas

Por qué esta usura en medio
de las postrimerías?
Esta carencia
cuando el instante asoma
como un trozo de perfil
más dilatado?
Sólo preservo el curso
de mis labios
Sólo alabo el delito
de mi insignifícancia

Por qué este apuro por
tragarme el mar
despeinar coronas inmensas

acribillarme de tristes
langostas?

En mi calabozo muevo la
silla
en que queda carne

Sé que siendo dejo de ser
y paso
y queda el cáliz del vino
evaporado

Cuál es la dimensión herida
en que agiganto
mi pálida figura?

(...)

La mujer mira mira
hasta
que aparece un rey
sentado en su mirada

La mirada
es la vena que alargamos
y que corre
en carne ajena
El amor es el tacto secreto
de los ojos

Desgarro la luz como un
velo
que arrojara al mundo
aquel
que pasa borrado por su
exceso
Los pájaros chocan y caen
quemaduras

Entonces
suelto mis huesos blancos

Para qué vivir con la carne
castrada
el alma adúltera
si de una atroz memoria
me doy cuenta?
Sólo me da jactancia
mi secreto
Broto dientes de piedra
y no suelto mi carne

Me sacan la sangre
Me queda el fondo del
agua
Me llenan de abejas la
camisa
y me cercioran
y me dilatan las manos
unidas

Lloro y bebo lo que
lloro
Mi entraña muele sus
semillas de piedra
Despierto
cansado de la luna
Los vecinos azotan a
sus ídolos

(...)

Panes de lodo
Designios cotidianos
Sellos que rompo para entender
al astro!

En los ojos fijos
el tiempo estalla como una
estatua de olas
El tiempo del vino es el
vinagre
El tiempo del agua es el
sudor

El tiempo del hombre es una
secreta
víspera

Levanto la mano crispada
A la izquierda
hay una botella terriblemente
cerca
A la derecha
la mujer cortada por la
luna

Respiro
para saber lo que sucede
Todo brilla negro
El espantajo se estira
en un ángel
El ángel
en mi cuerpo

Tengo que irme al trabajo
Es lunes
Es martes
Tengo que estampar mis ásperos
pulgares
en libros que traduce
la polilla
Es miércoles
Es jueves

Tengo que enmarañar grandes
animales
Es viernes
Tengo que morir para detener
al sol

Es sábado
Todo se llena de hueso
y troto
seguido por el párroco

Tengo que esperar que resucite
el día de los días
el tiempo de la noche el
tiempo del día

tengo que vestirme de
Bronce
Recortar mi rostro en los
vitrales
Soplar mi trompeta llena
de agua
y ensordecer con mi propio
canto

Es domingo
Tengo que esperar que sea
lunes
Mis cabellos barren de nuevo
la tierra
Mi palabra es la abeja
tragada

EL SOL CIEGO

En la muerte de Rosamel del Valle

I

SEMEJANTE A MI
PERO BROTADO POR LA NOCHE

Rosamel
Tu carta tu postrera
carta
me llega
latiendo dentro de tu
muerte
Es tan triste
retener tu mano
ya anegada
Me llega la luz
de un sol ciego
rodando
en el fondo de todos nosotros
Abro tu carta
como si nada hubiera
sucedido
Como en otros tiempos otros
países
cuando hacia mí volaba
tu corazón impetuoso
para sostenerme
en el pánico
de la noche calcinada
Una pluma blanca
traspasando
la montaña que se desploma
entre nosotros

Una escritura de
zarpa
hiriendo el aire ausente
Un ahogo de pez
tirado por el hilo

Me dices
Creo que estoy demasiado
seducido
por la fatalidad
Espero un milagro
Por qué no?
Escríbame de nuevo por favor
Tiéndame la mano
una vez más
Le prometo despertar

Ahora
si te contesto
sólo la bruma comerá
mi carta

No obstante escribo
Escribo
encima de un vitral errante
A quién escribo?
A quién contarle una maravillosa
historia humana
si la muerte refuta
y nada queda
salvo la fuerza de ser?

Un ojo apedreado me mira
Un bramido
acaba la hermosura
Rosamel ha muerto
Muerto?
Atado de manos y de pies
nace de hielo

resbalando
en espantosos partos
sin fecundador

Está incomprensible
Está filtrando la noche
común
dentro de un sol estéril

Insensata la lengua de
palo
que pregunta
y queda mutilada

Al despedirme
te abracé más fuerte
dolorido
por oscuros presagios
La ley escrita
en el cuello del hechicero
quemado en la plaza
Te abracé como a un
mástil
crujiente

Había baile
Toda la noche pasamos
ensartando ruiseñores

Hermano mío
Tutor de mi vida entera
Esta noche
golpean en mi corazón
y sólo tú respondes
Tú haces que la primavera
me pase la esmeralda
Tú me enredas
los cabellos de la joven

Y de pronto
la disolución de las
palabras
y los gestos
El horizonte hundido
La carne rastrillada
Mentira!

Desmiento a la evidencia!
Niego a esa instantánea
luna
en la nulidad del cielo!

Abro la noche y miro
desesperadamente miro
con mis entrañas
como si distinguiera
la prolongación de un ser
inmenso

SOL DE LENGUAS

LA VISION DE LA SEMEJANZA

Heme aquí
Abrazado a mi lecho
Sofocado por mi respiración

Nadando
Entre grandes Olas Rígidas

Oh apasionadamente pegado a Hilos
De mi carne
Girando sonoro
Produciendo el Hueco

Solo
Tan solo
Velludo de sombra humana

Taladrándome el vientre
La ola que en mí aprieto
Oliendo a llanto
A flor disecada en un viejo libro

Tocando
Lo que se derrumba a través
De lo que es siempre lo mismo

Amistoso con todo Caballo
Riente
Hay espasmos de Caballo

Me dieron un tiro
Caigo de rodillas a la orilla del
Mar

Quedo más alto
Impenetrable
En postura de ángel sosteniendo
Un incendio

Hago la sombra del *Sol*
Con mis párpados cerrados
El esqueleto del *Sol*
El carbón

Allí me distingo
Finísimo
Como la aguja temblorosa
De una jadeante brújula

(Escucho una habladuría
De hojas
Un silencio ventoso)

Medusas
Me atraviesan el cuerpo
Viene mi mujer
Vienen millares de vibraciones

Mis ojos imprimen la flecha iracunda
Que atraviesa el vacío
No canto no hablo
Sólo insisto en una luna terrestre

He aquí a mi alma
Enrollada a una estrella errante
Mi círculo de pájaros
Cortados por el rayo

Es la perfección de mi agonía
Me pesa la luna
Abro cajones llenos de
Serpientes

No te veo
No te oigo
Te contengo
Mis latidos son tus pisadas

Tengo la cara
Roída por los *signos*
Ostento
Las hinchazones del mar

Divídeme
En la profundidad de los seres
Aligera el peso de mi soledad

Que sólo sea labio
Lo que me circunda

Más que existir quisiera suceder
Por el gusto de ser posible

Seamos
Inmensamente
En el presentimiento de aquello
Inacabado
Piedras rotas haciendo una figura

Desmentirnos
Nos aliviaría del estupor de ser
Sin otra esperanza
Que disiparnos?

Limo mis dientes
Las astillas de mi corona mis cuernos
Hasta dejarlos en punta
Mis enemigos cabalgan
Con estribos de hielo

Taconeo
Sobre aguas *parpadeantes*
Tratante de mulas
Deshacedor de trapos que embalsaman
Cisnes

Atleta levantando el
Mar
El mar
La costra hirviente de un sueño
Milenario y
Abolido

Renegador de la fe en lo que soy
En lo que no soy
Busco entre visiones
prolongar mi alma

Busco busco
La vibrante la profética
Plenitud de mi cuerpo

EL CANTO DEL CONJURO

(...)

Estoy
Sanando de mi sombra

Voy a restregar la cerilla en
Tu carne

Veo
Un rey que alisa sus cabellos de piedra

Se pone a rebanar el *hongo*
A clavar los vientos en el horizonte

Canto canto
Como gaitas mis pulmones se hinchan

Canto
En la agonía de mi origen

A tu lado
Me siento tan indigno
Tan cargado de lacrimosos antifaces

Me asusta el aire
El pájaro que vuela como mordido
El pez dorado ladrando en los
Arroyos

Es el espesor de mis párpados
Bajando
Hacia un dominio ausente

Canto canto
Como si quebraran sobre mis rodillas
Una jaula llena de
Pájaros ciegos

Desespera el hombre
Pero se rehace
Cuando ve un prodigio en lo que
Está más cerca

Bebo
En una lámpara blanca

Me pongo a
Santificar el mundo

LA APARICION

*La bella donna ne le braccia aprissi;
abbracciommi la testa e mi sommerse
ove convenne ch'io l'acqua inghiottissi*

Dante. *Purgatorio,* Canto XXXI

I

Tengo hambre
hambre demente en la boca
en el chasquido del Ojo
en los pies
febricitantes

Sostenedme
porque tambaleo en mi imagen
crepita el grito
el tacto   oprime lo yermo

Me está punzando la piedra que
da luna
luna
¡Oh adentro de mí!
Quemadura del león que me dilata

Vienen días inconclusos
no obstante
la llaga es noble y azulada
Me dan ganas de besar gaviotas

Insomne
lleno de una oscura certidumbre
extiendo
la fugaz piel de leopardo
sobre la cama

Así cubro el purísimo fulgor de una
a p a r i c i ó n
tan súbita
tan milagrosamente cierta
tan hecha de latidos
en el pánico
de lo demasiado hermoso

Venid
agujeread mis párpados
mis manos
el nimbo enceguece mis vísperas

Aproximadme la nube de polen rojo
y volcadla

Semeja una muñeca lívida frotándose
los huesos cristalinos
Pienso que voy hundiéndome en una
luna blanda

Me dicen:
si ella ha llegado   alguien
no puede morir todavía
ella se traga cicatrices de negrura

Por algo ha venido aquí
¿sabrá ella por qué ha venido?
¿por qué?
Tal vez
para despegar de la nada una paloma
de hueso

Comamos
partamos esta piedra musgosa
vomitemos en todos los charcos

Amanece dentro de la
medianoche
Forcejeo con el acólito para arrancarle
un destello

¡Oh dadme de beber espuma
en la aspersión
del agua mojada con llanto!

Dejadla que enraíce sus trémulos
cabellos
Todo su cuerpo escrito por una sola
letra de oro

Está completamente despierta
pero dormida
absorbe su rostro un espejo sonámbulo

EL OJO FULMINANTE COMIENZA A
TATUARLA

Tan desnuda
lisa

lisa
como una espada reverberando en un
sol de nieve

Su cuerpo se escurre entre
palpaciones abisales

Yo estaba solo   asomado a mi piel
ayudando a la estalactita
Solo
solitario
entretejiendo mi alma para condescender
con mi muerte
Yo derramaba mi sideral
                memoria

¿Tuve una premonición bailando un
tango
tango
que resbalaba de un espejo
herrumbroso?

¿Quién bailaba conmigo?
Quizá
una joven borracha sin mejillas
vestida de percal

Hace ya tanto tiempo
Los lobos se tragaron los coágulos
del vino

Esta noche
recupero la sangre dentro de mi
herida
Mis pies entiérranse en el mármol
Esta noche
una tupida zarza me cierra
el rostro

Ella no sabe que detrás del muro
trenzan su sombra
Me alarga la mano   en que cava
el pez despavorido

AHORA
LA PRESENCIA ES UNA MUTACION DE
     CARAS

Me pongo a desollar el silencio
Escucho
el gemido del agua hermética

Sólo un poco de evidencia le es
permitido
Lo corpóreo proviene de un
ala dormida
Aún no puede asir sus propios pies

Ella es más bien la emanación
de una *cualidad salada*

Asoman fuegos fatuos en los muros
De repente
la sombra es un estallido de larvas

Ella se aniquila en el amor posible
Dice que comparte mi cama
para librarse de los etruscos en la
ilusión del tiempo
Me pide una copa de verdor
marino
Remoja sus pezones que tiritan de azul

¡Oh vosotros   hablad más fuerte!
Ya no tengo oídos
sino grietas
en un espacio
donde apenas confirmarme puedo

INDICE

Alguien llega
Rompe las aguas grises con un remo
Forrado en trapo

Me retuerce los Párpados

Pero no estoy listo
Nunca estaré listo

Morir
Es estancar un sueño cada vez más
Profundo

Ay
Qué compulsión de ser
Qué apremiante huella de tristísimos
Poderes

Duermo duermo
Cavando en una edad hundida
Hay montones de máscaras tragándome

El alma es una campanada
En la extensión más pura

Abrázame
Se nos va la tierra

Nos vomita un impetuoso Viento
En el país de Nadie

Todo ha sido
Necesidad de ser en el extremo de
Grandes desamparos

El sueño
Es la transparencia de la muerte

Huyes
Picoteada por las estrellas

El amor aniquila

Lo propio que atesora

Lo que retiene
Es apenas el caos de los labios

Despierto
Dando gritos ajenos
Canto canto
Pero todo se vuelve gutural

Tengo la garganta llena de
Abejas muertas

Canto canto
Hasta que brota una palabra
Una salpicadura de aguas bautismales

En mi boca
Tu nombre
Zumbando como un élitro

Siento el cuerpo
Arrojado al mar

Me enloquece la presión de mis
Sentidos

El silencio
Es un acecho de piedra dentro de
Los seres

Es la muerte es la afilada
Campana
Rompiendo el cielo

SE TERMINO
DE IMPRIMIR
EN CARACAS
EL DIA
VEINTIDOS DE AGOSTO
DE MIL
NOVECIENTOS
NOVENTA Y TRES
EN EDITORIAL
EX LIBRIS